이태섭과 함께하는

민법 상담실 Q&A

이태섭 편저

도서출판 LTS

목 차

이 태 섭 민 법 상 담 실 Q & A

제1편 민법총칙

제2편 물권법

제1편 민법총칙

제1장 민법서론

권리의 행사

지원림 저 민법강의 제8판 57쪽

농지의 명의수탁자가 소재지 관서의 증명을 받아 그 명의로 소유권이전등기를 마치고 그 농지에 관한 소유자로 행세하면서도, 다른 한편 증여세 등의 부과를 면하기 위하여 농가도 아니고 자경의사도 없었음을 들어 농지개혁법에 저촉되기 때문에 그 등기가 무효라고 주장하는 경우

3/2일 자료 4쪽 6번

토지거래허가지역 내의 토지를 매수한 자가 증여를 원인으로 등기를 한 후, 증여세 부과처분을 다투면서 등기의 무효를 주장하는 경우 실질과세의 원칙 하에서는 행위의 외형이 아니라 실질을 따져서 과세함이 원칙인 바, 등기원인이 매매라 하여도 실질이 증여이면 증여로 과세하여야 할 것이고 반대의 경우도 마찬가지라 할 수 있는데, 거래당사자가 법령상의 제한 등의 이유로 실질에 따라 등기를 하지 아니하고 실질과 달리 등기를 한 후 소송에서 그 실질이 등기부상의 등기원인과 다른 것이라고 주장한다 하여 이를 모순되는 행태라고 하기는 어렵고, 또 과세관청은 실지조사권을 가지고 있을 뿐 아니라 경우에 따라서 그 실질을 조사하여 과세하여야 할 의무가 있고 그 과세처분의 적법성에 대한 입증책임도 부담하고 있는데 적절한 실지조사권 행사를 하지 아니한 과세관청에 대하여 납세

의무자 스스로 등기원인을 달리하여 등기하였음을 사전에 알리지 않고 부과처분이 있은 후 뒤늦게 다툰다는 것만으로 심한 배신행위를 하였다고 할 수도 없고, 과세관청이 등기부상의 등기원인만을 보고 이를 그대로 신뢰하였다 하더라도 이를 보호받을 가치가 있는 신뢰라고 할 수도 없다.

한편 등기를 말소하는 등 문제된 행위가 있기 이전의 상태로 원상복구하였는지의 여부는 배신행위 여부를 판단하는 요건이 될 수 없고, 무효의 등기에 근거하여 부과한 과세처분은 그 등기의 말소 여부와 관계없이 위법하다고 하는 대법원의 종래의 견해와, 1994. 12. 22. 국세기본법이 개정되기 전까지는 감액경정청구제도가 도입되어 있지 아니하여서 사후의 사정변경에 따른 납세의무자의 구제절차가 미비하였으므로 원상복구되지 아니하였음을 이유로 일단 과세처분이 적법하다고 하면 이후에 원상회복을 하더라도 이미 적법하게 확정된 과세처분을 다툴 수 없었던 점, 등기된 내용과 실질이 다를 경우 그 등기를 말소하고 실질에 일치시키지 않는 한 등기된 원인대로 과세하여야 하고 실질에 의한 과세를 주장하는 것은 신의성실의 원칙에 반하여 허용될 수 없다고 한다면 실질과세원칙을 대폭 수정하는 결과가 된다는 점 등에 비추어 볼 때, 원상복구 여부가 배신행위 여부를 판단함에 있어 고려하게 되었고 그 소유권이전등기 또 대상이라 할 수도 없다. 따라서 매매계약을 체결한 후 토지거래허가가 나지 아니하자 증여를 원인으로 한 소유권이전등기를 하였다면 그 계약은 확정적으로 무효가 한 무효이어서 그에 대한 증여세 납부의무도 없다 할 것이므로, 그 무효 등기의 원상복구 여부와 관계없이 증여세 납부의무를 다툰다 하여 이를 신의성실의 원칙이나 금반언의 원칙에 위반되는 것이라 할 수 없다. [대법원 1997. 3. 20 선고 95누18383 전원합의체 판결]

Question. 1

지원림 저 민법강의 제8판 57쪽에 보면 신의칙에 반하는 모순행위로 인정된 예 1번에 농지개혁법관련 판례(대판 1990. 7. 24, 89누8224)와 기본강의에서 나눠주신 자료 중 3/2일 자료 4쪽 6번 <토지거래허가지역 내의 토지를 매수한 자가 증여를 원인으로 등기를 한 후 증여세 부과처분을 다투면서 등기의 무효를 주장하는 경우> 판례에 대한 질문입니다.

전자는 신의칙에 반하고 후자는 신의칙에 반하지 않는다고 하는데 똑같이 강행법규위반 후 모순행위한 것이고, 실질과세 원칙이라는 것도 같은데 왜 하나는 신의칙에 반하고 나머지 하나는 아닌지 모르겠습니다.

Answer

전자는 실질적으로 증여의제의 효과를 받아야 하는 자가 그 효과를 받지 않으려고 등기 무효를 주장하는 것인데, 모순된 거동이라는 것이죠.

반면 후자는 실질적으로 증여를 받지 않은 자(사안에서는 매수인입니다)가 증여세 부과를 면하기 위해서 등기 무효를 주장하는 것인데, 모순된 거동이 아니라는 겁니다.

실질에 따라 과세하여야 하므로 전자는 증여세를 부과하여야 할 것입니다. 반면 후자는 매수인에게 증여세를 부과할 수는 없으니 증여세를 부과해서는 안 되겠지요.

후자에서 증여세를 부과하지 말아달라는 매수인의 주장을 신의칙 위반으로 배척하여 증여세를 부과한다면 강행적 성질을 가지는 실질과세 원칙이 무의미해지겠지요. 그래서 무효주장을 신의칙 위반으로 배척할 수 없는 것입니다.

전자에서는 실질과세 원칙이 무의미해지는 경우는 아닙니다. 오히려 등기무효를 신의칙 위반으로 배척하지 않는다면 자신의 위법행위를 기초로 부당한 이익을 취하는 것을 방치하는 결과가 될 것입니다. 그래서 신의칙 위반으로 무효주장을 배척한 것입니다.

지원림 저 민법강의 제9판 방주 [2-25]

신의성실의 원칙은 강행법규적 성질을 가지므로 당사자의 주장이 없더라도 법원이 직권으로 그 위반 여부를 판단할 수 있다.

이태섭 민법판례정리 I 29쪽

행정법률관계와 신의칙의 적용　신의성실의 원칙은 법률관계의 당사자는 상대방의 이익을 배려하여 형평에 어긋나거나 신뢰를 저버리는 내용 또는 방법으로 권리를 행사하거나 의무를 이행하여서는 아니된다는 추상적 규범을 말하는 것으로서, 신의성실의 원칙에 위배된다는 이유로 그 권리의 행사를 부정하기 위하여는 상대방에게 신의를 주었다거나 객관적으로 보아 상대방이 그러한 신의를 가짐이 정당한 상태에 이르러야 하고, 이와 같은 상대방의 신의에 반하여 권리를 행사하는 것이 정의 관념에 비추어 용인될 수 없는 정도의 상태에 이르러야 하고, 일반 행정법률관계에서 관청의 행위에 대하여 신의칙이 적용되기 위해서는 합법성의 원칙을 희생하여서라도 처분의 상대방의 신뢰를 보호함이 정의의 관념에 부합하는 것으로 인정되는 특별한 사정이 있을 경우에 한하여 예외적으로 적용**된다.** [대법원 2004. 7. 22 선고 2002두11233 판결]

Question. 2

지원림 저 민법강의 제9판 방주[2-25]와 이태섭 민법판례정리 I 29쪽에 나오는 대법원 2004. 7. 22. 선고 2002두11233 판결에 관해서 질문을 드리고자 합니다.

신의칙은 강행규정에 위반되어 적용될 수 없다고 합니다. 그런데 행정법률관계 즉 행정법은 강행규정(제가 생각하기로는)일텐데 어째서 이 판례의 경우 신의칙의 적용이 가능한가요?

행정법률관계, 즉 행정법에도 임의규정이 있나요?

Answer

지적하신 문제의식은 매우 좋은 문제의식입니다.

그런 이유로 행정법률관계에 과연 신의칙이 적용되어야 하는가 하는 논란이 있어왔습니다.

법치주의 혹은 법치행정이라는 이념과 상대방의 신뢰를 보호해야 한다는 이념이 상호 모순되는 경우가 있으니 논란이 생길 수밖에 없는 것이지요. 가령, 법규정에 위반하여 건축허가처분을 발령하였습니다. 행정관청의 처분을 믿고 건축을 시작하였지요. 그런데 행정관청이 뒤늦게 건축허가처분이 위법하다는 사실을 발견했습니다. 건축허가처분을 취소하지 않으면 법치행정의 이념에 위반하는 것이고, 건축허가처분을 취소하면 상대방의 신뢰가 보호되지 않습니다.

신의칙을 통한 구체적 법률관계의 형성이 법질서의 골격을 무너뜨리는 것이 되어서는 곤란하다는 신의칙의 한계는 적어도 신뢰보호는 법질서의 테두리 내에서 그 보호가치가 있는 신뢰일 것을 요건으로 한다는 것과 닿아있습니다.

법치주의의 근본이념을 훼손하는 신뢰보호는 인정되지 말아야 하겠으나, 그 정도에 이르지 않은 경우라면 신뢰보호가 인정되어야 할 것입니다.

판례는 법치주의의 이념을 희생시켜서라도 상대방의 신뢰를 보호해야 할 특별한 사정이 있는 경우에 신의칙을 적용할 수 있다고 하는데, 이는 바로 법치주의의 근본이념을 훼손하는 않는 신뢰보호는 인정되어야 한다는 의미인 것이지요.

어떠한 경우가 그런 경우인가 하는 문제가 남기는 하지만, 행정법률관계에서 신의칙이 적용되지 않는다고 단정할 수는 없을 것입니다.

피드백 확인테스트 1의 37번 문제

토지의 원 소유자가 토지의 일부를 통행로로 무상제공함으로써 이웃주민들이 그 토지를 무상으로 사용하여 오던 중 원 소유자로부터 토지소유권을 취득한 자가 그와 같은 사용·수익의 제한이 있음을 알고 취득한다면 통행료청구는 신의칙에 반하는 일이다. 정답 O

해설 [大判 1992. 2. 11. 91다40399] 토지소유자가 토지를 매수할 때 통로 부분은 주위의 토지소유자들을 위해 무상으로 통행에 제공된 사실을 용인하고 그 상태에서 이를 매수한 것이라고 봄이 상당한 경우라면 통로 주위대지를 매수한 이래 줄곧 통로 부분을 무상으로 통행해 온 주위대지 소유자에 대하여 단지 통로의 소유자라는 이유만으로 통행료를 청구하는 것은 신의칙에 위배되어 허용될 수 없다고 본 사례.

Question. 3

전주의 불행사가 권리의 실효를 야기하는 것은 아니라면서, 예로 현 소유자가 자신의 토지 통행에 대해 마을주민에게 통행료를 요구함에 있어 이는 신의칙으로 해결할 게 아니라고 하셨습니다. 이는 배타적 사용수익의 포기로 설명된다고 하셨습니다.

그런데 피드백 확인테스트 1의 37번 문제의 답은 "옳음"으로 되어 있더군요. 위 사례가 신의칙에 반하는 일이라는 거죠.

제6강 강의에서의 선생님 말씀과 피드백 답안해설이 다른 거 같은데 무엇이 옳은 건지 설명 부탁드립니다.

Answer

장기간 토지소유권을 행사하지 않았다고 해서 그 후의 토지소유권 행사가 바로 신의칙에 반하는 것으로 평가되어서는 안 된다는 의미입니다. 다만 토지소유자가 배타적 사용, 이익을 포기하였다면 그와 같은 토지소유자의 소유권 행사는 신의칙에 위배되는 것이 됩니다.

제2장 권리의 주체

제1절 자연인

권리능력

Question. 1

진도별 모강 제1회 문제에서,
"태아인 상태에서 부가 자동차 사고로 사망한 사건과 관련해 판례에 의하면 태아인 상태에서 법정대리인은 그 손해의 배상을 청구할 수 있다"라는 지문이 틀린 지문이었습니다. 이유는 태아인 상태에서 판례의 입장인 정지조건설에 의하면 법정대리인이 없기 때문이었습니다. 저도 이 지문 자체와 문제 의도를 이해를 했는데요. 이러한 사안에서 판례는 부의 사망으로 인한 태아 고유의 정신적 손해인 위자료도 인정하고, 부 자신의 손해배상청구권도 태아가 문제된 사건에 권리능력이 있는 것으로 의제하여 상속하는 것으로 알고 있습니다. 물론 태아가 출생을 해야 이러한 권리들이 취득이 될 텐데요, 문득 궁금한 게 물론 시험에 나올 부분은 아니지만, 결국 태아가 정상적으로 출생을 하여 이 손해배상청구권을 행사하려면 법정대리인이 대리하여 행사를 하는 거겠죠? 시험 문제 풀 때는 이러한 생각을 하다가 틀렸는데 제가 한 생각이 맞는 것인지 궁금합니다.

Answer

네, 맞습니다. 살아서 출생하면 태아로 있는 동안에 발생한 사건들로 인한 권리를 취득할 수 있고(권리취득시점은 문제의 사건이 있던 때로 소급하겠지요), 그 권리를 법정대리인을 통하여 행사합니다. 태아가 출생하면 미성년자로서 친권자가 법정대리인이 되겠지요.

Question. 2

사인증여계약이 제3자를 위한 사인증여계약인 경우와, 유증, 타인을 위한 보험계약의 차이점을 정확하게,

1) 유증의 경우

성립 당시에 수유자는 권리능력자일 필요가 없다.

효력 발생시에는 수유자는 권리능력자이여야 한다.

2) 사인증여계약(제3자를 위한 계약) - 유증 준용(제562조)

계약 당시 수익자는 현존하거나 특정되어 있을 필요가 없다.

효력 발생시 수익의 의사표시가 행하여질 당시 수익자가 현존하거나 특정되어 있으면 족하다.

3) 타인을 위한 보험계약(제3자를 위한 계약)

계약 당시에 수익자가 현존하고 있어야 하거나 특정되어 있을 필요는 없고, 권리능력을 가지지 않아도 무방 권리취득이라는 효력이 발생하기 위해서는 수익자가 현존 · 특정되어 있어야 하며 권리능력을 갖추어야 결론이, 2)의 경우에는 사망 후 태아A를 포태하고, 살아서 출생한 경우에는 A를 대리하여 수익 의사표시 후 '사인증여계약상 권리를 상속인에 대하여 할 수 있다'라고 나와 있고, 3)의 경우에는 '사망으로 인한 보험금청구권이 발생하게 되는데 그 당시 수익자인 태아는 권리능력을 갖지 않아서 보험금청구권을 취득할 수 없다'라고 되어 있는데 유증과 함께 살펴보면 3)의 경우에는 이해가 가는데, 2)의 경우에서는 이해가 잘 되지 않습니다.

사인증여의 경우에도 유증과 동일하게 권리능력이 인정이 되는 것인가요?

타인을 위한 보험계약은 제3자의 계약이면서 사인증여계약에 해당하지 않는 것인지요?

3)의 경우에는 왜 추후 태아가 태어난 후에 수익의 의사표시를 하고 취득할 수 없는 것인지?

제 나름대로 유추를 해보자면 타인을 위한 보험계약의 보험청구권은 불법행위에 기한 손해배상청구권의 상속으로 발생하는 것이 아니라 계약상 청구권이기 때문에 태아의 권리능력이 인정되지 않는 범위에 있고 따라서 추후 태아가 살아서 태어나도 효력발생당시 권리능력이 없는 것이어서 무효가 되는 것이라고 생각하는데, 이것이 맞

논지?

사인 증여의 경우 유증을 유추적용하여 동일하게 해결한 것이구요.

1) 태아의 권리능력은 상속, 유증, 불법행위에 기한 손해배상청구, 인지에서만 인정이 된다면 사인증여계약의 경우에도 권리능력을 인정하는 것인지?

2) 타인을 위한 보험계약에서 보험금청구권은 계약상 청구권이기 때문에 사인증여계약과 다른 것인지?

3) 저 유추과정에서 어느 부분에 흠결이 있는지 등이 궁금합니다.

Answer

타인을 위한 보험계약은 그 본질이 제3자를 위한 계약입니다. 따라서 논리적으로는 보험금청구권이라는 권리가 취득되기 위해서 보험금수익자의 수익의 의사표시가 있어야 합니다. 그러나 학설은 보험계약의 특성을 고려하여 수익의 의사표시가 없어도 된다고 합니다. 결국 수익의 의사표시 없이 보험금청구권이 발생하는데, 그 당시 태아라면 보험금청구권을 취득할 수 없지요.

행위능력

Question. 1

교재 중에서,

"무능력을 이유로 취소의 의사표시 자체를 취소할 수 있다"

이 지문은 틀린 지문인데, 해설에서 취소의 의사표시를 무능력을 이유로 취소할 수 없다고 하는데, 이는 이미 취소권을 행사하여 확정적으로 무효가 되었기 때문에 취소할 법률행위(의사표시) 자체가 없어서 더 이상 취소할 수 없다는 의미인가요? 아니면 취소는 할 수 있지만 무능력을 이유로는 취소할 수 없다는 것인가요?

Answer

무능력자가 무능력을 이유로 한 취소의 의사표시를 취소할 수 있는지에 관한 답변

취소의 의사표시도 법률행위로서 취소의 대상이 될 수 있습니다. 가령, 착오에 빠져 취소의 의사표시를 했다면 착오를 이유로 취소의 의사표시를 취소할 수 있습니다. 사기나 강박에 의하여 취소의 의사표시를 했다면 사기나 강박을 이유로 취소의 의사표시를 취소할 수 있습니다.

무능력자가 그의 의사표시를 무능력을 이유로 취소하였는데, 취소할 당시에 그 무능력자는 여전히 무능력 상태였습니다. 이 경우 취소의 의사표시도 무능력 상태에서 한 것이므로 취소의 의사표시를 취소할 수 있는지 문제될 수 있습니다. 그런데 민법 제140조에서는 무능력자는 독자적인 취소권자로 인정하고 있습니다. 이는 무능력 상태에서 벗어나지 않았더라도 적법하게 취소의 의사표시를 할 수 있다는 의미입니다. 따라서 무능력자은 자신이 무능력 상태에서 한 취소의 의사표시를 무능력을 이유로 취소할 수는 없습니다.

Question. 2

1. **한정치산자의 후견인이 한정치산자의 이름으로 소송을 제기하는 등의 소송행위를 함에는 친족회의 동의를 얻어야 하는 것이며 친족회의 동의를 얻지 아니한 채 제소하여 '사실심의 변론종결시'까지에 그 동의가 보정되지 아니하였다면 그 제소 등 일련의 소송행위는 그에 필요한 수권이 흠결된 법정대리인에 의한 것으로서 절차적 안정이 요구되는 소송행위의 성격상 민법 제950조 제2항의 규정에도 불하고 무효로 된다.**

2. **법정대리인의 소송행위에 필요한 친족회의 동의는 보정되면 행위시에 소급하여 그의 효력이 생기고 그 보정은 '상고심'에서도 할 수 있다.**

2001다5937 판시사항입니다. 1번에서는 사실심 변론종결시까지 동의가 보정되어야 한다하고, 2번에서는 상고심에서도 보정을 할 수 있다고 하네요. 사실심 변론종결시랑 상고심이랑 같은 건가요?

Answer

사실심 변론종결시와 상고심은 서로 다릅니다. 사실심 변론종결시를 기준으로 각 소송행위의 효력을 판단합니다. 그때를 기준으로 친족회 동의가 있었는지를 판단합니다. 원래는 후견인이 소송행위를 하기 위해서는 미리 친족회의 동의를 얻어야 하고, 이를 얻지 아니한 소송행위는 무권대리인에 의한 소송행위로서 무효입니다. 그러나 친족회의 동의가 사후적으로 이루어지면 소송행위의 하자가 치유될 수 있습니다. 결국 사실심 변론종결시를 기준으로 하여 하자가 치유되지 아니한 소송행위는 무효로 취급되어야 합니다.

그러나, 다른 한편 소송이 상고심(대법원)에 계속 중인 동안에 친족회 동의 흠결이라는 하자를 치유할 수 있을 것인가는 다른 문제입니다. 이 판결은 이를 인정한 것입니다. 그 결과 사실심 변론종결시까지 친족회의 동의가 보정되지 아니하여 후견인의 소송행위를 무효로 취급한 원심판결은 원래는 정당한 판단이지만, 상고심에서의 보정으로 결과적으로 부당한 판결이 되는 것입니다.

이태섭 조지사 [민총 · 물권편] 82쪽 (4)

甲의 부모 丁이 甲이 미성년자임을 이유로 위 카드이용계약을 취소한 경우, 甲은 현존이익을 보유하고 있지 아니하므로 A 카드사에 대하여 반환의무를 부담하지 아니한다. 정답 X

해설 무능력자는 선의·악의를 불문하고 현존이익의 범위에서 반환의무를 부담한다(제141조 단서). 신용카드회원계약이 무능력을 이유로 취소되는 경우, 무능력자가 반환하여야 할 부당이득반환의 대상은 신용카드가맹점과의 거래계약을 통하여 취득한 물품과 용익이 아니라 신용카드사가 가맹점에 대신 지급함으로써 면제받은 물품, 용역대금채무 상당액이고, 그와 같은 이익은 금전상의 이익으로 다른 특별한 사정이 없는 한 현존하고 있는 것으로 추정된다. 따라서 甲은 카드사가 대신 지급한 채무상당액을 부당이득으로 반환하여야 한다.

[大判 2005. 4. 15, 2003다60297 등] 미성년자가 신용카드발행인과 사이에 신용카드 이용계약을 체결하여 신용카드거래를 하다가 신용카드 이용계약을 취소하는 경우 미성년자는 그 행위로 인하여 받은 이익이 현존하는 한도에서 상환할 책임이 있는 바, 신용카드 이용계약이 취소됨에도 불구하고 신용카드회원과 해당 가맹점 사이에 체결된 개별적인 매매계약은 특별한 사정이 없는 한 신용카드 이용계약 취소와 무관하게 유효하게 존속한다 할 것이고, 신용카드발행인이 가맹점들에 대하여 그 신용카드사용대금을 지급한 것은 신용카드 이용계약과는 별개로 신용카드발행인과 가맹점 사이에 체결된 가맹점 계약에 따른 것으로서 유효하므로, 신용카드발행인의 가맹점에 대한 신용카드이용대금

의 지급으로써 신용카드회원은 자신의 가맹점에 대한 매매대금 지급채무를 법률상 원인 없이 면제받는 이익을 얻었으며, 이러한 이익은 금전상의 이득으로서 특별한 사정이 없는 한 현존하는 것으로 **추정된다.**

Question. 3

1. 이태섭 조지사 [민총 · 물권편] 82쪽 (4)에서 미성년자의 반환범위 특칙에 대해서 금전상 이익은 현존하는 것으로 추정되는데, 어떤 판례에서는 유흥비로 탕진하였을 경우 구체적 증명이 있는 것으로 보아 현존이익이 없다고 한 판례도 있었고 사례와 같이 질문 전제에서도 유흥비로 썼다는 점을 입증했음에도 현존이익이 있으므로 반환의무를 부담한다는 판례가 있는데 볼 때마다 헷갈립니다. 어떻게 구분할까요?

또 위 교재 (4)에서는 유흥비로 쓴 부분에 대해서도 가맹점으로부터 지급채무를 면제받는 이익이 있으므로 카드사에 대해 현존이익이 있다고 추정받는 것인가요?

2. 고등학생인 甲은 방학 중 알바로 모은 돈으로 오토바이를 타고 여행을 떠나기 위해서 X 대리점에 갔다. X 대리점 직원 乙은 甲이 양복을 입고 있어서 미성년자가 아니지 않을까 하고 생각하였으나 얼굴이 어려 보여서 甲에게 미성년자인지 물어보았다. 甲은 특별히 긍정도 부정도 하지 않고 못 들은 척 하고 있었으나 乙은 미성년자가 아닌 것으로 판단하고 더 이상 물어보지 않았다. 甲이 오토바이를 5일 동안 30만원에 빌려서 집에 도착하자, 甲의 부모는 기차를 타고 여행을 다녀오는 것이 좋다고 하면서 오토바이를 돌려주고 30만원을 받아오라 한다.

다음 중 17조의 해석과 관련하여 옳은 것?

A. 제17조의 사술은 소극적인 기망행위를 포함한다.

B. 제17조의 사술은 적극적인 기망수단을 사용한 경우에 비로소 성립한다.

(1) 알바로 모은 돈은 범위를 정하여 처분이 허락된 재산에 해당하기 때문에 그 돈으로 오토바이를 빌렸다면 범위를 정하여 처분이 허락된 재산의 의미에 관한 어느 견해를 취하든 상관없이 甲은 취소할 수 없다. (X)

(2) A, B 어느 견해에 따르건 미성년자 보호의 특성상 146조 취소권의 제척기간의 제한을 받지 않는다. (X)

위 문제에서 (1) 지문 중 용도를 정하여 허락한 재산의 범위라고 해석하는 견해에서 위 사례와 같이 미성년자의 법률행위 후에도 용도를 정해버릴 수 있고 또 취소가 능한가요?

법률행위 전후 불문 용도를 정한 목적을 벗어나면 미성년자의 계약을 취소가능한지 궁금하구요. (2)의 지문상 A의 견해에 따르면 사술로 취소권이 배제되고, 제146조의 취소권의 제척기간문제는 발생할 여지가 없기 때문에 한편으론 A의 견해에서는 맞는 지문처럼 보이고 B 견해에서는 당연히 취소권이 배제되지 않으며 일반적으로 제척기간의 제한을 받기 때문에 틀리다는 것이 맞구요.

이렇게 이해한다면 A의 견해에서는 맞다고 하면 저 지문은 문제가 있지 않나요?

Answer

1. 취소된 계약으로부터 취득한 이익이 무엇인지를 먼저 살펴야 합니다. 신용카드이용계약이 취소된 경우, 취소된 신용카드이용계약에 의하여 미성년자가 받은 이익은 카드를 이용하여 결제함으로써 가맹점에 대하여 부담하여야 할 대금채무를 면하는 이익을 얻은 것이지요. 그 이익은 금전상 이익으로 현존하고 있다고 보아야 합니다.

반면 취소된 계약으로부터 취득한 이익이 금전인 경우, 가령 미성년자가 매도인으로서 물건을 매각하고 대금을 지급받았는데, 매매가 취소된 경우에는 매도인인 미성년자는 취소된 매매로부터 금전을 취득하였습니다. 이 금전취득에 따른 이익은 현존하는 것으로 추정합니다. 그런데 이 취득한 금전을 유흥비로 탕진하였다면 현존하고 있지 않지요. 그 결과 반환의 대상인 이익이 없는 것입니다.

2. (1) 법률행위 당시를 기준으로 처분목적의 범위를 벗어난 처분인지에 따라 판단하여야 합니다. 가령, 여행경비로 사용할 것을 허용하였는데, 그에 따라 미성년자가 이를 사용하는 법률행위를 하였음에도 사용목적의 범위를 법정대리인이 다시 변경하거나 새롭게 이를 정할 수 있다고 해석할 수는 없습니다. 이는 처분허락의 취소에 해당하지요. 이미 법률행위를 하였다면 처분허락의 취소는 허용되지 않습니다.

(2) 취소권 제척기간의 적용문제와 사술의 의미를 어떻게 이해하는가 하는 문제가 서로 관련된 것인가를 묻는 것입니다. 사술의 의미를 어떻게 파악하는가에 따라 제척기간의 적용을 받고 받지 않고가 좌우되는지를 묻고 있습니다.

Question. 4

3월2일 참고자료3 신의칙 적용 여부가 문제되는 구체적인 예 9번

의사무능력자가 사실상의 후견인의 도움을 받아 체결한 대출계약을 의사무능력자의 특별대리인이 무효라고 주장하는 경우 의사무능력자가 사실상의 후견인이었던 아버지의 보조를 받아 자신의 명의로 대출계약을 체결하고 자신 소유의 부동산에 관하여 근저당권을 설정한 후, 의사무능력자의 여동생이 특별대리인으로 선임되어 위 대출계약 및 근저당권설정계약의 효력을 부인하는 경우에, 이러한 무효 주장이 거래관계에 있는 당사자의 신뢰를 배신하고 정의의 관념에 반하는 예외적인 경우에 해당하지 않는 한, 의사무능력자에 의하여 행하여진 법률행위의 무효를 주장하는 것이 신의칙에 반하여 허용되지 않는다고 할 수 없다.

민법 총칙 신의칙을 복습하는 도중에 의문점이 생겨서 질문드립니다.

위 사안에서 의사무능력자를 보호하는 법의 취지가 강행규정으로서 무효라는 점에서 신의칙에 반하지 않는 것은 이해가 되는데, 대출계약을 체결할 때 어떠한 점이 문제가 되었는지 찾지를 못하겠네요.

"사실상의 후견인이었던 아버지의 보조를 받아 자신의 명의로 대출계약을 체결하고" => 사실상의 후견인인 아버지의 보조를 받아 자신의 명의로 대출계약을 체결한 것이 문제가 되는 건가요? 사실상의 후견인이 어떤 의미를 가지는 것이기에 의사무능력자가 사실상의 후견인의 보조를 받아 대출계약을 체결했음에도 효력을 부인할 수 있는 것인가요? 후견인의 "동의"가 아닌 "보조"만을 받았기에 대출계약에 하자가 존재하는 건가요?

또한 의사무능력자의 아버지는 친권자인데. 법정대리인이라고 칭하지 않고 사실상의 후견인이라고 칭하는 이유는 무엇인가요?

후견인이면 후견인이지 "사실상"의 후견인이라는 것이 이해가 되지 않습니다. 근저당권을 설정한 후에 여동생이 특별대리인으로 선임되었기에, 특별대리인 선임 이전까지는 친권자인 아버지가 법정대리인이므로 아버지의 보조 하에 이루어진 계약은 유효한 거 아닌가요?

Answer

판례의 문장이든 교과서의 문장이든 우선 주어진 대로 읽는 것이 필요합니다. 대부분 글을 읽으면서 자기가 생각한 대로 글을 바꾸어 읽기 마련입니다. 이것이 습관이 된 사람은 텍스트가 말하고자 하는 바를 제대로 파악하지 못합니다.

질문하신 분도 그와 같은 습관이 있는 것은 아닌지 한 번 생각해보세요.

우선, 판례는 '의사무능력자'라고 하고 있습니다. '행위무능력자'나 '금치산자'라고 표현하지 않고 있습니다. '의사무능력자'라는 표현을 '행위무능력자'라고 읽고 있는 것은 아닌지 의문이 드네요.

의사무능력자가 한 법률행위는 무효라고 합니다. 의사무능력자가 법률행위를 하는 과정에서 누군가가 도움을 주었는데, 그 사람이 후견인이 아닙니다. 그렇다고 해서 의사무능력자의 법률행위가 흠이 없는 법률행위는 아니지 않습니까?

질문하신 분이 '동의'와 '보조'를 대비시켜 사고하는 것은 대출계약 체결행위가 마치 '행위무능력자'의 행위라고 생각하고 있음을 보여줍니다. 아닌가요? 또한 의사무능력자를 위한 법정대리인제도가 민법에 있나요? 물론 의사무능력자가 동시에 소송능력이 없다고 판단되는 경우, 소송능력이 없는 자를 위하여 민사소송 절차에서 특별대리인이 선임될 수는 있지만 말입니다.

주소 및 부재와 실종

Question. 1

아래 1, 2 행위) 모두 부재자재산관리인선임 취소결정이 되지 않은 전제아래,

1 행위). 실종기간만료 후 실종선고 전, 부재자재산관리인의 권한행사 --> 유효 (선임결정취소 전이므로)

2 행위). 실종선고 후 그의 권한행사 --> 무효 (비록 형식적으로 선임결정이 취소되지 않았지만, 사망의제를 판단하는 가정법원의 실종선고결정 속에는 살아있다는 전제 아래 자신이 내린 과거의 결정<부재자 재산관리인 선임결정>의 취소도 포함된다고 해석할 수 있기 때문)라고 이해하였습니다.

제가 궁금한 건 1 행위)가 사법상의 실체적 권리행사라면, 1 행위)도 실종선고 소급효의 영향을 받아 무효가 되지 않나? 하는 것입니다.

1행위)가 공법상 혹은 절차법상의 행위로 평가되어서 대판 1992.7.14. 92다2455 처럼 다른 법리가 적용되는 것인가요?

위에서 언급한 2행위)가 현실에서 문제가 된다면, 그 행위가 법원의 허가 얻은 적법하게 보이는 처분행위였을 때 그 유무효가 논란이 될 수 있을 터인데, '실종선고를 내리고 사망간주시킨 사람의 부재자 재산관리인에게 가정법원 스스로가 허가를 내줄리 없다'라는 생각도 들었습니다.

Answer

1행위가 사법상 실체적 권리행사라면 무효가 되지 않나? 라는 의문에 대하여 답합니다. 실종기간 만료 후 실종선고 전에 부재자재산관리인의 권한행사는 나중에 실종선고가 취소되더라도 여전히 유효하다는 것이 대법원의 입장입니다. 그 권한행사가 사법상 권리행사라고 하더라도 마찬가지입니다.

가령, 부재자재산관리인이 법원의 허가를 받아 부재자재산을 처분하는 행위를 하였고, 그 후에 부재자에 대하여 실종선고가 내려졌다고 한다면 부재자재산관리인의 처분행위(사법상 권리행사)가 무효로 되지는 않습니다. 이를 무효로 하는 것은 처분행위 상대방의 신뢰를 보호하지 못하기 때문입니다.

Question. 2

실종선고 관련 판례에서 " 피상속인 사망 후에 실종선고가 이루어졌으나 실종기간이 사망 이전에 만료된 경우에는 실종선고를 받은 자는 상속인이 될 수 없다 " 문장이 국어적으로 이해가 잘 안가서 질문드립니다

저는 '1. 아버지가 사망했다, 2. 그 후에 아들에 대한 실종선고가 있었다, 3. 아들의 실종기간 만료 시점이 아버지의 사망 이전이었다, 4. 아버지의 사망시점보다 아들의 사망시점이 이전인 것으로 간주되므로 아들은 아버지를 피상속인으로 하는 상속인이 될 수 없다.'라고 이해했는데 맞는 것인지 궁금합니다.

Answer

네. 옳게 이해하셨습니다.

Question. 3

이태섭 민법판례정리Ⅰ 16쪽의 5번 판례를 보면, 실종선고와 상속에 관한 구관습법의 적용 (대법원 1992.2.25 선고 91다 4605 판결)

"법원이 현행 민법 시행일 후에 피상속인에 대하여 실종선고를 하였다면, 민법 부칙 제 25조 2항에 의하여 그 실종기간이 구 민법 시행기간 중에 만료하였더라도 그로 인한 상속순위, 상속분 기타 상속에 관하여는 현행 민법의 규정을 적용하여야 하므로..." 이라고 나와 있고 진도별 모강 제2회 12번의 보기 ㄹ은 "현행 민법이 시행되고 있는 동안에 실종선고를 받아 그 사망의제 시점이 현행 민법 시행 전으로 되는 경우, 실종선고를 받은 사람이 상속인이 되는지 여부 및 그 상속분에 관해서는 현행 민법을 적용한다."라고 되어있습니다.

여기서 보기 ㄹ이 틀린 이유를 잘 모르겠네요.

Answer

실종자를 피상속인으로 하여 실종선고에 의하여 상속이 개시되는 경우에는 부칙 제25조 제2항이 적용됩니다. 그러나 실종선고로 인하여 상속이 개시되는 경우가 아닌 때에는 부칙 제25조 제2항이 적용되지 않습니다. 가령, 실종자가 상속인(피상속인이 아닌)이 되는 경우는 실종선고로 인하여 상속이 개시되는 경우가 아니므로 부칙 제25조 제2항이 적용되지 않습니다.

Question. 4

강의 들을 때, 부재자로부터 재산처분권까지 부여받은 경우, 원칙은 재산의 처분에 법원의 허가를 요하지 않지만 예외로 부재자의 생사가 분명하지 않게 되었다면 재산의 처분에 법원의 허가를 받아야 하는 것으로 이해했는데요.

제53회 사시기출문제 1번 ㄹ 지문을 보니 제가 잘못 알고 있는 것 같아서요.

"부재자가 재산관리인을 선임하면서 처분권까지 부여하였더라도, 이후 부재자의 생사가 분명하지 않게 되었다면 위 부재자 재산관리인의 처분행위는 법원의 허가를 받아야 한다."(틀린 지문임)

가정법원이 재산관리인을 개임하지 않았다면 부재자가 둔 재산관리인은 여전히 원래대로 법원의 허가 없이 재산처분권을 행사할 수 있는 건가요?

Answer

네, 맞습니다. 부재자의 생사가 분명하지 않게 되었다고 하더라도 부재자 본인이 선임한 재산관리인의 지위가 곧바로 변경되는 것은 아닙니다. 따라서 종전의 권한을 행사할 수 있는 것이지요. 다만, 부재자의 관리가 불가능할 것이므로 이해관계인 등이 재산관리인의 개임 등을 청구할 수 있고, 이에 따라 법원은 재산관리인을 개임할 수도 있고, 유임하면서 감독만 할 수도 있습니다. 이렇게 법원이 관여하게 되면 종전 재산관리인의 지위는 법정대리인으로 변경되게 됩니다. 그 이후에는 법원에 의하여 선임된 재산관리인과 마찬가지로 그 권한의 범위가 정해집니다.

Question. 5

실종자 甲에 대하여 배우자 乙이 실종선고 청구를 하여 실종선고의 효력이 발생하였으나 이후 甲이 생환하여 실종선고가 취소되었다. 실종선고 후 그 취소 전 선의인 배우자 乙은 실종자 甲의 유일한 부동산을 선의인 丙에게 1억 원에 매도하였고 이를 丙이 악의인 丁에게 1억 1천만 원에 매도하였다.(배우자 乙은 매도대금 중 생활비로 절반을 소비하였다). 쌍방선의설에 의한 경우에 부동산은 甲에게 회복되는데 이때 악의인 丁과 선의인 丙 그리고 선의인 배우자 乙 사이의 재산관계는?

정확하게 몰라서 여쭙니다.

먼저 악의인 丁과 선의의 중간자 丙과의 담보책임에 대해서는 丙의 이전불능이 오직 악의인 丁의 유책사유에 의하기 때문에 담보책임을 지지 않습니다.(대판)

丙과 乙사이에서는 아무런 재산관계의 변동이 없습니다

乙과 甲과의 사이에서는 乙은 선의이므로 현존이익한도에서 甲에게 반환하면 되는 것인가요?

甲이 부동산을 회복하면서 악의의 丁에게 乙로 부터 받은 현존이익을 양도하면 되는 것인가요? 만약 그렇다면 이때의 양도의 성질은 무엇인가요? 원상회복? 부당이득반환?

아니면 乙에게서 바로 丁에게 현존이익을 양도하는 것인지요. 이때는 그럼 담보책임이 되나요?

Answer

1. 악의의 정과 선의의 병 사이에서 매도인 병은 정에 대하여 담보책임을 지지 않는다고 생각하시는 것 같은데, 이는 의문입니다. 정이 소유권을 취득하지 못한 이유가 정의 유책사유에 의한 것이기 때문이라는 점도 의문입니다. 정은 실종선고를 받은 갑이 생존하고 있다는 사실을 알고 있을 뿐입니다. 매도인 병이 소유권을 취득하여 이를 정에게 이전할 수 없도록 한 것은 아닙니다. 따라서 오로지 매수인의 귀책사유로 인하여 이전불능이라는 결과가 발생한 것은 아닙니다. 병은 정에 대하여 담보책임을 져야 할 것입니다. 다만, 담보책임 내용 중에서 손해배상은 청구할 수 없을 것입니다. 권리하자를 정이 알고 있기 때문이지요. 그러나 소유권을 취득할 수 없는 상황에서 매매계약을 해제하고 이미 지급한 매매대금도 돌려받을 수 없다는 것은 대단히 부당하지요.

2. 병은 을에 대하여 담보책임을 물을 수 있습니다. 병은 선의자이므로 병은 을에 대하여 손해배상까지 청구할 수 있습니다.

3. 갑은 정으로부터 부동산을 회수하거나 아니면 기존의 매매의 효력을 인정하고, 을에 대하여 실종선고로 인하여 직접 얻은 이익을 반환받을 수도 있습니다. 이때 을은 선의자이므로 현존이익의 범위에서 반환하면 족합니다. 그러나 갑이 부동산도 회복하고, 을로부터 현존이익도 받을 수는 없습니다.

제2절 법인

권리능력 없는 사단

Question. 1

사찰재산의 권리처분권자와 관련한 판례인

"사찰 재산의 관리처분권은 그 사찰을 대표하는 주지에게 일임되어 있는 것이므로 사찰의 주지가 소속 종단의 결의나 승인 등 내부적인 절차를 거치지 않았다고 하더라도 그 처분행위는 유효한 것이다. (2003.9.2. 2003다22028)"와 관련하여

총유물의 관리 처분은 단체의 정관에 의하고, 정관이 없으면 단체의 총회결의로 해야 하고, 총유물의 관리처분은 강행규정이므로 위반시 무효라고 배웠는데요,

위 판결에서 사찰 재산은 총유물인데, 종단의 결의나 승인이 없는 경우에도 대표자의 처분행위가 왜 유효로 되나요?

Answer

사찰이 비법인사단이라고 가정합시다. 그런다고 하더라도 소속 종단과는 다른 별개의 주체이지요. 종단의 내부적 절차를 거쳐야 그 처분행위가 유효한 것은 아닙니다. 오히려 사찰이 가지는 내부적 절차는 준수해야 하겠지만, 소속 종단의 내부적 절차를 반드시 거쳐야 하는 것은 아닙니다.

기출문제완전분석 2011대비 33쪽 4번 문제 ⓒ 지문

다음 사례에 관한 설명으로 옳은 것을 모두 고른 것은?(다툼 있으면 판례에 의함) [09년 사례]

X부동산의 소유자 甲은 乙 비법인사단의 대표 丙과 X를 3억 원에 매도하기로 하는 계약을 체결하고 계약금 3,000만 원을 받았다. 공익사업을 수행해 오던 乙의 명성과 권위를 믿고 매매대금을 완불받지 않은 상태에서 甲은 丙에게 소유권이전등기에 필요한 서류 일체를 교부하였다. 丙은 乙 명의로 X의 소유권이전등기를 경료하는 것과 동시에 丁으로부터 乙 명의로 3억 원을 차

용하고 그 담보로 X에 대해 저당권을 설정해 주었다. 丙은 위 차용금 3억 원을 개인 사업자금으로 유용하였다. 乙의 정관에는 부동산 매매와 부동산의 담보제공의 경우에는 이사회의 결의가 있어야 한다고 규정되어 있다. 그러나 丙은 이사회의 결의 없이 위 모든 거래를 수행하였다.

㉠ 丙의 대표권 제한의 사실을 甲이 알았거나 알 수 있었음을 乙이 증명하면 甲과 乙 사이의 매매계약은 무효가 된다.
㉡ 丁이 丙의 차용금 유용 의사를 알았거나 알 수 있었을 경우에는, 乙과 丁 사이의 금전소비대차계약은 무효로 되며 丁은 저당권을 취득하지 못한다.
㉢ 丁이 乙에게 X부동산의 소유권이 귀속되었다고 과실없이 믿었다면, 丙의 대표권제한을 甲이 알았는지 여부와 무관하게 丁은 저당권을 취득한다.
㉣ 乙이 丙의 대표권 제한의 사실을 甲이 알 수 있었음을 증명한 경우, 甲은 乙에게 매매대금 상당의 손해배상을 청구할 수 있지만, 배상액은 甲의 과실만큼 상계된다.
㉤ 丁이 저당권을 취득하지 못하더라도, 丙의 대표권 제한의 사실 또는 대표권의 남용에 관하여 丁이 알았거나 알 수 있었음을 乙이 증명하지 못하는 한 乙은 丁에게 금전소비대차상의 원리금을 지급하여야 한다.

① ㉠,㉡,㉢,㉣,㉤　② ㉠,㉡,㉢,㉣　③ ㉠,㉡,㉣,㉤
④ ㉡,㉢,㉣,㉤　⑤ ㉠,㉡,㉣　⑥ ㉠,㉡,㉤
⑦ ㉡,㉢,㉣　⑧ ㉡,㉣,㉤

Question. 2

기출문제완전분석 2011대비 33쪽 4번 문제 ㉢ 지문에 관해 질문이 있습니다.

해설에서 丙의 대표권제한을 甲이 알았기 때문에 甲과 丙사이에 체결된 매매계약이 무권대표로서 무효가 되어 별도로 선의의 3자 보호규정이 없기 때문에 정이 저당권을 취득할 수 없다고 되어 있는데, 여기에 제107조를 유추하여 대표권 제한을 설명한 것이 맞나요? 제107조2항에서는 선의의 3자에게는 대항하지 못하는 것으로 상대적 무효를 밝히고 있는데 그렇다면, 제107조를 유추하여 여기서 정은 선의의 3자이니까 보호를 받을 수 있지 않을까요? 직접적인 보호규정이 없기 때문에 보호가 안 된다는 것인지 궁금합니다.

Answer

비법인사단의 대표자의 대표권이 내부적으로 제한되어 있는 경우, 대표권 범위를 넘어선 대표행위의 효력은 상대방이 대표권 제한사실을 알았는지 및 알 수 있었는지 여부에 따라 좌우됩니다. 이는 제107조 제1항 단서가 유추되기 때문이 아닙니다. 이는 대표권의 범위를 넘어섰기 때문에 무효로 되는 것입니다(무권대표). 물론 내부적 제한을 대외적으로 주장하기 위해서는 상대방이 알았거나 알 수 있었어야 합니다.

참고로 제107조 제1항 단서가 유추되는 것은 대표권이 남용되는 경우입니다. 대표권남용이란 대표권 범위 내에서 대표행위가 행하여졌지만, 배임적 의도로 행하여진 경우를 말합니다.

Question. 3

지원림 저 민법강의 제9판 112쪽에 "종장과 별도로 종중의 대표자를 선임하였다면 종장은 대외적으로 종중을 대표하지 못한다"라고 되어있는데요.

그러면 이 말은 별도로 종중대표자를 선임하지 않았다면 종장이 대표가 된다는 뜻인가요?

Answer

맞습니다.

Question. 4

법인의 대표가 대표권을 남용하는 경우 제107조 제1항 단서를 유추 적용하는데 비법인사단에서의 대표권남용시에도 똑같이 유추적용되어 처리되나요?

Answer

유추됩니다.

Question. 5

비법인사단 대표자의 배임행위가 상대방의 악의나 중대한 과실로 법률행위의 효력이 부정되는 경우 상대방의 법인에 대한 불법행위책임을 묻는 것은 별개입니다. 이때 상대방이 대표자의 배임행위 사실을 알았거나 중대한 과실로 몰랐을 경우 대표자의 직무관련성이 부정되어서 상대방은 불법행위 책임도 물을 수 없는 걸로 알고 있습니다. 여기에서 상대방이 배임행위를 알았거나 중대한 과실로 모른 경우 사법상의 효력과 불법행위 책임 모두가 당연히 부정되는지요?

Answer

질문의 요지를 정확하게 파악하기가 어렵습니다.

"사법상 효력"이 부정되는지를 물었는데, "사법상 효력"이 무엇을 의미하는지 알 수가 없네요. 법률행위에 따라 법인이 부담하는 이행책임을 의미하는 것이라면 그 책임은 대표권남용으로 부정됩니다.

"당연히" 부정되는지를 물었는데, "당연히"라는 의미도 무엇인지 알기가 어렵네요. 당사자가 소송에서 주장하지 않더라도 법원이 "직권"으로 판단하여 그 책임을 부정하여야 한다는 의미로 물었는지 궁금하네요. 그런 의미에서 "당연히" 부정되지는 않습니다.

Question. 6

X 부동산 소유자 甲은 비법인사단 乙의 대표 丙과 X를 3억 원에 매도하기로 하는 계약을 체결하고 계약금 3천만 원을 받았다. 乙의 정관에는 부동산매매와 부동산의 담보제공의 경우에는 이사회의 결의가 있어야 한다고 규정하고 있다. 乙이 丙의 대표권 제한의 사실을 甲이 알 수 있었음을 증명한 경우 甲은 乙에게 매매대금 상당의 손해배상을 청구할 수 있지만,

그리고 선생님의 해설에서는 '손해란 ...도 아니고 기왕의 등기이전비용과 장래의 등기이전비용정도가 될 것이다'라고 기술되어 있습니다.

계약금 3천만 원은 甲이 직접적으로 입은 손해가 아닌가요? 비법인사단인 乙에게

는 청구할 수 없고 甲에게만 청구할 수 있는 손해입니까? 그렇다면 그 이유는 무엇인가요?

제 생각에는 甲은 비법인사단 乙에게 제35조 제1항의 직무관련성을 근거로 계약금 3천만 원에 대한 손해배상을 청구할 수 있을 듯합니다. 그것이 법인이 대표자에 대한 책임을 지라는 제35조의 취지가 아닌가요?

Answer

매도인 甲과 매수인 乙(비법인사단) 사이의 매매계약에서 乙의 대표 丙이 대표권의 내부적 제한을 위반하였다는 사실을 갑이 알았거나 알 수 있었다면 甲과 乙 사이의 매매계약은 무효로 됩니다. 비법인사단의 대표자의 대표권이 내부적으로 제한되더라도 이를 등기할 방법이 없으므로 등기가 있었는지 여부로 그 위반행위의 효력을 따지는 민법 제60조는 적용되지 않습니다. 판례는 거래상대방이 대표권의 내부적 제한을 알았거나 알 수 있었다면 그 위반행위의 효력을 무효라고 보고 있습니다.

甲과 乙 사이의 매매가 무효인 경우, 甲이 乙로부터 이미 지급받은 계약금은 부당이득이 되어 반환되어야 합니다. 질문하신 분은 甲이 乙에게 3천만 원을 돌려주어야 하므로 이는 甲의 손해가 아닌가 하는 생각을 하고 있는 것 같습니다. 잘 생각해보십시오. 매매가 무효라면 갑은 당연히 매매대금을 지급받을 수 없습니다. 甲이 자신의 자금을 을에게 지급해야 하는 것은 아닙니다. 乙의 대표자 丙이 무효인 매매계약 체결을 유도하였다는 점이 불법행위를 구성할 수는 있습니다. 이때 甲이 입게 되는 손해는 丙의 그와 같은 행위가 없었더라면 甲에게 있었을 재산상태와 현재의 재산상태의 차이가 바로 손해입니다(차액설). 매매계약이 체결되지 않았더라도 甲에게 있었을 재산상태가 을로부터 지급받은 계약금을 보유하는 상태는 아닐 것입니다.

해설을 자세히 읽어보시면 매매대금을 지급받지 못하게 되는 것이나 이미 지급받은 계약금을 돌려주어야 하는 것은 매도인의 손해가 아니라고 설명하고 있습니다. 손해의 개념을 잘 생각해보시면 쉽게 이해할 수 있을 것입니다.

Question. 7

판례관련 질문

판례번호가 생각이 나질 않는데 기본서에서 선생님께서 강의하셨던 판례 중에 비법인사단인 종중의 대표자가 종중의 재산을 자신의 재산으로 매수인을 기망해서 매매계약을 체결하고 계약금과 중도금까지 받았는데 그 후 잔대금 지급전에 상대방이 그 사실을 알게 되고 항의하자 대표자가 사원총회결의서를 임의로 작성해서 매수인으로부터 잔대금을 지급받고 등기를 넘겨줬는데 종중이 총회의 결의가 없다는 이유로 소송을 제기해서 재산을 돌려받은 사안이었는데요, 여기서 쟁점이 됐던 게 대표자의 매매계약 체결행위의 효력, 대표자의 종중재산 처분행위의 효력과 비법인사단의 손해배상의 내용과 범위 부분이 논점이 됐었는데, 첫 번째 쟁점인 매매계약 체결행위의 효력과 관련해서 타인권리매매로서 유효라고 하셨는데, 일반 문제집을 보던 중 이런 지문이 나왔습니다.

"비법인사단의 대표자의 재산처분행위는 정관에 특별한 규정이 없고, 사원총회의 결의가 없다면 민법 제275조 제276조에 의해 절대적으로 무효이다. 이러한 논리는 종중이 타인에게 속하는 권리를 처분하는 경우에도 적용된다." 라는 내용이었는데 이게 맞는 지문이더군요.

위 판례의 경우를 보면 처음에 매매계약을 체결했던 대표자의 행위도 타인권리매매에 해당하는데 법인의 대표자로서의 신분이 아닌 상대방을 기망하여 일반 사람의 신분으로서 종중재산에 관한 매매계약을 체결해서 유효로 된다는 것인가요? 그리고 타인권리매매에도 적용이 된다는 말이 구체적으로 무슨 말인가요? 종중의 재산이 아닌 타인의 재산을 법인의 대표자가 처분할 때 총회의 결의가 필요하다는 것인지 궁금하네요.

채권행위인 계약체결행위가 타인권리매매라면, 총회결의가 없으면 그냥 전부 다 무효가 된다는 건지 궁금합니다.

Answer

물어보신 문제 중 '비법인사단의 대표자의 재산처분행위'를 어떻게 이해하고 문제를 푸셨는지 궁금합니다. 저 표현은 매우 다의적입니다.

1. 비법인사단의 대표자가 그 대표자의 개인재산을 처분하는 행위를 의미하는지
2. 비법인사단의 대표자가 비법인사단의 재산을 비법인사단을 당사자로 하고, 대표자의 지위에서 처분하는 행위를 의미하는지
3. 비법인사단의 대표자가 비법인사단의 재산을 마치 자신의 재산으로 처분하는 행위를 의미하는지 명료하지 않은데, 어떻게 이해하고 계신가요?

제 생각에는 그 지문이 묻고자 하는 바는 총유재산의 처분방법을 묻는 것으로 보입니다. 그렇다면 '비법인사단의 대표자의 재산처분행위'라는 의미는 2)로 이해하고 문제를 풀어야 할 것입니다.

그런데, 비교하시고 있는 판례는 3)의 경우를 다루고 있는 판결이므로 전혀 사안을 달리하는 것입니다. 3)의 경우에는 타인권리매매일 뿐이지요.

법인의 설립

Question. 1

조합설립인가행위는 그 대상이 되는 기본행위를 보충하여 법률상 효력을 완성시키는 보충행위로서, 이러한 인가의 유무에 따라 기본행위의 효력이 문제되는 것은 구 주택건설촉진법과 관련한 공법상의 관계에서이지 주택조합과 조합원 사이의 내부적인 관계에까지 영향을 미치는 것은 아니다.

1. 법인설립은 허가주의인데, 조합설립은 인가, 보충행위로서 인가주의가 적용되나요?
2. 위 지문에서 묻고자 하는 것은 법인설립은 허가주의인데 반해, 조합설립은 인가주의라는 차이점을 묻는 것인가요?
3. 왜 인가의 유무에 주택조합과 조합원 사이의 내부적인 관계에까지 영향은 없나요?

Answer

1. 민법상 법인설립주의가 허가주의이지 모든 사법인의 설립주의가 허가주의인 것은 아닙니다. 주택건설촉진법상 주택조합은 인가주의가 적용됩니다(주택건설촉진법 제44조).

2. 3. 위 지문은 인가받지 아니한 경우, 영향을 받는 주택조합의 행위가 무엇인가를 묻는 지문입니다. 인가받지 않더라도 사단으로의 실체를 가지고 있다면 내부적 관계에서는 영향이 없습니다.

법인의 능력

Question. 1

1. 불법행위와 위법행위가 다른 것 같은데, 두 개념의 차이가 잘 이해되지 않습니다.
2. "법인의 불법행위능력"(130쪽~)에서 (2)에 대표기관의 부정한 대표행위의 경우를 따로 나누어서 설명하고 있는데 이 부분도 개념이 잘 이해되지 않습니다.

불법행위와 부정한 행위의 차이점이 무엇인지, 개념정리 하는데 도움을 부탁드립니다!!

그리고, 부정한 대표행위의 예로 대표권남용이 있는데, 그럼 대표권남용은 불법행위가 아닌가요?

Answer

1. 위법행위에는 불법행위도 있지만, 채무불이행도 있습니다. 위법행위란 법질서가 허용하지 않는 행위를 말합니다. 반면에 불법행위는 손해배상을 목적으로 하는 채권관계를 발생시키는 원인행위(법률요건)입니다. 위법행위가 고의나 과실에 기인한 행위이며 동시에 상대방에게 손해를 가하는 행위가 불법행위입니다.
2. 대표기관이 법률행위를 하였는데, 그 법률행위가 부정한 행위로서 행위의 효력이 부정됩니다. 이러한 경우, 법인의 불법행위책임을 인정할 수 있는지 여부를 다루는 것이 "대표기관의 부정한 행위"에서 논의하는 내용입니다. 법률행위의 효력이 부정된다면 법인의 책임을 부정한다는 의미인데, 한편으로 법인의 불법행위책임을 인정하면 다시 법인으로 하여금 책임을 지우는 것이므로 상호 모순되는 것이 아닌가 하는 의문이 생기게 됩니다. 여기에서 대표기관의 부정한 대표행위로 인한 법인의 불법행위책임 인정여부가 논의되는 것이지요. 이러한 이해을 바탕으로 책을 보시기 바랍니다.

Question. 2

법인의 권리능력에서 목적 범위 유월의 법률 행위는 절대적 무효라고 하셨는데 정관의 목적 범위에서 벗어나면(정관에 목적이 기재만 되어 있으면) 총유물의 관리 처분처럼 등기여부에 상관없이 제 3자나 상대방에게 바로 무효임을 주장할 수 있는 것인지요?

또 이렇게 이해하려고 하니 뒷부분에 대표권 유월의 대표행위에서 대내적 제한(정관에 의한 제한)의 경우 효력 요건으로서 정관이 기재가 되고 법인의 경우 제3자에게 대항요건으로서 등기가 필요하다고 하는데 위와 연결시켜서 상대방의 경우엔 등기여부에 상관없이 대내적 제한으로 무효를 주장할 수 있고 제 3자에겐 등기가 필요하고, 이렇게 이해하려다 보니 위의 절대적 무효라는 말이 또 걸리구요.

아니면 제34조 / 제41조 , 제60조로 아예 다른 것을 같은 선상으로 보고 있어서 헷갈려 하는지요.

권리능력과 행위능력부분으로 다르다는 것은 알겠는데 지원림 저에서도 "법인이 정관 소정의 목적의 범위 내에서만 권리능력(또는 행위능력)을 가지는가 하는 점이 문제된다 " 라고 되어 있는데 어떻게 파악해야 하는지 감이 안 옵니다.

Answer

정관에서 정한 목적과 정관에서 정한 대표자의 권한 제한은 그 모습이 서로 다를 것입니다.

가령, 정관에서 정한 목적은 '노숙자 구호'라고 가정합시다. 노숙자 구호라는 정관 목적 달성에 전혀 필요하지 아니한 행위는 절대무효입니다. 반면 정관에서 정한 대표자의 권한 제한이 '이사회 결의를 얻어 법인의 부담이 될 법률행위를 하여야' 하는 것이라고 가정합시다. 이사회결의가 필요한지 여부를 등기를 통해 공시하지 아니하면 제3자에게 대항할 수 없습니다.

정관목적과 대표권제한을 동일한 것으로 생각하시는 것 같군요. 그러나 양자는 그 의미가 전혀 다른 것입니다.

Question. 3

지원림 저 민법강의 제9판 334쪽 [2-339]에 따르면 법인의 불법행위책임과 대표행위에서 법인은 표현대리 적용 안한다고 설명해 주셨습니다. 그 이유로 개별적 법령에 의한 제한 유월은 강행규정위반으로 무효이고, 내부적 제한 위반시 등기가 있으면 표현대리 가능성이 없고, 등기가 없으면 유권대리 쪽으로 가면 되기 때문이라고 설명해주셨습니다.

1. 여기서 법인이라는 게 비사단법인까지 포함하는 건가요?
비사단법인의 경우 등기가 없으므로 표현대리가 성립할 여지가 있지 않나요?
민법총칙 기본강의 종강 후 나눠준, 객관식 추가20문 18번, ㄷ, "은행이 종중 A에게 표현대리책임을 묻는 주장"에 대한 해설을 보니, '총유재산인 종중재산에 저당권을 설정하는 행위는 총유물 처분행위에 해당이며, 정관절차와 종중총회 결의 없이 한 행위여서 강행규정을 위반한 행위의 무효로서, 표현대리의 법리가 적용될 수 없다'라고 나왔습니다.
이는 역설적으로 해석하면 "강행규정 위반행위가 아닌 무효사유는 표현대리의 법리가 적용될 수 있다"라고 해석이 되는데 맞는지요?
2. 이 사안에서 만약 대표자 甲이 총유물 처분이 아닌 행위를 했을 시, 상대방인 은행은 원칙적으로 유효를 주장할 수 있습니다. 그럼에도 은행이 종중A에게 표현대리책임을 물어서 유효를 주장한다는 게, 전혀 의미가 없는 거 아닌가요?
어차피 자신이 악의 과실이 아닌 이상 유효이므로, 표현대리책임을 사용하여 주장하는 일은 없을 거고, 만약, 악의과실이여서 무효이더라도, 표현대리에서 악의과실은 무효사유이므로 표현대리책임을 주장할 일도 없을 거고, 만약, 총유물 처분 위반 행위를 하면 강행규정위반으로 당연무효이므로, 표현대리 주장은 의미가 없으므로, 결국 비법인사단에서 표현대리주장은 아무런 실익이 없진 않나요?
단지, 대표권 남용행위의 효력에서 상대방의 적극가담일 경우 절대무효이고, 악의과실일 경우 상대무효인 반면, 표현대리에서는 직접상대방의 선의,무과실을 보호해주는 차이가 있으므로 전득자에 대한 실익의 차이가 있는데 전득자의 경우에서 보아도 표현대리로 주장해서 이득 될 게 아무 것도 없는 거 같고, 두 물음에 대한 답변해주신다면 감사하겠습니다.

Answer

1. 질문이 보다 명료했으면 합니다. 무엇을 묻는 것인지 알기가 곤란하네요.
표현대리가 성립할 여지가 있지 않나요? ⇒ 표현대리의 법리가 적용될 여지가 있습니다. 비법인사단의 대표자의 대표권을 내부적으로 제한하는 것이 얼마든지 가능합니다. 그러나 그와 같은 내부적 제한을 알지 못하는 선의의 거래상대방은 보호되어야 할 필요가 있습니다. 내부적 제한을 알지 못하고, 알지 못함에 과실이 없는 거래상대방은 그 거래행위가 유효라고 주장할 수 있습니다. 표현대리의 법리가 적용됩니다.

이는 역설적으로 해석하면 "강행규정 위반행위가 아닌 무효사유는 표현대리의 법리가 적용될 수 있다"라고 해석이 되는데 맞는지요? ⇒ '강행규정 위반행위가 아닌 무효사유'가 무엇을 의미하는지 알 수 없네요. 질문하신 분은 강행규정 위반행위에 대하여 표현대리의 법리가 적용될 수 없다는 법리를 강행규정 위반행위가 아니라면 표현대리의 법리가 적용될 수 있다는 식으로 이해하려는 듯합니다. 먼저 반대해석을 하기 전에 강행규정 위반행위에 대하여 표현대리의 법리가 적용될 수 없는 이유를 생각해 보아야 합니다. 법리의 내용을 생각하지 않고 반대해석을 하면 오류에 빠질 수밖에 없습니다. 표현대리는 대리권의 존재를 신뢰한 거래상대방을 보호하는 제도입니다. 대리권이 제한되어 있음에도 제한되지 않았다고 신뢰한 거래상대방을 보호하고자 하는 것이지요.

그런데 법률행위가 강행규정을 위반한 경우에는 대리권이 존재하더라도 그 행위는 무효로 될 수밖에 없습니다. 따라서 표현대리의 법리를 적용할 수 없는 것이지요. 자, 이렇게 이해하고 생각해보세요. 무효사유가 무엇인가에 따라 표현대리의 법리가 적용될 수도 있고, 적용되지 않을 수도 있습니다. 대리권이나 대표권이 제한되어 무효로 되어야 하는 사유임에도 이를 거래상대방이 알지 못하였고, 알지 못함에 과실이 있는 경우에만 표현대리의 법리가 적용됩니다.

법인의 기관

Question.

법인의 대표권제한 중 내부적 제한 외에 법률의 규정에 의한 제한이 그 제한 규정이 강행규정인지 임의규정인지에 따라서 효과의 차이가 있나요? 즉 청산인의 잔여재산 처리에 관한 제한 규정인 제80조가 임의규정이라면 등기 없이도 대표권이 제한되는지요?

대표권을 제한하는 법률규정이 임의규정이라면 등기가 필요한지 여부를 묻는 질문으로 보입니다. 대표권을 제한하는 법률규정이 임의규정인 경우가 있나요?

Answer

제한규정을 위반하여 대표권을 행사하더라도 대표행위의 효력에 영향이 없는 것이라면 대표권을 제한하고 있다고 할 수 없겠지요.

청산인의 잔여재산 처리에 관한 제80조는 강행규정입니다. 또한 이는 대표권의 제한규정이라기 보다는 대표행위의 효력이 발생하기 위한 요건을 규정하고 있는 조문입니다. 마치 총유재산을 처분하기 위해서는 정관 혹은 사원총회 결의가 있어야 한다는 규정처럼 말입니다.

법인의 소멸

Question.

1. 지원림 저 민법강의 제9판 152쪽 해산결의에서 총 사원 4분의 3 이상의 동의가 있어야 하지만 그 수를 정관으로 달리 정할 수 있다는 것은 예를 들어 소집절차에서 1주일 전 통지를 해야 하는 것에서 1주일 이하로 단축할 수는 없으나 연장할 수 는 있다는 것과 같이 "총 사원의 4분의 3"이라는 기준은 Up & Down 이 모두 가능한 것인지 아니면 그 이상만 가능한 것인지(예를 들어 5분의 4 등)

2. 지원림 저 민법강의 제9판 154쪽 b) 변제에서 "채권신고기간 내에 신고하지 않은 채권자는 청산에서 제외되지만, 법인의 채무를 완제한 후에도 귀속 권리자에게 인도되지 않은 재산에 대하여 변제를 청구할 수 있다"라고 적혀있는데, 여기서 말하는 귀속 권리자에게 인도되지 않은 재산이란 것이 어느 단계의 재산인지 궁금합니다. 혹시, 채권자들에게 채무를 다 변제하고 남은 재산(사실상 이 남은 재산이 정관에 기재되어 있는 등의 귀속 권리자에게 인도된다)인지요?

Answer

1. 해산결의 요건은 정관으로 달리 정할 수 있습니다. 이때 정관의 내용은 문제되지 않습니다. 총 사원 4분의 3이 아니라 전원의 동의가 있어야 한다고 정할 수도 있고, 특정한 사원에게 해산결의 거부권을 부여하는 것도 가능합니다. 총 사

원 3분의 2이상의 동의로 그 요건을 완화하는 것도 가능합니다.

2. 법인 청산과정에서 법인 재산을 처리하는 방법은 다음과 같습니다. 법인의 채권자들의 채무를 변제하는 데에 우선 사용되어야 합니다. 그리고 남은 재산이 있을 경우, 이 재산을 잔여재산이라고 합니다. 잔여재산은 제80조에 따라 정관으로 지정된 자에게 귀속되고, 유사목적에 처분될 수 있으며, 그래도 남은 재산은 국고에 귀속됩니다.

문제는 법인의 채권자가 청산절차에 관여하지 못한 경우가 있을 수 있습니다. 가령, 채권신고를 하지 않은 채권자가 그 예가 되겠지요. 이런 채권자들은 채권신고를 한 채권자와 동일한 지위에서 변제를 받을 수 없습니다. 청산에서 제외되지요. 그런데 다른 채권자들이 다 변제받고도 법인의 재산이 남아 있을 수 있습니다. 그 재산이 잔여재산 귀속권리자에게 인도되지 않고 있다면, 그 재산으로부터 변제를 받을 수는 있습니다.

제3장 권리의 객체

물건

Question. 1

지원림 저 민법강의 제9판 166쪽에 주물과 종물의 예로 "백화점 건물과 지하에 설치된 전화교환설비"가 있는데 전화교환설비가 왜 종물의 예가 되는지 모르겠어요.

Answer

백화점과 전화교환설비가 주물과 종물의 관계에 있다는 것이 판례입니다. 전화교환설비는 백화점의 상용에 제공되는 물건이라고 대법원이 판단한 것입니다.

Question. 2

종물과 부속, 부합의 개념이 잘 안 잡히는데요.
종물은 부속(부합이 아니라)물 중에서 자신의 것이라고 할 수 있나요?

Answer

종물은 주물과 결합되어 있지만, 주물의 구성부분으로 되어있지 아니한 독립한 물건을 말합니다. 따라서 결합의 정도가 강고해서 주물의 구성부분으로 될 정도에 이르면 종물은 더 이상 종물이라고 할 수 없습니다. 한편 어떤 물건이 주물의 구성부분이 되도록 결합되어 있다면 부속물 혹은 부합물이 될 수 있습니다. 쉽게 분리할 수 있거나, 결합된 채로 결합된 물건이 활용되는 것이 그 물건의 사회적 효용인 경우에는 부속물이라고 할 수 있습니다. 이 경우 결합된 물건의 소유자와 주물의 소유자가 동일하면 결합된 물건은 주물의 구성부분에 불과할 뿐입니다. 결합된 물건의 소유자와 주물의 소유자가 서로 다른 경우, 결합된 물건의 독립성이 유지될 수 있는가 하는 점은 문제입니다. 이에 대해서는 제256조 단서나 제257조에 따라 판단하여야 합니다.

한편 결합된 물건이 쉽게 분리할 수 없거나 결합된 물건이 주물의 가치를 증대시키는 기능을 할 뿐 독자적 효용을 가지고 있지 아니한 경우에는 부합이라고 할 수 있습니다. 결합된 물건의 소유자가 주물의 소유자가 아니더라도 부합물은 주물의 구성부분이 될 뿐이고, 독립성이 유지될 수 없습니다.

제4장 권리의 변동

제1절 법률행위

법률행위

Question. 1

1) 합동행위에서 민법108조와 제124조가 적용되지 않는다고 하였는데 그 이유가 합동행위는 상대방이 없는 행위여서 그런 것인가요?

2) 의사표시의 의사적 요소 중 효과의사에서 사실적 의사와 법률적 의사의 차이를 좀 더 쉽게 설명해 주세요.

3) 법률행위가 유효하면 즉시 그 법률효과가 발생한다고 보았는데 그러나 대리와 부관에서는 예외라고 보았습니다. 부관은 이해가 가는데 대리에 대해서 간략히 설명 부탁드립니다.

Answer

1) 합동행위는 행위자들이 같은 지향을 가지고 있어서 이해충돌이 발생하지 않는다고 합니다. 그래서 제124조가 적용되지 않는다고 합니다. 자기행위로도 합동행위는 할 수 있습니다. 한편, 합동행위는 단체를 설립하는 행위나 단체의 내부적 의사결정을 위한 행위인데, 이러한 행위가 상대방과의 통정 아래 이루어졌다고 하더라도 단체를 둘러싼 법률관계 안정의 요청으로 인하여 혹은 의결정족수를 충족하여 단체의 의사로 되었다는 점에서 무효라고 보는 것을 부당할 것입니다. 그 결과 제108조도 적용되지 않는다고 합니다.

2) 효과의사의 내용이 무엇인지에 관해서는 사실적 효과의사라고 이해하는 견해와 법률적 효과의사라고 이해하는 견해로 나뉘어 있습니다. 이는 진의 아닌 의사표시인지 여부를 판단할 때 차이를 가질 수 있습니다. 진의 아닌 의사표시란 효

과의사와 표시가 일치하지 않은 행위를 의미하는데, 가령 마음 속에서 실제 바라는 바는 아니지만, 표시에 따라 법적으로 구속력이 발생한다는 점을 인식, 용인하고서 일정한 표시행위를 한 경우, 법률적 효과의사를 효과의사의 내용으로 이해한다면 표시와 진의가 일치하는 의사표시라고 할 것입니다. 반면에 사실적 의사를 효과의사의 내용으로 이해한다면 표시와 진의가 일치하지 않는 의사표시라고 할 것입니다.

3)은 글을 잘못 읽으셨군요. 법률행위의 효력은 의사표시를 한 자에게 즉시 효력이 발생하는 것이 원칙이다. 이러한 원칙에 대한 예외가 대리와 부관이다. 대리는 의사표시를 한 자인 대리인이 아닌 본인에게 효력이 발생한다는 점에서 예외라는 의미입니다.

법률행위의 해석

Question. 1

보충적 해석에서 틈의 보충방법으로 1. 임의규정, 2. 거래관행(사실인 관습), 3. 신의칙 순으로 적용된다고 말씀하신 것 같은데 법률행위의 해석기준인 제106조에 따라 1. 거래관행(사실인 관습), 2. 임의규정, 3. 신의칙 순이 되어야 할 것 같은데 여기서 왜 임의규정이 먼저 적용되는지 궁금합니다?

Answer

약정의 간극이 있을 경우 해결방법에 관해서 말했습니다. 있어야 할 약정임에도 당사자가 이를 간과하고 약정을 두지 않은 경우를 약정의 간극이라고 합니다.

이런 경우, 어떻게 해야 할까요?

가령, 매매 목적물에 하자가 있는 경우에 매수인이 매도인에게 어떠한 권리를 행사할 것인지를 별도로 약정하지 않았습니다. 이런 경우에 어떻게 해야 합니까?

우선, 이런 전형적인 경우를 대비하는 임의규정이 있으면 그 규정에 따라 법률관계를 규율하면 됩니다. 이러한 경우에는 보충적 해석이 필요하지 않은 경우이지요.

Re-Question.

그러나, 적절한 임의규정이 없는 경우, 즉 임의규정이 아예 없거나 임의규정이 있다고 하더라도 당해 계약관계에는 적절하지 않은 경우에는 어떻게 합니까?

Re-Answer

그런 경우에 당사자가 약정의 간극을 알았다면 의욕하였을 내용이 무엇인지에 따라 법률관계를 규율합니다. 이러한 당사자의 보충적 의사를 명료하게 하는 것을 보충적 해석이라고 합니다. 보충적 해석을 할 때에는 무엇을 자료로 하여 해석하여야 할까요? 거래관행이나 신의칙을 기준으로 하여 가정적 의사를 확정해야 합니다.

정리하면, 보충적 해석은 적절한 임의규정이 없는 경우에 필요하다. 보충적 해석을 하는 경우에 해석의 자료로는 거래관행이나 신의칙이 포함된다.

Question. 2

"계약의 해석은 그 계약서의 문구에만 구애될 것이 아니라 그 문언의 취지에 따름과 동시에 윤리법칙과 경험률에 따라 당사자의 진의를 탐구하여 해석하여야 하는 것이다."

이 판결은 현재의 통설인 표시주의에 강력하게 기운 절충주의이론이 아닌, 내심적 효과의사를 중시하는 소수설의 태도와 비슷한 판결인가요?

Answer

진의를 탐구하여야 하다는 점에서 표시주의 입장과는 다른 판결로도 읽을 수 있습니다. 또한 그렇게 이해하는 학설도 있습니다. 다만 표의자가 진정으로 바라는 바를 탐구하는 것이 아니라 논리법칙과 경험칙을 통해서 표의자의 의사를 확정해야 한다는 것이므로 표의자의 의사표시를 규범적으로 확정해야 한다고 읽는 것이 옳을 것입니다. 그렇다면 소개한 판결도 역시 표시주의 입장에 따른 판결로 이해하여야 하겠지요.

법률행위의 목적

Question. 1

판례는 법률행위 목적의 확정성 요건을 성립요건으로 본다고 하셨는데 통설은 유효요건으로 보는 거 같습니다.

그렇다면 통설과 판례가 대립하는 건가요?

Answer

네. 통설과 판례가 다르게 파악하고 있습니다.

Question. 2

수업 시간에 급부의 일부가 실현 불능에서 일부불능과 전부불능의 여부 판단시 일부무효의 법리에 따라서 즉 가정적 의사로 판단해서 계약목적 달성 가능성 여부를 판단한다고 배웠습니다. 그런데 책을 읽던 중 지원림 저 민법강의 제9판 1060쪽에서 불능으로 인한 무효는 원시적 불능에 한정되므로, 후발적인 일부 불능의 경우에는 제137조가 적용 내지 유추적용 되어서는 안 된다고 할 것이다. 제627조 참조라는 문구가 이해가 되지 않아서 질문 올립니다. 지원림 저에서 이렇게 써 놓은 이유에 대해서도 알고 싶습니다.

Answer

후발적 일부불능이면, 즉 잔부의 이행은 가능하고 오로지 일부의 이행만이 후발적으로 불능이면 제137조의 법리가 적용되지는 않습니다. 불능으로 된 급부로 인하여 그 부분의 계약이 무효로 되지 않기 때문입니다. 따라서 잔존급부를 이행하고, 불능으로 된 급부에 대해서는 손해배상 혹은 위험부담의 법리에 따라 처리되어야 합니다. 이러한 의미로 서술하고 있는 것입니다.

이러한 설명은 후발적 일부불능에 타당한 설명입니다. 그런데, 계약으로 정한 급부의 일부분을 이행하는 것이 불가능한 사정이 생겼다고 가정해봅시다. 이를 일부불능으로 보아야 합니까? 아니면 전부불능으로 보아야 합니까? 계약의 목적을 고려하지 않고 모두 일부불능으로 본다면, 이는 당사자의 의사에 맞지 않을 것입니다. 객관적으로 일부불능으로 보이는 급부장애도 경우에 따라서는 전부불능이 될 수 있습니다. 전부불능으로 되는 경우에는 잔존급부의 이행청구가 가능하다는 설명은 타당하지 않은 설명이 됩니다.

Question. 3

농촌에서 농사만 짓고 처음 사고를 당하는 무경험자인 전기공사 중 사망한 인부의 유족의 대리인과 유족이 가장을 잃고 경제적, 정신적으로 경향이 없는 궁박한 상태에서 사고 1주일 후에 손해배상을 받을 수 있는 액수도 모르고서 받을 수 있는 액수의 8분의 1밖에 되지 않는 합의금을 받기로 하고 가해자나 사용자에 대하여 민, 형사상 책임을 더 묻지 아니하기로 하는 내용의 합의서를 작성하여 위의 사정을 잘 아는 가해자의 대리인에게 교부하여 주었다면, 동 합의는 유족과 유족대리인의 경솔, 무경험과 유족의 궁박한 상태 아래에서 이루어진 현저하게 공정을 잃은 법률행위로서 무효이다.

불공정한 법률행위는 유상계약에서 문제되는데, 위 사례에서는 유상계약이 아닌 손해배상을 받는 관계에서 왜 불공정한 법률행위로서 무효가 된다고 판단되었을까요?

Answer

손해배상액의 합의는 대가가 없는 무상행위라고 볼 수 없습니다. 약속한 금원을 지급받는 대신에 일체의 법적 책임을 묻지 않기로 하는 합의이기 때문에 반대급부가 없는 무상행위라고 할 수 없습니다.

Question. 4

불법원인급여에서 말하는 불법이 선량한 풍속 및 기타 사회질서에 반하는 행위를 의미해서 강행규정위반에 의한 효과로 인하여 부당이득 반환 의무가 발생하지 않는다고 알고 있습니다.

그런데 강행규정이 선량한 풍속 및 기타 사회질서에 관계있는 규정이라고 해서 '관계있는 규정'이라는 부분이 궁금합니다.

결국 강행규정을 위반하면 '선량한 풍속 및 기타 사회질서에 반하는 행위 = 선량한 풍속 및 기타 사회질서에 관계있는 규정을 위반'처럼 보여서 질문 드립니다.

Answer

강행규정과 선량한 풍속 기타 사회질서의 관계를 묻는 것이군요.

양자는 모두 사적자치의 사회적 한계를 설정하고 있다는 점에서 공통되어 있습니다. 그러나 강행규정이 개별적 행위를 금지하는 데 반하여 선량한 풍속 기타 사회질서는 법의 근본이념에 의한 통제라는 점에서 차이가 있습니다.

강행규정을 선량한 풍속 기타 사회질서와 관계있는 규정으로 설명합니다. 그런데 그와 같은 설명은 사법법규(민법규정)로서 강행규정의 의미입니다. 여러 가지 행적목적을 달성하기 위한 수단으로 금지규정을 두고 있는 경우가 있는데, 그 규정의 목적과 취지에 비추어 그 규정을 위반하는 행위의 효력을 금지해야 그 규정의 취지가 관철될 수 있는 규정이 있습니다. 이러한 금지규정도 통설은 강행규정이라고 이해합니다. 이와 같은 금지규정은 그것이 반드시 선량한 풍속 기타 사회질서와 관계있다고 할 수 없습니다.

강행규정을 위반한 행위로 인한 급여가 불법원인급여로 되기 위해서는 단순히 강행규정을 위반하였다는 점 이외에 그것이 선량한 풍속 기타 사회질서 위반에도 해당한다는 점이 증명되어야 할 것입니다.

Question. 5

공법규정에서 효력규정과 단속규정으로 나뉜다고 설명해 주셨습니다. 단속규정의 예로 비실명금융거래를 금지하는 금융실명거래 및 비밀보장에 관한 법률 제3조 제1항을 설명해 주셨는데요. 현재 판례는 이를 단속규정으로 파악하고 있지만 언제 그 생각이 바뀔지 모른다고 하셨습니다. 만약 대법원이 2012년 5월에 위 사항을 효력규정으로 하는 판결을 했을 시에, 그렇다면 그 효과는 어떻게 되나요?

금융기관과의 명시적 합의마저도 무효가 되므로, 원칙대로 계좌는 명의자 걸로 되는 건가요?

그런데 금융실명제 위반 자체가 불법 아닌가요? 그러므로 원래 실질적 지배자가 계좌의 돈을 다 가질 수 있는 게 아닌가요?

추가질문을 위해 예를 들어보겠습니다.

A에게는 아들 B와 딸 C가 있다. B에게는 딸 D가있다.

A는 생전에 B와 C에게 자신의 재산 중 8할을 각각 4할씩 증여했고,

나머지 2할(10억)은 (가)은행에 자신의 딸인 B의 이름으로 계좌를 만들고 실제 실소유주로써 은행과 명시적 합의를 했다.

그런데 2011년 1월 아들 B가 사망하였다. 이후 A는 자신의 남은 재산 모두를 손녀 D에게 남긴다는 유언을 했습니다. 그리고 2012년1월에 A가 사망했다.

이때 A의 손녀 D는 대습상속으로 5억이든 유언으로서 10억이든 은행에 반환청구를 청구했다. 하지만 명의자인 C는 자신 명의라는 이유로 10억은 자신소유라고 주장한다.

2012년 5월 대법원이 금융실명거래 및 비밀보장에 관한 법률 제3조 제1항을 효력규정으로 보고 위 사항을 판결했다면

1. 위 거래자체가 무효인가요? 아니면 명시적합의만 무효이기에 거래자체는 유효한가요? D는 남은 재산을 받을 수 있는 건가요? C가 가지는 건가요?

2. 그리고 거래가 무효라면 은행에 예금반환청구를 해야 하나요? 아니면 부당이득반환청구를 해야 하나요?

3. 이러한 대법원의 판결 후, 저 사건과 유사한 상황에 처한 당사자들이 소송을 걸었을 때 법원은 어떤 판결을 내려야 하나요? 예를 들어 가족관계, 명시적합의 등 기본사실관계 상황은 모두 같고, 사람만 다른 사람인 경우 상황(1)

A' 는 2007년 C' 명의로 계좌를 만들고 B' 2008년 사망, A' 2009년 사망, D'는 A'의 재산 상속. 그런데 2012년 위 재판이 있었고, 2012년 8월에 C' 가 D'를 상대로 반환청구를 했을 시, 법원은 어떤 결정을 내려야 하나요? 그리고 D'에 반환청구의 종류는 뭔가요? 부당이득반환청구인가요?

상황(2) A' 는 2007년 C' 명의로 계좌를 만들고 B' 2008년 사망, A '2013년 사망시에는 10억은 어떻게 되는 건가요? C'가 가지는 건가요? 아니면 D'가 가지는 건가요?

4. 민법에 관한 어떠한 (가)라는 사건의 판결이 과거의 (가)와 똑같은 (가)'의 사건의 당사자들에게도 영향을 주나요?

예를 들어 '2010년에 (가)와 같은 계약은 무효다'라고 판결을 했을 시, 2008년에

계약하고 2009년 계약사항이 완료된 (가)'당사자는 법원에 무효소송을 할 수 있나요?

2008년에 계약은 하고 2012년에 계약사항이 완료되는 경우의 (가)'의 당사자는 계약 무효를 주장할 수 있나요?

5. 금융실명제가 1993년에 시작되었는데 그전에 이미 차명계좌를 이용했던 사람들도 금융실명제 위반으로 처벌을 받나요?

Answer

금융실명제를 위반하여 실명확인을 하지 아니한 자를 예금주로 인정하는 것이 금지되겠지요. 즉 금융실명제법을 효력규정으로 이해하면 금융거래명의자가 예금주로 될 뿐, 실질적 예금의 지배자가 예금주로 될 수는 없을 것입니다.

금융실명제란 금융거래를 함에 있어 실명확인을 하여야 한다는 취지이지, 실질적으로 자기 자금만으로 금융거래를 하여야 한다는 취지는 아닙니다. 따라서 다른 사람의 명의로 예금계좌를 설정하고, 그 계좌를 실질적으로 이용하는 자가 있더라도 그러한 자는 예금주가 될 수는 없을 것이며, 실질적으로 예금계좌를 이용하는 사람과 예금명의자 사이의 내부적 관계에서 예금을 이전하여야 하는 의무가 발생할 수는 있을 것입니다.

금융실명제 시행 이전의 차명거래들의 경우에는 아마도 경과규정이 있을 것입니다. 법제처 법령센터에서 관련 법령을 확인해 보시기 바랍니다.

Re-Question.

아래 상황에서 법원이 2012년에 금융실명제법을 효력규정으로 본다면 설령 실소유주 A와 (가)은행이 명시적 합의를 했더라고 하더라도 그 합의는 무효가 되고 명의자인 C가 예금주가 되겠군요. 그런데 내부적 관계에서 이전의무가 발생할 수도 있다고 하셨는데....

첫 번째 질문) 명의자 C가 "내가 예금주이니 배째라" 이러면 손녀 D는 받아낼 방법이 없는 거 아닌가요? 받아낼 수 있는 방법이 있나요? A와 C의 명의사용에 대한 내부적 합의 계약서가 있다고 해도 어차피 법적으로 명의자를 예금주로 인정한 이상 D는 법적으로 이길 수 없는 것이 아닌가요?

두 번째 질문) 이 부분은 전 질문에 답변이 없으셔서 다시 질문 드립니다.

이와 같은 사항이 대법원까지 가서 확정판결이 되어 판례(X사건이라고 하겠습니다)가 되어 버렸다면, 저 사건과 유사한 상황이지만, 당사자들은 다른 경우(A' B' C' D'로 표현하겠습니다), X 판결 전 금융실명제를 단속규정으로 믿고 거래한 당사자들 중 C'가 X 사건 확정판결 후 D'에게 부당이득반환소송을 걸었을 때 대법원의 X 판결이 사실상 구속력을 가진다고 했을 시, 법원은 어떤 판결을 내려야 하나요? 상황1, 2로 나눠보겠습니다.

상황(1) A' 는 2007년 C' 명의로 계좌를 만들고 B' 2008년 사망, A' 2009년 사망, D'는 A'의 재산 상속. 그런데 2012년 2월 (X) 재판이 확정되었고, 2012년 8월에 C'가 D'를 상대로 반환청구를 했을 시, 법원은 어떤 판결을 내려야 하나요?

상황(2) A' 는 2007년 C' 명의로 계좌를 만들고 B' 2008년 사망, A' 2013년 사망 시에는 10억은 어떻게 되는 건가요? C'가 가지는 건가요? 아니면 D'가 가지는 건가요?

세 번째 질문) '제256조(부동산에의 부합) 부동산의 소유자는 그 부동산에 부합한 물건의 소유권을 취득한다. 그러나 타인의 권원에 의하여 부속된 것은 그러하지 아니하다.'

그런데 민법총칙 강의 피드백3의 13번 문제에서 '부동산의 소유자는 그 부동산에 부합한 물건이 타인의 소유라고 하더라도 그 소유권을 취득한다'가 옳음 인가요?

민법 제256조 단서에서 '그러나 타인의 권원에 의하여 부속된 것은 그러지 아니하다' 했으므로 타인의 소유인 물건이 부속되었다면 부동산 소유자는 그 물건의 소유권을 취득하지 못하는 거 아닌가요?

X 사건 A에게는 아들 B와 딸 C가 있다. B에게는 딸 D가있다.

A는 생전에 B와 C에게 자신의 재산 중 8할을 각각 4할씩 증여했고,

나머지 2할(10억)은 (가) 은행에 자신의 딸인 B의 이름으로 계좌를 만들고 실제 실소유주로써 은행과 명시적 합의를 했다.

그런데 2011년 1월 아들 B가 사망하였다. 이후 A는 자신의 남은 재산 모두를 손녀 D에게 남긴다는 유언을 했습니다. 그리고 2012년 1월에 A가 사망했다.

이때 A의 손녀 D는 대습상속으로 5억이든 유언으로서 10억이든 은행에 반환청구를 청구했다. 하지만 명의자인 C는 자신 명의라는 이유로 10억은 자신 소유라고 주장한다.

Re-Answer

1. 금융실명제법을 단속규정으로 파악하는 것이 판례의 태도인데, 효력규정이라는 전제에서 질문을 하시는군요.

2. 질문하신 사례가 제대로 된 사례인가요? 아들이 B인가요? C인가요? 예금명의자가 B인가요? C인가요?

아마도 예금명의자는 C이고, 그 예금을 실질적으로 지배하는 자는 A인데, A를 D가 상속한 것으로 보입니다. 금융실명제가 효력규정이라는 전제에서 설명드리면, C가 명의자로 된 예금채권이 상속재산인가 하는 점이 우선 문제이겠군요. 상속재산에 해당합니다. 그 예금은 A의 자금이기 때문입니다. 금융실명제는 금융기관은 실명확인을 한 금융거래자와 금융거래를 하여야 한다는 의미일 뿐입니다. 이는 금융실명제를 효력규정으로 보더라도 마찬가지입니다. 금융실명제가 예금명의자와 실제 예금의 지배자 사이의 내부적 합의를 무효로 하는 규정을 두고 있지 않습니다. 이는 부동산실명법과 다른 점이지요. 따라서 금융기관에 대해서는 명의자가 예금주의 지위를 가지더라도 그 예금은 예금의 실제 주인에 대해서까지 자기 것이라고 주장할 수 있는 것은 아닙니다. 이러한 이유로 C 명의의 예금은 상속재산이 되고, A의 상속인 D의 C에 대하여 C가 금융기관에 대하여 가지는 예금채권을 이전하라는 청구를 할 수 있습니다.

3. 판례변경으로 그 이전 사건이 어떠한 영향을 받는가 하는 것이 두 번째 질문인 것 같군요. 판례변경으로 변경 전 다른 사건이 영향을 받는 것은 아닙니다. 가령 권리행사를 부정하는 대법원 판례가 권리행사를 허용하는 쪽으로 변경되더라도 종전 권리행사를 할 수 없었다는 장애 사유는 사실적 장애에 불과할 뿐 법률상 장애가 아니라는 취지의 대법원 판결을 고려하면 변경 전 다른 사건에는 아무런 영향이 없습니다. 질문하신 분이 생각하신 것과 같은 소송은 기판력에 저촉되는 소송으로 청구를 기각할 수밖에 없습니다.

4. 부합과 부속은 그 개념을 구별하셔야 합니다. 부합이란 결합하여 부동산의 일부가 되어 부동산의 가치를 증가시키는 데에 기여하는 것을 말합니다. 반면에 부속이란 결합하여 부동산의 일부가 되기는 하나, 결합된 그 자체가 독자적 효용을 가져 거래상 처분되거나 활용될 수 있는 것을 말합니다. 지문은 부합을 묻는 것이므로 타인의 권원에 의한 부속을 생각할 필요는 없습니다.

Question. 6

반사회적 이중 양도의 사안에서 제2매매가 무효인 경우, 제2매수인의 등기가 확정판결 기초로 한 경우 대위청구가 제한된다고 설명해 주셨습니다. 여기서 질문 몇 가지 드리겠습니다.

1. 대위청구가 제한된다는 것은 알겠는데, 제1매수인은 소유권이전등기의 무효를 주장할 수 있다는 것이 이해가 되지 않습니다.

3월 9일 참고자료 2 - (3) “반사회적 2중양도의 효력 및 제1양수인의 소유권취득 방안에서 기판력에 저촉되지 않는 무효주장에 따르면 기판력에 저촉되지 않는 범위에서는 제1매수인이 위 소유권이전등기의 무효를 주장할 수 있다”라고 나왔습니다. 그 예로 대판 2002. 4. 26, 2001다80978103을 들었습니다.

보니까 이 예는 수업시간에 선생님께서 설명해 주신 피상속인이 매도한 X 부동산을 공동상속인 중 한 명이 다른 상속인을 대리해 제2매매를 한 경우이더군요. 결론은 제2매매로부터의 제2매수인의 등기는 전부무효라고 하셨습니다.

문제는 확정판결을 받은 후에 어떻게 제1매수인이 소유권이전등기의 무효를 주장할 수 있나요? 위 확정판결은 매도인과 제2매수인에게 미치므로 제1매수인은 소유권이전등기 무효를 주장할 수 없는 자 아닌가요?

대위청구는 불가능하고, 소유권이전등기 무효는 가능하고, 이해가 되지가 않습니다.

제가 헷갈리고 있는 부분이 기판력에 따른 대위청구와 소유권이전등기 무효 주장의 차이점인 거 같습니다. 헷갈려하는 부분을 설명해주신다면 감사하겠습니다.

2. 추가로 제1매수인의 소유권이전등기 무효주장이 가능하다고 해도, 대위청구가 불가능하므로, 소유권을 얻기 위해서는 재심이나 취득시효로 대항가능할 뿐, 소유권이전등기 무효주장이 법원에 의해 인용된다고 하더라도 그 무효주장 하나만으로 소유권이전등기를 할 수 있는 건 아니죠?

Answer

1. 기판력에 저촉되어 소송상 청구를 할 수 없다는 것과 어떠한 행위가 무효라는 것은 구별할 수 있는 다른 문제입니다. 가령, 갑이 을에게 매매를 원인으로 소유권이전등기를 넘겨주었습니다. 그런데 그 매매가 반사회적인 매매로서 무효였습니다. 그러나 을이 갑을 피고로 하여 제기한 소유권이전등기청구소송에서 을이

승소하고, 그 확정판결을 기초로 소유권이전등기가 마쳐진 것입니다. 자, 이때 갑과 을 사이의 매매는 유효한 것으로 바뀌나요? 매매는 여전히 무효입니다. 다만, 갑이 매매가 무효이므로 을에게 이전된 등기의 말소를 청구하는 것은 이미 확정판결을 통하여 심판한 사항을 다시 심판해달라고 하는 것은 허용되지 않습니다(기판력의 효력). 따라서 기판력을 받지 않는 자(기판력은 소송의 당사자 사이에서만 미치는 것이 원칙입니다)는 여전히 그 매매가 무효라고 주장할 수 있습니다. 가령, 을이 소유권등기를 마친 소유자임을 전제로 병에게 소유권에 기초한 권리행사를 하였을 때, 병은 갑과 을 사이의 매매가 무효이므로 을이 소유권자가 아니라고 주장할 수 있습니다.

2. 이를 반사회적 2중양도 사안에 대입하면, 제2매수인이 비록 확정판결을 기초로 등기를 취득하더라도 제2매수인의 소유권행사에 대항하여 제1매수인은 제2매수인의 소유권취득원인이 반사회적 행위로서 무효라고 주장할 수 있습니다. 그 후 제1매수인이 소유권을 취득하기 위해서는 그 명의로 등기가 있어야 하는데, 제2매수인의 등기가 있으므로 제2매수인의 등기를 말소하여야 합니다. 매도인을 대위하여 말소등기를 청구하는 것은 기판력에 저촉되어 허용되지 않습니다. 결국 제1매수인은 취득시효 등 다른 권리취득원인에 기초하여 직접 제2매수인에 대하여 등기를 청구하여야 할 것입니다.

제2절 의사표시

진의 아닌 의사표시

Question. 1

학교법인이 사립학교법상의 제한규정 때문에 그 학교의 교직원 A의 명의를 빌려서 B로부터 금원을 차용한 경우, 이러한 사정을 B가 잘 알고 있었다고 하더라도 A는 B에 대하여 채무를 부담한다.

대출금채무자의 명의를 대여하더라도, 상대방인 B가 교직원 A가 학교 측의 사정 때문에 명의대여자라는 사실을 알고 있었기 때문에 제107조 단서에 따라 주채무자는 학교법인이 아닌가요?

Answer

제107조 제1항 단서에 대해서 오해하고 있군요. 제107조 제1항 단서는 법률행위를 해석하는 기준은 아닙니다. 해석된 법률행위에 적용되어야 하는 규정입니다. 해석을 해야 하는 의사표시는 교직원 A가 한 대출신청의사표시입니다. 표시는 A가 채무자로 표시되어 있는데, 질문자는 그 표시와는 달리 학교법인이 채무자이어야 한다고 생각하는군요. 왜 그렇게 생각하는지 알 수 없습니다. 우선, 표시를 표시된 대로 해석하여야 합니다.

한편, A의 표시가 진의와 표시가 일치하지 않는 표시인지가 문제되는데, 판례는 일치하는 표시라고 보는 것입니다. 결국 제107조가 적용될 수 없는 것입니다.

통정허위표시

Question. 1

판례는 "파산채권자 모두가 악의로 되지 않는 한 파산관재인은 선의의 제3자라고 할 수 밖에 없다'"

즉 '파산채권자 모두가 악의라면 파산관재인은 악의의 제3자'라고 말합니다.

그렇다면 파산채권자 모두의 이해관계가 새롭지 않다면, 파산관재인도 새롭지 않은 이해관계인이어야 하지 않나요?

그리고 보통의 경우 파산자가 막바지에 가장행위를 통해 발버둥 친다고 가정한다면, 파산채권자가 한 트럭이 있어도 전부 가장행위 이전의 기존 채권자들인 경우가 현실에서 있을 수 있다는 생각이 듭니다.

선의의 제3자인지 그 여부를 판단할 때 [법률상이해관계]에 대해서, 파산자의 포괄승계인이란 형식상의 지위가 아닌, 총파산채권자의 이해대변인으로서의 '실질적' 지위를 판단의 기초로 삼는다고 이해하고 있습니다. 즉 파산관재인이 이해관계인이란 점에 대해선 의문의 여지가 없습니다. 그러나 [새로운] 이해관계라는 점에 대해서는, 총 파산채권자가 가지는 이해관계가 새롭냐를 따지는 게 실절적인 판단이라고 생각합니다.

만약 파산관재인의 이해관계가 새로운 이유가 가장행위 이후에 선임되었기 때문이라면, 그것이야말로 형식적으로 판단하는 게 아닌가 합니다.

혹시. 가장채권자인 파산자가 빼돌린 돈은 이미 가장채무자의 수중 깊숙한 곳에 있고 기존의 일반채권자들 또한 그 돈에 이해관계를 가지고 있다고 할 수 있으니 파산관재인이 마침 보호할 신뢰도 없고 좀 덜 무자력일 가장채무자로부터 그 돈을 직접 뜯어내면 좋을 테고 그러려면 가장채무자의 무효주장을 파산관재인에게는 대항할 수 없게 만들어야 하고 그래서 무리하게라도 파산관재인을 선3자라고 만든 게 아닐까 하는 생각도 질문을 쓰다 보니, 하게 되었습니다. 결국 파산관재인이 선의의 3자가 되는 것이 공평하다는 생각을 새롭게 하게 됩니다.

Answer

재미있는 분석입니다. 현실감 있게 사고하는 것 같습니다. 파산관재인은 가장행위 이전에 이미 채권을 취득한 파산채권자들의 대표일 테이고, 그렇다면 가장행위에 기초하여 "새로운"이해관계를 맺은 것은 아니지 않은가 하는 것이 의문의 핵심인 것 같습니다.

이렇게 생각해봅시다. 가장채권을 발생시키는 행위 이전에 이미 채권을 취득한 사람이 있다고 가정합시다. 그 채권자는 가장행위 이전에 이미 채권을 취득한 사람이므로 가장행위에 기초하여 채권을 취득한 것은 아닙니다. 그런데, 가장행위로 인한 채권을 기존의 채권자가 진정한 채권으로 이해하여 그 채권에 가압류를 하였습니다. 가압류 후에도 그 채권자는 새로운 이해관계를 맺지 않은 것일까요? 가장채권에 가압류라는 지위를 취득하려는 새로운 이해관계를 맺은 것으로 보는 것이 타당할 것입니다.

같은 이치에서 가장채권을 파산재산으로 파악하여 파산절차를 진행시키고자 하는 데에 파산관재인은 새로운 이해관계를 맺고 있다고 보는 것이 실질적 판단일 것입니다. 대법원도 그와 같은 인식 아래 파산관재인을 새로운 이해관계인으로 보고 있습니다.

Question. 2

지원림 저 민법강의 제9판 238쪽 3) "대리인이 대리권의 범위 안에서 본인의 이름으로 (중략) 본인은 제 3자에 해당하지 않기 때문에 제108조 제 2항에 의한 보호를 받지 못한다"에서 본인이 보호 받아야 할 상황인데 제 108조 제 2항의 제 3자가 아니라서 보호받지 못하는 경우가 무엇이 있는지 궁금합니다.

Answer

가령, 본인이 대리인에게 부동산을 매수하라는 대리권을 주었습니다. 그런데 대리인이 상대방과 가장으로 매매계약을 체결하고는 대리인이 본인으로부터 상대방에게 매매대금을 지급해야 한다면서 대금을 받아갑니다. 그리고는 이를 횡령하는 것이지요. 본인은 매매계약이 유효하게 체결되었다고 믿습니다. 그 후 상대방에게 부동산을 이전하라는 청구를 합니다. 상대방은 대리인과 체결한 매매가 가장행위로서 무효라고 주장합니다. 이때 본인이 제108조 제2항의 선의의 제3자이므로 무효주장을 할 수 없다는 항변을 할 수 있는가? 이런 사례가 있을 수 있습니다. 본인은 대리행위인 가장행위의 효과를 직접 받는 자이므로 제3자에 해당하지 않습니다. 다만 상대방이 가장행위라고 본인에게 주장하는 것이 경우에 따라서는 신의칙에 반할 수는 있을 것입니다.

Question. 3

지원림 저 민법강의 제9판 245쪽에서 선생님께서 가장양도인으로부터의 양수인과 가장양수인으로부터의 양수인의 우열에 관하여 가장 양수인으로부터의 양수인을 더 보호한다고 예와 함께 설명해주셨습니다. 그런데, 위 판례 하나로 가장양수인으로부터의 양수인이 가장양도인으로부터의 양수인보다 보호가치가 있다고 단정 짓는 게 아니라 등기의 효력으로 이해해야 더 옳은 게 아닌가 의문이 들더군요.

가장양도인 = A , 가장양수인 =B , 가장양도인으로부터의 양수인 = X , 가장양수인으로부터의 양도인 = Y 라고 놓고,

먼저, 가장양도인으로부터의 양수인은 가장 매매를 기초로 이해관계인이 아니므로 제108조 제2항이 말하는 선의의 제 3자가 아닌, 실체관계에 부합하는 자로 이해해야 합니다. 맞는지요?

맞다고 했을 때, 선생님께서 설명하신대로 이전등기만 한 체 본등기를 하지 않은 X는 , 본등기를 경료한 선의의 제3자 Y에게 대항하지 못합니다.(판례에 따르면)

그런데 만약, (경과순서대로 나열하겠습니다) <== (등기의 경료를 Y보다 X가 먼저 해버린다면 어떤 결론이 나오나? 라는 의문 때문에 질문합니다)

1. A - B 가등기 설정

2. A - X 매매 이전등기(중간처분등기)(본등기 안 함)

3. A - B 가등기에 기한 본등기

-----> 여기까지는 판례조건과 같습니다.

4. B - Y 매매는 잔여금 까지 지급은 다하고 Y가 등기 경료를 안 함.

5. 그 후 X가 4번 상황을 모른 채, A - B의 본등기가 무효인 가등기를 기초로 행해진 등기이기에 무효라 주장하고 자신의 중간처분등기를 본등기 경료해 버림.

Y가 108조 2항을 근거로 B - Y가 유효하다고 주장한다면,

이 상황은 마치 이중양도와 같은 상황이 되어버립니다.

그렇다면 등기를 먼저 경료한 비난가능성이 전혀 없는 X가 소유권을 취득하는 게 되고 맙니다. <== 맞는지요?

반면, 판례의 상황순서대로라면 등기를 경료한 Y가 소유권을 취득하구요.

결국, 가장양도인과 가장양수인의 양수인들 사이의 우열의 기준은 '단순히 가장양수인으로부터의 양수인이 보호된다'라고 보는 것보다 '등기를 경료한 자를 더 보호해 주어야 한다'라는 취지로 이해해야 옳지 않나 의문이 듭니다.

저의 생각이 일리가 있는 건지 답변 부탁드립니다.

Answer

이번 모의고사 강의 때, 이러한 내용에 대하여 문제를 출제하고, 강의를 한 바

가 있습니다. 그 강의를 참고하면 이해하기가 좋을 듯합니다.

우선, 질문하신 분이 들고 있는 예에서 '2. A - X 매매 이전등기(중간처분등기)(본등기 안함)'가 무엇을 의미하는지 알기 어렵군요. A와 X가 매매를 하고 이전등기를 하였는데, 본등기를 하지 않았다는 것은 가등기에 기한 본등기가 마쳐지지 않았다는 것으로 읽히는데, 그렇다면 '5. 그 후 X가 4번 상황을 모른 채, A - B의 본등기가 무효인 가등기를 기초로 행해진 등기이기에 무효라 주장하고 자신의 중간처분등기를 본등기 경료해 버림.'는 무슨 말인지 알 수가 없군요. 아마도 B 명의의 가등기와 본등기가 무효를 이유로 말소되고, 그리하여 직권으로 말소된 X의 중간처분등기가 말소회복되었다는 의미인 듯합니다. 맞는지요?

제가 파악한 사실관계가 맞다면, X가 소유권을 취득하는 것은 맞습니다. Y는 보호되기 곤란하겠지요.

X 명의로 된 소유권등기는 있지만, Y 명의로 된 소유권등기는 없었으므로 X가 보호되고, 그렇다면 가장양도인으로부터 양수인과 가장양수인으로부터 양수인이 충돌하는 경우, 등기를 갖춘 자가 우선하는 것 아닌가 하는 것이 질문자의 의문인 듯합니다. 맞습니까?

그런데, 판례 사안은 가장양도인으로부터 양수인과 가장양수인으로부터 양수인 모두 그 명의를 등기를 갖춘 자들입니다. 따라서 누가 우선하는지를 결국 보호가치의 문제일 수밖에 없습니다. 양자 모두 그 명의로 된 소유권등기를 가지고 있습니다. 누가 우선하는 것입니까? 등기의 효력을 가지고 그 우열을 결정하면 당연히 먼저 소유권등기를 갖추어 소유권을 취득한 가장양도인으로부터 양수인이 우선하여야 합니다. X 명의로 등기가 마쳐지는 순간에 X는 소유권을 취득하며, B의 가등기가 말소되지 않더라도 여전히 가등기는 무효의 가등기이며, 이에 기초한 B 명의의 본등기 역시 무효의 등기이고, B명의의 본등기를 기초로 한 Y 명의의 소유권등기가 무효이기 때문입니다. 이렇게 이해하면 판례의 결론과는 달라집니다. 결국 판례는 등기의 효력으로 이 사안을 파악하고 있는 것이 아닙니다.

Re-Question.

제가 크게 착각한 부분이 이전등기와 등기경료, 중간처분등기인 거 같습니다.

전 이전등기 따로 등기경료 따로 라고 생각해 왔었는데.... 그게 아니라 이전등기경료, 본등기경료, 가등기경료,

이런 식으로 경료라는 의미가 각각 쓰일 수 있는 거군요. 맞는 건지요?

결국 X가 이전등기를 했다는 의미는 이전등기경료를 했다는 의미겠군요.

그럼 판례상황을 다시 정리하면 X는 이전등기를 A로부터 했지만, 그 이전등기 안에 있는 무효인 가등기를 말소신청을 안했고, 그 가등기가 A - B관계에서 본등기가 되어 X의 이전등기는 말소가 되어버리고, 그것을 믿은 Y가 이전등기를 한 것이군요. 그렇기에 명의자가 X에서 B를 거쳐 Y로 바뀌어버린 거군요.

그 후 X는 중간처분등기가 말소회복은 아직 된 상황은 아니고, 자신의 말소회복을 위해, Y등기에 대하여 말소등기청구를 요구한 것이군요.

그렇다면 X와 Y 모두 명의자로서 이전등기를 가지고 있는 상황은 아니고, Y만이 명의자로서 이전등기를 가지고 있겠네요. 그래서 수업 중에 X는 소유자이고 Y는 명의자다고 말씀하신거군요. <--- 제가 생각하는 게 맞는지요?

그런데 답변해 주신걸 보면

"판례 사안은 가장양도인으로부터 양수인과 가장양수인으로부터 양수인 모두 그 명의를 등기를 갖춘 자들입니다. 따라서 누가 우선하는지를 결국 보호가치의 문제일 수밖에 없습니다. 양자 모두 그 명의로 된 소유권등기를 가지고 있습니다." <==== 둘 다 그 명의로 된 소유권등기를 가지고 있다고 하셨다면 수업에서 X는 소유자이고 Y는 명의자라고 하신 부분과 다른 게 아닌가요? 게다가 X는 아직 등기회복을 하지 않았기에 둘 다 그 명의로 된 소유권등기를 가진다고 할 수 없지 않나요? 제가 너무 단어 자체에 몰입되어서 쓸데없는 질문을 하는 게 아닌지 걱정되네요.

어쨌거나 그렇다면 X는 이런 상황을 막기 위해서는 B에게 가등기 말소청구를 빨리 하거나, 가등기가 본등기가 되어 Y에게 이전등기가 경료 되기 전에 말소청구를 하여야만 하군요.

그렇지 않고, 'Y에게 이전등기가 경료된 후에는 A - B의 본등기가 무효라고 주장해서 자신의 말소된 중간처분등기가 먼저다'라고 아무리 주장해도 소용이 없을 뿐더러, Y 이전등기가 경료된 이상, B를 상대로 본등기 말소청구를 주장할 수도 없겠군요. <---- 이러한 내용들이 맞는 건가요? 혹시 제가 잘못생각 하고 있는 부분이 있다면 지적해 주시면 감사하겠습니다.

이것을 이해하기 위해서 선생님의 답변을 확인하고 약 3시간 동안 이 고민하면서 질문 다시 수정하고 다시 수정을 반복했습니다. 제발 제가 이해하는게 맞았으면 좋겠네요.

지금 제가 말한 내용 중 틀린 부분이 있다면 그 부분을 지적해주시면 감사하겠습니다.

Re-Answer

고민을 많이 하셨군요. 실력향상에 고민만큼 도움을 주는 것은 없습니다.

대체로 잘 이해하셨습니다. 수고하셨네요.

질문하시는 분이 의문을 가지는 부분, 가장양도인으로부터 양수인과 가장양수인으로부터 양수인이 모두 그 명의로 등기를 취득한 사람이었으므로 등기가 있었는지 여부를 가지고 보호가치를 따질 수는 없다는 취지로 설명한 것입니다. 현재 가장양도인으로부터 양수인이 여전히 그 명의로 소유권등기를 가지고 있는 사람이라는 의미가 아닙니다.

Question. 4

가장매수인으로부터 부동산을 매수하였으나 아직 그 명의로 등기를 마치지 아니한 자가 민법 제108조 제2항의 제3자에 해당하는지와 관련하여 질문 드립니다.

첫째로 제108조 제2항의 제3자가 등기 등의 대항요건을 갖추어야 하는지와 관련하여 판례는 없지만 이와 유사한 취지의 지문이 출제되었다고 해설에 나와 있는데 어떤 지문을 말씀하시는 것인지 궁금합니다.

둘째로 매매계약을 체결하였을 뿐 등기를 마치지 아니한 상태에 있는 자를 제3자에 해당한다고 볼 수 있는지와 관련하여 찾아보니 학설이 나뉘는 것으로 보이는데 해설과 같이 정리해도 되는 것인가요?

대항요건을 갖추어야 한다고 보는 견해에 따르면 가장양수인과 전득자 사이의 계약이 타인권리매매로서 유효하므로 제108조 제2항에 따른 보호가 불필요하다고 보고 있고, 지원림 교수님도 [2-243a] 에서 가장양수인으로부터 목적부동산을 임차한 자가 제3자로서의 보호를 받기 위해서는 대항요건이 요구된다고 서술하고 이어서 동일한 취지의 견해를 피력하시는 것으로 보입니다.

문제에서 이런 견해에 대한 언급이 전혀 없이 대항요건을 갖출 필요가 없다는 식으로 정리가 되어서 문제로 출제될 경우에는 어떻게 선택을 해야 할지 고민이 됩니다. 더욱이 일본의 의사주의와 달리 형식주의를 채택하고 있는 우리 법제에 따르면 오히려 대항요건을 갖추어야 한다고 보는 견해도 있네요.

이 부분을 어떻게 정리해야 하는지 알려주세요.

Answer

2010년 사법시험 기출문제입니다. 제가 쓴 2012 기출문제 완전분석 351면에 소개되어 있습니다. 가장매수인으로부터 매수한 자가 그 명의로 등기를 갖추지 아니한 경우에도 제108조 제2항의 제3자에 해당할 수 있는지에 관해서는 견해의 대립이 있습니다. 법무부에서는 이점을 고려하여 위 문제를 복수정답으로 처리한 바 있습니다.

진도별 모강 해설에 소개한 내용이 학자들의 일반적인 견해인 듯합니다. '외관을 기초로 새로운 이해관계'에 돌입하였는가가 관건인데, 어떠한 이해관계가 외관을 기초로 한 이해관계인가 하는 점은 판단하기 어렵습니다. 외관을 기초로 혹은 토대로 한다는 것은 외관이 단순히 이해관계 형성의 이유나 동기에 불과한 정도를 넘어서야 합니다.

가령, 가장양수인이 부동산을 취득한 것과 같은 외관이 있고, 그 외관으로 인하여 가장양수인의 변제자력이 충분하다고 제3자가 판단하여 가장양수인에게 금전을 대여한 경우에는 가장양수인의 부동산소유권이라는 외관은 금전대차의 단순한 동기에 불과할 뿐 외관이 '토대'가 되었다고 할 수는 없습니다.

그러나 지문처럼 가장양도의 목적물에 대한 양도계약으로서 매매계약이 체결된 것이라면 외관은 매매의 단순한 동기 이상이라고 보아야 할 것입니다.

제3자에 관하여 이론적으로 보다 깊이 있는 정리를 한 논문으로는 "민법 제108조 제2항의 제3자의 범위 - 일반채권자 · 압류채권자를 중심으로", 이동형, 법조 2008년 2월호, "통정허위표시로 인한 법률관계에 있어서 파산관재인의 제3자성", 권영준, 법조 2007년 5월호 등이 있습니다.

착오에 의한 의사표시

Question. 1

1. 착오취소의 선의의 제3자 범위확대에서 제3자가 착오사실까지 몰라야 한다고 해설되어 있습니다. 취소사실만 모르면 되지 않나요?(지원림 저 민법강의 제9판 269쪽)

2. 경매 무효의 경우에 동시이행관계가 인정되는 구체적인 경우가 잘 떠오르지 않습니다. 설명 좀 부탁드립니다.

Answer

착오취소는 선의의 제3자에게 대항하지 못합니다. 선의란 부지를 말하는데, 그

의사표시가 착오로 인한 의사표시라는 사실을 알지 못하는 것을 말합니다. 한편 제3자는 취소의 의사표시가 있기 전에 이해관계를 맺은 자이어야 하는데, 판례는 그 범위를 확대하여 취소 이후에 이해관계를 맺은 자도 제3자가 될 수 있다고 합니다. 그러기 위해서는 제109조 제2항의 요건을 갖추었을 뿐만 아니라 취소사실을 알지 못한 자이어야 할 것입니다. 그러니 착오에 의한 의사표시라는 사실을 알지 못할 뿐만 아니라 취소사실을 알지 못한 자이어야 하지요.

Question. 2

지원림 저 민법강의 제9판 264쪽에서 표의자에게 중대한 과실이 있다면 이 요건은 "소극요건"이라 하였습니다.

이에 선생님께서 적극요건은 그 효과를 주장하는 자, '소극요건은 그 효과를 저지하려는 자가 증명책임을 가진다'라고 설명해주셨습니다.

3월 12일 참고자료 2 - (2) 중요부분의 착오에 관한 판례 유형화 - 2) 사람의 성질에 관한 착오

이 부분에 총 8가지 사례가 나오는데, 각 주제마다 (소극) · (적극)이라고 표시가 되어 있습니다. 여기서 (소극) · (적극)이 도통 무슨 말인지 개념이 잡히지 않습니다. 이해를 위해 간략한 설명 해주시면 감사하겠습니다.

표의자에게 중대한 과실이 있는 경우, 중요부분의 착오가 아닌 경우를 - (소극) 이라 이해하고, 표의자에게 중대한 과실이 없는 경우, 중요부분의 착오가 있는 경우를 - (적극) 이라 이해하면 되는지요?

추가로 위 참고자료 2) 사람의 성질에 관한 착오에서 2번째와 3번째 사례 "채권자가 주채무자에 관하여 잘못 작성된 거래상황 확인서를 교부하여 신용보증계약을 체결한 경우" 유사한 사례임에도 불구하고 2번은 중요부분에 착오가 있는 걸로 보았고, 3번은 중요부분에 착오가 아니라고 보았는데요. 두 사례의 차이를 이해를 못하겠습니다.

간략하게 두 사례의 어느 부분에서 착오 때문에 중요부분의 착오 유무가 달라지는지 답변해 주신다면 감사하겠습니다.

Answer

1. 기본강의 때 나누어준 참고자료는 아마도 판례자료인 듯하군요. 판례의 판시

사항과 그에 대한 결론을 표시한 것입니다. (적극)은 그 결론이 판시사항을 인용하였다는 것이고, (소극)은 그 결론이 판시사항을 배척했거나 이를 인용하지 않았다는 의미입니다. 적극요건, 소극요건이라는 의미가 아닙니다.

2. 사실관계상의 차이 때문에 그 결론이 달라진 듯합니다. 잘못 작성된 거래상황확인서를 발급하였고, 이에 기초하여 신용보증계약이 체결되었다고 하더라도 그 보증계약이 언제나 유발된 착오의 법리에 따라 취소되어야 하는 것은 아닙니다. 거래상황확인서가 보증계약에 어떠한 영향을 주었는지, 신용보증기금이 그와 같은 거래상황확인서를 다시 확인해야 할 의무가 있는지 등을 고려하여 유발된 착오의 법리가 적용되는지를 판단하여야 합니다. 그 판단이 다른 것입니다.

사기 · 강박에 의한 의사표시

Question. 1

기망에 의하여 타인의 부동산을 매수한 A로부터 부동산을 양수 받은 B가 있는 경우에 피기망자 C가 B의 등기에 대해 등기말소 청구를 할 수 있는데, 이 때 B는 제110조 제2항에 의해 보호되는 제3자라서 C의 등기말소청구와 상충됩니다. 이 때 C가 직접 B를 상대로 진정명의회복을 위한 소유권이전등기청구를 할 수 있나요?

Answer

질문이 무엇인지 정확히 파악하기 어렵습니다. 기망에 의하여 타인의 부동산을 매수한 자 A는 질문의 맥락상 스스로 기망을 한 사람으로 보이는데 맞나요? C가 기망을 당해서 부동산을 A에게 매도하였고, A는 그 부동산을 다시 B에게 양도한 사안인가요?

C가 A와의 매매를 취소하고, B에 대하여 말소등기를 청구한다면 B는 제110조 제3항에 의하여 보호되므로 결국 말소청구를 할 수 없는데, 그렇다면 진정명의회복을 위한 소유권이전등기청구는 가능한가요? 라는 것이 질문의 내용입니까?

말소등기청구권이나 진정명의회복을 위한 소유권이전등기청구권은 모두 그 실체법상 권리가 소유권을 기초로 하는 방해배제청구권입니다. C가 소유권을 행사하기 위해서는 A와의 매매가 취소되었음을 B에게 주장할 수 있어야 합니다. B가 선의자로서 취소로부터 보호되는 제3자라면 C는 취소로 소유권을 회복하였음을 주장할 수 없습니다. 결국 말소청구이든 진정명의회복 위한 소유권이전등기청구이든 허용되지 않는 것이지요.

Question. 2

"강박에 의한 것이어서 당연무효라는 주장 속에 강박에 의한 의사표시이므로 취소한다는 주장이 당연히 포함되어 있다고는 볼 수 없다."는 게 왜 맞는 거죠?
그리고 강박에 의한 것이어서 -> 당연 무효가 성립할 수 있나요?

Answer

강박에는 상대적 강박과 절대적 강박이 모두 포함되는데, 효과가 서로 다릅니다. 절대적 강박에 의하여 이루어진 의사표시는 이를 표의자의 의사라고 할 수 없습니다. 표의자의 의사결정의 자유가 완전히 박탈되었기 때문입니다. 따라서 제110조가 적용되지 않고, 그 의사표시는 행위의사의 결여로 혹은 표의자의 표시로 볼 수 없어 무효인 것입니다. 결국 상대적 강박에 따른 행위이므로 이를 취소하겠다는 주장과 절대적 강박으로 그 의사표시는 무효라는 주장은 전혀 다른 사실에 관한 주장입니다. 어느 한 주장이 다른 주장을 포함한다고 할 수 없습니다.

Question. 3

진도별 모강 제6회 33번 문제

사례2) 甲은 乙의 강박에 의하여 1989.11.15 甲 소유의 A부동산을 乙에게 증여하는 계약을 체결하였다. 甲은 1990.1.28. 위 증여계약을 강박을 이유로 취소한다는 의사표시를 乙에게 하였는데 같은 달 31일 다시 위 취소의 의사표시를 취소하고 종전의 증여계약을 추인하는 의사표시를 乙에게 하였다. 그런데 乙의 강박은 1991.1.21에 비로소 종료되었다.

ㅁ. 甲 소유 A부동산을 乙에게 증여하는 계약은 乙의 강박에 의하였으므로 甲의 강박에 의한 취소의 의사표시는 유효하다. 따라서 이 증여계약은 처음부터 무효인 것으로 된다.

제가 처음 사례를 봤을 때 강박을 이유로 취소를 했으므로 취소의 효과가 발생했는데 그것을 다시 취소하여 원상복구가 되고(다시 강박의 흠결이 존재한다) 그것을 다시 추인하게 되고 이 추인은 아직 강박상태 하에서 한 것이므로 무효가 되고 증여계약이 유효한 것으로 보았습니다.

해설을 보니 명확하게는 안 나와 있는데 제가 잘못 생각한 것처럼 보입니다. 다시 생각해보면 일단 취소를 하면 취소권은 소멸되고 그것을 다시 취소할 수 없지 않나요? 저는 취소를 다시 취소할 수 있다고 생각을 했거든요.

결론적으로 1. 강박취소를 했고 2. 강박취소를 다시 취소할 수 없으므로 취소효과가 그대로 유지되어 무효가 되고 3. 이 무효행위를 추인하려고 했는데 아직 강박이 존재하고 있으므로 추인도 안 되는 것으로 보입니다만 맞는 건가요??

Answer

옳게 파악하였습니다.

제3절 법률행위의 대리

대리행위

Question. 1

허락 없이 타인 명의로 법률행위를 한 경우 판례가,

1) 기본대리권이 존재하고, 2) 행위자를 명의자로 오인함에 정당한 이유가 있는 경우에는 제126조를 유추적용한다고 설명해주셨는데요..

여기서 기본대리권이 있는 행위자가 권한을 넘는 행위를 했다면 제126조가 직접 적용된다고 볼 수는 없는지 궁금합니다.

명의자의 이름으로 법률행위를 하기는 했지만 판례가 서명대리도 인정하고 있기 때문에 직접 적용될 수도 있을 듯한데…….

Answer

판례가 유추하는 이유가 있는 듯합니다.

명의모용의 경우에는 모용자인 행위자에게 대리적 의사를 인정하지 않습니다. 92다52436 판결에서 대법원은 표현대리가 성립하기 위해서는 대리의사를 가지고 권한 외의 행위를 하여야 한다고 합니다. 그리고 이어 명의모용의 경우에는 특별한 사정이 없는 한 표현대리가 성립하지 않는다고 합니다.

결국 대법원은 명의모용의 경우, 모용자가 함부로 피모용자의 명의를 이용하여 임의로 대리행위를 하는 경우라는 점을 고려하여 행위자인 모용자에게 대리의사를 인정하지 않는 것입니다.

서명대리는 명의모용하고 다른 점이 있습니다. 서명대리는 행위자가 대리의사를 가지고 본인의 명의로 대리관계를 표시하지 않은 채 대리행위를 하는 것입니다.

결국 명의모용의 경우, 대법원의 입장에 따르면 모용자가 한 법률행위는 대리행위라고 볼 수 없는 것이지요. 이러한 모용자의 법률행위는 대리행위는 아니지만, 잘못된 외관이 만들어졌고, 그에 관한 상대방의 정당한 신뢰가 있을 때에 제126조의 법리가 유추될 수 있는가의 문제가 논의되는 것입니다.

Question. 2

민법 제117조의 해석에 관해서 질문 드립니다.

지원림 저 민법강의 제9판 306쪽 대리인의 능력 편에 제117조에 관한 해석이 아래와 같이 나와 있습니다.

가) 민법 제117조

1) 대리인은 행위능력자임을 요하지 않는다. 이하 생략

2) 제117조가 법정대리에도 적용되는지에 관하여 견해의 대립이 있다. 즉, 민법은 법정대리제도의 능력자이어야 한다는 견해가 대립한다. 생각건대, 당사자의 의사에 기한 임의대리와 본인의 의사와 무관하게 대리권이 발생하는 법정대리는 그 이익상황이 전혀 다르고, 따라서 제117조를 법정대리에 적용하는 것은 무리라고 할 수도 있지만, 제127조 2호가 법정대리와 임의대리에 공통되는 대리권의 소멸사유로 "대리인의 금치산 또는 파산"을 규정한 점에 비추어 '무능력자도 법정대리인이 될 수 있다고 할 것이다'라고 하였는데,

법정대리든 임의대리든 무능력자가 아님이 전제된 상태에서, 제127조의 대리권 소멸사유에 "대리인의 금치산 또는 파산"이 도출되었다고 봄이 타당하지 않는가라는 생각에서 그 전후가 혼동된 거 같다는 생각이 듭니다.

즉 제127조의 무능력자에 해당하는 금치산자 또는 파산자가 명시된 조항을 근거로 무능력자도 법정대리인이 될 수 있다고 단정한 것은 잘못된 반대해석이 아닌가 하는 생각이 드는데요, 확실치는 않지만 이런 불명확한 점 때문에 2013. 07. 01. 개정민법에는 금치산자가 빠진 거 같기도 하구요.

따라서 "무능력자도 법정대리인이 될 수 있다"라는 내용에 대해서 어떻게 판단하는 게 옳은지 헷갈립니다.(관련 판례가 있는지요?)

Answer

행위무능력자가 법정대리인이 될 수 있는가에 관하여 이를 긍정하는 쪽에서는 제127조를 그 근거로 듭니다. 제127조에 따르면 대리인이 금치산선고를 받으면 대리권이 소멸하도록 규정하고 있습니다. 제127조는 법정대리에도 적용되는 것인데, 그렇다면 법정대리인이 금치산선고를 받으면 대리권이 소멸하는 것이지요.

그렇다면 법정대리인이 한정치산선고를 받으면 대리권이 소멸할까요? 제127조에서는 금치산선고를 받을 때에 대리권이 소멸하는 것으로 규정하고 있으니, 그

반대해석상 금치산선고 이외의 한정치산선고에 의해서는 대리권이 소멸하지 않을 것입니다.
한정치산자인 행위무능력자가 법정대리인이 되는 것은 법은 용인하고 있다고 해석할 수 있다는 것이 긍정설의 논리입니다. 이 부분에 관한 대법원 판례는 없습니다.

Re-Question.

아직 금치산과 한정치산까지 진도가 나가진 않아 이해를 하지 못했는데, 한정치산과 연관시켜 풀어보니 왜 제127조를 근거로 무능력자의 법정대리가 가능하다고 한 것임을 알겠습니다. 법조문 해석시 흔히 볼 수 있는 꼼수가 숨겨져 있었네요.
그렇다면 2013년 개정에는 이 부분이 빠지게 되니 앞으로는 무능력자도 법정대리가 가능하다는 학설이 어떻게 변하겠습니까? 불가능하다고 변하는 추세를 반영한 거라고 볼 수 있지 않나요?

Re-Answer

꼼수? 표현이 재미있군요.
2013년 개정 민법을 보셨나요? 이 부분이 빠졌다는 것은 오해가 있는 듯 하군요. 개정민법에서 금치산제도를 폐지하고, 성년후견제도를 새롭게 마련했습니다. 종전 금치산의 효과를 성년후견의 효과로 수용하고 있습니다. 따라서 대리인에 대하여 성년후견(금치산) 선고가 있으면 대리권이 당연히 소멸하도록 규정을 바꾼 것입니다.

무권대리

Question. 1

父가 子에게 자신 소유의 부동산을 담보로 하여 2천만 원을 차용해 오라고 하면서 대리권을 수여하였는데, 子가 父의 대리인 자격으로 甲 은행으로부터 5천만 원을 융자받으면서 甲 은행 앞으로 채권최고액 6천만 원의 근저당권을 설정했습니다. 그런데 甲은행의 대출규정에 의하면 근저당권설정계약시에는 그 담보제공자가 직접 은행에 출두하여 자필, 날인을 하도록 규정되어 있는데, 甲은행은 子가 등기서류를 소지하고 있다는 사실만으로 별도의 확인절차를 거치지 않고 융자를 해주었습니다. 이후 父가 사망하고 子가 父를 상속하였는데요,

위 사안에서 甲 은행에 과실이 있기 때문에 제126의 표현대리의 성립은 부정되고, 근저당권의 효력은 기본대리권의 범위인 2천만 원의 한도에서는 유효할 텐데, 나머지 4천만 원의 책임에 대해 甲 은행이 子에게 135의 무권대리인 책임으로 이행을 청구하여 왔을 때, 甲 은행은 대출규정에 따라 본인에 대해 확인절차를 밟았을 경우 쉽게 대리권의 범위를 알 수 있었기 때문에, 제135의 무과실이 아니므로 무권대리인 책임을 물을 수 없고,

그렇다면 본인의 지위를 상속한 子가 본인의 지위에서 4천만 원의 책임을 거절할 수 있지 않나요?

이 경우에도 신의칙에 반한다고 보아야 하나요?

Answer

주어진 사실관계만으로 신의칙에 반하는지 여부를 판단하기에는 판단자료가 부족한 듯합니다.

상대방에게 과실이 있다는 점만으로 본인을 상속한 무권대리인이 자기가 결정한 행위의 효력을 무효라고 주장하는 행위가 신의칙에 반하지 않는다고 보는 것은 지나칩니다. 상대방의 과실을 무권대리인인 자가 유발한 경우도 있을 수 있기 때문입니다.

판례는 무권대리인이 본인을 상속한 후 무권대리의 효력을 부인하는 것이 경우에 따라 신의칙에 반할 수 있음을 인정합니다. 무권대리인이 무권대리인책임을 부담하는 자이어야 하는지, 상대방의 신뢰가 있었는지, 상대방의 신뢰를 무권대리인이 유발하거나 촉진시켰는지 등이 모두 신의칙 위반인지 여부를 판단할 때 고려될 수 있을 것입니다.

만약 제반 사정에 비추어 상대방의 보호가치가 부정된다면, 본인을 상속한 무권대리인의 무효주장이 신의칙에 반하지 않을 것입니다. 그 경우, 무권대리인으로서는 은행에 대하여 부당이득반환의무를 부담하게 될 것입니다.

진도별 모강 제5회 21번

다음 사례에 대한 설명으로 옳은 내용만을 모두 모은 것은?
(다툼이 있으면 판례에 의함)

〈 사 례 〉

甲은 乙에게 그의 소유의 X 토지는 매도하고 Y 가옥은 이를 담보로 하여 금원을 차용하라는 대리권을 수여하면서 그 양도 및 담보설정에 필요한 위임장 및 관련 서류 일체를 교부하였다. 그 후 甲은 乙에 대한 수권행위를 철회하였으나 乙은 바로 丙을 복대리인으로 선임하면서 甲으로부터 받은 서류 일체를 다시 丙에게 교부하였다. 그 후 丙은 자신이 甲의 대리인임을 밝히면서 X 토지와 Y 가옥을 모두 丁에게 매도하였고 소유권이전등기도 丁 앞으로 경료하였다. 丙이 X 토지 및 Y 가옥을 매도한 이유는 그 대금으로 오로지 자신의 채무를 변제하기 위함에 있었다.

㉠ 丁이 丙에게 X 토지 매도에 대한 적법한 대리권이 있다고 믿었고 그와 같이 믿은 데 과실이 없었다면 X 토지매매에 관해서는 대리권 소멸 후의 표현대리가 성립할 수 있다.
㉡ 丙의 복대리권이 인정되어도 이를 기본대리권으로 하는 권한을 넘은 표현대리가 성립할 여지는 없다.
㉢ 丙에게 정당한 복대리권이 인정되고 그가 어떠한 방법에 의하여 Y 가옥의 매도에 필요한 서류 일체를 구비하여 丁에게 제시하였다면 甲에 대한 丁의 조사·확인의무는 배제된다.
㉣ 丙에게 정당한 복대리권이 인정되고 丁이 Y 가옥에 대한 丙의 양도행위가 권한유월행위임을 과실 없이 몰랐으며 甲이 丁에 대하여 추인거절의 의사를 밝혔다면, 丁은 丙에게 계약의 이행과 함께 손해배상을 청구할 수 있다.
㉤ 丙에게 정당한 복대리권이 인정되고 丙의 X 토지에 대한 매도행위가 丙 자신의 이익을 위한 것이라는 사실을 丁이 알았더라도 甲은 그 행위의 무효를 주장할 수 없다.

① ㉠ ㉡ ㉢ ㉣ ② ㉡ ㉢ ㉣ ㉤ ③ ㉠ ㉢ ㉤
④ ㉡ ㉢ ㉤ ⑤ ㉠ ㉡ ㉢ ⑥ ㉠ ㉢

Question. 2

진도별 모강 제5회 21번 ㄹ 지문에서 丙의 대리권남용이 문제가 되는 것으로 보인데 왜 무권대리 법리가 적용되는지 잘 이해가 되지 않습니다...

Answer

ㄹ. 지문을 보면 '병에게 정당한 복대리권이 있고,... 병의 양도행위가 권한유월 행위임을...'이라고 되어 있습니다. 즉, 병에게는 기본적인 복대리권이 있으나, 그 범위를 넘은 행위를 하였다는 것이지요. 대리권을 넘어선 행위를 하였다는 것으로 대리권남용이 문제되는 사안은 아닙니다. 대리권남용이란 대리권범위 내에서 이루어지는 배임적 대리행위를 말합니다.

진도별 모강 제5회 36번

다음은 대리와 관련된 사례이다.

[사례 1]과 [사례 2]에 관한 설명 중 옳지 않은 것을 모두 고르면?

(다툼이 있는 경우 판례에 의함)

[사례 1]

甲은 丙을 상대로 제기한 대여금 청구소송의 확정판결에 기초하여 丙 소유의 A 토지에 대하여 경매를 신청하였다. 그 경매절차에서 甲이 아들인 乙 명의로 경락을 받음으로써 2002.7.14. 乙 명의의 소유권이전등기가 마쳐졌다. 2005.5.13. 甲은 자신이 A 토지의 소유자라고 하면서, 丙과 판결금 3,000만원 중 합의금으로 800만원을 丙으로부터 수령함과 동시에 丙에 대한 어떠한 명목의 청구도 포기하며 A 토지에 대하여 丙에게 소유권을 이전해 주기로 약정하였다. 丙이 위 약정에 따라 같은 날 甲에게 800만원을 지급하였으나 甲은 丙에게 소유권이전등기를 해주지 아니한 채 2006.1.7. 사망하였고, 乙은 甲의 단독상속인이 되었다.

㉠ 乙은 실질적인 권리자가 아니라 단순히 甲을 위하여 그 명의만을 빌려준 자에 불과하므로 A 토지의 소유권은 경락대금을 실질적으로 부담한 甲이 취득한다.

㉡ 甲의 丙에 대한 위 약정은 乙의 무권대리인으로서 한 행위로서 무효이지만,

乙이 甲의 단독상속인인 이상, 그 무효행위의 추인을 거절할 수 없으므로 소유권이전등기의무를 부담한다.

㉢ 甲의 사망으로 인하여 乙은 그 상속인으로서 甲의 위 약정상 의무를 상속하게 되었으므로 위 소유권이전등기의무의 이행을 거절할 수 없다.

[사례 2]

최근 '로마네꽁띠라는 소설을 출간하여 문단에 주목을 받고 있는 신인소설가 K는 울산에 살고 있는 乙로부터 팩스를 받았다. 팩스의 내용은 "2010. 8. 19. K의 대리인 丙과 甲의 울산제일문고 주최 저자 사인회계약을 체결하였고, 그 시안을 작성하여 보내니 검토하여 수정할 사항을 조속히 알려 달라" 라는 것이었다. K가 丙에게 전화를 걸어 자초지종을 물으니, 丙은 울산 사인회가 K에게도 큰 도움이 된다고 판단하여 甲의 대리인으로서 乙과 계약을 체결하였다고 해명하였다.

㉣ K가 乙의 팩스를 받고도 장기간 이의를 제기하지 않고 방치하고 있다는 사실만으로는 원칙적으로 丙의 무권대리행위에 대한 묵시적 추인이 있다고 볼 수 없다.

㉤ K는 지방에서의 사인회 계약에 관한 일체의 사무를 丙에게 위임하여 처리하여 왔는데, 2010. 7. 13. 일방적으로 丙과의 위임계약을 해지하였다. 그런데 K와 丙 사이의 위임계약이 해지되었다는 소문이 출판업계에 파다하였음에도 乙은 이를 제대로 확인하지 않은 채 丙과 팬사인회 계약을 체결하였다. 이 경우 위 계약은 민법 제129조(대리권소멸후의 표현대리)에 의하여 유효하다.

㉥ K의 추인을 얻지 못하면 丙은 乙의 선택에 좇아 계약의 이행 또는 손해배상의 책임을 부담하지만, 丙이 위 계약 당시 사인회 계약이 K에게 큰 도움이 될 것이라고 믿었고 그 믿음에 과실이 없었다면, 丙은 책임을 지지 않는다.

① ㉠ ㉡ ㉢　　② ㉠ ㉡ ㉤
③ ㉠ ㉡ ㉢ ㉤ ㉥　　④ ㉡ ㉢ ㉤
⑤ ㉡ ㉢ ㉣ ㉥　　⑥ ㉢ ㉣ ㉤ ㉥
⑦ ㉠ ㉡ ㉢ ㉤　　⑧ ㉣ ㉤ ㉥

Question. 3

진도별 모강 제5회 36번 ㅂ 지문관련 질문입니다. 해설은 무과실책임으로 설명하고 있으나 지문에서 무권대리인 丙이 표현대리를 주장하고 있는 것 같은데요. 구분이 되지 않습니다.

그리고 단축된 급부는 계약상대방의 지시가 있어야 하나요. 삼자합의가 있어도 성립하는 것 아닌가요?

Answer

1. 병은 무권대리인 입니다. 병이 본인에게 무권대리행위가 도움이 될 것이라고 믿었고, 믿었음에 과실이 없었다는 것은 무권대리인 병에게 귀책성이 없다는 의미입니다. 표현대리는 대리행위의 상대방의 신뢰를 보호하는 제도이지 무권대리인의 신뢰를 보호하는 제도가 아닙니다. 이 지문은 무권대리인 책임이 무권대리인의 귀책성과 무관한 무과실책임인지 여부를 묻는 지문입니다.
2. 3자간 합의에 의해서도 단축된 급부가 이루어질 수 있습니다.

표현대리

Question. 1

법정대리권을 민법 제126조의 기본대리권으로 인정하는 것을 부정하는 학설의 근거 중 하나가 "법정대리권의 범위를 정한 규정은 강행규정이다"라고 하셨는데 긍정설에서는 이 논거에 대해 뭐라고 반박하는 건가요???

Answer

법정대리권의 범위가 법정되지 아니한 경우에는 제126조의 성립을 긍정하여야 한다고 반박합니다. 한편, 법정대리권 범위를 정한 강행규정을 벗어난 영역에서 표현대리를 인정하는 것은 부당하다는 부정설의 결론에 대하여 긍정설은 법정대리권의 범위를 정한 강행규정을 위반한 대리행위에 대해서는 상대방의 과실이 인정되므로 결국 제126조의 표현대리가 성립하지 않게 된다고 합니다. 그러니 강행규정을 위반한 행위에 표현대리를 인정하는 결과는 발생하지 않는다는 것이지요.

Question. 2

1. A의 3층 입주자에 대한 보증금 전액반환사실을 들어 2층 임차인인 甲이 건물의 소유자인 종중 乙에 대하여 제126조를 들어 표현대리의 성립을 긍정하려면, 기본대리권의 존재여부 + 정당한 사유가 있어야 하는데 후자는 논외로 하고,

A의 3층 입주자에 대한 보증금 전액반환사실이 기본대리권의 존재인가에 관하여 판례가 4294민상192 에서는 "외관상 그에게 어떠한 권한이 있는 것 같은 표시 내지 행동이 있어 상대방이 그를 믿었고 또 그를 믿음에 있어 정당한 사유가 있었다면 표현대리의 법리에 의하여 본인에게 책임 지워 상대방을 보호하여야 할 것"이라고 하였지만 91다32190에서는 "증권회사 직원이 아니면서도 사실상 투자상담사 역할을 하는 자가 유가증권 매매의 위탁 권유 등을 한 경우에 관하여, 제126조의 표현대리가 성립하기 위하여는 무권대리인에게 법률행위에 관한 기본대리권이 있어야 하는 바, 증권회사로부터 위임받은 고객의 유치 투자상담 및 권유 위탁매매 약정실적의 제고 등의 업무는 '사실행위에 불과'하므로 이를 기본대리권으로 하여서는 권한초과의 표현대리가 성립할 수 없다"고 하였습니다.

이에 후자의 판례를 들어 기본대리권의 수여가 없음을 근거로 하여 A의 행위가 제126조의 표현대리가 성립할 수 없다고 판단한다면 감점의 요인이 되는 것인가요?

2. 甲이 乙에 대하여 제126조의 표현대리를 주장하여 승소하였다면 기본 보증금 1억에 추가적으로 A에 의하여 착복 당한 4억 원을 乙에 대하여 청구할 수 있는 집행권원을 얻는 것이 되고 만약 임대반환시까지 사용 수익하였다면 그때까지의 월세를 납부하여야 하며, 사용수익하지 않았다면 동시이행의 항변을 주장하여 월세를 납부하지 않아도 되는 것인지요?

또한 패소하였다면 사용수익여부와 무관하게 임대반환시까지의 월세를 납부하여야 하는 것이 맞는지 궁금합니다.

Answer

1. 예를 든 판례는 투자상담사는 사실행위 권한을 부여받은 자로서 기본대리권

있는 자가 아니므로 그 자의 월권행위에 대해서는 제126조가 적용되지 않는다는 취지입니다.

그런데 변호사시험 기출문제에서는 건물관리소장이 월권행위를 한 것입니다. 건물관리소장이 법률행위 대리권을 가지고 있는지가 문제인데, 사안을 보면 건물관리소장은 3층 입주자와 임대차계약을 체결한 바가 있습니다. 또 건물관리소장을 건물관리에 필요한 여러 사무를 처리하여야 할 것입니다. 가령, 건물의 유지, 보수에 필요한 수선계약 등도 체결하여야 하겠지요. 그렇다면 기본대리권을 가지고 있는 대리인으로 인정해야 할 것입니다.

사안에 대한 검토 없이 판례를 언급하는 것은 무의미합니다. 그렇게 검토하였다면 아마도 감점이 될 수 있을 것입니다.

2. 표현대리가 성립한다면, 종중 을과 갑의 임대차변경계약은 유효한 것으로 되어 종중 을은 변경된 내용에 따른 보증금반환의무를 부담하지요. 한편 사안에서는 이미 월세를 납부한 것으로 되어 있습니다. 갑이 을에게 또 다시 월세를 납부하는 문제는 생기지 않습니다. 다만 임대차 종료 후에도 갑이 사용수익하였다면 임대차변경계약에 따른 월세를 부당이득으로 지급하여야 하겠지요.

패소하더라도 을이 이미 받은 월세에 더하여 갑이 또 월세를 지급해야 하는 것은 아닙니다. 사안을 다시 한 번 보시기 바랍니다.

Question. 3

대판 1997. 6. 27, 97다3828과 관련해서요.

후견인으로부터 무능력자 소유의 부동산을 매수하는 경우 매수인에게 친족회의 동의가 있는지를 확인하지 않은 과실이 있는 경우에, 제126조의 '정당한 이유'를 판단함에 다수설, 판례에 의하여 선의 · 무과실과 같은 의미로 본다면 제126조의 표현대리가 성립 안하는 걸로 알고 있는데요. 이 때 거래의 상대방이 제135조의 무권대리책임을 물을 수 있나요?

제가 생각하기로는 제135조는 선의, 무과실의 상대방이 가능한데 위에서 과실이 있기 때문에 불가능하지 않나요?

어떤 문제집을 풀었는데 제126조가 성립 안 할 경우 제135조의 손해배상을 청구할 수 있다고 되어 있어서요….

제126조의 과실과 제135조의 과실에 차이점이 있는 건가요?

아니면 문제가 소수설을 취한 것일까요?

Answer

제135조가 규정하고 있는 '대리권 없음을 알았거나 알 수 있었을 때'란 의미에 관해서 통설은 악의, 과실로 이해하고 있습니다. 결국 제126조가 정당한 이유의 부존재로 인하여 성립하지 않을 경우, 제135조의 책임도 성립하지 않는 것이지요. 문제집에서 아마도 해설을 착오한 것이 아닐까 하네요.

Question. 4

무권대리인이 제135조 책임을 면하기 위해서 표현대리를 주장하는 구체적 경우가 잘 떠오르지 않습니다. 예를 알 수 있을까요?

Answer

권한 유월의 대리행위를 하였고, 상대방도 대리권이 있다고 믿었습니다. 그런데 본인의 자력 상태가 급격히 악화되자 상대방이 본인에 대하여 이행책임을 묻지 아니하고, 곧바로 대리인에 대하여 무권대리인책임을 추궁합니다. 이때 대리인은 표현대리의 요건이 충족되어 있으므로 본인에 대하여 이행책임을 물을 수 있을 뿐, 무권대리인책임을 추궁할 수 없다고 항변할 수 있습니다.

Question. 5

한국대학교 근처에서 24시간 돼지국밥집을 운영하는 강씨는 몇 년째 주방장으로 근무하는 최씨에게 마장동 축산도매단지에서 박씨가 운영하는 식육점에 들러 매일 국밥집에서 소비되는 돼지고기 10kg을 구매하는 권한을 부여하였다. 물론 최씨는 매일 아침 박씨의 식육점에 들러 2년째 돼지고기를 구매한 후 출근한다. 하지만 지난 9월 10일에 주방장 최씨는 불미스런일로 말미암아 강씨와 다퉜고 그와 합의한 끝에 다음날부터 그 국밥집을 그만두게 되었다. 그럼에도 불구하고 최씨는 자신의 근황을 전혀 모르는 위 식육점에 들러 돼지고기를 9월 30일까지 매일 10kg씩 구매하여 자신이 직접 소비하였다.

한편 월말결산을 마친 박씨가 강씨를 상대로 9월 대금 300만 원의 지급을 청구하였다. 이와 관련하여 강씨는 박씨에게 위 대금으로 100만 원을 지급하고는 나머지 200만 원의 지급청구에 대해서는 효력 없음을 이유로 거절하였다.[강씨의 거절은 인용되겠는가?] 민법규정 및 통설에 의거하여 답하시오. 돼지고기 10kg의 값은 9월 내내 10만 원을 유지하였고 최씨는 9월 내내 30일간 돈육을 매일 10kg씩 구매하였다고 한다.

사례풀이를 하려고 하는데….물어볼 곳이 없어서요. ㅠ 염치불구 하고 올립니다.

Answer

사례는 아마도 대리권이 소멸된 최씨가 강씨를 대리하여 박씨와 체결한 돈육구매계약이 강씨에게 효력이 있는지가 주된 쟁점으로 보입니다. 대리권 소멸 후의 표현대리의 성립여부의 문제가 쟁점인 듯합니다.

Question. 6

민법 제129조에 관련되어 질문 드립니다.

제129조의 성립요건중 하나는 대리인이 권한 내의 행위를 하였을 것입니다.

그런데 "대리행위가 소멸된 대리권의 내용과 다른 종류의 행위인 경우에도 표현대리는 성립될 수 있고, 이러한 경우에 제129조와 제126조의 중복적용이 일어난다"라고 되어있더군요.

그렇다면 대리인이 권한 내의 행위를 하였을 것이라는 요건은 의미 없는 요건 아닌가요?

Answer

소멸된 대리권의 범위를 유월한 행위가 표현대리로 될 수 있는가? 소멸된 대리권의 범위 내에서 대리인이 행위를 하였다면 제129조가 적용될 수 있을 것이고, 그 경우 본인은 그 범위에서 책임을 부담하여야 하지요. 그런데 소멸된 대리권의 범위를 유월하였다면 제129조에 따라 본인이 그 행위 모두에 관해서 책임을 지지는 않을 것입니다. 그러나 상대방이 소멸된 대리권 범위 내라고 믿을 만한 정당한 이유가 있는 경우라면 제126조가 적용될 수 있습니다. 따라서 126조에 따라 본인이 소멸된 대리권의 범위를 넘어선 행위부분에 대해서까지 책임을 지는 것입니다. 이를 제129조와 제126조의 중복적용이라고 합니다.

제4절 법률행위의 무효와 취소

법률행위의 무효

Question. 1

무효행위의 전환에서 제103조 위반으로 무효행위인 경우에도 전환 법리가 적용 되는지요??

Answer

제104조 위반으로 무효인 경우에 무효행위의 전환이 가능하다는 취지의 판례가 있습니다. 제103조 위반한 행위가 무효행위의 전환법리에 따라 다른 법률행위로서의 효력을 가지는지에 관해 제가 아는 한 대법원 판결이 나와 있지는 않은 것 같습니다. 그러나 이를 부정할 이유가 없다고 생각합니다.

법률행위의 취소

Question. 1

법률행위 일부분이 무효인 때 원칙적으로 그 전부를 무효로 합니다. 그리고 일부취소란 취소권자의 의사표시에 의하여 일부분만 취소되고 나머지는 유효가 되는 것이 원칙인 걸로 알고 있습니다. 왜 다른 효과를 주는 지요? 원칙규정이 다른 이유를 알고 싶습니다.

Answer

일부취소란 취소권자가 일부의 효력만을 폐기하는 것을 말합니다. 일부취소의 의사가 명확하다면 그리고 일부만을 분할해서 취소하는 것이 가능하다면 나머지 부분의 효력을 유지하는 것이 당사자의 의사에 부합할 것입니다.

반면 일부가 무효인 경우에는 당사자의 의사표시와 무관하게 무효사유가 있는 부분의 효력이 부정될 것이고, 나머지 부분의 효력을 유지하는 것은 전체로서의 효력을 의욕한 당사자의 의사에 반하는 것이 됩니다. 따라서 전부를 무효로 하는 것이고, 다만 나머지 부분의 효력을 유지하고자 하는 당사자의 가정적 의사가 있다면 나머지 부분의 효력을 유지할 수 있는 것입니다.

일부취소 상황과 일부무효 상황에서 당사자의 의욕이 서로 다른 방향을 지향하고 있기 때문에 원칙이 다르게 나타납니다.

Question. 2

법정추인은 취소권에 관한 인식 및 의사를 불요하는 것인데…. 왜 특정승계문제에 적용할 때는 A가 토지를 양도할 때 알고 C에게 넘겼다면 취소권이 배제되는 것인지요. 알고 모르고는 상관없는 거 아닌가요?

Answer

법정추인에 관한 민법 제145조는 "추인할 수 있는 후에" 법이 정한 사유가 발생하면 추인한 것으로 의제한다고 규정하고 있습니다. "추인할 수 있는 후에"란 취소원인이 종료된 후에 라는 의미인데, 취소원인이 무엇이냐에 따라 그 종료원인이 다를 수 있습니다.

가령, 취소원인이 "착오"라면 착오사실을 안 때가 취소원인이 종료된 때라고 할 수 있습니다. 따라서 착오취소권자가 착오사실을 알고, 취소할 수 있는 행위로 취득한 권리를 양도(제145조 제5호)한 때에는 법정추인이 되는 것입니다.

취소권에 관한 인식이나 의사는 법정추인의 요건이 아닙니다. 그러나 취소원인이 종료되는 것은 법정추인의 요건입니다. 취소원인이 종료되기 위해서 취소원인 사실을 알아야 하는 경우가 있습니다.

Question. 3

제소기간설에서 재판절차에서 취소권을 행사하여야 하는 게 다수설이라고 하셨는데요.

취소권은 형성권이기 때문에 취소소송은 안되고 돌려달라는 소송을 해야 하는 거라고 하셨는데 그 부분이 무슨 말씀이신지 잘 이해 못하겠어요. 취소소송이 아니라 취소권만 행사하면 된다는 건지?

Answer

취소권은 상대방에게 의사표시를 도달시키는 방법으로 행사합니다. 그런데 그 방법에는 제한이 없습니다. 재판절차에서 취소권을 행사하는 모습도 마찬가지입니다. 취소권의 소멸기간은 제소기간으로 이해하게 되면 취소권의 제척기간 내에 소송을 제기하는 방법으로 취소권을 행사하여야 한다고 이해하여야 합니다. 그런데 취소권을 행사하기 위하여 취소소송을 제기하는 것은 소의 이익이 없어 법원이 이를 받아주지 않습니다.

왜냐하면 의사표시를 상대방에게 도달시키기만 하면 취소권 행사의 효과가 생기는 것이지 법원의 판결이 있어야 하는 것은 아니기 때문입니다. 결국 취소로 인하여 만들어진 법률관계, 가령 매매계약을 취소하면 부당이득반환의 채권관계가 만들어지는데 그 채권관계에 따라 발생하는 채권적 청구권을 재판절차에서 행사하여야 하는 것으로 이해하여야 합니다.

Question. 4

취소할 수 있는 행위의 추인에 관해 질문 드립니다.

지원림 저 민법강의 제9판 340쪽 작은 글씨에 보면 '소급적으로' 유효로 된다고 나와 있는데요,

기출지문 중에 추인하면 '그 때로부터' 유효로 된다는 지문을 보아서요.

취소할 수 있는 행위의 추인은 소급적으로 유효로 되는 게 맞는 거죠?

Answer

소급적으로 유효로 된다고 설명하는 책도 있고, 그 때부터 확정유효로 된다고 설명하는 책도 있습니다. 제가 보기에는 그 차이가 전혀 없습니다. 유동적 유효가 확정적 유효로 되는 것이 취소할 수 있는 행위의 추인이지요. 현재 법률행위의 상태에 전혀 변화가 생기지 않습니다. 여기에 소급효가 있니 없니 하고 논의

하는 것은 전혀 실익이 없는 논의입니다.
취소할 수 있는 행위의 추인은 취소권의 포기에 해당하므로 취소권 포기로 인하여 처음부터 취소권이 발생하지 않은 것으로 보아 확정적으로 유효로 된다고 설명하는 것이 지원림 교수님의 서술입니다.

제5절 조건과 기한

Question. 1

1. "전세금 또는 융자금으로 공사대금을 지불한다."는 공사도급계약의 규정은, 건물을 임대하거나 이를 담보로 융자를 받아야만 공사대금을 지급한다는 이른 바 공사대금 지급의 기한을 정한 것이라고 볼 수 없고...

→ 이 약정의 의미는 이행기한의 의미인가요?

2. 甲이 건물철거 및 대지인도를 약정한 것이 장차 경계측량을 하여 甲의 건물이 乙의 토지를 침범한 사실이 확인된다는 장래의 사실을 조건으로 한 것이라면, 위 조건이 기성조건이어서 무조건의 철거의무를 승인한 것이라고 할 수 없다.

→ 위 약정은 장래에 침범사실이 확인된다는 것을 조건으로 한 것이어서, 정지조건이 성취될 때 철거의무가 발생하므로, 기성조건은 아니기 때문에 무조건의 철거의무를 승인한 것으로 볼 수 없다는 뜻인가요?

Answer

1. 이행기간을 정한 것으로 볼 수 없다는 것이 판례의 태도입니다. 지급의 기한은 이행기한을 의미합니다. 즉, 전세를 하거나 융자를 받을 때까지 공사대금의 지급을 유예한 것으로 볼 수는 없다는 것이지요.

2. 네.

Question. 2

지원림 저 민법강의 제9판 387쪽에서는 기한은 법률행위의 효력의 발생이나 소멸을 장래 발생할 것이 확실한 사실에 의존케 하는 법률행위의 부관을 말한다. 기한은 법률행위의 효력을 장래의 확실한 사실에 의존케 한다는 점에서 법률행위의 효력을 장래의 불확실한 사실에 의존케 하는 조건과 구별된다.

그런데 가령 "출세하면 돈을 준다"고 하는 예에서와 같이 조건인지 기한인지가 명확하지 않은 경우가 있는 바, 당사자의 의사해석에 의하여 판단할 것이다.

즉 부관이 붙은 법률행위에서 부관에 표시된 사실이 발생하지 않으면 부관의 효력이 발생하지 않는다고 보는 것이 상당하다면 조건으로 보아야 하는 반면, 표시된 사실이 발생한 때에는 물론이고 발생하지 않는 것으로 확정되더라도 부관의 효력이 발생하는 것으로 보는 것이 상당한 경우에는 표시된 사실의 발생 여부가 확정되는 것을 불확정기한으로 정한 것으로 보아야 한다(대판 2003. 8. 19, 2003다24215).

기한이라는 것이 장래 발생한 것이 확실한 사실에 의존케 하는 것인데 불확정기한도 기한으로서 언제 발생할 것인지는 모르지만 장래 발생할 것은 확실한 것을 말합니다. 그런데 위의 표현 중 "발생하지 않는 것으로 확정되더라도"라는 표현이 이상한 거 같습니다. 예를 들어보면 출세하지 않더라도 돈을 준다는 것이라면 판례의 논리에 따르면 불확정기한이라고 보는 것인데 본래의 불확정기한의 개념과 안 맞는 거 같습니다. 왜냐하면 출세라는 부관이 장래에 발생되지 않는데(출세하지 않는다) 장래 발생할 것이 확실하다는 기한개념과는 어울릴 수가 없기 때문입니다.

아니면 출세하든 안하든 돈을 준다는 것이라면 돈을 준다는 것이 장래 발생할 것이 확실하므로 불확정기한이고

'출세하면 돈을 주겠다' 즉 '출세하지 않으면 돈을 주지 않겠다' 돈을 주는 것이 불확실 하므로 조건인가요?

기한부분은 정말 잘 이해가 안 됩니다.

Answer

대부분 수험생들이 기한개념에 대하여 혼란스러워합니다. 오늘 강의에서 설명하였는데,.. 기한에는 두 가지 서로 다른 성격을 가지고 있는 것이 있다는 점을 이해하여야 합니다. 부관으로서 기한이 있고, 이행기한이 있습니다. 불확정기한이란 이행기한의 한 종류입니다. 이행기한 반드시 장래 발생이 확실한 사실에 한정하여야 할 필요는 없습니다.

제5장 기간과 소멸시효

기간

Question. 1

이태섭 조지사 [민총 · 물권편] 418쪽 3번 "기간을 일, 주, 월, 연으로 정한 경우, 기간을 오전 영시로부터 시작하는 때에는 기간의 초일을 산입하여 기간을 계산한다. (O)

→ 기간을 일, 주, 월, 연으로 정한 경우는 초일불산입이 원칙인데, 정오표시가 잘못되어 있나요?

Answer

조문을 확인하세요. 초일불산입원칙의 예외를 묻는 것입니다.

Question. 2

1. 1991. 9. 8. 13 : 00경 종중총회를 개최하여 甲을 종중의 대표자로 선출하려면, 8일이 총회일이므로 역산하여 7일부터 1주간의 통지를 발하여야 하므로 1일 24시까지 발송하여야 한다.
2. 법인의 사원총회가 9월 10일 날 열린다면, 법인의 사원총회 소집통지는 9월 2일 자정까지 발송하면 된다.

- 위 두 문장은 옳은 문장으로 되어있는데, 1번에서 8월 31일 자정까지가 아닌가요?

Answer

기간 계산 문제는 아마도 정답이 잘못된 것 같습니다. 1번은 질문하신 분의 지적과 같이 8월 31일 자정까지 발송되어야 합니다. 2번은 옳은 지문입니다.

소멸시효

Question. 1

1. 국가에 대한 손해배상청구권의 소멸시효는 일반불법행위로 인한 손배청구권의 소멸시효 규정의 예외규정인 것인가요?

2. 불법행위에 기한 손배청구권의 소멸시효는 단기 3년, 장기 10년인데 그렇다면 불법행위로 인한 손해가 현실적으로 구체화되었지만 피해자가 이를 아직 알지 못하여 장기 10년의 소멸시효가 진행하던 중 피해자가 이를 알게 되었을 땐 그 때까지 진행되던 장기 10년의 소멸시효는 중단되고 그때로부터 새로이 단기 3년의 소멸시효가 진행하는 것인가요? 그러니까, 피해자가 손해를 알게 되었다는 것이 장기 10년 소멸시효의 중단사유라고 할 수 있는 것인가요?

Answer

1. 네. 특별규정이라고 볼 수 있습니다.

2. 단기시효와 장기시효 중 어느 기간이든 먼저 경과하면 소멸시효가 완성됩니다. 장기시효 진행 중에 피해자가 손해배상청구권을 알게 되었다면 단기시효가 그때부터 진행하는 것이지 장기시효의 진행이 중단되는 것은 아닙니다.

Question. 2

보험자대위에 의한 권리의 소멸시효기간은 피보험자의 제3자에 대한 권리를 기준으로 한다고 교과서에서 배웠는데요, 이태섭 조지사에서 "보험자가 보험자대위에 의하여 다른 공동불법행위자 및 그의 보험자에 대하여 가지는 구상권의 소멸시효는 구상권자가 현실로 피해자에게 손해배상금을 지급한 때부터 진행한다."는 지문이 있네요.

어떻게 다른 건가요?

Answer

같은 얘기입니다. 공동불법행위자 중 1인의 보험자가 보험금을 지급함으로써 피보험자인 공동불법행위자가 피해자에게 손해배상을 한 것과 동일한 효과가 발생한 경우, 피보험자인 공동불법행위자는 다른 공동불법행위자에게 구상권을 취득하게 되는데, 그 구상권을 보험자가 보험자대위에 의하여 취득하더라도 구상권의 소멸시효는 피해자에게 손해배상금을 지급한 때부터 진행한다는 의미입니다.

Question. 3

1. 乙에 대하여 변제기를 경과한 1억 원의 금전채권을 가진 甲이 그 채권을 보전하기 위하여 乙소유의 부동산에 가압류를 한 경우, 그로부터 20년이 경과한 시점에서 甲이 乙을 상대로 1억 원 및 그 지연손해금의 이행을 구하는 소를 제기한 때에는 乙은 금전채무 이행지체로 인한 지연손해금을 지급할 필요가 없다. (X)

→ '지연손해금채무는 소를 제기한 때로부터 소급해 10년의 지연손해금채무를 이행하여야 한다'라고 해설이 되어 있는데, 제가 바르게 이해를 한 것인지 궁금합니다.

가압류를 하면 가압류의 집행보전의 효력이 존속하는 동안 시효중단이 계속될 텐데, 그렇다면 특별한 사정이 없는 한, 위 지문에서 20년이 지났어도 1억 원의 원본채권은 시효로 소멸하지 않고 시효중단된 상태이고, 20년 전부터 현재까지 일정시기 발생한 지연손해금은 각각 10년의 소멸시효가 걸리기 때문에 소를 제기한 때부터 소급해 최소 10년치는 받을 수 있다는 것인가요?

2. 소멸시효완성 이후에 있은 과세처분에 기하여 세액을 납부하였다 하더라도 이를 들어 바로 소멸시효의 이익을 포기한 것으로 볼 수 없다.

→ 판례는 채무자가 소멸시효완성 후 채무를 변제 시, 시효완성 사실을 알고 채무를 묵시적으로 승인하여 시효의 이익을 포기한 것으로 추정하는데, 위 판결에서는 왜 바로 소멸시효의 이익을 포기한 것으로 볼 수 없다는 것일까요?

Answer

1. 옳게 이해하였습니다.

2. 과세처분에 기하여 세금을 납부하는 행위와 임의로 채무를 변제하는 행위는 동일하게 볼 수 없기 때문입니다.

Question. 4

소멸시효의 이익을 포기할 수 있으나 이렇게 책에 씌어있는데 조문엔 미리 포기할 수 없다고 되어있어서 헷갈려요. 미리 포기한다, 또는 시효기간경과 후에 포기한다, 는 말이 안 나오면 경과 후에 포기한 거라고 이해하면 되나요?

Answer

시효의 이익은 미리 포기할 수는 없습니다. 미리란 시효가 완성되기 전이라는 의미입니다. 반대해석하면 시효가 완성된 후에 포기하는 것은 가능합니다.

Question. 5

1. 중복최고하다가 재판상 청구한 경우 시효중단의 효력은 재판상 청구 등을 한 시점을 기준으로 하여 소급 6월내에 한 최고시에 발생한다고 씌어 있는데요. 무슨 말인지 잘 모르겠어요.

최고 후 6월내에 어느 한 방법을 취해야 시효중단의 효력이 있다는 것은 알겠는데요.

2. 연대채무자에 대한 압류신청이 동시에 다른 연대채무자에게는 최고의 효력이 있다고 하셨는데 연대채무의 시효중단부분 다루시면서 청구중의 하부유형인 최고만이 절대적 효력을 가진다고 하셨잖아요.

압류신청을 한 것이지만 최고의 효과가 다른 연대채무자에게 미친다는 것과 청구의 하부유형인 최고가 절대적 효력을 가져서 다른 연대채무자에게 효력이 있는 것이 같은 말인가요? (후자는 아예 최고를 행사하는 것이고 전자는 최고를 행사한 건 아니잖아요.)

3. 가처분과 가압류가 상대적 효력을 가진다고 하셨잖아요. 그래서 가처분에 위반하는 행위의 효력은 가압류 채권자에 대항할 수 없다고 하셨는데 그게 가처분의 상대적 효력 때문인가요? 그럼 가압류도 상대적 효력을 가지니깐 가처분 채권자에게 대항할 수 없는 건가요?

아니면 다른 이유인가요?

Answer

1. 최고 후에 6개월 내에 일정한 조치를 취해야 시효중단의 효력이 "유지"될 수

있습니다. 그 일정한 조치에 최고는 포함되지 않습니다. 따라서 최고 후 5개월이 지난 시점에서 다시 최고를 하였고, 최고한 때로부터 10개월이 지나서 소송을 제기한 경우, 최초 최고는 시효중단의 효력이 없습니다. 소송을 제기한 때로부터 소급하여 6월 이내의 최고인 두 번째 최고는 시효중단의 효력이 있습니다.

2. 연대채무자 1인의 재산에 대한 압류신청은 압류를 당한 연대채무자에 대한 관계에서는 압류로서 시효중단의 효력이 생깁니다. 그런데 압류신청은 동시에 이행을 요구하는 의사표명이 포함되어 있는 것으로 일종의 이행청구라고 할 수 있습니다. 이행청구가 재판절차 이외에서 이루어지는 경우를 최고라고 합니다. 연대채무자 1인의 재산에 대한 압류신청은 최고로서의 성격을 동시에 가지고 있는 것이지요. 연대채무자 1인에 대한 이행청구는 다른 연대채무자에 대해서도 효력이 있는 것이므로 최고로 인한 시효중단의 효과는 다른 연대채무자에게도 미치게 됩니다.

"청구 중 하부유형인 최고만이 절대적 효력을 가진다."고 제가 설명하였나요? 시효중단 사유 중에서 청구로 인한 시효중단이 절대적 효력을 가진다고 설명하지 않았나요? 이행청구는 그 모습이 재판절차에서 이루어졌는지 아니면 재판 외에서 이루어졌는지를 불문하고 연대채무자들에 대해서 절대적 효력을 가집니다. 청구 중 하부유형인 최고만이 절대적 효력을 가진다는 것을 옳은 설명이 아닙니다. 오해 없으시길 바랍니다.

3. 어디에서 나오는 설명에 관한 질문인지 궁금하군요. "가처분에 위반하는 행위의 효력은 가압류채권자에게 대항할 수 없다."는 말이 무슨 말인지 알 수가 없습니다. 목적물에 가처분을 해두었는데, 가처분채무자가 목적물을 처분한 것이라면 그 처분행위를 가지고 가처분채권자에게 대항할 수 없을 것입니다. 목적물에 가압류를 해두었는데, 가압류채무자가 목적물을 처분한 것이라면 그 처분행위를 가지고 가압류채권자에게 대항할 수 없을 것입니다. 질문의 내용이 무엇인지 알 수가 없습니다.

Question. 6

물권적 청구권은 소멸시효가 인정되지 않는다고 말씀하셨는데,

학설의 입장에서는 소멸시효의 대상적격을 전면적으로 긍정하는 견해가 다수설이라고 하셨습니다. 또한 제가 작년에 들었던 타 강사님께서는 제한물권에 기한 물권적 청구권에 한하여 대상적격을 인정하는 견해가 다수설이라고 하셨는데. 정확히 어떤 입장이 다수설이고 판례인지 알고 싶습니다.

Answer

제가 정말 긍정설을 다수설로 얘기했을까? 궁금해서 제가 한 강의를 들어보았네요. 부정설을 실컷 설명하고, 교과서 내용으로 들어가서 긍정설을 다수설이라고 하고 있네요. 실수입니다. 부정설이 다수설의 태도입니다.

주된 논거는 물권적 청구권은 물권의 작용이지 독립한 권리가 아니라는 점, 물권의 방해상태가 계속되는 동안 부단히 발생하는 권리라는 점, 물권적 청구권이 없는 물권을 인정하는 것은 물권법정주의에 반한다는 점 등입니다.(민법주해 등 각종 문헌에서 이렇게 설명합니다)

제가 하는 설명은 특별하게 언급하지 않으면 다수설 혹은 판례의 설명입니다.

제한물권에 기한 물권적 청구권과 소유권에 기한 물권적 청구권을 구별해서 전자는 소멸시효의 대상이 되지만, 후자는 소멸시효의 대상이 아니라는 견해는 곽윤직 교수님의 견해인데, 곽교수님의 무게때문에 이 견해를 다수설로 소개하는 수험서도 있는 것 같습니다.

한편, 판례가 부정설의 입장인지 절충설의 입장인지는 명확하지 않습니다. 그러나 소유권에 기초한 물권적 청구권은 소멸시효의 대상이 아니라는 점은 분명히 판례의 입장입니다.

대판 2000. 10. 13, 99다18725

매매예약완결권의 제척기간 도과 여부는 직권조사사항이라고 본 사례 매매예약완결권의 제척기간이 도과하였는지 여부는 소위 직권조사사항으로서 이에 대한 당사자의 주장이 없더라도 법원이 당연히 직권으로 조사하여 재판에 고려하여야 **하므로, 상고법원은 매매예약완결권이 제척기간 도과로 인하여 소멸되었다는 주장이 적법한 상고이유서 제출기간 경과 후에 주장되었다 할지라도 이를 판단하여야 한다.** [대법원 2000. 10. 13 선고 99다18725 판결]

Question. 7

지원림 저 민법강의 제9판 397쪽 첫줄에 보면, '제척기간은 자유로이 단축할 수 없다'고 하는데, 2000. 10. 13, 99다18725 판결 (기본강의 참고자료 3/19일자 (4) 이하)에서는 매매예약완결권은 형성권으로서 행사기간을 약정하면 그 기간 내 행사 가능하다고 되어있는데 그럼 양자는 모순되는 거 아닌가요?

그리고 통설과 판례는 제척기간을 정하지 않은 형성권의 제척기간은 10년이라고 본다고 했는데 그럼 이 세 가지는 어떤 관계인가요?

그리고 지원림 저 민법강의 제9판 400쪽에서 '시효완성자에게도 98다32175의 법리를 적용시킬 수 있을 것'이라고 보는데 이태섭 선생님께서는 강의하실 때 시효완성자와 매수인의 지위는 그 보호가치가 다르므로 동일하게 취급해줄 수 없다고 하셨는데, 이태섭 선생님 말씀대로 알고 있으면 되는 거죠?

Answer

1.

1) '제척기간은 자유로이 단축할 수 없다'고 흔히 이야기 합니다. 그러나 매매예약완결권에 관해서는 약정기간 내에 행사하지 아니하면 예약완결권은 소멸한다고 합니다. 예약완결권은 형성권이고, 형성권은 제척기간에 걸리는 것이기 때문에 결과적으로 예약완결권에 관해서는 제척기간이 약정에 의하여 단축되는 것과 다를 바 없는 것이 아닌가? 하는 의문이 생깁니다. 질문하신 분도 이와 같은 의문이 든 것 같습니다.

2) 권리가 시간의 경과에 의하여 소멸되는 경우는 많이 있습니다. 기간의 경과로 권리가 소멸한다고 해서 그 기간이 모두 제척기간일 수는 없습니다. 가령, 임대기간을 2년으로 약정했는데, 그 2년이라는 기간이 경과하면 임차권은 소멸합니다. 그렇다고 임대기간은 제척기간이라고 하지는 않습니다. 여기서 제척기간의 의미를 다시 한 번 되짚어 볼 필요가 있습니다.

제척기간이란 "법률이 정하고 있는 권리의 존속기간"이라고 일반적으로 정의 내립니다. 임대기간을 약정하였다면 그 기간은 약정기간일 뿐 제척기간은 아닌 것이지요.

3) 형성권의 경우, 그 행사여부가 권리자의 자유로운 의사에 맡겨져 있습니다. 따라서 형성권의 존속기간을 법률로 정해두지 않으면 형성권이 발생된 법률관계, 가령 취소권이 발생된 매매계약관계 등은 그 관계의 효력이 유지될지 여부가 매우 불안정해집니다. 형성권의 경우 대부분 법률이 그 존속기간을 정해두지요. 그 기간은 제척기간이 됩니다. 이렇게 법률로 정해진 기간은 당사자가 미리 약정을 통해서 단축할 수는 없습니다.

4) 형성권 중에서 예약완결권이나 해제권의 경우에는 당사자가 그 권리의 행사

기간을 정할 수 있음을 법이 예정하고 있습니다. 가령, 예약완결권을 규정하고 있는 제564조 제2항은 "전항의 의사표시의 기간을 정하지 아니한 때에는… 최고할 수 있다."고 규정하고 있는데, 이 규정은 예약완결권의 행사기간을 정할 수 있다는 의미를 포함하고 있습니다. 행사기간을 약정한 경우에는 그 기간 도과로 예약완결권은 더 이상 행사될 수 없는 것이고, 그 결과 소멸하는 것입니다. 이는 법이 정하고 있는 존속기간을 도과해서 소멸하는 것과 결과는 같지만, 그 근거는 다른 것이지요.

5) 정리하자면, 일정한 형성권 중에서 법이 행사기간에 관한 약정을 허용하는 경우, 행사기간 도과로 인하여 형성권이 소멸할 수 있다. 그러나 이와 같은 형성권의 소멸은 제척기간 도과로 인한 소멸은 아니다. 제척기간을 약정을 통하여 단축한 것도 아니다.

2.

1) 지원림 교수님은 매수인과 취득시효 완성자 사이에 근본적 차이가 없음을 지적하면서 취득시효완성자의 등기청구권에 대해서도 매수인의 등기청구권과 같은 법리, 가령 점유를 승계시켜 준 경우에도 등기청구권의 소멸시효가 진행되지 않는다는 법리가 적용되어야 한다고 합니다.

2) 그러나 판례는 취득시효완성자의 등기청구권에 관해서는 적어도 점유를 승계시켜 준 경우, 소멸시효가 진행되는 것으로 판단하고 있습니다. 판례에 따르면 매수인의 등기청구권과 취득시효완성자의 등기청구권이 온전히 동일한 법리에 따라 규율되지는 않습니다.

3) 개인적으로는 지원림 교수님의 지적대로 판례가 변경되는 것이 바람직하다고 생각합니다. 판례가 변경되지 않고 있는 동안 판례를 이해하려면, 미등기매수인과 취득시효완성자의 보호가치의 차이를 받아들여야 할 것입니다. 매매를 통하여 권리취득의 근거를 증명한 사람과 그렇지 못한 사람 사이의 보호가치의 차이가 있다고 생각한다면 판례의 태도도 일응 수긍이 갑니다. 이 점을 수업시간에 말씀드린 것입니다.

4) 판례의 태도를 정확히 기억하시기 바랍니다.

대판 2001. 8. 21. 2001다22840

경매신청이 최고로서 시효중단의 효력을 가지는 경우 채권자가 연대채무자 1인의 소유 부동산에 대하여 경매신청을 한 경우, **이는 최고로서의 효력을 가지고 있**

고, 연대채무자에 대한 이행청구는 다른 연대채무자에게도 효력이 있으므로, 채권자가 6월 내에 다른 연대채무자를 상대로 재판상 청구를 하였다면 그 다른 연대채무자에 대한 채권의 소멸시효가 중단되지만, 이로 인하여 중단된 시효는 위 경매절차가 종료된 때가 아니라 재판이 확정된 때로부터 새로 진행된다(필자 註 : 대법원은 이 판결에서 "채권자의 신청에 의한 경매개시결정에 따라 연대채무자 1인의 소유 부동산이 압류된 경우, 이로써 위 채무자에 대한 채권의 소멸시효는 중단되지만, 압류에 의한 시효중단의 효력은 다른 연대채무자에게 미치지 아니하므로, 경매개시결정에 의한 시효중단의 효력을 다른 연대채무자에 대하여 주장할 수 없다" 고 하였다. 즉, 경매개시결정(압류)으로 인한 시효중단의 효력은 다른 연대채무자에게 주장할 수 없으나, 경매개시결정은 최고로서의 효력이 있으므로 최고로서의 시효중단효는 인정하고 있는 것이다). [대법원 2001. 8. 21 선고 2001다22840 판결]

Question. 8

乙과 丙은 甲으로부터 9,000만 원을 차용하면서 연대하여 이를 변제하기로 甲과 약정하였다. 그들의 부담부분은 乙이 2/3, 丙이 1/3로 정해져 있었는데, 甲도 이를 알고 있었다. 한편 丁은 丙의 甲에 대한 위 연대채무를 보증하였다. 이에 관한 설명 중 옳은 것(○)과 옳지 않은 것(×)을 바르게 표시한 것은? (다툼이 있는 경우에는 판례에 의함)

ㄹ. 乙과 丙의 연대채무가 기한을 정하지 않은 채무인 경우에 甲이 乙에 대하여 9,000만 원의 이행을 최고한 후 6개월 이내에 가압류하였다면 甲의 丙에 대한 채권의 소멸시효는 중단된다.

이 ㄹ이 맞는 지문으로 되어 있습니다.

어느 한 연대채무자에 대한 이행청구(최고)는 다른 연대채무자에게도 효력이 있지만, 이행청구 외의 사유로 인한 소멸시효의 중단은 상대적 효력이 있는 사유에 불과하여 다른 연대채무자에게는 효력이 없는 것으로 알고 있습니다.

가압류도 이행청구 외의 사유로 인한 소멸시효의 중단이므로 '압류에 관한 판례(대판 2001. 8. 21, 2001다22840)'와 마찬가지로 다른 연대채무자에게는 효력이 없는 것이 아닌가요?

아니면 어느 한 연대채무자에게 가압류를 한 경우, 다른 연대채무자에게는 가압류로 인한 시효중단효가 없지만 최고 후 6개월 이내에 하는 가압류는 다른 연대채무자에게 시효중단효가 있는 것인가요?

이 부분이 명확하게 정리가 되지 않네요. 최고 후 하는 재판상 청구는 다른 연대채무자에게도 시효중단의 효력이 중단된다고 하는 판례(대판 2001. 8. 21, 2001다22840)가 지원림 저 민법강의 제8판 1182쪽에 소개되어 있기는 한데…. 이 부분을 명확하게 정리해주세요... ㅠ

Answer

지문을 다시 한 번 살펴보죠. 연대채무자 을에게 이행최고를 하였습니다. 그러면 이는 다른 연대채무자 병이 이행최고를 받은 것과 같은 효과가 생깁니다. 최고로 인한 시효중단의 효과가 병에게 생기지요. 그 후 병에게 발생한 시효중단의 효과가 유지되기 위해서는 6개월 내에 병에게 보다 강력한 시효중단조치가 있어야 합니다.

지문에는 가압류가 있었습니다. 그런데 이 가압류가 을의 재산에 대한 가압류인지 병의 재산에 대한 가압류인지는 분명하지 않습니다. 만약 을의 재산에 대한 가압류라면 을에 대한 가압류가 병에게 효력이 있는가 하는 문제가 또 발생하지요. 여기에는 견해의 대립이 있습니다.

통성은 가압류가 다른 연대채무자에게는 효력이 없다고 합니다. 판례도 마찬가지이고요. 반면에 병의 재산에 대한 가압류라면 병에게 이미 발생한 최고로 인한 시효중단의 효과는 유지됩니다.

지문이 분명하지 않습니다. 그러나 이 지문은 연대채무자 1인에 대한 최고로 인한 시효중단효과가 다른 연대채무자에게도 효력이 있는지를 묻는 것으로 보입니다. 문제를 선해하여 이를 옳은 지문으로 파악한 것입니다.

정리하면, 청구(재판상 청구를 포함하여)는 다른 연대채무자에게도 효력이 있습니다. 그러나 가압류 등은 다른 연대채무자에게 효력이 없습니다. 어느 연대채무자(을)가 최고를 받았습니다. 다른 연대채무자(병)에게도 최고로 인한 시효중단의 효과가 생깁니다. 그런데 어느 연대채무자(을)에게 6개월 내에 재판상 청구를 하였습니다. 다른 연대채무자(병)에게도 최고로 인한 시효중단의 효과는 유지됩니다. 그러나 어느 연대채무자(을)에게 6개월 내에 가압류를 하였습니다. 다른 연대채무자(병)에게는 최고로 인한 시효중단의 효과가 유지되지 않습니다.

Re-Question.

그런데 2번 질문에 대해 답변해주신 것에 관해서 다시 궁금한 점이 있습니다.

지원림 교수님 저 민법강의 제8판 1182쪽에 보면 "주의할 것은, 최고에 의한 시효중단의 효력도 모든 채무자에게 미치지만, 그 효력이 지속되기 위해서는 채무자 중 누군가에 대하여 제174조 소정의 요건이 갖추어져야 한다."라는 부분이 있는데,

'채무자 중 누군가'에 초점을 맞추어 생각하면, 최고 이후 6월 전에 채무자 중 누군가에게만 가압류를 하면 모든 채무자에게 시효중단의 효력이 지속된다고 볼 여지가 있어, ㄹ지문이 그대로 타당하다고 생각할 수도 있는데,

이렇게 이해하게 되면 선생님께서 답변해주신 것과 "어느 연대채무자(을)에게 6개월 내에 재판상 청구를 하였습니다. 다른 연대채무자(병)에게도 최고로 인한 시효중단의 효과는 유지됩니다. 그러나 어느 연대채무자(을)에게 6개월 내에 가압류를 하였습니다. 다른 연대채무자(병)에게는 최고로 인한 시효중단의 효과가 유지되지 않습니다."

완전히 배치되는 이해가 되는데, 혼란스럽습니다. 저도 선생님의 답변이 타당하다고 생각합니다만, 교과서에서의 이러한 서술 때문에 아직 이 부분이 명쾌하게 정리가 되지 않네요.

한 번 더 검토해주시길 부탁드립니다. 감사합니다.

Re-Answer

최고 후 6개월 내에 어느 연대채무자에게 행한 행위가 다른 연대채무자에게 효력이 있을 때에 시효중단 효과가 유지될 수 있습니다. 민법주해 제10권 416조 주석부분에서도 다음과 같이 설명합니다.

"최고는 6개월 내에 재판상의 청구, 파산절차참가, 화해를 위한 소환, 임의출석, 압류 또는 가압류, 가처분을 하지 아니하면 시효중단의 효력이 없다(제174조). 그러나 위의 제행위 가운데 압류, 가압류, 가처분, 승인은 민법 제168조 법문상 청구가 아닌 것이 명백하므로 그러한 행위가 위 기간 내에 이뤄져도 절대적 효력은 생기지 아니한다 할 것이다."

Question. 9

1. 채권자가 물상보증인에 대하여 그 피담보채권의 실행으로 경매를 신청하여 경매법원이 경매개시결정을 하고 경매절차의 이해관계인으로서의 채무자에게 그 결정이 송달되거나 매각기일이 통지된 경우에, 시효의 이익을 받는 채무자는 제176조에 의하여 피담보채권의 소멸시효 중단의 효과를 받는다.(대판 1997. 9. 12, 95다42027)

2. 보증채무의 경우 보증인의 재산에 대한 가압류로서는 주채무자에 대한 소멸시효를 중단시킬 수 없다.(대판 1977. 9. 13, 77다418).

위에서 2의 경우는 1의 경우처럼 주채무자에게 통지를 하여도 주채무자에 대한 소멸시효 중단의 효과가 발생하지 않나요?

만약 그렇다면 그 이유가 "변제 등 채권자에게 만족을 주는 사유를 제외하고 보증인에게 생긴 사유는 주채무자에게 효력을 미치지 않는다" 때문인가요 아니면 "가압류"라서 그런가요? (본압류로 나아가면 다른 건가요?)

Answer

질문하신 판례에 따르면 인적 보증인 재산에 대한 가압류가 비록 채무자에게 통지되더라도 주채무자에 대한 소멸시효를 중단시킬 수는 없다고 판단한 것으로 보입니다.

이는 논란의 여지가 있습니다. 77다418 판결이 대법원 검색프로그램에 반영되어 있지 않습니다. 그리고 그 후에도 이와 유사한 대법원 판결이 반복되지 않았습니다. 판례가 형성되어 있다고 보기는 곤란한 측면이 있습니다.

제176조의 취지를 살펴보아야 합니다.

제176조는 시효중단의 상대적 효력을 규정한 민법 제169조의 예외로서 압류 등이 시효의 이익을 받을 자 이외의 자에 대하여 행하여진 경우에도 그 자에 대한 통지를 조건으로 하여 시효중단의 효력을 인정하는 규정입니다. 이러한 규정은 독일민법에는 없는 규정입니다.

압류 등의 대상이 되는 재산을 제3자가 점유하고 있거나 압류 등의 대상이 되는 재산이 채권인 경우, 채무자는 압류 등의 당사자가 되지 않습니다. 가령, 제3자가 점유하는 채무자 소유의 동산을 압류하는 경우, 채무자가 제3자에 대하여 가지는 채권을 압류하는 경우, 물상보증인 또는 저당물의 제3취득자가 소유하는 저당부동산에 대하여 저당권을 실행하여 경매신청을 하는 경우에는 채무자가 압류 등의 당사자가 되지 않습니다. 그러나 채권자와 제3자 사이에는 시효중단이 발생할 권리와 의무가 존재하지 않습니다.

그렇다면 이러한 경우 압류 등은 채무자에 대한 권리행사의 한 방법으로 행하여진 것으로 보아야 하고, 채무자에게 시효중단의 효력을 미치게 할 필요가 있는 것이지요.

그렇다고 어느 때나 시효중단의 효력을 인정하게 되면 압류 등을 전혀 알지 못하는 채무자가 불이익을 받을 위험이 있습니다. 그리하여 통지를 조건으로 하여 시효중단의 효력이 채무자에게 미치도록 한 것입니다.

결국 제176조는 압류 등의 당사자가 되는 제3자가 채권자와 사이에서 시효중단의 대상이 되는 권리나 의무의 당사자가 아니라는 점을 전제로 하고 있다고 해석할 수 있습니다.

이러한 이해를 바탕으로 질문을 다시 검토하면, 인적 보증인은 물상보증인과 달리 채권자에 대하여 독립적인 보증채무를 부담하는 채무자입니다. 채권자가 보증채권을 피보전채권 혹은 집행채권으로 하여 보증인의 재산을 가압류하거나 압류하더라도 이는 보증채권의 행사로 이해하여야 할 것입니다.

제176조가 적용되기 위한 전제, 즉 채무자에 대한 권리행사의 한 방법으로 압류 등이 행하여졌다고 이해하기 곤란합니다. 가령, 보증인이 일부보증인이라고 하면 더욱 그러하겠지요.

그렇다면 채권자가 보증인의 재산에 가압류 등의 조치를 취하더라도 제176조가 적용될 수는 없다고 이해하여야 할 것입니다.

이러한 점을 각 교과서가 자세히 설명하고 있지 않습니다. 그나마 이를 다소 설명하고 있는 교과서로는 김준호 저 민법강의가 설명하고 있습니다. 참고하시기 바랍니다.

Question. 10

1. 법률이 정하지 아니한 형성권의 존속기간이라는 부분에서 판례를 보면요, 매매예약완결권은 행사기간을 약정한 때에는 그 행사기간 내에, 약정이 없는 때에는 예약이 성립한 때로부터 10년이라고 되어있는데요. 그러면 형성권의 경우 기간을 연장하는 것은 안 되지만 단축하는 것은 가능하다는 것인가요? 지저에는 단축이 안 되는 것도 제척기간이 소멸시효와 다른 점 중 하나라고 해서 헷갈리네요.

2. 지원림 저에 보면 '시효중단의 예외에서 연대채무자에 대한 이행청구는 다른 연대채무자에게도 효력이 있다'라고 하는데요.

판례집에 보면 판결확정에 의한 시효기간의 확장의 효력이 미치는 주관적 범위라는 부분에서요. 판결의 당사자 사이에서만 10년으로 연장되고, 당사자 이외의 연대보증인에게는 영향이 없다고 되어 있잖아요? 그러면 판결의 당사자가 아닌 연대채무자들은 시효가 중단이 되긴 하지만 10년으로 연장되지 않고 이전의 시효기간이 다시 시작하는 것으로 봐야 하나요?

Answer

1. 민법 제564조는 예약완결권의 행사기간을 당사자가 약정할 수 있음을 예정하고 있습니다. 약정하지 아니한 경우, 예약완결권은 10년의 제척기간에 걸리게 됩니다. 법이 행사기간 제한을 허용하는 것이므로 당사자가 임의로 제척기간을 단축하는 경우라고 할 수 없습니다.

2. 옳게 이해하고 있습니다.

Question. 11

1. "소멸시효기간이 2009. 7. 1. 만료하는 채권에 관하여 채권자가 2009. 4. 1. 재판외의 최고를 한 후 그로부터 6개월 내인 2009. 8. 1. 재판상의 청구를 하였다가 그 소송도중인 2010. 3. 1. 소를 취하하였으나 그로부터 6개월 내인 2010. 4. 1. 다시 재판상 청구를 한 경우에 그 채권에 관한 소멸시효는 중단된다."

2010년 법원행정고시에 기출되었던 지문인데 '틀린' 지문으로 되어있습니다.

그런데 저는 맞는 지문인 것으로 생각하여 이 문제를 틀렸는데, 이 지문이 왜 틀린 지문인지 잘 이해가 가지 않습니다. 소 취하로부터 6개월 내에 다시 재판상 청구를 했으므로 처음 재판상 청구를 한 때부터 소멸시효가 중단된 것으로 보고, 또 이로부터 6개월 내에 최고를 한 바 있었으므로, 2009. 4. 1.에 소멸시효가 중단되는 것으로 보아, 소멸시효 만료기간인 2009. 7. 1. 이전에 소멸시효가 중단된 것이므로, 이 지문을 맞는 지문으로 생각했기 때문입니다.

제 생각이 틀리다면, 제 생각 중 후단 부분이 틀린 것일 텐데, 그 이유가 궁금합니다.

2. 지원림 저 민법강의 제8판 412면에 "응소로 인한 시효중단의 효력은 피고가 현

실적으로 권리를 행사하여 응소한 때에 발생한다"고 되어 있고, 선생님께서 예전에 강의하실 때 이것은 즉 "응소 주장이 담겨져 있는 준비서면을 제출했을 때"라고 하신 바 있는데, 추록 18면 대판 2010. 8. 26, 2008다42416·42423에는 "시효중단의 주장은 반드시 응소시에 할 필요는 없고 소멸시효기간이 만료된 후라도 사실심 변론종결 전에는 언제든지 할 수 있다"고 되어 있습니다.

즉 교재와 선생님의 강의대로, 시효중단의 주장이 담긴 준비서면을 제출하였을 때 시효중단의 효력이 발생한다고 본다면, 소멸시효기간 만료 후 사실심 변론종결 전에 제출한 경우에는 시효중단의 효력이 발생하지 않는다고 하여야 함이 마땅함에도 판례는 가능하다는 입장으로 보이는데, 이것을 어떻게 이해해야 할지 모르겠습니다.

Answer

1. 최고로 인한 중단효는 최고 후 6개월 내에 일정한 조치가 있어야 그 중단효가 유지됩니다. 6개월 내에 재판상 청구가 있었으므로 최고로 인한 중단효는 유지됩니다. 그러나 그 후 소가 취하되면 소제기의 효과가 처음부터 없었던 때로 돌아갑니다. 그 결과 최초 최고로 인한 시효중단효는 인정될 수 없는 것입니다. 다만, 소 취하 후 6개월 내에 다시 소가 제기되었으므로 제170조 제2항에 따라 최초의 소제기 시로부터 재판상 청구에 따른 시효중단의 효과가 있을 뿐입니다.

2. '응소로 인한 시효중단의 효과가 발생'하는 것과 소송에서 시효중단의 효과가 인정되기 위하여 '응소가 있었다는 사실을 주장'하는 것을 혼동한 것으로 보입니다. '응소가 있었다는 사실의 주장'이 반드시 시효기간 중에 있어야 하는 것은 아니지요.

진도별 모강 제7회 29번

가압류에 의한 소멸시효 중단에 관한 다음 기술 중에서 옳지 않은 것을 모두 고르면? (다툼이 있으면 판례에 의함)

ㄱ. 적법한 가압류가 있었으나 제소기간 도과로 인하여 가압류가 취소된 경우에는 그 가압류는 시효중단의 효력이 없다.

ㄴ. 유체동산에 대한 가압류결정이 있으면 당연히 시효중단의 효력이 발생하고, 유체동산에 대한 가압류의 집행절차에 착수하지 않은 경우에도 가압류결정이 취소되었다는 등의 사정이 없는 한 시효중단의 효력은 계속된다.

ㄷ. 채권자가 물상보증인이 제공한 부동산에 대하여 그 피담보채권의 실행으로서 경매를 신청하여 법원이 경매개시결정을 하고 채무자에게 그 결정을 송달한 경우 채무자는 그 피담보채권에 대한 소멸시효중단의 효과를 받는다.

ㄹ. 상속채무를 부담하게 된 상속인이 피상속인의 사망신고 및 상속등기를 게을리 함으로써 채권자로 하여금 사망한 피상속인을 피신청인으로 하여 가압류신청을 하도록 방치하고, 이에 따라 가압류결정이 내려진 경우, 채권자의 권리행사의사가 확인된 이상 적법한 가압류와 같은 소멸시효중단사유에 해당한다.

ㅁ. 채권자 甲이 채무자 乙에 대한 금전채권을 보전하기 위하여 乙의 丙에 대한 금전채권을 가압류한 경우, 甲의 乙에 대한 채권의 소멸시효는 중단되지만, 중단의 효과가 乙에게 미치기 위해서는 가압류사실을 乙에게 통지하여야 한다.

① ㄱ, ㄴ, ㄹ　② ㄱ, ㄴ, ㄷ, ㅁ　③ ㄴ, ㄹ
④ ㄱ, ㄷ, ㄹ　⑤ ㄷ, ㄹ, ㅁ　⑥ ㄷ, ㅁ

Question. 12

진도별 모강 제7회 29번 ㅁ 지문 관련 질문입니다.

ㅁ 지문은 채권자가 채무자의 제3채무자에 대한 채권을 압류 또는 가압류한 경우에 채무자에 대한 채권자의 채권에 관하여 시효중단의 효력이 생긴다는 대판 2003. 5. 13, 2003다16238와 상반되는 것 같은데요?

Answer

상반되지 않습니다. 2003년 판결은 채권자의 채권의 시효중단 효력이 생긴다는 취지입니다. 한편 시효가 중단되는데, 그 효과가 누구에 대한 관계에서 발생하는가 하는 문제는 다른 문제입니다. 이에 관해서는 제169조가 시효중단에 관여한 당사자와 승계인 사이에서 중단의 효과가 미친다고 규정하고 있습니다.

다만, 가압류 등의 경우에는 시효이익을 받을 자에게 통지를 하면 그 중단의 효과가 시효이익을 받을 자에게까지 확장되는 것입니다. 채권가압류의 당사자는 가압류채권자와 제3채무자입니다.

Question. 13

제가 2009년에 나온 민법 기출문제 완전분석 문제집을 가지고 있는데요,
질문사항이 있습니다.
채권각론 475쪽 5번 문제(08년 기출된 사례문제)에 보면,
등산용품 제조업을 영위하는 甲이 등산용품 도매상인 乙에게 배낭을 판매한 내용인데요,
아래 지문이 틀린 것으로 나오는데 해설을 읽어보아도 잘 모르겠어요.
(ㄱ) 甲과 乙이 모두 상인이므로 甲의 乙에 대한 배낭대금 채권의 소멸시효기간을 5년이다
이 경우 상행위로 인한 채권이 아닌가요?

Answer

2009년 해설에서 중요한 일부가 편집과정에서 누락되었습니다. 2012년 대위 기출문제 완전분석에는 다음과 같이 해설이 되어 있습니다.
상행위로 인한 채권의 소멸시효기간은 5년이다. 그러나 다른 법령에 단기의 시효의 규정이 있는 때에는 그 규정에 의한다(상법 제64조). 상인이 판매한 상품의 대가인 채권의 소멸시효기간은 3년이다(민법 제163조 제6호). 민법의 규정이 상법보다 단기의 시효에 관한 규정이므로 민법이 적용된다. 결국 배낭대금채권의 소멸시효기간은 3년이다.

Question. 14

주채무자에 대한 시효중단에 의한 보증인의 시효중단에 대해 여쭙겠습니다.
지원림 저 민법강의 제9판 424쪽 7번째 줄에 "주채무자에 대한 시효의 중단은 보증인에게도 미친다."라고 나왔습니다. '시효중단행위의 당사자가 아닌 보증인은 예외적으로 시효중단이 미친다'라고 설명하셨는데,
지원림 저 민법강의 제9판 408쪽에서 판결 등으로 확정된 채권 c)에서는 "당사자가 아닌 채권자와 연대보증인 사이에서 위 확정판결 등은 그 시효기간에 대하여 아무런 영향을 미치지 않고 채권자의 연대보증인의 연대보증채권의 소멸시효기간은 여전

히 종전의 소멸시효기간에 따른다"라고 나왔습니다.

선생님께서 이 부분을 설명해 주실 때 보증인과 물상보증인 두 사례를 가지고 설명해 주셨는데요. 보증인의 경우 채무자에 대한 판결확정이 보증인에 대한 소멸시효에 영향을 미치지 않는다고 한 반면, 물상보증인의 경우 소멸시효주장 이익이 있기에 채무자에 대한 판결확정이 영향을 받아 소멸시효기간이 10년이 된다고 하셨습니다.

그렇다면, 424쪽의 설명과 408쪽에서의 보증인에 대한 사안과는 서로 모순되는게 아닌가요? 어떠한 차이가 있는지, 제가 어떠한 부분을 이해 못하여 저 두 사항을 구별 못하는지 설명해주신다면 감사하겠습니다.

Answer

보증인과 물상보증인의 차이 때문에 그와 같이 다른 결론에 이르게 됩니다.

보증인은 주채무와 동일한 내용의 채무를 부담하는 자입니다. 반면에 물상보증인은 스스로 채무를 부담하는 자가 아니지요. 주채무의 소멸시효가 중단되었을 때에 보증인이 부담하는 보증채무의 소멸시효가 중단되는가 하는 문제가 물상보증인의 경우에는 발생하지 않습니다. 물상보증인이 무슨 채무를 부담하는 자가 아니기 때문입니다. 다만, 주채무의 소멸시효 중단의 효력이 그 중단행위에 관여하지 아니한 물상보증인에게 미치는가 하는 점만이 문제됩니다.

제440조는 주채무의 소멸시효 중단으로 인하여 보증채무는 별도의 중단조치가 없더라도 소멸시효가 중단된다고 규정하고 있습니다.

물상보증인의 경우, 주채무의 소멸시효가 중단되었을 때에 그로 인한 효과가 물상보증인에게도 미치는가 하는 점만이 문제되는데, 이 점에 관해서는 별도의 규정이 없습니다. 따라서 원칙으로 돌아가 제169조가 적용됩니다. 중단에 따른 효력은 중단행위에 관여한 당사자 사이에만 미치는 것이 원칙입니다.

가령, 채권자가 채무자에 대하여 소송을 제기하면 그 소송의 당사자는 채권자와 채무자입니다. 재판상 청구로 인하여 채무의 소멸시효가 중단되는데 이로 인한 중단의 효과가 물상보증인에게도 미치는가 하는 점이 문제될 수 있습니다. 제169조에 따르면 물상보증인에게는 중단의 효과가 미치지 않습니다. 그 결과 주채무의 소멸시효기간이 경과하면 물상보증인은 주채무의 시효소멸을 주장하며, 저당권의 소멸을 청구할 수 있습니다.

한편, 주채무에 관한 판결확정으로 주채무의 소멸시효기간은 10년으로 확장됩니다. 그로 인하여 보증채무의 소멸시효기간까지 10년으로 확장될 수는 없습니다. 보증채무는 비록 주채무에 종된 채무이기는 하나, 독립적인 채무이기 때문입니다. 반면 주채무에 관한 판결확정으로 인한 주채무의 소멸시효기간 확장의 효과가 물상보증인에게는 미칩니다. 왜냐하면 물상보증인은 독자적인 채무를 부담하는 자가 아닐 뿐만 아니라 물상보증인이 소멸시효의 완성을 주장한다면 이는 주채무의 시효완성을 주장하여야 하는데, 주채무의 시효기간은 소멸시효를 주장하는 사람에 따라 달라져서는 안되기 때문입니다.

Re-Question.

선생님의 상세한 답변이 내용을 파악하는데 많은 도움이 되었습니다.

그런데 여전히 남은 의문점이 있습니다.

먼저 "판결로 확정된 주채무와 보증인, 물상보증인의 소멸시효 확장"에 관하여 주채무가 판결로 확정되면 주채무의 소멸시효는 10년으로 확장되고 보증채무는 영향을 받지 않습니다.

=> 보증채무는 선생님께서 말씀하신거와 같이 독립된 채무이기 때문입니다.

반면, 주채무가 판결로 확정되면 물상보증인의 소멸시효는 그에 따릅니다.

=> 물상보증인은 독립된 채무를 부담하지 않기 때문입니다. 여기까지 이해는 되었습니다.

저의 의문점은 보증채무는 "독립된 채무라는 이유"로 주채무의 확정판결로 인하여 10년 소멸시효가 확장이 안 되면서, 소멸시효의 중단에는 영향을 받는 건가요? 독립된 채무이기에 앞에서 말한 "소멸시효 확장"이 안된 것처럼, 중단에도 영향이 없어야 하는 거 아닌가요?

반대로, 물상보증인은 주채무가 판결로 확정되면 소멸시효도 그에 따르듯이, 소멸시효 중단에도 똑같이 따라야 모순되지 않는 거 아닌가요?

다시 정리하자면 보증채무는 독립된 채무라는 이유로 주채무의 재판상 확정판결 10년에 영향을 받지 않습니다. 그런데, 독립된 채무임에도 불구하고 주채무의 소멸시효 중단에는 영향을 받습니다.

=> 모순 아닌가요? 주채무의 소멸시효 중단에 영향을 받지 않아야 맞지 않나요?

물상보증은 독립된 채무가 아니라는 이유로 (물론, 선생님께서 답변하신 거와 같이 다른 이유도 있음) 주채무의 재판상 확정판결 10년에 영향을 받습니다. 그런데, 독립되지 않는 채무임에도 불구하고, 주채무의 소멸시효 중단에는 영향을 받지 않습니다.

=> 모순 아닌가요? 주채무의 소멸시효 중단에 영향을 받아야 맞지 않나요? 아직 이 부분에서 갈피를 잡지 못하고 있는 저에게 좋은 답변 부탁드립니다.

Re-Answer.

제440조가 그래서 만들어진 것입니다. 주채무자에 대한 중단조치가 보증인에게 그 효력이 미치도록 한 것이지요.

Re-Requestion.

물상보증인의 소멸시효에 관해 질문과 보증인의 소멸시효 관해 하나씩만 더 여쭙겠습니다.

1. 물상보증인의 소멸시효에 관하여...

채권자(A)가 채무자(B)에게 3년 시효인 채권을 가지고, 물상보증인(C)가 (B)를 위해 (A)에게 저당을 잡혀줬습니다.

그런데, 2년 후, (A)가 이 채권에 기한 소송제기를 해서 판결이 확정되었습니다. 그로인해 채무자(B)에 대한 채권의 소멸시효는 10년으로 연장되었습니다. 이에 따라 물상보증인(C)에 대한 저당권도 10년으로 연장되었습니다.

이 사안에서 물상보증인(C)에 대한 저당권의 소멸시효기간이 3년에서 10년으로 연장되었다는 의미가 확정판결 시점으로부터 다시 10년을 의미하는지요? 아니면 그동안 2년의 기간에서 10년으로 연장되었다는 의미로 8년의 시효만 연장되었다는 의미인가요?

물상보증인은 주채무의 소멸시효중단에는 영향을 받지 않으므로, 후자의 의미라고 저는 생각하는데 맞는 건가요?

2. 보증인의 소멸시효에 관하여....

채권자(A)가 채무자(B)에게 3년 시효인 채권을 가지고, 보증인(C)가 (B)를 위해 보증을 서 주었습니다.

그런데, 2년 후 (A)가 이 채권에 기한 소송제기를 해서 판결이 확정되었습니다. 그로 인해 채무자(B)에 대한 채권의 소멸시효는 10년으로 연장되었습니다. 그러나 보증인 (C)의 보증채무 소멸시효는 그대로 3년입니다.

이 사안에서 보증인 (C)의 보증채무 소멸시효기간이 그대로 3년이라는 의미가 확정판결 시점으로 부터 다시 3년을 의미하는지요? 아니면 그동안 2년의 기간을 포함하여 1년만 더 있으면 소멸시효가 완성된다는 의미인가요?

보증인은 주채무자의 소멸시효중단에 영향을 받으므로 전자의 의미라고 저는 생각하는데 맞는 건가요?

제가 옳게 생각하고 있는지.... 두 사안에서 각각 답변을 해주면 정말 감사하겠습니다.

Re-Reanswer.

1. 시효기간은 채무에 부착된 것입니다. 물상보증인이 주장하는 주채무의 소멸시효기간은 주채무의 성질에 따라 결정되는데, 주채무의 시효기간이 10년으로 확장되었다면 물상보증인이 주장하여야 하는 주채무의 시효기간은 10년이 되지요.

한편 주채무의 시효기산점은 채권을 행사할 수 있는 때입니다. 그때를 기산점으로 하여 10년의 소멸시효기간이 완성되었을 때에 물상보증인이 시효소멸을 주장할 수 있을 것입니다. 질문자님의 표현이 정확하지 않습니다. '8년의 시효가 연장되었다'는 것은 전혀 근거가 없습니다. 시효기간이 10년으로 변경되고, 10년의 시효기간을 가지는 채무의 소멸시효가 언제부터 진행해서 언제 완성되는지 하는 문제는 채무자와 물상보증인이 서로 달라질 것입니다.

2. 보증인은 주채무자에 대한 소송제기에 의하여 보증채무 시효중단의 효과가 생깁니다(제440조) 따라서 중단사유가 제거되는 판결확정시에 다시 시효가 진행할 것입니다. 그때 시효기간은 종전의 시효기간을 따를 것입니다.

Question. 15

채권자가 채권자 대위권을 행사하면 중단 되는 채권은 무엇인가요?

채권자의 주채무자에 대한 채권인가요, 아님 주채무자의 제3채무자에 대한 소멸시효인가요?

여기서 채권자가 채권자 대위권을 행사하면 나머지 다른 채권은 최고의 효과가 나타나는 건가요?

Answer

채권자대위권의 행사는 채무자가 제3채무자에 대하여 가지는 권리를 행사하는 것입니다. 따라서 채무자의 제3채무자에 대한 권리의 소멸시효가 중단됩니다.

Question. 16

민법총칙 기본강의 시간에 2-402-11) 을 설명하시면서 보험자 대위의 소멸시효 기간과 기산점에 대하여 제766조를 적용하여 보험회사의 구상권행사 소멸시효는 피보험자가 손해가 발생한지 안 때로부터 3년이라고 설명해주셨습니다.

그런데, 참고자료 3/18일 2. 개별적 권리들의 구체적 기산점 (4) 보험자대위에 의한 권리에서는 "보험금을 지급한 보험자가 보험자대위에 의하여 다른 공동불법행위자 및 그의 보험자에 대하여 가지는 구상권의 소멸시효기간은 일반채권과 같이 10년이고, 그 기산점은 구상권이 발생한 시점, 즉 구상권자가 현실로 피해자에게 손해배상금을 지급한 때이다"라고 나왔더군요.

참고자료에서 "그의 보험자에 대하여 가지는 구상권의 소멸시효기간은 일반채권과 같이 10년"의 의미가 장기소멸시효 기간은 10년이고, "구상권자가 현실로 피해자에게 손해배상금을 지급한때"는 피보험자가 안 때로부터 3년을 의미하는 건지? 문장이 이해가 안 되네요.

참고자료에서처럼 구상권자가 현실로 피해자에게 손해배상금을 지급한 때가 소멸시효 기산점이라면, 선생님께서 설명해주신 피보험자가 안 때로부터 3년이라는 소멸시효 기산점은 의미가 없는 거 아닌가요?

2-402-11)의 선생님의 설명과 참고자료에서의 보험자대위 구상권 소멸시효기간의 설명이 혼합되면서 이해가 되지 않는데, 간단하게 위 두 설명의 차이점과 보험자 대위의 소멸시효 기간 기산점에 대해 설명해주시면 감사하겠습니다.

위 사안과는 별개인 사안을 추가로 하나만 더 질문 드리겠습니다.

채권자가 채무자의 제3채무자에 대한 채권을 압류 또는 가압류한 경우에 채무자에 대한 채권은 소멸시효가 중단되지만, 제3채무자에 대한 피압류채권은 최고로서 효력만 있지 소멸시효 중단효과는 못가진다고 하였습니다.

그렇다면 제3채무자에 대한 피압류채권을 확정적으로 중단효과를 내기 위해서는 어떤 방법을 사용하여야하나요?

채무자가 그냥 배째고, 가만히 있어버리면 아무리 가압류, 가처분 신청을 하여도 제3채무자에 대한 피압류채권은 최고 효력밖에 없어 시효 중단의 효과가 없으니 채권자로서는 손쓸 방도가 없는 건가요? 궁금합니다.

Answer

1. 보험자 대위에 의하여 보험자(보험회사)가 취득한 권리가 구상권인지 아니면 불법행위로 인한 손해배상청구권인지를 확인하셔야 합니다. 구상권을 취득하였다면 구상권은 일반 민사채권의 시효기간이 적용되고, 제766조가 적용되지 않습니다. 반면, 불법행위로 인한 손해배상청구권을 취득하였다면 여기에는 제766조가 적용됩니다.

보험자가 어떠한 권리를 취득하였는지가 살펴보시기 바랍니다.

2. 채무자를 대위하여 이행청구 소송을 제기하면 재판상 청구에 의하여 소멸시효 중단의 효과가 생깁니다. 혹은 제3채무자의 재산을 채무자를 대위하여 압류하면 압류에 의한 시효중단의 효과가 생깁니다.

Question. 17

1. 채권자가 물상보증인에 대해 압류 또는 가압류를 걸고, 이를 주채무자에게 통지를 했다면, 주채무자의 채무소멸시효는 중단됩니다. 그런데 채권자가 보증인에 대해 압류 또는 가압류를 걸었을 때는, 이를 주채무자에게 통지를 한다고 해도 주채무자의 채무소멸시효는 중단이 되지 않는 걸로 알고 있습니다.

같은 보증종류임에도 이렇게 차이가 나는 근본적인 이유는 무엇인가요? 어차피 주채무자는 보증인에 대하든 물상보증인에 대하든 시효이익을 받는 자에 속하는데 이해가 되지 않습니다.

2. 채권자가 물상보증인에 대해 압류 또는 가압류를 걸고, 이를 주채무자에게 통지하지 않았다면, 주채무자의 채무소멸시효는 중단되지 않겠지요. 이때, 시간이 지나 주채무자의 채무소멸시효는 완성되었다면, 물상보증인에게 걸려있던 압류, 또는 가압류가 존재하더라도 물상보증의 부종성 때문에, 물상보증인도 소멸시효완성이 되는지

요? 아니면 물상보증인은 여전히 채무이행의무를 가지나요? 전자라고 어느 정도 생각하고 있는데 확신을 못해서 여쭙니다.

3. 3월 22일 확인테스트6 OX퀴즈에서 문제 32번에 대해 질문 드리겠습니다.

상인 甲은 丙의 연대보증 하에서 乙에게 금 1억 원을 대여하면서, 변제기한은 2000. 5. 15.로 하고 이자는 연 10%로 약정하였으나, 별도의 지연손해금의 비율은 약정하지 않았다. 변제기한이 도래하였지만 乙은 甲에게 원리금을 전혀 지급하지 못하고 있었다. 그러던 중 2004. 5. 15. 丙이 乙의 채무 중 일부인 원금 5천만 원을 甲에게 변제하였다. 甲이 2006. 5. 15. 乙을 상대로 잔존하는 대여원금 및 지연손해금 전부를 이행하라는 소를 제기하고, 乙이 소송에서 소멸시효완성의 항변을 한 경우, 잔존하는 대여원금채무는 모두 소멸하고, 나아가 지연손해금채무 또한 소멸시효완성에 의하여 소멸하기 때문에 乙은 甲에 대하여 대여금채무 및 그 지연손해금채무 모두를 면하게 된다.

답은 (X)

해설을 읽어 보았습니다. 그중 이해가 되지 않는 부분이 있어 질문 드립니다.

(1) 지연손해금이 여기서 이자와는 다른 건가요? 이 사안에서 이자는 연 10%로 잡았는데, 원금에 이자도 존재하고 지연손해금도 존재하는 거 아닌가요? 해설에 보니 2004. 5. 15일에 병이 5천만 원을 甲에게 변제함으로써 乙은 원금 5천만 원 + 지연손해금 4천만 원 채무부담이 남았다고 나왔는데 2004. 5. 15일 기준으로 원금 5천만 원 + 지연손해금 4천만 원 + 이자 4천만 원 채무부담이 남았다고 해야 하는 거 아닌지요? 지연손해금을 지연이자 연체이자라고 부르던데, 여기서는 이자를 지연손해금이라 보고 원금 5천만 원 + 지연손해금 4천만 원만 남았다고 한 건지요?

(2) 2004. 5. 15. 丙이 5천만 원을 甲에게 변제함으로써 승인의 효과를 나타내지만, 연대보증인의 승인의 효과는 주채무자에게 미치지 않으므로 소멸시효중단의 효과는 나타나지 않아서, 5년이 지난 2005. 5. 15일 주채무자의 채무는 시효완성으로 소멸한다는 사실을 알겠습니다. 그런데 소멸시효의 소급효에 관하여부터 이해가 안 되더군요.

"잔존하는 대여원금 채무의 소멸시효가 완성하면 소멸시효 완성에 소급효가 있으므로 시효로 소멸한 잔존하는 대여원금 채무 5천만 원의 지연손해금채무는 비록 소멸시효가 완성하지 않았다고 하더라도 소멸한다"

=> 잔존 지연손해금채무는 별도의 소멸시효 대상이므로 아직 완성하지 않았더라도

원금이 소멸시효로 소멸함으로써 기산일부터의 지연손해금채무 역시 소멸한다고 이해하면 되는가요?

다음으로 "그러나 연대보증인 丙의 일부변제가 있기 이전 이미 발생한 일부변제액의 지연손해금 채무, 즉 2000. 5. 15부터 2004. 5. 15까지 발생한 5천만 원 채무의 지연손해금 채무 2천만 원은 잔존하는 대여원금 채무가 시효로 소멸하였다고 하더라도 당연히 소멸하는 것은 아니다. 이는 별도로 소멸시효의 대상이 될 뿐인데",

=> (이 부분을 정말 이해를 못하겠습니다. 머리가 나빠서 그런지 3시간 동안 이 부분을 이해하려고 책을 찾고 인터넷을 뒤져가면서 알아봤는데도 이해가 안 됩니다.)

연대보증인이 비록 5천만 원을 변제하였다고 하더라도 주채무자 채무소멸시효중단에는 영향을 주지 않는 이상, 저 부분도 소멸시효의 대상이 되지 않아야 되는 거 아닌가요?

다시 말해 변제하지 않은 5천만 원 원금에 대한 지연손해금채무는 소멸대상이 되는데, 주채무자가 변제한 것도 아닌, 연대보증인이 변제한 5천만 원의 원금에 대한 지연손해금채무는 소멸대상이 되지 않는 이유가 궁금합니다. 어차피 연대보증인이 변제한 5천만 원 원금은 주채무자 소멸시효 중단에 영향을 안주니, 그에 따른 지연손해금도 영향받을 필요 없지 않나요?

제 말대로라면 소멸시효가 기산일 2000. 5. 15일이므로 시효완성에 따른 소급효로 인해 연대보증인이 변제한 5천만 원도 돌려받아야하는 것이 되버리네요.

제가 질문하고도 무슨 말을 하는지 정리도 안 되고,.... 이해도 안 되고....

선생님 제가 어떤 부분을 혼동하고 이해하지 못하고 있는지 답변 부탁드리며, 질문을 정확하게 전달하지 못해, 질문자체를 이해하기 힘들게 하여 죄송합니다.

Answer

1. 물상보증인과 보증인은 채권자에 대하여 채무를 부담하는 자인가 하는 점에서 차이가 있습니다. 물상보증인은 채무자가 아닙니다. 질문하신 분은 물상보증인이 누구인지 전혀 모르는 것 같습니다. 아마도 '물상보증인도 채권자에 대하여 빚을 갚아야 하는 사람' 정도로 생각하시는 것 같아요. 맞나요?

'물상보증인이 여전히 채무이행의무를 가지나요?'라고 질문하고 있는 것으로 보아 아마도 그렇게 생각하시는 것 같아요. 물상보증인은 채무자가 아닙니다. 다른 사람의 채무를 담보하기 위해서 자신의 부동산 등에 저당권 등 담보물권을 설정해 준 사람입니다.

따라서 물상보증인이 부담하는 채무의 소멸시효가 중단된 효과가 주채무자에게 미치는가 하는 문제가 물상보증인에게는 애당초 생기지 않습니다. 다만, 물상보증인이 제공한 저당권이 실행되어 저당부동산이 압류되었을 때(물상보증인에게 가압류란 있을 수 없습니다) 주채무의 소멸시효가 중단됩니다. 다만 그 중단효과는 압류절차의 당사자가 아닌 채무자에게는 미치지 않지만, 제176조에 따라 통지하면 그 효과가 미치게 되지요. 통지되지 아니하면 주채무의 소멸시효 중단의 효과가 주채무자에게는 미치지 않아 주채무가 시효로 소멸하게 되고, 물상보증인이 제공한 저당권은 주채무 소멸로 인하여 당연히 소멸하게 되는 것이지요.

3. (1) 질문하신 분은 이자와 지연이자가 모두 이자라고 생각하시는 것은 아닌지 의문입니다. 약속한 변제기까지 원본의 사용대가로서 지급하기로 한 것이 이자입니다. 변제기가 도래했음에도 원본을 지급하지 아니한 경우, 채무자는 이행지체에 따른 손해배상금을 지급하여야 하는데, 그 손해배상금은 약정이율이 있다면 약정이율에 의하여 산정되지요. 그리고 이를 연제이자 혹은 지연이자라고 합니다. 즉, 지연이자는 이자가 아니라 손해배상금입니다. 이자는 변제기까지 발생합니다.

이렇게 이자와 지연손해금의 개념을 잡고 해설을 보세요.

원본의 사용기간이 얼마인지는 대여시기와 변제기가 있어야 할 수 있는데, 설문에는 변제기만 언급되어 있고, 대여시기는 나와 있지 않습니다. 따라서 이자가 얼마인지는 알 수 없습니다. 다만, 이자의 지급시기에 관해서는 별도 약정이 없었으므로 적어도 변제기에 이자지급을 청구할 수 있을 것이고, 이때부터 소멸시효가 진행될 것인데, 2006. 5. 15. 소송을 제기하였다면 이자채권의 소멸시효는 이미 완성되었다고 보아야 하지요. 결국 이자는 생각할 필요가 없는 것이지요. 또한 지문에서도 '갑은 대여원금 및 지연손해금 전부를 이행하라는 소를 제기하고'라고 나와 있습니다.

(2) 시효로 소멸한 대여원금으로부터 파생된 지연손해금채무는 그 자체의 소멸시효가 완성되지 않았더라도 시효로 소멸한다는 의미입니다. 그러나 연대보증인 병이 일부변제하여 소멸한 대여원금채무로부터 발생한 지연손해금채무(4년간의 지연손해금채무가 이미 발생한 상태입니다. 연대보증인 병은 2004년에 대여원금 5천만 원을 변제하였는데, 이는 변제기 도래 후 4년이 지난 시점에서 변제한 것이므로 그 4년간의 지연손해금채무는 - 1년 5백만 원, 4년치, 2천만 원, 잔존하는 대여원금(병이 갚은 5천만 원이 아닌 나머지 원금채무)채무가 시효로 소멸하더라도 시효소멸의 효과가 미치지 않습니다.

따라서 별도로 소멸시효 완성여부를 따져야 하지요. 그렇다면 소송을 제기한 때로부터 소급하여 5년 이내에 발생한 지연손해금채무만 존속할 수 있는 것입니다. 인터넷을 뒤져가면서 알아보았다고 하셨는데,.. 그림을 그리고, 생각해보아야 할 부분입니다. 또한 소개된 판례를 대법원에서 검색하여 그 원문을 읽어보시기 바랍니다. 본인이 고민하고, 생각해보지 않으면 이 논점이 무엇을 의미하는지 알기 곤란합니다. 급하게 읽으면 이해할 수 없어요. 천천히 시간의 흐름에 따라 발생되는 지연손해금과 소멸시효 완성을 생각해 보세요.

Re-Question.

1번 질문, 2번 질문, 3번 (1)번 질문은 선생님의 설명 덕분에 이해가 되었습니다.

(2)번 질문에서의 첫 번째 문장도 이해가 되었습니다.

그러나 두 번째 문장부분에서 아직 의문점이 남아 있습니다. 사실 이 문제를 처음 풀 때 선생님께서 지적해 주신 데로 각 기간점을 그려가면서, 날짜를 적고 사건을 적어가면서 풀었었는데요. 제가 적은 걸 그대로,

```
a. 변제기한     b. 병 5천만 원 변제     c. 소멸시효완성          d. 갑의 청구
----|--------------|---------------|------------------|---
2000. 5. 15.        2004. 5. 15.        2005. 5. 15.           2006. 5. 15.
```

이렇게 그림을 그린 후에.

원금 : 나머지 5천만 원 소멸시효완성

이자 : 변제기 지났으므로 존재 X <== 문제를 풀 당시에는 어떻게 이 사실을 알고 있었네요. 왜 생각이 안 나는 건지. 이걸 써넣고도 복습할 땐 이게 먼 소리지 했음.

지연손해금 : 1억 원의 연 10% => 원금시효완성으로 사라짐. 단, 丙의 5천만 원 변제로 2000년 ~ 2004년 지연손해금은 5천만 원 일부변제로 소멸시효완성 (X)

5천만 원 X 1/10 X 4년 = 2천만 원 중 2000년 ~ 2001년은 2006년 5년 전이므로 빼기.

결국, 천 5백만 원 이렇게 요약해서 적었습니다. 그리고 그냥 넘어갔습니다.

그런데 얼마 후, 복습을 하는 와중에 문득 드는 의문점이 丙의 5천만 원 변제는 연대보증인의 변제이니까, 주채무자채무 소멸시효 완성에 따르는 원금과 지연손해금의 소멸에 연대보증인이 변제한 5천만 원의 지연손해금도 소멸해야 되는 거 아닌가? 라고 생각이 들더라구요.

실질적으로 지연손해금은 주채무자의 채무 중 하나이기에, 연대보증인이 5천만 원을 변제했다고 해도, 변제된 5천만 원에 따르는 지연손해금은 영향을 받을 필요 없는 거 아닌가? 라구요. 보증인의 시효중단은 주채무자에게 미치지 않으니까요. 이런 논리가 갑자기 제 머리속을 막 휘 집더니 처음 문제를 접했을 때는 이해되던 게 갑자기 이해가 되지 않게 된 겁니다.

제가 헷갈려 하고 있는 부분은 세 부분입니다.

1. 연대보증인이 원금 5천만 원을 지불했다고 하더라도, 그에 따르는 변제된 5천만 원의 지연손해금도 시효완성으로 인하여 사라지지 않을까? 왜냐하면 아무리 별도로 소멸시효의 대상이 된다고 해도 그건 채무자가 변제한 게 아닌 보증인이 변제한 것이므로 보증인은 5천만 원을 변제한 것일 뿐이고, 주채무자가 변제해야할 변제된 5천만 원의 지연손해금은 시효완성으로 인하여 소멸해야지, 그렇지 않는다면, 이는 보증인의 행위가 주채무자의 시효중단에 영향을 준다는 의미라고 생각된다는 것입니다.

위 사안에서 채무자의 시효가 완성되어 원금과 지연손해금이 소멸되었는데, 그전에 연대보증인이 5천만 원을 변제함으로써, 5천만 원의 지연손해금까지 시효완성효과가 미치지 않는다면, 이는 보증인의 행위가 주채무자의 소멸시효에 영향을 미친것이 된다는 생각이 든 겁니다. 또한 '소멸시효는 그 기산일에 소급하여 그 효력이 생기므로, 기산일 이후의 이자를 지급할 필요가 없다'와도 어긋나구요.

위 사안을 기본해서 예를 들어보면, 보증인이 변제한 5천만 원을 A, 그에 따르는 지연손해금을 a, 변제되지 않은 5천만 원을 B, 그에 따르는 지연손해금을 b 라고 했을 때.

보증인이 변제한 A에 따르는 a의 시효가 완성되지 않았다고 한다면, 이는 보증인의 승인(변제)의 효과가 실제로는 주채무자 채무인 a에까지 영향을 준 것이므로, 이는 보증인의 행위가 주채무자의 소멸시효에게까지 영향을 미치는 결과가 되는 거 아닌가? 라고 (제 딴에는) 생각이 든 겁니다.

그래서 저의 생각은 주채무자 채무시효완성으로 완성되어야 할 것은 B, b, a

가 된 겁니다.

만약 주채무자가 2004년에 변제를 한 거였다면, 당연히 a의 시효는 완성이 되지 않을 것인데, 주채무자가 아닌 보증인이 변제를 한 것인데, 주채무자의 채무인 a 소멸시효완성에 영향을 끼친다는 게 이해가 안 되는 겁니다.

그 후, 소멸시효의 인적 범위를 살펴보니, 시효의 중단은 원칙적으로 당사자 및 그 승계인 사이에서만 그 효력이 있다, 라고 나왔습니다. "시효의 중단"에 눈이 가더군요. 그래서 제가 제 스스로가 어떤 하자있는 논리를 가지고 생각하고 있는지 보니까

"보증인의 행위로 인해 주채무자채무를 시효완성 안 되는 것(A의 변제로 인해 a의 시효가 완성되지 못한 점)"은 -> "보증인의 시효중단효력이 채무자에게 미친다"고 하자 있는 논리를 가지고 그걸 믿고 있더군요. 분명 "시효의 중단이 원칙적으로 당사자 사이에서만 효력이 있다"인데, 전 스스로 그것을 시효의 중단으로 읽는 게 아닌, 다른 의미로 읽고 해석하고 적용하고 있었던 겁니다.

"시효의 중단은 원칙적으로 당사자 사이에서만 미친다"가 "당사자 외의 행위로 인해 당사자의 시효 중단에 영향을 미칠 수 있다"와는 다른 의미인데 같다고 계속 제 스스로 생각하는 거 같습니다.

2. 그런데 다시 의문점이 생기더군요. 소멸시효의 소급효에 따르면, '기산일 이후의 이자는 지급할 필요가 없다'라고 알고 있었는데 이 사안에서는 채무자가 보증인의 변제로 인하여, 기산일 이후의 지연이자를 지불해야한다는 건데 이는 바로 앞 문장과 어긋난 사실이 되어버립니다.

지금도 정리가 안 되서 너무 헷갈립니다. 먼가를 제가 제대로 이해를 못하고 있는데, 어느 부분에서 무엇을 이해를 못하는지를 스스로 찾지를 못하겠습니다.

스스로 자괴감이 들기까지 하네요. 어느 정도 정리를 해놓고도, 제 스스로 그것을 정리해야하는데, 정리가 될 거 같으면서도 안 되고, 확신이 없다보니 그런 거 같습니다. 이 부분을 정리 좀 해주실 수 있을까요? 제가 무엇을 헷갈려 하고 무엇을 파악하지 못했고, 무엇을 내 마음대로 해석하고 있는지를요.

3. "소멸시효는 그 기산일에 소급하여 그 효력이 생긴다"라는 부분에서, 이 말대로라면 위 사안에서 기산일은 2000. 5. 15이니까 소급하여 효력을 보니, 연대보증인이 변제한 5천만 원도 다시 돌려받아야 하는 거 아냐? 라고 생각이 들더

군요. 왜냐 기산일 2000. 5. 15일로 소급하여 효력이 생기면, 2000. 5. 15일부터 채무가 부존재 하는 것이 됨에도, 연대보증인이 5천만 원을 변제한 것이니까요.

=> 기산일에 소급하여 효력이 생긴다는 게 사실상태를 원시점으로 돌려서, 기존채무에 대한 채권자의 권리만 소멸시켜 그 권리부분의 법률관계를 확정하는 것이지, 기존의 법률관계와 법률효과를 없앤다는 의미는 아니므로 당사자가 아닌 보증인의 채무이행자체는 소급하여 사라지는 대상이 아니라는 의미인가요? 또한 이러한 소급효는 당사자 사이에서만 효력이 있는 것이므로, 보증인의 법률효과는 그대로 존속한다는 의미인가요?

이 세 가지를 지금 제가 헷갈려 하고 있습니다.

1. 보증인 소멸시효중단에 따르는 주채무자채무 소멸시효중단은 안됩니다. 보증인의 행위(변제)에 의하여 주채무자채무 소멸시효중단에 영향을 미치는지 변제된 5천만 원의 지연손해금이 소멸시효완성 대상이 되지 않는다는 점에서 봤을 때 사실상 보증인의 소멸시효중단이 주채무자 채무 시효중단에 영향을 줄 수 있는 건지?

2.소멸시효의 소급효에 따라 기산일 이후의 이자는 지급할 필요가 없는데도, 이 사안에서는 지연이자를 지급하는 꼴이 되어버리는데 무엇이 틀린 건지?

3.소멸시효는 기산일에 소급하여 효력이 생기므로 2000. 5. 15에는 부존재하게 되는데, 보증인이 채무를 부담했기에 그것은 반환대상이 아닌지? 아니라면 왜 아닌지 이러한 것들이 머리속에서 정리가 안 된 상태에서 서로 혼합되서 빙빙도네요.

위에 질문을 한 후, 집에 돌아와 계속 이 사안에 대해 알아보다가 다시 생각해 보고 글을 올립니다.

지연손해금이 이행지체에 대한 손해배상채무로서, "대환"이라는 제도처럼, 원금의 일부변제 시 그 변제된 지연손해금은 새로운 채권으로 바뀐다는 것을 우연히 듣게 되었습니다. 그래서 그걸 전제로 선생님께서 설명해주신 지연손해금은 각각 개별적 소멸시효를 가진다를 전제로 생각해보니, 2004년 5월 15일에 연대보증인이 변제한 5천만 원에 대한 지연손해금은 새로운 채권으로서, 각각 개별적 기산점을 가지는게 되더군요. 시효완성으로 아직 지급되지 않은 원금과 그 원금의 지연손해금은 소멸하지만, 연대보증인이 변제한 5천만 원에 따르는 2004년 5월 15일 이전의 지연손해금은 각각 새로운 채권으로서 존재하게 되어 각각의 기산점으로부터 상사채권 5년의 소멸시효를 따르게 되더군요.

또한 제가 계속 헷갈려 하던, 연대보증인의 행위가 주채무자의 소멸시효 완성에 영향을 준 부분도, 어차피 연대보증인은 주채무자의 채무를 원인으로 보증을 하는 것이므로, 그의 변제로 인하여 새로운 채권이 발생한 것일 뿐이다라고 생각하니 무언가 이해가 되는 것 같기도 하고...

그런데, 좀 더 생각해보니 이상하더군요. 대법원이 이러한 논리로 판결을 한 거라면, 2004년 5월 15일에 연대보증인이 1천만 원을 변제하면 채권자는 소를 통해서 300만 원만 청구인용을 받고, 착한 연대보증인을 둬서 2004년 5월 15일에 8천만 원을 변제했다면 2천4백만 원을 청구인용을 받을 수 있더군요. 이상한 건 아니겠지만, 먼가 합리적으로 보이지는 않습니다.

그런데 위 사안은 그냥 제가 집에 돌아와 오랫동안 검토하고 생각하면서 말한 것이라 확실한지도 모르겠고, 앞서 위에서 질문한 것들은 아직도 의문점이 남아 있네요. 지금 제가 말한 부분이 다 틀렸다라고 하시면 어떡하지 하고 걱정이 앞섭니다.

Re-Answer.

첫 번째 의문이 잘못되었네요. 지연손해금의 소멸시효 기산점과 원본채무의 소멸시효 기산점을 동일하게 생각하고 있는 것 같습니다. 그러나 그 기산점이 다릅니다. 원본채무의 소멸시효는 원본채무의 변제기가 도래한 때로부터 진행합니다. 반면에 지연손해금채무는 이행지체 기간이 진행됨에 따라 계속적으로 발생합니다. 따라서 그 소멸시효도 계속적으로 진행되지요(참고로 지연손해금채무는 기한의 정함이 없는 채무입니다). 따라서 원본채무의 소멸시효가 완성되지 않았다면, 원본채무의 지연손해금채무를 이행하라고 청구하는 소송을 제기한 때로부터 소급하여 5년(상사시효이므로 시효기간은 5년)내에 발생한 지연손해금채무는 그 소멸시효가 재판상 청구에 의하여 중단됩니다.

이런 논리에 따라 2000년부터 2001년까지 발생한 지연손해금채무는 그 소멸시효가 완성되었다고 설명한 것입니다.

이 점에 관해 생각을 못하고 있는 것 같습니다. 다시 생각해보세요.

Re-Requestion.

다시 한 번 생각하고 신중히 두 가지 질문을 드립니다.

일단 제가 이해하고 있는 대로 적어보겠습니다.

이 사안에서 원본채무의 소멸시효완성으로 소급하여 원본채무는 소멸합니다. 반면에 지연손해금은 원본채무에 대한 손해금이 아닌, 이행지체에 대한 손해금으로서 별도로 각각 기산하므로 소를 제기했던 2006년을 기준으로 2000. 5. 15부터 2004. 5. 15까지 각 연도별 각각 1천만 원씩, 2004. 5. 15부터 2006. 5. 15까지 5백만 원이 나타납니다.

연대보증인의 2004. 5. 15. 5천만 원 변제가 없었더라면, 원본채무 소멸로 인하여, 지연손해금도 모두 소멸합니다. 그러나 연대보증인의 2004. 5. 15. 5천만 원 변제로 인하여 2004. 5. 15. 이전의 변제된 5천만 원의 지연손해금은 각각 개별적 기산일로 해서 존속하게 됩니다. 또한, 2001. 5. 15. 이전의 지연손해금은 소를 제기했던 2006. 5. 15을 기준으로 그 손해금 기산점으로부터 5년이 지났기에 시효로 소멸하며, 2004. 5. 15부터 2006. 5. 15의 지연손해금은 원본채무 소멸을 원인으로 소멸합니다. 이렇게 제가 이해하고 있습니다.

1.첫 번째 의문

저의 의문은 "연대보증인의 2004. 5. 15. 5천만 원 변제로 인하여 2004. 5. 15. 이전의 변제된 5천만 원에 대한 지연손해금이 존속한다"는 사실로부터 출발합니다.

지연손해금이라는게 별도의 소멸시효를 가짐에도 불구하고, 원본채무의 소멸로 인하여, 아직 소멸시효가 완성되지 않은 지연손해금들은 소멸해 버립니다.(예를 들면 2004. 1. 15부터 2005. 1. 15일까지의 지연손해금은 원본채무소멸로 인해 소멸)

그런데 2001. 5. 15 ~ 2004. 5. 15일의 변제된 5천만 원에대한 지연손해금은 소멸하지 않죠.(반면, 2001. 5. 15 ~ 2004. 5. 15일의 변제되지 않은 남은 5천만 원에 대한 지연손해금은 소멸)

이러한 사실은 지연손해금이 원본채무에 대하여 어느 정도 부종성을 가진다고 보일 수 있습니다. 여기에서 저의 의문점은, 1억 채무에 대한 직접의무자이자 당사자는 주채무자인데, 연대보증인의 5천만 원 변제로 인해 별도로 기산하는 지연손해금에까지 영향을 준다는 사실입니다.

2000. 5. 15 ~ 2004. 5. 15까지의 지연손해금은 각해마다 1억에 대한 10%로 각각 1천만 원입니다. 원본 5천만 원 변제로 인하여, 2004. 5. 15이후부터의 지연손해금은 남은 5천만 원의 10%로 각각 5백만 원입니다. 이 사안에서 다른 지연손해금은 원본채무의 소멸로 인하여 소멸함에도 불구하고, 2000. 5. 15 ~ 2004. 5. 15의 5천에 대한 지연손해금은 연대보증인의 변제에 따른 승인의 효과로 인하여 소멸하지 않습니다. 승인의 효과로 봐야하는지 아닌지는 정확히 모르겠으나 제 눈에는 그렇게 보입니다. (물론 2000. 5. 15 ~ 2001. 5. 15까지의 지연손해금은 2006. 5. 15 소제기로부터 5년 이상이므로 사라집니다. <= 이 부분은 논외 하기로 하겠습니다.)

그렇다면 연대보증인의 변제에 따른 승인의 효과가 주채무자 채무에 영향을 미쳤다는 의미가 됩니다. (전 이 부분이 이해가 되지 않는 겁니다.) (이 부분에서 제가 무엇을 잘못 보고 잘못 생각하는지를 찾지 못하겠습니다.)

제가 적은 이 질문의 의도가 전달이 잘 되었으면 합니다. 제가 의도하고자 하는 부분을 선생님께 전달하고자 하는 능력이 제가 부족하다보니 잘 전달이 될지 모르겠습니다.

2.두 번째 의문

앞에서도 적었지만 소멸시효의 소급효에 관하여,

"소멸시효는 그 기산일에 소급하여 그 효력이 생긴다" 이 말대로라면 위 사안에서 기산일은 2000. 5. 15이니까 소급하여 효력을 보니, 연대보증인이 변제한 5천만 원도 다시 돌려받아야 하는 거 아냐? 라고 생각이 들더군요. 왜냐 기산일 2000. 5. 15일로 소급하여 효력이 생기면, 2000. 5. 15일부터 채무가 부존재 하는 것이 됨에도, 연대보증인이 5천만 원을 변제한 것이니까요...(물론 잘못된 생각인 것은 압니다만, '왜 연대보증인의 5천 변제는 유효한 행위다'라고 제 스스로 설명을 못하겠습니다.)

=> 기산일에 소급하여 효력이 생긴다는 게 사실상태를 원시점으로 돌려서, 기존채무에 대한 채권자의 권리만 소멸시켜 그 권리부분의 법률관계를 확정하는 것이지, 소급효는 당사자사이에서만 효력이 있는 것이므로, 당사자가 아닌 보증인의 법률효과는 그대로 존속한다는 의미인가요?

Re-Reanswer.

2004년 5월 15일에 채무자 혹은 연대보증인이 갚아야 할 채무액은 얼마입니까? 원본채무 1억 원과 변제기인 2000년 5월 15일부터 2004년 5월 15일까지

4년간의 지연손해금 연 10% 비율에 따라 산정한 4천만 원을 갚아야 합니다. 그런데 5천만 원만을 갚은 것이지요. 사실, 5천만 원은 지연손해금에 충당되었어야 합니다. 그러나 사안에서는 원본을 소멸시켰지요.

연대보증인이 원본 5천만 원을 변제하였다고 하더라도 채무자 혹은 연대보증인은 여전히 9천만 원의 채무를 더 변제해야 합니다. 변제로 소멸되지 아니한 원본 5천만 원 채무는 2004년 5월 15일 이후에도 지연손해금을 발생시킵니다. 연대보증인이 원본채무 5천만 원을 변제하더라도 주채무의 소멸시효는 중단되지 않습니다.

따라서 소멸되지 아니한 주채무(원본 5천만 원 및 지연손해금 4천만 원)의 소멸시효는 여전히 진행합니다. 변제로 소멸되지 아니한 원본채무 5천만 원의 소멸시효는 변제기인 2000년 5월 15일부터 진행하여 2005년 5월 15일에 완성되어 소멸합니다.

원본채무 5천만 원의 시효소멸로 인하여 원본채무 5천만 원으로부터 파생된 지연손해금채무(2004년 5월 15일까지 발생한 지연손해금 4천만 원 중에서 2천만 원과 2004년 5월 15일부터 2006년 5월 15일까지 발생한 지연손해금 1천만 원)는 모두 소멸하게 됩니다.

자, 이제 남은 지연손해금 채무는 보증인의 변제로 인하여 소멸한 원본채무 5천만 원으로부터 파생된 2000년 5월 15일부터 2004년 5월 15일까지의 지연손해금 2천만 원은 각별로 그 소멸시효가 진행되어야 합니다. 소송을 제기한 2006년 5월 15일로부터 소급하여 소멸시효기간인 5년 이내에 발생한 지연손해금 1500만원만 소제기에 의하여 그 소멸시효가 중단됩니다.

우선, 사안을 파악하십시오.

질문하신 분은 변제로 인한 소멸과 소멸시효완성으로 인한 소멸을 전혀 구별하지 않고 있습니다. 변제로 원본채무의 일부만을 소멸시켰을 때에 변제로 소멸한 원본채무로부터 이미 발생한 지연손해금채무는 그 자체의 독자적인 소멸사유가 없는 한 소멸하지 않는 것은 너무나 당연합니다. 만약 변제로 소멸한 원본채무로부터 이미 발생한 지연손해금채무가 같이 소멸한다면 이행지체기간이 아무리 길더라도 원본만 갚으면 지연손해금을 배상할 이유가 없다는 부당한 결론에 이릅니다.

반면에 소멸시효완성으로 원본채무가 소멸하면 그로부터 이미 발생한 지연손해금채무가 그 자체의 독자적인 소멸사유가 없더라도 소멸합니다. 민법 제183조는 이 점을 선언하고 있습니다.

Question. 18

보증채무를 공부하다가 궁금증이 생겼는데요.

보증채무에 대한 소멸시효가 중단되었다고 하더라도 이로써 주채무에 대한 소멸시효가 중단되는 것은 아니라고 하잖아요?

근데 어음채권에 대한 재판상 청구를 할 경우 원인채권의 소멸시효 또한 중단된다고 하잖아요? 어음채권과 보증채무, 원인채권과 주채무 이런 관계로 양자가 같은 것 같은데요, 왜 결론이 다른가요? 차이점이 무엇인가요?

Answer

어음의 실질적으로 보증의 역할을 한다고 상식적으로 생각할 수는 있습니다. 그러나 어음채무와 보증채무는 법률적으로 서로 다른 채무라고 보아야 합니다. 보증채무는 부종성이 있지만, 어음채무는 부종성이 없습니다.

원인채무를 위하여 어음이 발행된 경우, 어음은 원인채무를 이행하는 수단으로서의 의미를 가집니다. 따라서 어음채권의 행사는 동시에 원인채권을 행사하는 것과 같은 의미를 가집니다.

반면 보증인에 대하여 보증채무의 이행을 청구하더라도 이를 주채무자에 대한 주채권의 행사라고 할 수는 없는 것입니다.

제2편 물권법

제1장 물권의 변동

부동산 물권변동과 등기

Question. 1

"가등기가 경료된 후 전세권 설정등기가 이루어지고 다시 가등기에 기한 본등기가 이루어진 경우에는 위 전세권 설정등기가 직권말소된 후에 다시 위 가등기에 기한 본등기가 말소되었다는 사정은 아무런 영향이 없다" 는 판례와,

"가등기에 기한 본등기가 원인무효 등의 사유로 말소된 때에는 결국 그 제3자의 등기는 말소하지 아니할 것을 말소한 결과가 되므로 등기공무원은 직권으로 그 말소등기의 회복등기를 하여야 하는 것이고…"하는 판례를 비교해 보았을 때,

1: 직권말소된 중간처분등기는(그것이 소유권이전등기이든 제한물권의 등기이든 상관없이) 가등기에 기한 본등기가 "원인무효 등의 사유로" 말소된 때에만 직권으로 회복된다는 뜻인가요?

2. 그렇다면 맨 처음의 판례는 가등기에 기한 본등기의 말소사유가 원인무효가 아닌 경우에 해당하는 것인가요?

3. 가등기가 불법 말소된 후 등기상 이해관계를 가진 자가 "선.악의 관계없이" 승낙해야할 의무를 지는 이유가 무엇인가요?

반면 등기명의자가 '사기'에 의해 등기를 말소한 뒤 말소회복절차를 밟을 때, 말소등기를 믿고 그에 터 잡아 등기부상 이해관계를 맺은 제 3자에게는 승낙의무가 없는 이유가 무엇인가요?

Answer

1. 2. 가등기에 기초하여 본등기가 마쳐진 경우, 중간처분등기는 직권으로 말소됩니다. 그런데 가등기에 기한 본등기가 나중에 말소된 경우, 직권으로 말소된 중간처분등기가 직권으로 말소회복되어야 하는지에 관해서 두 판결이 서로 다른 결론을 가지고 있습니다.

직권으로 말소회복을 하여야 하는 경우가 어떤 경우인지를 살펴볼 필요가 있습니다. 등기공무원이 말소할 수 없는 등기를 직권으로 말소한 경우에 등기공무원은 직권으로 그 말소등기의 회복등기를 하여야 합니다. 그러한 대표적인 예가 원인무효의 가등기에 기초하여 본등기가 마쳐지고 그 결과 중간처분등기가 직권으로 말소된 경우, 가등기에 기한 본등기가 원인무효의 등기로서 말소된 경우 등이 이에 해당합니다.

반면에 가등기에 기한 본등기가 말소된 경우가 모두 여기에 해당하지는 않습니다. 가령, 대물변제의 예약에 기초하여 가등기를 마친 후, 가등기에 기한 본등기를 한 경우에는 그 본등기는 담보목적의 범위에서 유효하다는 것이 판례의 태도입니다(다만, 가등기담보법이 적용되는 경우라면 그 본등기는 원인무효의 등기가 됩니다). 따라서 가등기에 기한 본등기 자체가 원인무효는 아닐 수 있습니다. 그 후 채무자가 변제를 하고, 본등기를 말소하게 되면, 비록 본등기가 말소되기는 하겠지만, 그 본등기가 본등기 실행 당시부터 원인무효의 본등기라고 할 수는 없습니다.

먼저 언급한 판결(79년도 판결)의 사실관계를 정확히 파악할 수는 없습니다. 원심결정을 찾을 수가 없네요. 그러나 추론하건데, 가등기에 기한 본등기가 본등기 당시부터 원인무효의 본등기인 것은 아닐 것입니다. 따라서 직권으로 말소회복이 이루어져야 한다고 볼 수 없는 경우이겠지요.

반면 나중에 언급한 판결(94년 판결)은 가등기에 기한 본등기가 본등기 당시부터 원인무효의 본등기였습니다. 따라서 그 사유로 말소된 것이므로 직권으로 말소된 중간처분등기는 직권으로 말소회복되어야 한다고 판단한 것입니다.

3. 가등기가 불법말소되었다면, 가등기권리자의 의사와 무관하게 말소된 것일 겁니다. 가등기말소등기는 가등기권리자의 의사와 무관한 것이므로 효력이 있을 수 없습니다. 결국 가등기권리자의 가등기에 따른 지위가 가등기의 불법말소에 의하여 소멸한다고 할 수는 없지요.

이미 가등기를 마친 가등기권리자는 등기상 이해관계를 가진 자이며, 그 지위는 다른 등기상 이해관계인들도 존중하여야 할 것입니다. 따라서 불법으로 가등기가 말소된 가등기권리자가 그 가등기를 회복하고자 하는데, 다른 등기상 이해관계인들은 당연히 협력하여야 할 것입니다.

이와 같은 논리는 가등기가 아닌 통상의 등기도 마찬가지입니다. 가령 통상의 등기가 불법으로 말소되었다면, 말소등기는 무효일 것이며, 말소된 등기는 회복되어야 할 것입니다. 이 경우 등기상 이해관계인들은 그 말소절차에 협력하여야 하지요. 그 협력의무의 내용으로 승낙의무를 부담하는 것입니다.

그러나 등기의 원인이 되는 법률행위가 사기에 의한 것으로 취소된 경우, 취소로 인한 무효는 선의의 제3자에게 대항하지 못하므로 선의의 제3자인 등기상 이해관계인들에게는 그 등기가 원인무효의 등기라고 주장할 수는 없습니다. 그 결과 선의의 제3자는 승낙의무를 부담하지 않는 것입니다.

Question. 2

1. 순차로 경료된 등기들의 말소를 청구하는 소송은 권리 관계의 합일적인 확정을 필요로 하는 필요적 공동소송이 아니라 통상공동소송이며 이와 같은 통상공동소송에서 공동당사자들 상호간의 공격방어방법의 차이에 따라 모순된 결론이 발생할 수 있고, 이는 변론주의 원칙으로 하는 소송제도 아래서는 부득이한 일로서 판결의 이유모순이나 이유불비가 된다고 할 수 없으며, 이 경우 후순위 등기에 대한 말소청구가 패소 확정됨으로써 그 전 순위등기의 말소등기 실행이 결과적으로 불가능하게 되더라도 그 전순위 등기의 말소를 구할 소의 이익이 없다고는 할 수 없다.

위 판례에서 공격방법 차이에 따라 모순된 결론이 발생한다는 것과 전 순위 등기의 말소를 구할 소의 이익이 뭔지 이해가 잘 안됩니다. 예를 들어서 설명해 주세요.

2. 소유권에 기한 방해제거 청구로서 말소등기청구 소송에서 소송물은 당해 말소등기청구권이고 그 등기 청구권의 발생원인은 당해 등기원인의 무효이며, 등기원인의 무효를 이루는 개개의 사유는 공격방법에 불과하여 별개의 청구 원인을 구성하지 않는다는 말이 이해가 잘 가지 않습니다. 앞에서 말하는 이전등기청구 소송에서와의 차이도 잘 모르겠습니다.

Answer

아마도 공격방법의 의미를 이해하지 못하여 의문이 해결되지 않는 것으로 보입니다. 공격방법의 의미를 아래 설명에 따라 이해하여 보시기 바랍니다.

소송에서 원고가 주장하는 권리를 뒷받침하는 사실의 주장을 공격방법이라고 합니다. 가령, 소유권이전등기가 원인무효임을 이유로 전등기명의자가 현등기명의자를 상대로 등기말소청구소송을 제기하였다고 가정합시다. 이 경우, 등기원인이 무효로 되는 이유는 여러 가지일 수 있습니다. 가장행위로서 무효일 수도 있고, 제103조 위반으로 무효일 수도 있습니다. 이를 주장하는 것이 바로 공격방법입니다.

주의할 것은 청구취지(재판을 청구하였을 경우, 그 결론에 해당하는 부분)를 뒷받침하는 모든 주장이 공격방법인 것은 아닙니다. 여러 주장이 결과적으로 실체법상 다른 권리를 주장하는 것이라면 이는 단순한 공격방법이 아닙니다. 이는 여러 개의 권리를 주장하는 것으로 별도로 소송을 제기한 것이라고 보아야 합니다.

가령, 1천만 원의 지급을 구하는 소송을 제기하면서 이를 뒷받침하는 근거로서 운송계약상 채무불이행에 해당한다는 주장과, 운전부주의로 인한 신체상해가 발생한 것으로 불법행위에 해당한다는 주장은 동일한 생활사실로부터의 주장이기는 하지만, 채무불이행으로 인한 손해배상청구권과 불법행위로 인한 손해배상청구권을 주장하는 것으로 전혀 다른 권리를 주장하는 것입니다. 이러한 경우는 청구가 여러 개인 소송이라고 보아야 합니다.

Question. 3

미등기건물의 양도담보 채권자는 건물의 철거처분권은 가지고 있지 않나요?
승계인은 안 된다고 하던데..

Answer

철거처분권은 그 건물의 종국적인 처분권을 가지고 있는 자에게 인정될 것입니다. 양도담보채권자는 채권을 변제받으면 그 건물을 채무자에게 돌려주어야 하는 사람입니다. 채무자를 위해서 건물을 유지하고 보존해주어야 할 의무를 부담하고 있지요. 그러한 양도담보채권자는 건물의 종국적 처분권을 가지고 있다고 보기 어렵습니다. 철거처분권은 부정되어야 할 것입니다.

Question. 4

사기죄의 피고소인인 甲이 丙으로부터 매수한 토지의 소유권을 고소인인 乙에게 이전하여 주는 조건으로 형사합의를 시도하였으나 합의가 성립되지 않고 있던 중, 乙이 甲과의 합의를 전제로 매도인인 丙으로부터 그 토지에 관한 소유권이전등기를 경료 받은 경우, 乙과 丙 사이에 성립한 등기이전의 합의는 원래 丙이 甲과 채결한 매매계약에 따라 甲에게 소유권이전등기를 경료하여 주어야 할 것을, 甲과 乙 사이에 위 토지의 소유권을 乙에게 넘겨주기로 합의하였음을 전제로 바로 乙에게 소유권이전등기를 하여 주기로 합의한 것이어서, 그 자체가 乙과 丙 사이에 권리변동의 원인이 되는 행위가 되는 것이 아니라, 단지 甲에 대한 소유권이전등기를 생략하고 乙 명의로 바로 소유권이전등기를 경료하여 주기로 하는 중간생략등기의 합의에 지나지 아니하고, 그것은 위 토지에 대한 乙 명의의 소유권이전등기에 대한 등기원인이라고 할 수 없으므로, 乙 명의의 소유권이전등기는 등기원인을 결여한 원인무효의 등기에 해당한다.

→ 이미 경료된 중간생략등기는 각 당사자의 거래관계가 실체적으로 유효하면 최종매수인의 등기는 무효가 아니라고 배웠는데요, 위 사례에서 이미 乙 명의로 이전등기가 마쳐진 상태이고 丙과 갑사이의 매매계약관계는 존재하나, 甲과 乙사이의 형사합의가 성립되지 않았기 때문에 채권관계가 성립되지 않아 이 중간생략등기는 유효로 될 수 없는 것인가요? 그렇기 때문에 더욱이 중간생략등기 합의만으로 유효한 등기원인이 될 수 없다고 판시한 것인가요?

Answer

네. 잘 파악하셨네요.

Question. 5

미등기부동산이 발생하는 이유는 뭔가요?

신축을 원인으로 한 부동산등기법상 보존등기의 경우 새로 지었고 그 전에 아무도 등기를 한 사람이 없었을 테니까 미등기부동산인 건 알겠는데 특별조치법에 의한 보존등기의 경우 미등기부동산이 생기는 이유를 잘 모르겠어요.

예를 들어서 A에게서 건물을 매수한 B가 등기부등본을 때보니 등기명의자가 A가 아니라 C 명의로 되어있는 경우 이 경우도 B는 미등기부동산을 매수한 건가요?
만약 그렇다면 비록 B 명의로 등기는 안 되어 있지만 A 명의로는 아직 등기가 되어있는데 왜 미등기부동산이죠? 미등기부동산의 정확한 발생이유가 감이 안 잡혀요
새로 지은 게 아니라면 마지막으로 등기명의인은 그게 누구든 있기 마련 아닌가요?
아니면 등기를 말소하고 아무도 새로 등기를 하지 않은 건가요?

Answer

미등기부동산이 무엇인지를 아셔야 할 듯합니다.
미등기부동산이란 보존등기(부동산에 최초로 마쳐지는 등기가 보존등기입니다)가 마쳐지지 않아 등기부에 의하여 그 부동산의 권리관계가 공시되지 않은 부동산을 말합니다.
미등기부동산이 생겨나는 이유는 다양합니다. 건물의 경우, 신축하였는데, 준공검사가 나지 않았거나 기타의 이유로 보존등기가 실행되지 못하는 경우가 있습니다. 토지의 경우에는 이미 보존등기가 마쳐진 부동산에 등기부가 멸실된 경우이거나 선대로부터 보존등기가 마쳐지지 않은 부동산 등이 그 예가 될 것입니다.

Question. 6

소유권이전청구권 보전을 위한 가등기 후 가압류등기 등이 마쳐지고 가등기에 기한 본등기가 이루어진 경우 가압류등기 등이 직권으로 말소합니다. 가등기에 이런 힘을 주는 근거가 무엇인지요? 가등기는 순위보전적 효력이 있다고 하는 데 채권적 효력을 갖는 보존 가등기가 왜 이런 힘을 갖는 지요?

Answer

가등기의 순위보전력으로 인하여 가등기에 기한 본등기가 마쳐지면 본등기의 순위는 가등기의 순위에 따릅니다. 그렇다면 가등기에 기한 본등기가 마쳐졌을 때, 가등기보다 후순위 설정된 가압류등기 혹은 제한물권등기는 가등기에 기한 본등기보다 후순위가 될 수밖에 없지요.
가등기에 기한 본등기권리자의 권리와 후순위인 가압류등기 혹은 제한물권등기가 상호 모순됩니다. 가압류등기는 채무가 본등기명의자가 아닌 사람을 채무자로

하여 설정된 것이지요. 제한물권등기도 역시 마찬가지입니다.

결국 동일인(가등기의무자)으로부터 가등기에 기한 본등기를 마친 사람과 가압류등기나 제한물권등기를 취득한 사람이 서로 충돌합니다. 이들 상호간의 우열은 순위에 따릅니다. 결국 가등기에 기한 본등기가 우선하게 됩니다.

가등기권리자는 채권적 청구권을 가지고 있는 자입니다. 그러나 가등기에 기한 본등기가 마쳐지면 더 이상 채권적 지위만 가지는 자가 아닙니다. 가등기의 순위보전력은 가등기에 기한 본등기가 마쳐졌을 때에 나타나는 효력입니다.

Question. 7

지문에서 乙은 소유권이전등기를 마쳤다고 되어 있는데, 그렇다면 일단 소유권 취득하게 된 절차도 적법함이 추정될 것이고, 그렇다면 乙의 주장이 증명되지 아니하더라도 X가 입증하지 않는 한, 추정력은 유지되는 것이 아닌가요?

물론 해설에는 보존등기의 추정력은 다른 사실 주장시 번복된다고 되어 있으나, 이것은 甲의 보존등기에 관한 것이므로 甲에 관한 사항이지, 乙은 이전등기를 한 자이므로 乙에게는 이전등기로 인한 추정력이 미쳐야 하는 것이 아닌가요?

Answer

을의 이전등기의 추정력을 번복하기 위해서 X가 어떤 사실을 증명해야 하나요. 을의 이전등기의 기초가 되는 갑의 보존등기가 무효의 등기로서 갑이 정당한 소유자가 아니므로 을의 이전등기절차가 설사 정당하더라도 을은 소유자일 수 없다는 점을 증명하면 되지 않을까요?

이런 사실이 증명되더라도 을의 이전등기의 추정력이 깨어지지 않는다면 이런 문제가 생길 수 있습니다. 가령 A가 소유자는 부동산의 등기를 B가 서류를 위조해서 등기를 갖추고, C에게 이전등기를 경료하여 줍니다. A가 B의 위조사실을 증명하더라도 C의 등기의 추정력이 번복되지 않으므로 C는 소유권을 주장할 수 있는 것이지요. 이건 마치 등기에 공신력을 인정하는 것과 같은 결과가 됩니다.

결국 갑의 보존등기의 추정력이 번복되면 갑은 정당한 소유자였다는 추정이 번복되고, 그 결과 갑으로부터 등기를 이전받은 을 등기의 추정력도 유지될 수 없는 것입니다.

Question. 8

지원림 저 민법강의 제8판 510면 대판1998. 9. 22, 98다29568은,

"소유권이전등기의 원인으로 주장된 계약서가 진정하지 않은 것으로 증명된 이상 그 등기의 적법추정은 복멸되는 것이고, 계속 다른 적법한 등기원인이 있을 것으로 추정할 수 없다."고 하고 있는데, 전에 강의들을 때 선생님이 판서하신 것을 필기한 것에는,

등기원인의 부존재가 증명된 경우라도, 실체관계에 부합할 사정에 관한 구체적인 주장이 있으면 추정력이 유지된다고 되어 있는데,

위 판례의 내용은 판례에는 명시적으로 나타나 있지는 않지만, 실체관계에 부합할 사정에 관한 구체적인 주장을 하지 않았으므로 일단 등기추정력이 복멸된다는 것인가요?

아니면 실체관계에 부합할 사정에 관한 구체적인 주장이 있었는지의 여부에 불문하고 '계약서가 진정하지 않은 것으로 증명되면' 등기추정력이 복멸된다는 것인가요? 판례가 구체적으로 설시해주지 않아서 어떤 의미인지 와 닿지가 않네요.

지원림 저 기본서에는 소유권이전등기의 경우는 실체관계 부합 등기로 추정되지만, 소유권보존등기의 경우는 실체관계 부합 등기로 추정되지 않는다는 내용이 명시적으로 나타나 있지는 않는데, 이것은 통설과 판례가 확립된 부분이지만 교재에 명시적으로 소개되지는 않았을 뿐인가요?

Answer

1. "소유권이전등기의 원인으로 주장된 계약서가 진정하지 않은 것으로 증명된 이상"의 의미가 무엇인지 생각해보셔야 합니다.

등기명의자가 소유권이전등기의 원인으로 일정한 계약이 있음을 주장하고, 그에 관한 증거로 계약서를 제출한 것인데, 상대방은 그와 같은 계약이 없다고 주장하는 상황이겠지요. 그런데 제출한 계약서가 "진정하지 않은 것"임이 증명되었습니다. 즉, 위조되었다는 사실이 증명된 것이지요. 이러한 경우에는 다른 권리취득원인사실에 관한 주장이 없었던 경우라고 보아야 합니다. 등기추정력은 번복될 수밖에 없는 것이지요.

2. 판례가 그렇게 이해하고 있습니다.

이태섭 민법판례정리 I 452~3쪽

⑥ **주택조합이 조합원의 자금으로 건축한 경우 원시취득자** 주택조합은 그 소유자금으로 조합원의 건물을 신축 분양하는 것이 아니라 공정에 따라 조합원으로부터 각자 부담할 건축자금을 제공받아 조합원의 자금으로 건축하는 것이므로 특단의 사정이 없는 한 건축절차의 편의상 조합 명의로 그 건축허가와 준공검사를 받았다고 하더라도 이때부터 그 건물의 소유권(다만 조합주택 중 일반인에게 분양되는 경우의 그 부분 및 복리시설을 별론으로 하여야 한다)은 건축자금의 제공자인 조합원들이 원시취득한 것으로 보아야 한다. [대법원 1995. 1. 24 선고 94다47797 판결]

⑦ **재건축조합이 건축한 아파트의 원시취득자** 집합건물의소유및관리에관한법률 및 구 주택건설촉진법(2003. 5. 29. 법률 제6916호 주택법으로 전문 개정되기 전의 것)에 근거하여 설립된 재건축조합은 기존의 노후 건축물을 철거하고 재건축사업을 시행하는 것을 목적으로 하는 법인 아닌 사단으로서 그 사업구역 내에 있는 조합원들 소유의 토지는 재건축조합에게 현물로 출자되고 그 지상의 주택은 사업시행에 따라 철거될 것을 전제로 하는 것이어서, 재건축조합이 시공회사와 사이에서 조합원으로부터 출자받은 대지 상에 집합건물을 신축하기로 하는 공사계약을 체결하고 이를 시행함에 있어 도급계약당사자가 아니라 제3자에 불과한 조합원들이 그 신축자금의 일부를 제공하였다 하여 그러한 사정만 가지고 개별 조합원들이 신축된 집합건물 중 특정 부분의 구분소유권을 원시취득한다고 볼 것은 아니고 재건축조합의 규약 및 공사계약서의 내용을 모두 살펴 원시취득자를 확정하여야 한다(필자 註 : 재건축조합규약과 공사계약서의 내용상 신축건물의 소유권은 도급인인 재건축조합이 취득하고, 규약에 정해진 절차에 따라 분양신청을 하지 아니한 조합원은 위 건물에 대한 권리를 취득하지 못한다고 한 사례). [대법원 2005. 7. 22 선고 2003다3072 판결]

⑧ **개인사찰의 건물이 신도들의 시주를 주된 재원으로 하여 건립된 경우 원시취득자** 개인사찰에 있어서 창건주에 의하여 건립되었던 사찰건물이 그와 무관하게 멸실된 후 동일 용도의 사찰건물을 새로 건립하거나 산신각 등 추가적인 사찰건물이 필요하게 되어 이를 건립한 경우 창건주가 직접 그 건물들을 건립하지 아니하고 창건주에 의하여 임명된 주지가 주도하여 신도들의 시주를 주된 재원으로 하여 이를 건립하였다고 할지라도 특정 신도가 대부분의 자금을 출연

하고 건물의 소유권을 보유하되 사찰의 건물로만 제공한다는 등의 특별한 사정이 존재하지 않는 이상 신도들의 시주와 건물 건립은 모두 그 사찰을 위하여 이루어진 것으로서 위 추가로 건립된 사찰건물들은 역시 창건주의 소유로 귀속된다. [대법원 2005. 6. 24 선고 2003다54971 판결]

Question. 9

1. 이태섭 민법판례정리 I 452~3쪽에서 ⑥ 주택조합이 조합원의 자금으로 건축한 경우 원시취득자 - 조합원 ⑦ 재건축조합이 건축한 아파트의 원시취득자 - 재건축조합 이렇게 결론이 다른 이유가 뭐죠? 자금 지원을 전부 조합원이 했는가, 아니면 일부 지원만 했는가로 나뉜 건가요? 이렇다면 ⑧도 같은 맥락에서 이해할 수 있을 것 같긴 한데요.

2. 회복등기에서요. 판례는 자발적으로 말소등기를 한 경우에는 말소회복등기가 허용되지 않는다고 하는데요. 여기에서 '자발적으로'가 뭔가요? 착오취소나 사기취소의 경우에는 제3자 승낙의무 유무의 문제가 발생하는 것으로 보아 이에 포함되지 않는 것 같은데요. 그렇다면 어떤 것이 '자발적'이란 것에 포함되는지 궁금하네요.

3. 소유권보존등기 및 이에 기하여 경료된 경정등기 - 경정등기가 부기등기인가요?

Answer

1. 주택조합의 조합원이 원시취득자가 되는 이유는 '공정에 따라 건축자금을 조합원들이 전부 부담하는 경우'이기 때문입니다. 만약 이 경우에도 조합이 원시취득자가 된다면(정확하게는 조합원의 총유재산이 된다면), 조합은 건물의 취득세와 그 보존등기 당시의 등록세 등을 부담하여야 하는데, 이는 고스란히 조합원들이 부담이 될 수밖에 없습니다. 이는 대단히 부당한 것이지요. 옳게 이해하신 것 같습니다.

2. 말소원인이 없음에도 등기명의자가 말소에 동의하여 등기가 말소된 경우가 '자발적으로' 말소등기가 마쳐진 경우의 한 예가 될 수 있습니다.

3. 경정등기는 부기등기의 방법으로 합니다.

Question. 10

등기 추정력은 법률상 추정이라서 법관이 확신을 가질 정도의 증명인 본증을 해야 그 추정이 번복된다고 하는데요.

2002다46256 판결을 보면 "등기절차가 적법하게 진행되지 아니한 것으로 볼 만한 '의심스러운' 사정이 입증되는 경우 추정력이 깨어진다"고 하고 있구요. 특별조치법상 등기에서도 "보증서나 확인서가 진실 아님을 '의심할 만큼' 증명하면 되고 법관이 확신할 정도가 되어야만 하는 것은 아니다"라고 하고 있구요.

이것도 특조법상 등기에 관한 판결인데요. "보증서나 확인서에 기재된 권리취득원인이 사실과 다름을 인정하더라도 다른 취득원인에 따른 권리를 취득하였음을 주장하는 때에는 추정력이 유지되는데, 그 새로 주장된 취득원인사실도 진실이 아님을 '의심할 만큼' 증명하여야 추정력이 깨어진다고 하는 데요.

이 세 경우에 추정력을 번복시키기 위해서 왜 본증이 아닌 반증을 요구하는 걸까요?

Answer

등기추정력을 번복시키기 위한 증명의 정도는 '합리적 의심이 가능할 정도'의 증명으로 족하다는 것이 판례의 일관된 태도입니다. 이는 결국 반증의 정도로 족하다는 것이지요. 물론 법률상 추정으로 이해하면서 증명의 정도를 반증으로 족하다고 하는 것은 논리모순이라는 비판이 있을 수 있습니다.

판례는 어떠한 이유에서 추정의 정도를 그와 같이 파악하는가는 알 수 없으나, 추측해보건대 다음과 같은 이유 때문인 것으로 생각됩니다.

첫째, 등기의 추정력은 법률에 규정이 되어 있는 것이 아닙니다.

둘째, 법률상 추정이라고 하더라도 그 법률규정의 취지에 비추어 그 번복을 위한 증명의 정도를 다르게 파악할 수 있습니다.

가령, 자주점유의 추정을 번복하기 위한 증명의 정도를 본증 정도로 요구하게 되면 등기의 추정력과 충돌을 일으킬 수 있어 우월한 개연성의 증명만으로도 자주점유의 추정을 번복시킬 수 있는데, 이는 법률상 추정이라고 하더라도 그 번복을 위한 증명의 정도가 언제나 본증이어야 하는 것은 아니라는 점을 알 수 있는 예입니다.

셋째, 현행법은 등기의 공신력을 인정하지 않고 있는데, 등기의 추정력을 번복시키기 위한 증명의 정도를 본증정도로 요구하는 것은 결과적으로 등기의 공신력을 인정하여 진정한 권리자가 희생되는 것과 동일한 결과를 초래할 수 있습니다.

아마도 이러한 이유들로 해서 증명의 정도를 반증정도로 족한 것으로 파악하는 것 같습니다.

진도별 모강 제8회 24번

甲은 자신이 신축한 미등기건물에 관하여 乙과 매매계약을 체결하고 매매대금을 받고 그 점유를 이전하였으나, 이전등기는 경료되지 않았다. 이와 관련하여 옳은 설명을 모두 고르면? (다툼이 있으면 판례에 의함)

㉠ 甲이 이전등기가 경료되지 않았음을 이유로 乙에게 소유물반환청구를 하면, 乙은 甲에 대하여 '점유할 수 있는 권리'를 가진다고 주장하여 반환을 거부할 수 있다. 그러나 매매계약이 무효이거나 취소된 때에는 반환을 거부할 수 없다.

㉡ 乙이 그 건물을 丙에게 임대한 경우, 乙은 소유자가 아니므로 그 차임은 소유자인 甲에게 돌려주어야 한다

㉢ 乙은 甲에 대해 소유권에 기한 물권적 청구권을 행사할 수 없지만 제3자의 이의의 소나 환취권을 행사할 수 있다.

㉣ 甲의 동의 없이 乙의 명의로 소유권보존등기가 경료된 경우에 그 등기는 유효하다.

㉤ 乙은 건물의 소유권이전등기를 경료하지 않는 한 그 건물의 소유권을 취득할 수 없고, 소유권에 준하는 관습상의 물권이 있다고도 할 수 없으며, 乙에게 현행법상 사실상의 소유권이라고 하는 포괄적인 권리 또는 법률상의 지위를 인정하기도 어렵다.

① ㉡ ㉢ ㉣　　② ㉠ ㉢ ㉣
③ ㉣ ㉤　　④ ㉡ ㉢
⑤ ㉢ ㉣　　⑥ ㉢ ㉤

Question. 11

진도별 모강 제8회 24번에서 ㉣번에 대한 질문입니다.

甲의 동의 없이 乙 명의로 소유권보존등기가 경료된 경우에 등기는 유효하다고 하는데, 乙 명의로 소유권이전등기를 하는 것은 중간생략등기의 합의와 원리가 비슷하니까 甲의 동의가 있어야 하는 것 아닌가요?

2000다51216에 의하면 "최종양수인이 중간자로부터 소유권이전등기청구권을 양도받았다 하더라도 최초양도인이 그 양도에 대하여 동의하지 않고 있다면 최종양수인은 최초양도인에 대하여 채권양도를 원인으로 하여 소유권이전등기절차이행을 청구할 수 없다"고 하는데 여기에 반하는 지문인 것 같습니다.

아님 그냥 간단하게 甲과 乙에게 건물의 매매계약이 있었으므로 甲은 동의를 한 것과 마찬가지인가요?

Answer

중간생략등기를 오해하시고 있는 듯합니다.

이미 중간생략등기가 마쳐진 경우에는 비록 당사자들 사이에 중간생략등기에 관한 합의가 없더라도 중간생략등기는 유효하다는 것이 대법원의 일관된 태도입니다.

질문하신 분이 소개한 판례는 중간생략등기를 청구하기 위해서는 3자간의 합의가 있어야 한다는 취지입니다. 즉, 최초양도인이 중간생략등기를 거부함에도 이를 강제하기 위해서는 3자간의 중간생략등기에 관한 합의가 있어야 한다는 것이지요. 이 판례를 기초로 이미 이루어진 중간생략등기도 3자간의 합의가 없다면 무효라고 이해하시는 것은 곤란합니다.

Question. 12

진도별 모강 9회 문제 5번 (ㄹ) 지문에 보면,

" 소유권보존등기 명의인을 상대로 한 소유권보존등기 말소청구 소송을 제기하여 승소판결을 받은 원고가 그 판결에 기해 기존의 소유권보존등기를 말소하고, 자기 명의로 소유권보존등기를 마친 경우, 그 토지에 관하여 사정명의인이 원고 아닌 제3자가 따로 있다는 사실이 밝혀지면 원고 명의의 소유권보존등기의 추정력은 번복된다"
라고 틀린 지문으로 나와 있습니다.

여기서 궁금한 점은 원고가 기존 소유권보존등기 명의인을 상대로 한 말소청구 소송에서 어떤 주장을 했는가에 따라서 위 지문의 정오가 달라지는 게 아닐까 하는 점입니다. 제가 생각한 바로는 원고가 원시취득자로부터 매수했다는 사실을 증명하여 승소판결을 받았다면 그에 기초한 원고명의의 보존등기는 소유권이전등기와 다를 바 없으므로 실체관계에 부합하는 등기로 추정되어 위의 지문은 틀린 지문이지만 만약 원고가 자신이 원시취득자라고 주장하며 법원을 기망하여 승소판결을 받았다면 그에 기초하여 신청한 원고 명의의 보존등기는 보통의 원시취득자로서 신청한 보존등기와 다를 바 없으므로 후에 제3자가 제기한 소에서 원시취득자가 아님이 밝혀졌다면 추정력이 깨어진다고 생각하고 있습니다.

Answer

토지소유권보존등기에도 추정력이 인정됩니다. 추정력을 왜 인정하는지, 어느 정도로 인정해야 하는지를 생각해 볼 필요가 있습니다.

우선 소유권보존등기도 등기관에 의하여 등기가 실행되는 것으로 그 진정성이 어느 정도 담보될 수 있습니다. 즉, 진실에 부합할 개연성이 큰 것이지요. 그래서 추정력을 인정하고 있습니다.

그러나 소유권보존등기는 소유권이전등기와 달리 단독신청에 의하여 실행되는 등기이므로 소유권이전등기보다는 그 추정력을 강력하게 인정할 수 없습니다. 여기서 부동산등기법을 참고할 필요가 있습니다. 부동산등기법 제130조는 토지의 보존등기를 신청할 수 있는 자로 1. 대장 등에 의하여 소유권을 증명하는 자, 2. 판결에 의하여 소유권을 증명하는 자, 3. 수용으로 인하여 소유권을 취득하였음을 증명하는 자로 규정하고 있습니다.

대장 등에 의하여 소유권을 증명하는 자란 토지의 원시취득자를 의미합니다. 따라서 대장 등에 의하여 소유권을 증명하여 소유권보존등기를 마친 자나 그 토지의 원시취득자가 아니라는 점이 밝혀지면 보존등기는 절차에 문제가 있음이 밝혀진 것이므로 그 추정력이 유지될 수 없는 것입니다. 이러한 논리에 따라 토지의 원시취득자가 따로 있음이 밝혀진 경우에는 소유권보존등기의 추정력이 번복된다고 판례가 판단하는 것입니다.

그런데, 이러한 판례의 논리가 확정판결을 기초로 소유권보존등기를 마친 경우에도 적용될까요? 위의 판례논리는 대장 등에 의하여 소유권을 증명하여 소유권보존등기를 마친 경우에만 적용됩니다. 확정판결을 통하여 법원으로부터 소유권을 확인받은 자가 그 명의로 소유권보존등기를 마쳤다면 원시취득자가가 따로 있음이 밝혀진다고 하더라도 확정판결의 효력을 부정할 수 없을 것입니다. 그 결과 여전히 판결을 통해 소유권을 확인받은 자가 현재 소유자라고 인정하여야 할 것이며, 따라서 등기의 추정력도 유지되어야 할 것입니다.

확정판결에 의하여 보존등기를 마친 자의 등기추정력을 번복하기 위해서는 재심 등으로 통해 판결을 취소해야 할 것입니다.

진도별 모강 제10회 32번 문제

(배점 4) 甲이 乙 명의의 토지 위에 무단으로 건물을 신축하여 丙에게 점유를 이전하였다. 한편 甲은 이 공사 이외에도 신축공사를 계획하고 있다. 현재 상황에서 다음 설명 중 틀린 것을 고른 후 아래의 설문을 계속 검토하시오. (다툼이 있으면 판례에 의함)

㉠ 비록 신축된 건물을 甲 명의로 등기를 하였다 하더라도 甲이 허무인이라면 乙은 실제 등기행위를 한 사람에 대하여 소유권에 기한 방해배제로서 허무인 명의의 등기말소를 청구할 수 있다.

㉡ 이와 같은 乙의 등기말소청구권을 보전하기 위하여 실제 등기행위를 한 사람을 상대로 처분금지가처분을 할 수 있다.

㉢ 丙이 신축건물을 甲으로부터 매수하고 대금을 완납하였으나 그 명의로 등기를 마치지 아니하였다는 등의 특별한 사정이 없는 한 乙은 甲에 대하여 건물철거와 대지인도를 청구하여야 한다.

㉣ 甲의 건물신축공사계획에 대하여 방해예방청구를 하기 위해서는 방해염려가 있어야 하는 데 객관적으로 장래 방해가 발생할 관념적 가능성이 있으면 된다.

위의 사안에서 甲은 乙의 토지소유권의 내용의 실현을 방해함으로써 그의 토지의 사용·수익을 방해하고 있다. 현재 상황에서 다음 설명 중 틀린 것을 모두 고르시오.

㉤ 甲의 乙의 토지소유권에 대한 방해에는 물건의 사용·수익에 대한 사실적인 방해만 포함되고 진실한 물권관계와 일치하지 않는 등기와 같은 추상적인 방해는 포함되지 않는다.

ⓑ 乙이 방해배제를 청구하기 위하여 甲의 乙의 토지소유권에 대한 방해가 甲의 고의 또는 과실에 기하여야 하는 것은 아니다.
ⓢ 乙이 甲의 방해에 대하여 방해제거청구를 하기위해서는 그 방해가 방해제거청구소송을 제기할 때까지 계속되고 있으면 된다.

위의 두 그룹의 설명 중 틀린 것을 모두 정리하면?

① ㉠ ㉡
② ㉠ ㉥
③ ㉣ ㉤ ㉦
④ ㉢ ㉥ ㉦
⑤ ㉢ ㉤ ㉥
⑥ ㉡ ㉤ ㉥

Question. 13

진도별 모강 제10회 32번 문제를 복습하다 보니, ㄷ 지문에서 "그 명의로 등기를 마치지 아니하였다는 등의 특별한 사정이 없는 한"이라고 서술되어 있는데, 丙이 미등기매수인이라는 등의 특별한 사정이 없으면, 丙이 등기를 마쳤다고 봐야 되는 것은 아닌가요?

이렇게 생각하면 비약인가요?

Answer

병은 신축건물을 갑으로부터 매수하고 대금을 완납한 사람입니다.

통상적으로는 대금을 완납하는 것과 건물등기를 이전받는 것을 동시에 하기 때문에 대금을 완납하였다면 특별한 사정이 없는 한 등기도 이전받았을 것이라고 추측할 수 있을 것입니다.

그런데 사안에서는 갑이 무단으로 건물을 신축하여 병에게 점유를 이전한 것입니다. 건물보존등기가 되기 위해서는 신축자가 대지의 사용권을 가지고 있는 사람이어야 하는데, 무단으로 건물을 신축하였다면 건물보존등기를 하는데 문제가 있을 것이고, 그 건물이 미등기건물일 가능성이 높은 것이지요. 그래서 지문에 그 점을 확실히 하기 위해 '그 명의로 등기를 마치지 아니하였다는 등의 특별한 사정이 없는 한'이라는 표현을 쓴 것입니다.

Question. 14

1. 등기말소에 있어 "등기상 이해관계 있는 제3자가 있을 때에는 말소등기신청서에 그 승낙서 또는 이에 대항할 수 있는 재판의 등본을 첨부하여야 한다"라고 하셨습니다.

그런데, 3월 22일에 나눠주신 참고자료에 따르면 소유권등기가 순차 마쳐진 경우 말소등기청구와 관련하여 소유권에 관하여 순차적으로 각 등기가 경료된 경우, 후순위 등기의 말소가 가능한지에 관계없이 전 순위 등기의 말소절차 이행을 명할 수 있다(원고가 피고 명의의 소유권이전등기말소를 청구함에 대하여 피고 명의의 소유권이전등기가 통정허위표시에 기한 것으로 무효라 하더라도 피고 명의의 소유권이전등기에 기하여 소유권이전등기를 경료한 선의의 제3자에게 이를 대항할 수 없으므로 결국 피고의 말소등기의무는 이행불능상태에 빠졌다는 피고의 항변을 배척한 사례).

'후순위 등기의 말소가 가능한지에 관계없이 전순위 등기의 말소절차 이행을 명할 수 있다'라고 나왔는데 제3자가 있을 때에는 말소등기신청서에 승낙서가 필요함에도 말소절차 이행을 명할 수 있나요? 소유권등기가 순차 마쳐진 경우에서의 말소등기청구는 제3자를 고려하지 않나요?

사례가 이해가 되지 않습니다. 답변해주시면 감사하겠습니다.

2. 추가 질문 드립니다. 회복등기 참고자료에서,

등기상 이해관계 있는 제3자의 의미 : 회복등기에 있어 등기상 이해관계 있는 제3자의 함은 등기 기재의 형식상 말소된 등기가 회복됨으로 인하여 손해를 입을 우려가 있는 제3자를 의미하나 회복될 등기와 등기면상 양립할 수 없는 등기가 된 경우에는 이를 먼저 말소하지 않는 한 회복등기를 할 수 없으므로 이러한 등기는 회복등기에 앞서 말소의 대상이 될 뿐이고, 그 등기명의인을 이해관계 있는 제3자로 보아 별도로 그 승낙을 받아야 하는 것은 아니다.(아파트의 등기부상 토지에 관한 대지권등기가 말소된 이후에 토지 공유지분에 관하여 제3자 명의의 이전등기가 경료되었다면, 회복될 등기인 위 대지권등기는 그 등기의 말소를 전제로 하여 경료된 제3자 명의의 지분소유권이전등기와는 서로 양립할 수 없다고 한 사례) 라고 참고자료에 써져 있는데, 그 참고자료 바로 밑에 가등기가 불법 말소된 후 등기상 이해관계를 가진 자의 승낙의무 : 가등기가 가등기권리자의 의사에 의하지 아니하고 말소되어 원인무효인 경우에는 등기상 이해관계 있는 제3자는 그의 선의악의를 묻지 아니하고 가등기권리자의 회복등기절차에 필요한 승낙을 할 의무가 있으므로, 가등기가 부적법하게 말소된 후 가처분등기, 근저당권 설정등기, 소유권이전등기를 마친 제3자는 가등기의 회복등기절차에서 등기상 이해관계 있는 제3자로서 승낙의무가 있다.

위 단락의 "회복될 등기와 등기면상 양립할 수 없는 등기가 된 경우에는 ~ 그 등기 명의인을 이해관계 있는 제3자로 보아 별도로 그 승낙을 받아야하는 것은 아니다"라는 의미와 아래 단락의 내용이 구별이 잘 안됩니다. 어떤 차이가 있는 건가요?

Answer

1. 말소등기청구에 대한 판결을 하는 법원으로서는 말소의 대상이 되는 등기가 원인무효의 등기인지 여부, 청구권자가 말소등기를 청구할 수 있는 권리가 있는지 여부를 판단하여 이것이 인정되면 말소판결을 합니다. 법원이 말소판결을 하였다고 하여 그 등기가 당연히 말소되지는 않습니다. 그 판결을 첨부하여 승소한 원고가 등기소에 말소등기를 신청하여야 합니다.

이때 말소되어야 할 등기에 터 잡아 이해관계를 맺은 제3자가 있다면 그 자의 승낙서가 첨부되어야 말소등기가 실행될 수 있습니다. 만약 제3자가 임의로 승낙서를 교부하지 않으면 말소등기신청을 하여야 하는 원고는 다시 제3자를 상대로 말소등기절차에의 승낙을 구하는 소송을 제기하여야 합니다.

2. 등기면상 양립할 수 없는 등기의 의미를 이해하지 못한 듯합니다.

가령, 갑에게서 을에게로 소유권이전등기가 마쳐졌는데, 을 명의의 소유권이전등기가 부적법하게 말소되고, 갑이 그 등기명의를 다시 병에게 이전하였을 때, 을 명의의 소유권이전등기가 회복되기 위해서는 병의 등기와 등기면상 양립이 불가능하기 때문에 병의 등기를 우선 말소하여야 합니다.을 명의의 소유권이전등기와 병명의의 소유권이전등기는 등기면상 양립이 불가능합니다.

반면에 위의 사례에서 갑이 을의 등기를 불법으로 말소하고 병에게 저당권등기를 설정하여 준 경우, 병의 저당권등기는 을 구에 기재되는 등기로서 을의 소유권이전등기 회복등기와 등기면상 양립이 가능합니다. 이 경우 병의 승낙서가 있어야 말소회복이 가능합니다.

동산물권의 변동

Question. 1

동산의 선의취득과 표현대리에서 (지원림 저 민법강의 제9판 316쪽) 대리인이 본인

소유가 아닌 동산을 처분하였는데 취득자가 본인의 소유물로 오신 - 선의취득이 성립.
물건이 본인의 소유에 속하지만 대리인이 무권대리인인 경우-선의취득 불성립, 표현대리의 성부만이 문제.
그런데 두 번째 경우 역시 상대방이 대리인(or 양도인)의 무권리에 대해 선의인 것이 아닌가요? '양도행위의 하자'에 대한 선의가 정확히 어떤 것을 말하는 것인지 모르겠습니다.

Answer

대리인의 무권리라는 의미가 무엇인가요? 대리인의 무권리에 대해 선의인 것 아닌가요?라고 질문하였는데, 질문하신 분이 말하는 대리인의 무권리라는 의미가 무엇이죠? 무권리란 권리가 없다는 의미일 텐데, 어떤 권리가 없다는 뜻인가요? 대리인은 대리권을 가지고 있는 사람을 말하는데, 대리권을 가지고 있지 아니한 무권대리인의 대리행위에 대해서 상대방은 대리권이 있다고 믿은 것이지요. 질문자님이 말하는 무권리란 대리권이 없다는 의미일 것입니다. 대리권이 없다는 것을 알지 못하였다면 상대방은 표현대리의 법리에 의하여 보호받아야 합니다. 물건이 본인의 소유이므로 본인인 양도인은 무권리자가 아닙니다. 선의취득이 성립할 수 없습니다.

Question. 2

C의 동산을 절취한 A가 동산이 A의 소유인 줄 알고 있는 B에게 첩의 대가로 증여하였을 경우 제103조 위반으로 증여계약은 무효인데요. B는 선의취득은 가능한지? 그리고 C가 B에게 소유권에 기한 반환이 청구가능한지 궁금합니다.

Answer

선의취득은 개별적인 거래행위를 보호하고자 하는 제도입니다. 개별적 거래행위가 제103조를 위반하여 무효인 경우에는 보호가치가 없습니다. 그 경우 양수인은 선의취득에 의하여 소유권을 취득할 수 없습니다. 이때 물건의 소유자인 C는 소유물반환을 청구할 수 있습니다.

Question. 3

1. 선의취득의 요건 중 선의취득의 객체의 내용 안에 '금전이 선의취득이 대상인가?'라는 부분에 관련하여 질문이 있습니다(지원림 저 민법강의 제9판 526쪽).

선생님께서는 지원림 교수님께서 쓴 3번 "체계적으로 수집된 화폐처럼 액면의 가치를 표상하는 것이 아님이 외견상 명백하다면 제250조 본문이 적용된다"라는 부분을 빼라고 하셨는데요. 그러면, 금전이 가치의 표상으로 여겨지지 않는 것이 명확하다면, 즉 명확하게 물건으로서 여겨진다면 선의취득도 될 뿐만 아니라 제250조 본문이 적용되어 반환청구의 대상이 될 수도 있나요? 그리고, 진정 권리자에게는 금전이 물건으로 여겨지지만, 상대방에게는 금전이 가치로서 여겨진다면 선의취득이 되고 반환의 대상이 되지 않는 건가요?

2. 선의취득 요건 중 양수인의 점유취득에서 점유개정에 관련하여 궁금한 점이 있습니다(지원림 저 민법강의 제9판 528쪽).

먼저 선생님께서 판서하신 내용을 바탕으로 질문 드리면, 소유자와 임차인이 임대차관계를 맺고, 그에 터 잡아 A와 매매계약을 맺고 임대차관계를 맺은 경우(점유개정) A가 점유할 경우 A가 소유권을 취득하지 못하여 소유자의 반환청구가 가능하다고 하셨는데요.

A가 점유한다는 의미는 인도를 받았다는 의미로 파악하여 (선의취득 요건을 충족하였다는 전제하에) 소유자의 반환청구가 불가능한 것이 아닌가요?

위의 질문과 관련하여 질문 드리면, 점유개정에 의한 동산 소유권의 2중 양도에서 소유권의 귀속은 제1양수인에게 된다고 하셨잖아요. 그럼, 점유개정에 의해 소유권이 귀속되는 경우는 2중 양도의 경우에서만 해당하고, 일반적인 모습의 점유개정은 양수인이 소유권을 취득하지 못하는 건가요?

Answer

1. 지원림 저 책에는 금전을 3가지로 나누어 취득시효의 대상여부는 검토하고 있습니다. 그러나 다른 교과서에서는 금전을 2가지로 나누어 취득시효의 대상여부를 검토하고 있습니다. 저는 다른 교과서에 따라 설명을 드린 것입니다.

지원림 저 교과서에서 언급하는 금전 중에서 진정한 권리자에게는 개성을 가지는 단순한 물건이지만 상대방에게는 통상 가치의 표상에 불과한 경우와 액면의 가치를 표상하는 것이 아님이 외견상 명백한 경우를 구별하고 있는데, 이를 구별하는 것이 타당한지는 의문입니다. 액면의 가치를 표상하는 것이 아님이 외견상 명백한 경우에는 그저 물건으로 보아 도품이나 유실물인 경우 그 반환청구가 가능하다는 결론에 이릅니다. 즉, 제250조 단서의 적용을 부정하지요.

제250조 단서의 취지를 살펴볼 필요가 있습니다. 금전은 그것이 물건으로 거래되었든 가치의 척도로 거래되었든 가치의 표상으로 기능합니다. 만일 금전이 가치의 표상으로 기능할 수 없다면 그것은 이미 금전이 아닙니다. 체계적으로 수집되어 보관되어 온 금전이라고 하더라도 그것은 여전히 가치의 표상으로 기능할 수 있습니다. 즉, 그 금전으로 물건을 구입할 수 있다는 것이지요.

어떤 금전수집가가 수집된 금전을 자신의 친구에게 보관하도록 하였다고 가정합시다. 그 친구는 금전의 소유권을 취득할 수 없습니다. 비록 금전이 소유와 소지가 일치한다고 하더라도 그 금전은 물건으로서 보관된 것이지 금전으로서 보관된 것은 아니기 때문입니다.

물건으로서 금전을 보관 받은 자가 그 금전을 하나의 물건으로 제3자에게 증여하였다고 가정합시다. 제3자는 금전을 취득할 수 있을까요? 이때는 선의취득의 규정이 적용될 수밖에 없을 것입니다. 보관자와 증여받은 자 모두 그 금전을 단순한 물건으로 취득하고 있기 때문입니다.

그런데, 그 금전이 보관 받은 사람에 의하여 증여된 것이 아니라 절취자에 의하여 증여된 것이라면 그 금전은 도품, 유실물에 해당할 것이고, 비록 증여받은 자가 선의취득의 요건을 갖추었다고 하더라도 제250조에 따라 반환되어야 할 것입니다. 여기서 문제가 생깁니다. 물건으로 금전을 증여받은 자가 그 금전을 언제나 물건으로만 사용하지는 않습니다. 그 금전을 가치의 표상으로 사용할 수도 있지 않겠습니까? 이런 경우에도 증여받은 사람이 자신이 이미 가치의 표상으로 소비하여 버린 그 금전을 제250조 본문에 따라 반환하여야 한다면 반환이 불가능할 것이고, 어쩌면 반환불능에 따른 그 물건으로서 금전의 시가 상당액을 손해로 배상하여야 할지도 모릅니다. 이는 부당하다고 할 수 있습니다. 이러한 부당한 결과를 막기 위해서 제250조 단서를 마련한 것이지요.

정리하면 금전을 물건임이 외견상 명백한 경우이든 명백하지 아니한 경우이든 물건으로서 거래되면 선의취득의 대상이 될 수 있습니다. 다만, 그 경우에도 도품, 유실물의 특례는 제250조 단서에 의하여 적용되지 않습니다. 피해자나 유실자가 금전의 선의취득자에게 반환을 청구할 수는 없습니다.

지원림 저 책과는 그 결론이 다릅니다만, 다른 대부분의 교과서에서는 제가 설명하는 방식에 따라 그 결론에 이르고 있습니다.

2. 임차인이 A에게 팔기로 매매계약을 체결하고, 점유개정의 방법으로 인도한 경우, A는 점유를 취득합니다. 간접점유를 취득하지요. 그런데 그와 같은 점유취득은 선의취득의 요건을 충족할 수 없습니다. 선의취득에서 의미하는 양수인의 점유에 점유개정에 의한 점유취득은 포함되지 않는다는 것이 다수설과 판례의 태도입니다.

그 후 A가 임차인으로부터 현실적으로 점유를 이전받은 경우, 현실적으로 점유를 이전받을 당시 매도인이 임차인에 불과하다는 점을 A가 알고 있거나 알 수 있었던 경우에는 소유자는 A에 대하여 소유물의 반환을 청구할 수 있습니다. 이러한 내용을 설명하였을 것입니다.

Question. 4

지원림 저 민법강의 제8판 668쪽에 독립된 별개의 건물인 경우에,

저당건물과는 별개의 독립된 건물을 저당건물의 부합물이나 종물로 보아 경매법원에서 저당건물과 같이 경매를 진행하고 경락허가를 하였다고 하여 위 건물의 소유권에 변동이 초래될 수는 없다고 하는데,

이 경우에 경락인이 경매로 인한 소유권을 취득하진 못하더라도, 선의취득으로 독립된 별개의 건물의 소유권을 취득하는 건 되지 않나요? 경매법원에서 경매목적물에 포함시켜서 경락대금이 결정되고 그랬다면요.

Answer

건물이 선의취득의 대상이 되나요? 민법 제249조의 선의취득은 동산에 한하여 적용되는 것입니다.

이태섭 민법판례정리 I 487쪽

② 증명책임 **동산질권을 선의취득하기 위하여는 질권자가 평온·공연하게 선의이며 과실 없이 질권의 목적동산을 취득하여야 하고, 그 취득자의 선의·무과실은 동산질권자가 입증하여야 한다.** [대법원 1981. 12. 22 선고 80다2910 판결]

Question. 5

1. 이태섭 민법판례정리Ⅰ 487쪽 점유취득의 평온, 공연, 선의 무과실에서요.

동산질권 선의취득시 취득자의 선의, 무과실은 동산질권자가 입증하라고 했는데요. 그렇다면 판례는 무과실뿐만 아니라 선의의 추정도 부정하는 것인가요? (그냥 선의는 추정되는 걸로 넘겨도 될 거 같은데 혹시나 해서요).

2. 동산물권변동에서 인도에서 '반환청구권의 양도'있잖아요.

지원림 저 민법강의에는 이것이 채권적 청구권이라고 나와 있던데, 이건 왜 물권적 청구권이 아니죠?

반환청구권의 양도는 현실인도나 점유개정, 간접점유와 같이 똑같은 인도로 취급받아야하는 것 아닌가요? 반환청구권이 양도되었다면 그것으로 인도는 된 것이고, 그러면 반환청구권은 물권적 청구권이어야 하는 것 아닌가요?

Answer

1. 판례가 그렇게 판단하고 있으니,.. 선의 추정도 부정하는 결과가 되지요.

2. 동산물권변동의 요건으로 반환청구권을 이전하여야 합니다. 즉 동산소유권을 이전하기 위해서 제3자에 대하여 가지고 있는 반환청구권을 동산소유권을 취득하는 사람에게 양도하여야 합니다. 이때 반환청구권이 물권적청구권이라면 물권적청구권은 물권자가 가지는 권리이지요. 물권이 이전되어야 물권적청구권이 이전될 수 있습니다. 물권을 양도하기 위한 요건으로 물권적청구권을 양도한다는 것은 결국 물권을 양도하기 위하여 물권을 양도해라는 것으로 됩니다. 논리적으로 채권적 청구권이 될 수밖에 없는 것입니다.

물권의 소멸

Question. 1

물권의 소멸파트에서 혼동에 의한 소멸에서요. 소유권과 임차권이 동일인에게 귀속된

경우,

예외에 관해서 2가지를 판서해 주셨거든요.

1. 대항력 있는 임차권보다 후순위 권리존재 -> 소멸 (X)

2. 대항력 있는 임차권보다 후순위 저당권 존재 - 저당권 실행, 임차권자가 경락인 -> 혼동으로 소멸

1번의 후순위 권리의 예로 저당권을 들 수 있잖아요,

1번의 경우는 소멸 (X)이구, 2번의 경우는 소멸하는 게 상반된 것 같아서요.

다시 한 번 설명 부탁드립니다.

Answer

저당권이 실행되면 부동산에 있는 저당권은 소멸합니다. 따라서 저당권 실행으로 대항력 있는 임차권자가 부동산의 소유권을 취득하게 되면 후순위저당권이 존속할 수 없게 됩니다. 대항력 있는 임차권과 소유권이 동일인에게 귀속하였고, 후순위권리가 존재하지 않으니 대항력 있는 임차권은 혼동으로 소멸합니다.

후순위저당권이 있는 상태에서 대항력 있는 임차권자가 그 부동산을 매수한 경우에는 후순위저당권이 소멸하지 않습니다. 이런 경우 대항력 있는 선순위임차권 역시 혼동의 예외로서 존속하게 됩니다.

제2장 기본물권

제1절 점유권

점유권의 효력

Question. 1

1. 선의의 점유자란 과실수취권을 포함하는 권원이 있다고 오신한 자를 말하고, 그와 같은 오신을 함에는 오신할만한 근거가 있어야 하지만, 질권이나 유치권을 가지고 있다고 오신한 자는 선의의 점유자에 해당하지 않는다.

앞에서 과실수취권자에 보면 질권자나 유치권자도 과실을 수취할 수 있는 권한이 있는 걸로 알고 있습니다. 여기서 질권이나 유치권을 가지고 있는 자를 선의의 점유자로 보지 않는 이유가 궁금합니다.

2. 수목의 가지의 제거에 있어서 제거한 가지나 뿌리는 제거한 자의 소유에 속한다고 보았습니다. 그러면 가지에 과실이 있었다면 과실에 소유는 어떻게 되는지 궁금합니다.

Answer

1. 질권자나 유치권자가 제102조에서 말하는 과실수취권자에 해당한다고 설명하는 것이 일반적 교과서에서의 설명입니다. 그런데 질권자나 유치권자는 과실로부터 자기 채권의 변제를 받을 수 있는 자이며, 그러한 점에서 과실수취권자입니다. 임차인처럼 과실을 취득하여 이를 종국적으로 보유할 수 있는 자는 아니지요. 제201조에서 말하는 선의점유자는 과실을 종국적으로 보유할 수 있는 권원을 가진 것으로 오신한 자를 말합니다. 결국, 질권이나 유치권이 있다고 오신한 점유자는 제201조에서 말하는 선의점유자에 해당할 수 없습니다.

2. 제거한 가지나 뿌리가 제거한 자의 소유에 속한다? 수목의 소유자에게 속해야 합니다. 경계를 넘어 그 수목의 일부를 제거할 수 있다고 하더라도 그 일부는

수목의 물질적 변형물로 수목 소유자에게 귀속되는 물건이 되어야 할 것입니다. 다시 한 번 확인해보시지요.

Question. 2

1. 다른 사람의 물건을 점유하는 자는 그 점유가 불법이 아니라는 것을 주장하려면 그 점유가 정당한 권원에 의한 것임을 주장, 입증하여야 한다.

→ 점유자가 점유물에 대하여 행사하는 권리는 적법하게 보유한 것으로 추정한다는 법리가 있는데, 왜 이 경우에는 점유자가 자신의 점유가 정당한 권원에 의한 것임을 주장, 입증해야 하나요?

2. 점유설정의사에서 점유자는 행위능력이 필요한 것인지 알고 싶습니다.

아래 두 판례는 조금 차이가 있는 것 같아, 어떻게 이해하여야 할까요?

[판례] 점유권은 상속인에게 이전되는 것이므로 피고의 아버지가 토지를 점유하고 있다가 사망한 경우, 피고가 10세 남짓 밖에 되지 않더라도 그의 상속인이라면 아버지가 점유하고 있었던 토지는 그의 사망으로 인하여 당연히 피고의 점유가 되는 것이어서 상속토지에 대한 그의 점유가 자주점유가 아니라고 할 수 없다.

→ 미성년자인 상속인의 자주점유와 관련한 사안에서 법정대리인의 동의가 불필요하다는 취지인가요?

[판례] 점유권은 점유권자의 사망으로 인하여 상속인에게 이전하는 것이고, 상속인이 미성년자인 경우에는 그 법정대리인을 통하여 점유권을 승계받아 점유를 계속할 수 있는 것이며 점유의 계속은 추정된다.

→ 미성년자인 상속인의 점유계속 사안에서는 위의 판례와 비교하여 판례의 태도가 상반되는 건가요?

Answer

1. 점유의 적법추정력은 전점유자에게는 주장할 수 없다고 합니다. 전점유자와 현점유자 사이에서 점유권원에 관하여 다툼이 생긴 경우, 그 점유가 불법점유가 아니라는 점에 관해서는 현점유자가 증명하여야 합니다. 물건의 소유자가 소유물 반환을 청구하는 경우, 점유자는 자신의 점유권원을 증명하여야 합니다.

제213조는 이 점을 규정하고 있습니다. 주어진 지문이 물건의 반환을 구하는 소유자와 점유자 사이의 관계에서 점유권원의 증명책임을 따지는 것이라면 제213

조가 적용되어야 하는 경우입니다. 한편 소유물반환청구 이외의 관계에서 점유권원이 문제되는 경우라면 제200조가 적용되어야 할 것입니다.

2. 모두 미성년자의 점유 혹은 점유권을 인정할 수 있다는 취지이므로 상반된 판결이라고 할 수는 없습니다. 두 판결에서 점유의 승계와 점유권의 승계를 다르게 사용하고 있는 것 같습니다. 권리로서의 점유권은 사실적 지배로서 점유와는 다른 의미를 가질 수 있기 때문에 이를 구별하는 것이 의미가 있을 수는 있습니다. 그러나 상속에 의한 점유권의 승계는 점유, 즉 사실적 지배를 수반하지 않더라도 승계가 가능한 것이기 때문에 점유설정의사가 있어야 하는 것은 아니지요. 따라서 법정대리인을 통하여 점유권을 승계받아 점유를 계속한다는 논리는 불필요한 것으로 생각됩니다.

Question. 3

'계약관계 등 법률관계가 없는 점유자와 회복자 사이의 비용상환에 관하여 사무관리나 부당이득 규정이 적용됨이 원칙이다'라고 합니다. 제203조가 특별한 부당이득반환청구권 규정인 이유가 무엇인지 잘 이해가 안 됩니다.

Answer

점유자와 회복자 사이에서 점유자가 지출한 점유물에 관한 비용의 상환문제를 어떻게 처리해야 하나 하는 문제가 생깁니다. 가령, 점유자가 지출한 비용을 회복자가 돌려주어야 하는지, 돌려주어야 한다면 비용지출에 따른 점유물의 가치증가 없는 경우에도 돌려주어야 하는지, 어느 범위에서 돌려주어야 하는지 등 많은 문제가 발생할 수 있습니다.

점유자와 회복자 사이에 계약관계가 있거나 그에 준하는 관계가 있다면 그 계약의 목적에 따라 비용상환의 문제를 처리하면 될 것입니다.

Re-Question.

그런데, 점유자와 회복자 사이에 아무런 계약관계가 존재하지 않는 경우, 비용상환의 문제를 어떻게 처리해야 합니까?

Re-Answer

이런 경우에는 원칙적으로 (제203조와 같은 규정이 없다면) 점유자와 회복자 사이에 사무관리나 혹은 부당이득이라는 법정채권관계를 인정하고, 그에 따라 비용상환의 문제를 처리해야 합니다. 그런데, 사무관리에 따라 비용상환의 문제를 처리하게 되면 점유자에게 회복자를 위한다는 의사가 없을 때에는 비용을 상환 받지 못하게 될 것이며, 부당이득으로 처리하게 되면 수익자인 회복자가 선의자냐 아니면 악의자냐에 따라 비용을 상환 받을 수 있는 범위가 달라지게 될 것인데, 점유물 반환에 따른 이해관계를 조정하는데, 그들 규정이 적절하지 않다는 문제가 있습니다.

그래서 민법은 제203조를 만들어서 점유자와 회복자 사이에 점유물에 지출한 비용상환의 문제를 처리하고자 합니다. 점유자에게 사무관리 의사가 있었는지 여부를 따지지 않고, 수익자인 회복자가 선의자인지 여부를 묻지 않고, 그 지출비용이 필요비인지 유익비인지에 따라 반환여부의 요건을 정하고, 그 범위를 규정하고 있는 것입니다. 결국 제203조는 사무관리나 부당이득의 특별규정이라고 할 수 있습니다.

Question. 4

불법점유에 대한 인도청구는 직접점유자에 대해 하여야 하는 것인데, 지문에서 乙이 무단으로 주택을 축조하였으니 일단 불법점유고, 이를 丙에게 임대하였으니 乙은 간접점유자가 되므로 직접점유자인 丙에게 청구하여야 하는 것이 아닌가요?

Answer

병은 주택의 직접점유자이죠. 토지인도청구의 상대방은 토지의 점유자여야 합니다. 병이 주택의 점유자라고 하더라도 주택의 소유자가 아니므로 주택부지인 토지의 점유자라고 할 수는 없습니다. 주택부지인 토지의 점유자는 주택의 소유자이거나 소유자는 아니라도 미등기매수인과 같이 사실상 처분권한을 가지고 있는 자여야 합니다.

Question. 5

甲은 노트북을 절취하여 점유하다가 이를 고가에 팔아주겠다는 乙에게 속아 노트북을 乙에게 인도한 경우 甲은 乙을 상대로 점유회수청구권을 행사할 수 있다(소극).

점유회수청구권을 행사하기 위해서는 점유의 침탈이 있어야 하는데 기망에 의한 점유의 이전은 의사에 반하지 아니한다고 하여 점유침탈로 보지 않고 따라서 점유회수권을 행사할 수는 없게 되겠지요.

그렇다면 甲은 점유반환청구권을 주장하여 乙에게 반환을 청구할 수도 없고 소유권에 기한 물권적청구권을 주장하여 乙에게 반환을 청구할 수도 없고(甲이 실소유주가 아님은 밝혀졌지만 실소유주가 누구인지는 밝혀지지 않았다면...), 기망에 의한 의사표시의 취소를 주장하여 인도의 반환을 구하는 것인가요?

기망에 의한 의사표시의 취소를 주장하여 현실의 인도를 취소할 수 있는 것인가요?

Answer

팔아주겠다는 갑과 을의 합의가 기망에 의한 것이지요. 그 합의를 취소하면 을이 노트북을 점유하는 것은 부당이득에 해당합니다. 갑은 부당이득반환으로 노트북의 반환을 청구할 수 있을 것입니다. 현실의 인도가 취소의 대상이 되는 것이 아니라 현실인도의 원인행위인 갑과 을 사이의 계약이 취소의 대상이 되는 것입니다.

제2절 소유권

소유권의 취득

지원림 저 민법강의 제9판 618쪽 (나)의 2),

취득시효기간 중에 점유자가 한 임대나 기타의 처분은 소급효 때문에 유효한 것으로 되지만, 그렇다고 하여 그 기간 중에 원소유자가 한 처분이 무효로 되는 것은 아니다.

Question. 1

지원림 저 민법강의 제9판 618쪽 (나)의 2)와 관련하여 취득시효기간 중 제3자에게 저당권을 설정해 준 경우 후에 점유자가 취득시효를 완성하여 등기하면 취득시효의 소급효 때문에 원시취득 효과가 발생하여 저당권은 소멸한다고 설명해주셨는데요,

필기 내용 중 "점유기간 중 원소유자의 처분행위 -> 유효" 라는 부분과 관련하여 이해가지 않는 부분이 있어 찾아보았더니 아래와 같은 내용을 발견했어요. 선생님께서 설명해주신 내용과 반대의 내용과 결론이라 너무 헷갈립니다.

Answer

"취득시효 기간 중 원소유자로부터 근저당권을 설정 받았을 지라도 귀하의 근저당권은 유효하다고 할 것입니다." 라는 결론의 근거로 제시하고 있는 두 판결은 이 사안과는 관계없는 판결들입니다.

대판 1999. 7. 9, 97다53632 판결은 취득시효 완성자가 원소유자가 축조한 건물을 철거하라고 청구할 수 없다는 취지의 판결입니다. 원소유자가 축조한 건물을 취득시효 완성자가 용인한 상태에서 토지를 점유하였기 때문에 비록 소유권 취득에 소급효가 있다고 하더라도 철거청구를 할 수 없다는 취지입니다.

한편 90누5375 판결은 취득시효 완성 후, 압류가 있었던 경우이므로 취득시효 기간 중에 저당권이 설정된 사안과는 다른 사안입니다.

오히려 교과서에서 언급한 판결들은 참고해야 할 것입니다. 취득시효 기간 중에 가등기를 설정한 경우, 시효권리자가 등기를 마치게 되면 가등기권리자인 매수인의 지위가 소멸한다는 취지의 2004다31463 판결을 참고해야 합니다.

결국 취득시효 기간 중 원소자로부터 근저당권을 설정받았는데, 시효권리자가 소유권이전등기를 넘겨받으면 근저당권은 취득시효의 효과(원시취득이라는 효과)에 따라 소멸하게 됩니다. 이는 마치 취득시효 기간 중에 소유권을 취득한 자라도 그 후 취득시효 기간이 완성되면 시효권리자의 소유권 취득을 저지할 수 없고, 그 결과 소유권을 상실할 수 있다는 이치(2원칙)와 마찬가지입니다.

대판 2001. 4. 13, 99다62036 · 62043 판결
구분소유적 공유자가 자기 토지를 점유하는 경우

토지소유자가 토지의 특정한 일부분을 타인에게 매도하면서 등기부상으로는 전체 토지의 일부 지분에 관한 소유권이전등기를 경료해 준 경우에 매도 대상에서 제외된 나머지 특정부분을 계속 점유한다고 하더라도 이는 자기 소유의 토지를 점유하는 것이어서 취득시효의 기초가 되는 점유라고 할 수 없다

Question. 2

2001. 4. 13, 99다62036(지원림 저 민법강의 제9판 603쪽 13째줄) 관련 문의입니다.

자기 소유물에 관한 취득시효는 점유자명의의 등기가 되어 있는 경우에는 예외적으로 취득시효의 기초가 되는 점유가 되지 못한다는 것을 알고 있습니다. 그런데 위 판례가 잘 이해가 안 됩니다.

Answer

질문하신 판결은 매도인이 토지의 특정된 한 부분을 매도하고, 등기는 전체 토지의 지분이전등기를 마쳐 준 경우에 관한 판결입니다. 1필지 토지의 특정된 일부를 매도하면서 등기는 공유지분이전등기를 하는 경우가 있습니다. 이러한 경우, 매도인과 매수인은 등기부상으로는 공유자가 되지만, 각자 배타적으로 소유하고자 하는 부분은 이미 정해져 있습니다. 이를 구분소유적 공유관계라고 합니다.

구분소유적 공유자인 1인이 자신이 배타적으로 소유하는 부분을 점유하고 있는 것은 자기 명의로 등기된 토지를 점유하는 것이므로 취득시효의 기초로서 점유라고 할 수는 없다는 것이 질문하신 판결의 취지입니다. 비록 공유지분등기이기는 하나, 자기 명의로 등기를 보유하고 있으며, 스스로 배타적으로 점유하고 있다면 등기의 추정력에 의하여 소유자로 추정되는 자일 것입니다. 취득시효를 주장해야 할 아무런 실익이 없는 것이지요.

비록 객관적으로 자기의 소유라고 하더라도 자기 명의로 등기가 되어 있지 않다면 자기 소유임을 증명해야 하는 곤란한 상황이 발생하게 됩니다. 자기 소유인 사실을 증명하는 것이 불가능하다면 취득시효를 주장하여 소유권을 취득할 수 있도록 할 필요가 있는 것이고, 이러한 필요로 인하여 자기 소유물에 관한 취득시효가 가능하다는 법리가 만들어진 것입니다. 그렇다면 자기 소유물에 관한 취득시효 주장은 결국 자기 명의로 등기되지 아니한 경우이어야 할 것입니다. 구분소유적 공유지분등기도 자기 명의로 등기라고 할 수 있습니다.

이태섭 민법판례정리 I 567쪽 (3) ①번 판례

(3) 점유의 승계

① **소유자의 변동과 점유승계의 주장** **취득시효의 기초가 되는 점유가 법정기간 이상으로 계속되는 경우, 취득시효는 그 기초가 되는 점유가 개시된 때를 기산점으로 하여야 하고 취득시효를 주장하는 사람이 임의로 기산일을 선택할 수는 없으나,** 점유가 순차 승계된 경우에 있어서는 취득시효의 완성을 주장하는 자는 자기의 점유만을 주장하거나 또는 자기의 점유와 전 점유자의 점유를 아울러 주장할 수 있는 선택권이 있으며, **전 점유자의 점유를 아울러 주장하는 경우에도 어느 단계의 점유자의 점유까지를 아울러 주장할 것인가도 이를 주장하는 사람에게 선택권이 있고,** 다만 전 점유자의 점유를 아울러 주장하는 경우에는 그 점유의 개시시기를 어느 점유자의 점유기간 중의 임의의 시점으로 선택할 수 없는 것인 바, 이와 같은 법리는 반드시 소유자의 변동이 없는 경우에만 적용되는 것으로 볼 수 없다. [대법원 1998. 4. 10 선고 97다56822 판결]

Question. 3

취득시효에서요 점유 승계가 있는 경우에요. 취득시효 완성 전 점유승계나 취득시효

완성 후 점유승계나 모두 점유를 승계하는 자 또는 승계 받은 자의 총 점유기간이 20년이 되기 전에는 소유자 변동이 있어도 무관하지만 (2원칙에 따라) 20년이 경과된 후에는 소유자 변동이 있다면 완성 전 점유승계나 완성 후 점유승계나 모두 직접 청구는 물론 대위청구도 불가능한 것이 맞나요?

위 해석이 바로 이태섭 민법판례정리 I 567쪽 (3) ①번 판례 97다56822에서 8, 9번째 줄 "이와 같은 법리가 반드시 소유자 변동이 없는 경우에만 적용되는 것으로 볼 수 없다." 즉 소유자 변동이 있어도 점유의 승계는 허용되는 것이고, 단 직접 청구하기 위해서는 전 점유기간 동안 소유자 변동이 없어야 한다는 것이 (지원림 저 민법강의 제9판 611쪽 (ii) 세 번째 문단에 있는 의미) 맞나요?

Answer

[첫 번째 단락의 질문] 취득시효 완성 후에 소유자의 변동이 있다면 취득시효를 새로운 소유자에게 주장할 수는 없습니다. 이는 직접 취득시효를 주장하는 경우이든 전점유자를 대위하여 취득시효를 주장하는 경우이든 마찬가지입니다.

Question. 4

1. 지원림 저 민법강의 제8판 605면에 보면 상단에는 "부동산을 취득시효기간 만료 당시의 점유자로부터 양수하여 점유를 승계한 현 점유자는 자신의 전 점유자에 대한 소유권이전등기청구권을 보전하기 위하여 전 점유자의 소유자에 대한 소유권이전등기청구권을 대위행사할 수 있을 뿐, 전 점유자의 취득시효 완성의 효과를 주장하여 직접 자기에게 소유권이전등기를 청구할 수 없다"라고 되어 있고, 하단에는 "그러나 전 점유기간 중 소유명의에 변동이 없다면, 현재의 시점으로부터 역산하여 20년이 경과한 시점을 취득시효의 기산점으로 삼아, 자신이 시효취득하였음을 주장하여 직접 소유권이전등기를 청구할 수 있다"고 되어 있습니다.

제가 궁금한 점은 상단 부분에서 "현 점유자가 전 점유자의 소유자에 대한 소유권이전등기청구권을 대위행사"하는 경우가 구체적으로 어떤 경우를 의미하는가 하는 점입니다.

2. 취득시효기간 만료 후 소유자가 변동되는 경우, 즉 3원칙이 적용되는 경우에는 현 점유자가 전 점유자의 소유자에 대한 소유권이전등기청구권을 대위행사 하더라도 새로

운 소유자에게 대항할 수 없을 것이기 때문에 대위행사가 불가능할 것이고, 1원칙이 적용되는 경우는 하단 부분의 설시된 내용이므로, 결국 상단 부분은 2원칙이 적용되는 경우를 전제한 설명인 것인가요?

Answer

1. 질문하신 분이 생각하신 예가 그에 해당할 것 같군요.
2. 맞습니다.

Question. 5

취득시효완성 후 명의신탁에 의하여 등기명의를 취득한 명의수탁자는,

1. 취득시효기간 만료 후에 '새로운 이해관계를 가지게 된 자'이지만, 점유시효취득자가 종전 등기명의인을 대위하여 명의신탁을 해지하고 받아올 수 있는 것입니까?

아니면,

2. 취득시효기간 만료 후에 '새로운 이해관계를 가지게 된 자' 자체가 아닌 겁니까?

Answer

'새로운 이해관계인'이 아닙니다.

Question. 6

환지와 점유기간의 통산 관련하여 질문입니다.

지원림 저 민법강의 제8판 605쪽 하단의 94다53785 판례와 2002다72781 판례를 정확하게 이해하지 못한 것 같아서 질문 드립니다. 제가 보기에 이 두 판례는 공통적으로 환지예정지의 지정이 있는 경우, 그것이 제자리환지라고 할지라도 지정 전의 종전 토지의 점유가 지정 후의 점유와 분리된다고 하는 것으로 이해했습니다.

그런데 94다53785 판례는 환지예정지 지정 이후의 환지처분까지의 새로운 시효기간의 진행을 다루는 것으로 보이는데 환지예정지의 지정 그대로 환지처분이 되면, 환지예정지의 지정시부터 점유한 것을 포함하여 취득시효기간을 산정할 수 있다는 것인가요?

Answer

종전 토지, 환지예정지의 지정, 환지확정처분 이러한 절차에 따라 환지가 이루어집니다.
종전토지와 환지예정지는 설사 그 환지가 제자리 환지라고 하더라도 점유기간을 통산할 수 없습니다. 지적선이 바뀌기 때문에 다른 토지로 이해해야 합니다. 반면에 환지예정지의 점유와 환지예정지의 지정대로 환지확정된 토지의 점유는 그 점유기간을 통산할 수 있습니다. 같은 토지라고 보아야 하기 때문이지요.

소유권에 기한 물권적 청구권

Question. 1

남의 토지에 무허가로 건축된 미등기 건물에 대한 것입니다. 토지소유자가 건물소유자나 미등기매수인에게 행사하는 토지인도청구소송과 건물철거소송의 실질적 목적은 같은 것 같은데 따로 진행되어야 하나요?

Answer

같이 진행되는 것이 일반적이겠지요. 건물철거청구는 소유권에 기초한 방해배제청구이며, 토지인도청구는 소유권에 기초한 반환청구입니다. 인도청구만으로는 철거집행을 할 수 없기 때문에 인도 및 철거청구를 할 수밖에 없을 것입니다.

Question. 2

토지에 관해 甲은 소유물방해배제청구권의 행사로써 乙을 상대로 보존등기의 말소를 청구 할 수 있다. (0)
사실관계는 甲은 사정명의인이나 미등기한 상태이며 乙은 서류를 위조하여 자기 명의로 소유권보존등기를 마친 자이고 丙은 乙을 신뢰하여 해당 토지를 매수하여 소유권이전등기를 경료한 자입니다.

사정의 효과로 인하여 진정한 소유권자는 甲이고 등기명의인은 현재 丙인데 어째서 乙에게 보존등기말소청구가 가능한지 궁금합니다.

일반적으로 병에게 소유권이전등기말소청구가 가능한 것이고 현재 등기명의인이 아닌 乙에게 말소청구가 가능한 이유를 모르겠습니다.

혹여 乙이 서류를 위조하여 '보존'등기를 한 자가 아니라 甲에게 허위의 매매를 이유로 위조한 서류를 가지고 소유권'이전'등기를 경료한 경우에는 결과가 달라지는지요? 제 말은 보존등기의 경우 특별한 법리가 적용되는 것인지?

Answer

갑이 소유자인 토지를 을이 보존등기한 후 병에게 매도하여 병 명의로 소유권이전등기가 마쳐진 상태이군요. 갑이 그 소유권을 등기부에 공시하기 위해서 행사할 수 있는 권리수단이 무엇일까요?

우선 등기말소를 청구하는 방법이 있을 수 있습니다. 기존의 등기는 모두 원인무효의 등기이므로 각 등기를 모두 말소한 후 갑은 보존등기를 신청하여 그 명의로 보존등기를 할 수 있을 것입니다. 그렇다면 각 등기의 명의자를 상대로 말소청구를 하여야 할 것입니다. 병을 상대로는 병명의의 소유권이전등기를 말소할 것을 청구하여야 하고, 그리하여 을 명의의 소유권보존등기가 회복되면 을을 상대로 소유권보존등기의 말소를 다시 청구하여야 할 것입니다.

이러한 절차의 번잡함을 피하기 위해서 갑은 병을 상대로 진정한 등기명의회복을 위한 이전등기를 청구할 수도 있습니다.

Question. 2

진도별 모강 제8회 문6) 2번 지문

소유권에 기한 가옥명도청구소송의 경우, 원고는 자신이 그 가옥의 소유권자인 사실과 피고의 점유사실만을 주장입증하면 되고, 피고로서 원고의 청구를 배척하려면 피고의 점유가 정당한 권리에 의한 것임을 주장 입증하지 않으면 안 된다.

진도별 모강 제8회 문6) 2번 지문에서 점유하면 적법하게 점유하는 것으로 추정되지 않나요?

진도별 모강 제8회 문8) ㄷ 지문.

甲이 그의 토지를 乙의 기망행위에 속아 乙에게 헐값으로 매각하는 내용의 계약을 체결하였다. 乙이 소유권이전등기를 넘겨받은 후 이를 선의의 丙에게 다시 매각하고 丙앞으로 등기를 이전하여 주었다. 이러한 사실을 알게 된 甲이 乙과의 매매계약을 취소하고 丙에 대하여 등기말소청구소송을 제기하였으나, 그 소송에서 甲이 패소하고 그 판결이 확정되었다. 이러한 경우에도 甲은 乙에 대하여 매매취소를 주장하고, 乙의 등기를 말소할 수 있다.

지문은 어렵지 않은데 교수님께서 부가적으로 말씀하신 내용을 확인해보고 싶습니다. 제가 못 알아들은 거 같아서요.

甲→ 乙→ 丙 등기원인이 취소가 되어 무효가 된 경우,

丙의 등기가 말소될 수 없음이 확정되어 乙의 등기 말소가능성은 불능이 됩니다.

그런데 甲의 乙에 대한 말소등기청구는 乙이 丙의 등기가 말소될 수 없다. 따라서 자기도 말소 못해준다고 항변하면 기각이 되고 그런 불능주장을 안하면 변론주의 원칙 때문에 말소를 명하게 되는 것인가요?

진도별 모강 제8회 문11) ㄷ 지문

甲이 사기를 이유로 매매계약을 취소한 후 말소등기 전에 乙이 선의의 丙에게 소유권이전등기를 경료한 경우에는 甲은 소유권을 기초로 乙 丙을 상대로 각각 소유권이전등기의 말소청구를 할 수 없다.

여기서 丙은 선의의 제3자로 보호받고 乙과의 관계에서도 소유권이 없어지게 된다. 그렇지 않다면 의사주의하의 논리와 같게 되기 때문이다. 따라서 소유권을 기초로 乙·丙을 상대로 소유권이전등기말소청구를 할 수 없다.

여기서 추가로 위의 문제 8번처럼 말소는 못하더라도 여기서 乙이 항변을 안 한다는 것을 전제로 甲은 乙에게 말소를 명하는 판결은 받을 수 있지 않을까요? (소유권은 없으니까 부당이득행사를 이유로) 여기서도 8번처럼 을이 갑에게 병으로부터의 말소가 불능이라는 이유로 항변하면 기각은 될 거 같습니다만,

그리고 한 가지 더 궁금한 것이 있는 데요 계약이 무효가 되어 소유권에 기한 등기말

소와 부당이득으로의 등기말소가 발생하고 이 중 하나라도 패소하면 다른 원인으로 말소를 제기할 수 있는 건가요? 기판력이 미쳐서 안될 거 같습니다만.

Answer

문6)에 대한 답변

점유자는 적법하게 점유하는 것으로 추정됩니다. 그러한 추정은 점유자가 소유자가 아니라는 점이 밝혀진 경우에도 유지될까요? 만약 점유자가 소유자로부터 승낙을 받아 점유하고 있는 사람이라고 주장하였다고 가정합시다. 그 경우에 점유의 적법추정력이 유지될까요? 결론은 추정력이 유지되지 않습니다. 점유의 적법추정력이란 소극적이고 잠정적 성질을 가집니다. 또한 점유의 추정력은 전점유자에게 주장할 수 있는 것도 아닙니다.

본 지문에서 점유의 적법추정력을 떠올리신 것은 문제가 있습니다. 점유의 적법추정력은 부동산의 경우에 적용되지 않는다고 그 적용범위를 생각하셔야 합니다. 지문은 가옥명도청구소송입니다. 부동산에 관한 소송이지요.

문8)에 대한 답변

네. 맞습니다.

문11)에 대한 답변

갑이 을을 상대로 등기말소청구를 한다면 그 청구의 원인이 무엇인지를 살펴야 합니다. 소유권을 기초로 하는 청구일 수도 있고, 부당이득반환청구일 수도 있습니다.

어느 경우이든 변론주의가 적용됩니다. 갑이 소유권을 기초로 을에 대하여 등기말소청구를 하였는데, 갑의 소유권 주장에 을이 전혀 다투지 않았다면 갑을 소유자로 파악하여 등기말소판결을 내려야 할 것입니다. 반면 을이 선의의 병이 현재 소유자로서 갑은 현재 소유자가 아니라고 항변하면 갑의 청구는 기각될 것입니다.

갑이 취소 후 부당이득반환을 원인으로 을에게 등기말소청구를 하는 경우에는 을이 현재 소유자가 병이라고 항변하더라도 그 항변을 부당이득반환청구를 배척하는 적절한 항변이 될 수 없습니다. 반면에 을이 현재 소유자가 병이고, 나아가 병의 등기가 말소될 수 없음이 분명하여 을의 등기도 사회관념상 말소가 불가능하다는 점을 주장하고 증명하면 을이 갑에 대하여 부담하는 등기말소의무는 불능으로 평가될 것입니다.

한 가지 더 궁금한 것) 에 대한 답변
서로 다른 소송으로 보아야 합니다. 따라서 기판력이 미치지 않습니다.

공동소유

Question. 1

부동산의 공유자의 1인은 당해 부동산에 관하여 제3자 명의로 원인무효의 소유권이전등기가 경료되어 있는 경우 공유물에 관한 보존행위로서 제3자에 대하여 그 등기 전부의 말소를 구할 수 있으나 공유자가 다른 공유자의 지분권을 대외적으로 주장하는 것을 공유물의 멸실 훼손을 방지하고 공유물의 현상을 유지하는 사실적 법률적 행위인 공유물의 보존행위에 속한다고 할 수 없으므로 자신의 소유지분을 침해하는 지분범위를 초과하는 부분에 대하여 공유물에 관한 보존행위로서 무효라고 주장하면서 그 부분 등기의 말소를 구할 수는 없다.

이 말이 무슨 말인지 잘 이해가 안 됩니다. 제3자에게 등기전부말소는 구할 수 있는데 다른 사람 공유지분등기에 대해서는 말소청구를 못한다는게 잘 이해가 안 되는데요. 자기 지분에 대해서가 아니면 아예 공유물 전체에 대해서만 말소를 구해야지 다른 사람의 지분을 특정하여 그 부분에 대한 것은 말소를 구할 수 없다는 뜻인가요?

Answer

공유부동산에 원인무효의 소유권등기가 있을 경우, 공유자는 그 말소를 청구할 수 있습니다. 원인무효의 소유권등기가 공유자의 지분권을 침해하였기 때문입니다. 지분권 침해를 바로잡기 위해서 등기말소를 청구하는 것은 보존행위에 속하므로 지분권을 침해당한 공유자는 단독으로 그 등기 전부의 말소를 청구할 수 있습니다.

그러나, 공유부동산에 원인무효의 등기가 있다고 하더라도 공유자의 지분권이 침해되지 않았다면, 지분권을 침해당하지 않은 공유자는 말소등기를 청구할 수 없습니다.

가령 A, B, C가 1/3 지분권자로서 공유하는 부동산이 있다고 가정합시다. A가 사망하였는데, A로부터 지분을 증여받았다고 주장하는 D가 지분이전등기를 마쳤습니다. 이 경우, A의 상속인들은 지분권 침해를 이유로 D의 지분이전등기의 말소를 청구할 수 있지만, 지분권을 침해당하지 않은 B는 D의 지분이전등기의 말소를 청구할 수는 없습니다. 왜냐하면 다른 공유자의 지분침해를 이유로 등기말소를 청구하는 것이 공유물의 보존행위는 아니므로 공유자라는 지위에서 당연히 청구할 수 있는 것이 아니기 때문입니다.

만약 위의 사례에서 D가 아무런 원인도 없이 단독으로 소유권등기를 마쳤다면, B는 자신의 지분권을 침해되었음을 이유로 D 등기의 말소를 청구할 수 있는데, 이 경우 D 등기 전부의 말소를 청구할 수도 있습니다.

Question. 2

공유지분 주장과 관련해서 제3자에 의한 침해에 대하여 각 공유자는 단독으로 지분권을 주장할 수 있는 것과 비교해서 공유자 각자가 공유관계를 주장할 수 있다는 판례 입장이 있는 것으로 알고 있습니다. 지분권을 주장하는 것은 알겠는데 공유관계를 주장하는 것이 구체적으로 어떤 것을 말하는지 이해가 가지 않습니다. 어떠한 상황에서 공유관계를 주장하는 것인지 설명 부탁드립니다.

Answer

제3자에 대해서 공유관계임을 확인하라는 소송을 제기하는 것이 공유관계를 대외적으로 주장하는 것이겠지요. 지분권자임을 확인하라는 소송은 지분권의 대외적 주장의 모습이고요.

Question. 3

소수 지분권자가 공유물을 배타적으로 점유하는 경우 다른 공유자가 비록 소수 지분권자일지라도 보존행위로서 '공유물 전부'를 '자기에게' 인도할 것을 청구할 수 있다고 판례에 나와 있는 데요. '자기에게' 인도한다는 의미가 무엇인지 감이 잘 오지 않습니다.

Answer

자기는 인도를 청구하는 소수지분권자를 말합니다. 즉, 소수지분권자인 A가 배타적으로 공유물을 점유하고 있는 소수지분권자 B에 대해서 공유물의 인도를 청구하는데, A에게 반환할 것을 청구할 수 있다는 의미입니다.

Question. 4

공유지분권의 등기부취득시효는 전부를 점유해도 공유지분만큼만 취득한다고 이해를 했는데요.

1. 그 이유는 다른 공유자의 지분을 인정하기 때문에 타주점유이므로 그 부분은 시효취득할 수 없기 때문일까요?

2. 그리고 공유지분을 등기부취득시효로 취득하기 위해서는 전부를 점유해야 가능하고, 공유지분만큼의 특정부분을 점유한 경우에는 등기부취득시효를 할 수 없다고 이해를 했는데요, 책을 보다가 아래 두 판결이 제가 이해한 것과 모순되는 듯해서 이해가 어렵습니다.

[판례] 공유지분등기를 경료하고 특정부분을 점유한 경우 등기부취득시효 완성의 범위는 부동산의 특정부분만을 점유해 온 자가 그 점유부분의 전체면적에 상응한 공유지분권자로 등기되어 있는 경우에는, 점유자는 그 특정부분에 대한 공유지분의 범위 내에서 등기부 취득시효의 요건을 충족하여 시효취득한다.

→ 제가 위에서 이해한 것이 맞다면, 특정부분만을 점유해 온 자가 어떻게 등기부취득시효 요건을 충족한 것인지?

[판례] 그 특정부분에 대한 공유지분의 범위 내에서는 민법 제245조2항에서 말하는 부동산의 소유자로 등기한 자와 부동산을 점유한 때라는 등기부 취득시효의 요건을 충족하였으나, 그 나머지 부분에 대하여는 부동산의 점유라는 요건이 흠결된 것이므로 위 부동산 전체에 대한 공유지분을 등기부시효취득 하였다고 볼 수 없고, 또 점유하는 그

특정부분에 대하여는 공유지분이전등기만 경료되어 있어 부동산의 소유자로 등기한 자라는 요건을 충족하지 못하여 역시 등기부시효취득하였다고 볼 수 없다.

→ 본 판례는 바로 위 대판과 배치되는 듯 한데요.

Answer

1. 공유자로서의 점유를 가지고 있기 때문에 공유지분권을 취득할 수 있는 것입니다. 다른 공유자의 지분을 인정하는 공유자의 점유이기 때문이지요.

2. 소개한 판례 중에서 전자의 판결은 특정부분을 공유자로서 점유한 자는 그 특정부분의 공유지분권을 시효로 취득한다는 판결이고, 후자는 특정부분을 시효로 취득할 수는 없다는 판결이므로 모순되지 않는 것 같습니다. 판결의 구체적 내용을 살펴보아야 하겠지만 말입니다.

Question. 5

공유대지 위에 공유자 중 1인의 건물이 존재하는 경우에 관한 판례 질문입니다.

甲은 乙과 공유하는 대지상에 건물을 신축하였는데, 丙은 乙로부터 대지지분권을 양수한 다음 공유물분할청구를 하고 이에 따른 경매절차에서 토지 전부의 소유권을 취득한 후 甲을 상대로 건물철거 및 토지인도청구의 소를 제기한 경우, 甲이 乙의 지분사용에 대하여 동의를 얻어 건물을 신축하였다 하더라도 甲은 법정지상권을 취득하지 못한다.

→ 甲이 법정지상권을 취득하지 못하는 것은, 乙이 지분사용을 동의하고, 이어서 대지지분을 양도하는 바람에 대지와 건물의 소유권 분리가 일어났고, 이 경우 법정지상권을 인정하게 되면,

(1) 뒤에 지분권을 취득한 丙의 공유지분의 처분행위를 허용하는 셈이 되어 부당하기 때문인가요?

(2) 협의분할시에는 협의의 당사자들이 기존의 건물에 대한 법정지상권을 감안하여 지분의 대가를 결정하기 때문에 법정지상권이 인정될 수 있었는데,

그렇다면 위 사례에서 丙이 공유물분할청구를 하고 경매절차에서 소유권을 취득할 시 협의분할처럼 법정지상권이 인정될 수 없는 건가요?

협의분할과 위 사례에서 공유물분할청구의 차이는 무엇인가요?

Answer

협의분할에 의하여 건물과 대지지분이 달리 귀속되었을 때에는 관습상 법정지상권이 인정됩니다. 건물의 존재를 전제로 협의를 하였기 때문에 당사자의 의사 속에는 건물유지를 위한 토지이용관계를 인정한다는 의사가 포함되어 있다고 해석할 수 있고, 그렇게 해석하더라도 협의과정에서 지분의 가치를 평가하는 과정에서 대지소유권을 취득하는 자의 불이익이 제거될 수 있기 때문입니다.

그러나 공유물분할청구에 따른 경매에 의하여 건물과 대지소유자가 달라지는 경우에는 법원이 일방적으로 소유자와 지분가치를 결정합니다. 건물유지를 위한 기존의 용익물권이 없는 한, 건물유지를 전제로 하지는 않습니다. 경매과정에서 건물을 유지하고자 하는 당사자의 의사를 인정할 수도 없고, 협의를 통해 지분의 가치를 평가하는 협의분할과 달리 법원의 일방적 결정에 의하여 지분가치가 결정되는데, 법정지상권을 인정하게 되면 다른 공유자는 불이익을 입게 됩니다. 같이 볼 수 없는 이유이지요.

Question. 6

공유물의 자기지분에다가 용익물권을 설정시 용익물권 설정의 효과가 공유물 전체에 미치기 때문에 지분처분의 제한으로서 공유자 전원의 동의가 있어야 한다고 하는데요. 자기지분에다가 용익물권을 설정해서 그 효과가 공유물 전체에 미친다는 게 공유물 전체의 가격 같은 게 떨어질 수 있다는 건가요?

Answer

지분에 용익물권을 설정하는 예를 생각해보십시오. 토지공유자 중 1인이 그의 지분 위에 지상권을 설정하는 행위를 하였고, 그것이 허용되는 경우라고 가정해보십시오. 지분의 효력은 공유토지 전부에 미치고, 지분 위에 설정된 지상권의 효력도 지분권의 효력과 마찬가지로 공유토지 전부에 미치게 될 것입니다. 그렇다면 공유토지 위에 지상권을 설정하는 것과 마찬가지의 효과가 생기지요. 그 결과 공유물의 처분행위에 해당할 수밖에 없는 것입니다.

Question. 7

1. 지원림 저 민법강의 제9판 648쪽 (ii) 바로 위 작은 글씨 1988. 2. 23, 87다카961 판례에서요. 밑에서 세 번째 줄부터 보면 "방해를 받고 있는 공유자 중 1인은 공유물의 보존행위로서 위 단독명의로 등기를 경료하고 있는 공유자에 대하여 그 공유자의 공유지분을 제외한 나머지 공유지분 전부에 관하여 소유권이전등기말소등기절차의 이행을 구할 수 있다"고 되어 있는데,

선생님께서 강의 중에 말소등기는 그 등기 전체를 말소하는 것이지 일부말소 같은 건 없다고 하셨던 것 같은데, 그러면 나머지 공유지분 전부에 관하여 소유권이전등기말소등기절차의 이행을 구할 수 있는 것이 아니라 나머지 공유지분에 관한 진정명의 회복등기 등의 방법으로 이루어져야 하는 것 아닌가요?

2. 공유부동산에 대하여 제3자 명의의 등기가 경료된 사안에서 그 등기를 경료해준 처분공유자의 지분초과범위에서는 무효라고 하는데, 그렇다면 처분공유자의 지분범위 내에서는 유효니깐, 이 경우 다른 공유자들은 제3자에 대하여 보존행위로써 등기말소를 청구할 수 없나요? 등기말소를 청구하는 것은 등기 전부가 말소되는 것이잖아요.

또한 공유자별로 진정명의회복을 위한 이전등기청구가 가능하다고 하는데, 처분공유자의 지분범위 내에서는 유효한데 어떻게 가능한 거죠? ㅠㅠ

그리고 이태섭 선생님 물권법 강의 듣다가 공유부분파트에서 설명해 주신 것이 잘 정리가 안 되어서 나름 정리 · 이해한 대로 적어 본건데. 제가 이해하고 있는 게 맞는 것인지 검토 좀 부탁드립니다.

가. 제3자에게 공유자 중 1인이 등기경료해준 경우에는 처분공유자의 지분초과범위에서 무효인 것. 따라서 공유자 1인이 보존행위라 하더라도 등기전부말소를 청구할 수는 없고, 처분공유자의 지분초과범위에서 등기말소를 청구할 수 있을 것이나, 일부말소란 없으므로 진정명의회복 등기만 가능한 것. 진정명의회복으로 등기하는 방법으로는 지분권자의 지분범위 내에서의 이전등기청구와 공유자별로 이전등기청구를 하는 것은 가능, 단 후자는 보존행위로써 가능.(대외적으로 공유관계를 주장하는 경우에는 보존행위인 경우에만 단독으로 가능하므로.) 또한 공유자가 등기전부에 관한 이전등기를 자기 앞으로 경료해달라고 청구하는 것은 불가능하다.

나. 제3자에게 원인무효의 등기가 경료된 경우에는 공유자중 1인이라도 보존행위로써 무효등기 전부에 관하여 말소청구가 가능하다. 이 경우에도 1.의 경우와 같이 진정명의회복으로 등기하는 방법이 사용될 수 있을 것이다.

Answer

[첫 번째 질문에 대한 답변] 말소등기청구와 그에 따른 말소등기의 집행은 다릅니다. 단독등기 중 일부에 관해서 말소등기청구를 하였을 때에 실체법적으로 그 이유가 있다면 법원은 이를 인용하여야 할 것입니다. 그런데, 단독등기 중 일부에 관한 말소집행은 말소라는 방법으로 실현될 수는 없을 것입니다. 말소등기라는 것은 현재 존재하는 등기를 전부말소하는 등기이기 때문입니다. 현재 지분등기가 되어있지 아니하다면 단독등기 중 일부지분을 말소하는 것은 불가능할 것입니다. 그 경우에는 결국 지분이전등기를 넘겨받는 방법이 될 것입니다. 질문하신 분이 생각하는 것이 맞습니다.

[두 번째 질문에 대한 답변] 첫 번째 질문에 대한 답변을 보시면 이해할 수 있을 것입니다. 제3자가 가지고 있는 단독등기가 처분공유자의 지분범위에서는 유효한데, 처분공유자의 지분을 초과한 범위에서는 무효라면 일부에 말소사유가 있는 것입니다. 다른 공유자가 제3자 명의등기의 말소를 청구하면 전부 인용할 수는 없을 것입니다. 그렇다고 이를 배척할 수도 없겠지요. 일부인용을 하여야 합니다. 한편 다른 공유자들은 자신들의 지분권이 침해되었음을 이유로 혹은 공유물의 보존행위를 이유로 진정한 공유지분등기명의 회복을 원인으로 지분이전등기를 청구할 수도 있습니다.

Question. 8

1. 지원림 저 민법강의 제9판 659쪽 2) 첫 단란 마지막 줄에 "후자의 경우에는 제3자가 그 부동산 전체에 대한 공유지분을 취득하고 구분소유적 공유관계는 소멸한다"라고 서술되어 있는데, 등기부에 기재대로 1필지 전체에 대한 진정한 공유지분으로서 처분하는 경우 구분소유적 공유관계가 소멸된 공유자는 손해배상을 할 수 있지 않을까요? 제가 생각할 때는 처분한 공유자에게 손해배상을 청구할 수 있고, 그 손해는 자신의 지분의 시가가 아닐까 생각이 드는데 답변 부탁드려요.

2. 추가로 경매의 경우에는 누구에게 손해배상을 청구할 수 있을까요? 만약 손해배상을 청구할 수 있다면 배상액이 어느 정도인지 궁금합니다.

Answer

1. 저도 그렇게 생각합니다. 그런데, 손해의 내용은 내 생각과 조금 다르군요. 손해의 내용은 아마도 특정부분의 시가 상당액과 전체 토지의 공유지분의 시가 상당액의 차액일 것입니다.

2. 경매로 인하여 구분소유적 공유관계가 해소된 경우, 경매상 채무자가 아닌 특정부분 구분소유자는 누구에게 손해배상을 청구해야 하나? 하는 질문이군요.

손해배상청구의 근거가 있어야 하는데, 경매상 채무자가 임의로 처분한 것은 아니지요. 따라서 경매를 당했다는 사실로부터 채무불이행이나 불법행위를 구성한다고 평가할 수는 없을 것입니다. 한편 '경매상 채무자가 자신의 공유지분은 구분소유적 공유지분으로 순수한 공유지분은 아니다' 라는 사실을 통지했어야 할 의무가 있을 수 있습니다. 구분소유자 상호간의 명의신탁관계가 인정되면 일종의 위임관계이므로 그와 같은 통지의무를 인정할 수 있겠지요. 이를 위반하였다면 채무불이행으로 인한 손해배상의 문제가 생길 것입니다. 결국 경매상 채무자를 상대로 손해배상을 청구할 수 있는지를 살펴야 할 것인데, 언제나 손해배상청구가 인정되는 것은 아닐 것입니다.

Question. 9

1. 지원림 저 민법강의 제8판 642면 대판 2009. 2. 26, 2006다72802는 "공유자가 다른 공유자의 지분권을 대외적으로 주장하는 것을 공유물의 멸실, 훼손을 방지하고 공유물의 현상을 유지하는 사실적, 법률적 행위인 공유물의 보존행위에 속한다고 할 수 없다고 하면서, 부동산공유자 중 1인이 제3자와 무효로 된 가등기를 유용하기로 하는 합의를 하고 그 가등기에 터 잡아 순차로 소유권이전등기가 이루어진 사안에서, 다른 공유자가 자신의 소유지분을 침해하는 지분을 초과하는 부분에 대하여는 그 말소를 구할 수 없다"고 하는데,

(1) 부동산에 대한 공유자가 2명뿐 이라고 전제한다면, 공유자 1인이 가등기에 터 잡아 본등기를 한 것은 그 공유자의 지분 범위에서는 유효하므로, "당연히" 다른 공유자가 자신의 소유지분을 침해하는 지분을 초과하는 부분에 대하여는 그 말소를 구할 수 없을 것이므로 "공유자가 다른 공유자의 지분권을 대외적으로 주장하는 것의 법리"와는 관계가 없어, 이 사안은 공유자가 3명 이상인 경우로 보아야 하나요?

(2) 그런데 만약 공유자가 3명 이상이라면, 이 판례와 지원림 저 민법강의 제8판 640

면에 "공유자 중 1인이 부정한 방법으로 공유물 전부에 관한 소유권이전등기를 그 단독명의로 경료함으로써 다른 공유자가 공유물에 대하여 갖는 권리를 방해한 경우에, 그 방해를 받고 있는 공유자 중 1인은 공유물의 보존행위로서 위 단독명의로 등기를 경료하고 있는 공유자에 대하여 그 공유자의 공유지분을 제외한 나머지 공유지분 전부에 관하여 소유권이전등기말소등기절차의 이행을 구할 수 있다"고 한 대판 1988. 2. 23, 87다카961가 모순, 배치되는 듯 하는 것처럼 보여요.

1) 대판 1988. 2. 23, 87다카961을 전제하면, 부동산에 대한 3명의 공유자를 A, B, C라 하였을 때, C가 단독으로 소유권이전등기를 경료하였을 경우, A가 보존행위로서는 C에 대하여 A에 대한 공유지분 뿐만 아니라 'B에 대한 공유지분에 대하여도' 소유권이전등기말소 내지는 진정명의 회복을 위한 이전등기를 구할 수 있는 것이지만,

2) 대판 2009. 2. 26, 2006다72802를 전제하면, 어떻게 된다는 것인지 잘 모르겠어요.

"공유자가 다른 공유자의 지분권을 대외적으로 주장하는 것" 부분만 생각하면, A가 자신의 공유지분이 침해당했다는 것을 주장하지 아니하고, B의 공유지분권이 침해당했다는 것을 이유로 하여 C에 대하여 소유권이전등기말소를 구할 수 없다는 취지로 읽히지만, 판례 맨 마지막에 "다른 공유자가 자신의 소유지분을 침해하는 지분을 초과하는 부분에 대하여는 그 말소를 구할 수 없다"고 한 것으로 보아 A가 B의 공유지분이 침해당했다는 것뿐만 아니라 자신의 공유지분 또한 침해당했다는 것을 아울러 주장한 것으로 보이는데, 이럴 경우 대판 1988. 2. 23, 87다카961과 무슨 차이가 있는지 모르겠어요.

두 판례가 사실상 같은 경우(C가 자신 앞으로 직접 이전등기를 경료하였는지, 아니면 제3자 앞으로 이전등기를 경료하였는지의 차이)를 놓고 서로 다른 결론을 내리고 있는 것처럼 이해되는데, 도무지 모르겠어요. ㅠ.ㅠ 도와주세요.

2. 지원림 저 민법강의 제8판 647면에 "주의할 것은, 이상의 설명은 합유법과 조합법이 충돌하는 경우에 관한 것이라는 점이다. 따라서 합유로 등기된 부동산에 관하여 명의신탁 해지를 원인으로 하는 소유권이전등기절차의 이행을 구하는 소에 대해서는 제272조가 적용된다."고 하고 있는데, 이 경우가 왜 합유법과 조합법이 충돌하지 않는 경우인지 모르겠어요. 조합계약이 체결되지 않았다는 것을 전제로 하는 설명인가요?

Answer

1. 공유자가 자신의 지분권이 침해되었음을 원인으로 공유부동산의 원인무효 등기명의를 말소하라는 청구는 보존행위이므로 단독으로 말소청구가 가능합니다.

한편 공유자가 다른 공유자의 지분권이 침해되었음을 원인으로 하여 공유부동산의 원인무효의 등기명의를 말소하라는 청구는 보존행위에 해당하지 아니하므로 그 청구가 허용되지 않습니다.

가령, A, B, C가 1/3씩 공유하고 있는 부동산이 있는데, 이를 A가 단독명의로 등기하였다고 가정합시다. 이때 B는 단독으로 A에 대하여 그 등기의 말소를 청구할 수 있습니다. A의 단독명의 등기는 B의 지분권을 침해하는 것이기 때문이지요.

그런데 위의 사안과 달리 A가 아무런 원인 없이 C의 지분을 이전받아 그 지분을 2/3로 변경하였다고 가정합시다. A명의의 등기는 원인무효의 등기이지만, 그 등기가 B의 지분권을 침해하고 있지는 않습니다. C의 지분권을 침해하고 있을 뿐이지요. 이때 B가 A에 대하여 자신의 지분권이 침해되지 않았음에도 C의 지분권에 해당하는 등기의 말소를 청구하는 것은 허용되지 않습니다.

한편, 위의 예에서 당해 부동산에 무효인 C명의 가등기가 있었다고 가정합시다. 그런데 B와 C가 위 가등기를 유용하기로 합의하고, 가등기에 기한 본등기를 마쳤습니다. 이로 인하여 C의 단독등기가 마쳐진 것이지요. 이는 A의 지분권을 침해하는 등기가 됩니다. 따라서 A는 C에 대하여 가등기 유용의 합의가 무효라고 주장할 수는 있으나, 그 범위는 자신의 지분권 범위에서 가등기 유용의 합의가 무효라고 주장할 수 있을 뿐입니다. 자신의 지분권을 초과하는 부분에 대해서 무효라고 주장하는 것이라면 이는 다른 공유자의 지분권을 대외적으로 주장하는 것이므로 허용되지 않는 것이지요.

반면, 위의 예에서 C가 부정한 방법으로 그 단독명의의 등기를 마친 경우에는 A는 C에 대하여 C의 지분권 범위를 초과하는 등기를 말소하라고 청구할 수 있고, 나아가 A와 B에게 진정 명의 회복을 위한 지분이전등기를 청구할 수도 있습니다. 88년 판결은 바로 이 점을 언급한 판결입니다.

2. 교과서가 들고 있는 예는 조합재산이 아닌 경우의 예입니다.

Re-Question.

선생님께서 들어주신 예는 명확히 이해가 됩니다만, 교재에 소개되어 있는 판례는 사안이 약간 다르지 않나요?

선생님께서 들어주신 예에서는 C가 다른 공유자 중 1인인 B와 무효인 가등기 유용의 합의를 한 것이지만, 판례 사안은 부동산공유자 중 1인과 "제3자"(문맥상 부동산공유자가 아닌 자로 보임)가 무효인 가등기 유용의 합의를 한 것처럼 보이기 때문입니다.

선생님께서 들어주신 예와 같이 '제3자'가 '부동산공유자 중 1인'이라면 이 쟁점이 완벽하게 이해될 텐데, 저는 이 판례사안에서의 '제3자'가 아무리 읽어봐도 '부동산공유자 중 1인이 아닌 자'로 읽히기 때문에 이해가 완벽하게 되지 않고 있습니다.

만일 여기서의 '제3자'가 '부동산공유자 중 1인이 아닌 자'라면 결과적으로 "공유자가 다른 공유자의 지분권을 대외적으로 주장하는 것"에 관한 2009년 판례사안이 아니라, 88년 판례와 동일한 사안이 될 것이라고 생각되는데.

Re-Answer

판례의 사실관계를 찾아 읽어보시기 바랍니다. 제가 말씀드린 예가 바로 판례의 사실관계를 단순화한 것입니다.

명의신탁

Question. 1

제3자가 법률상 원인 없이 명의신탁토지를 점유함으로 인한 임료 상당의 부당이득에 대하여 명의신탁자는 소유권에 기하여 반환 청구를 할 수 없을 뿐만 아니라 명의 수탁자를 대위하더라도 행사할 수 없다는 판례가 있다고 알고 있습니다.

Answer

그 판결의 내용을 살펴보아도 그 이유를 설명하고 있지 않습니다. 추측하건대, 명의신탁자가 명의수탁자에 대하여 가지는 대외적 소유권이전채권을 실현함에 있어 명의수탁자가 불법점유자인 제3자에 대해서 가지는 임료상당액의 부당이득금반환채권을 행사하는 것이 필요하고도 적절한 수단이라고 할 수 없으므로 보전필요성이 인정되지 않을 것입니다. 그렇다면 채권자대위권의 요건을 갖추지 못해 대위행사가 허용되지 않는다는 논리가 아닐까 합니다.

Question. 2

1. 공동명의신탁부분에서 교과서에 명의수탁자들이 명의수탁받은 부동산에 대하여 공유물분할을 하는 것은 명의신탁의 목적에 반하고 명의신탁자가 명의신탁을 한 취지에도 어긋나며, 특히 종중의 재산을 함부로 처분하지 못하게 하기 위하여 다수의 종중원에게 공동으로 명의신탁을 한 경우에는 더욱 그러하므로 허용되지 않는다. 그러나 공유물분할을 하여 단독소유로 한 경우에, 그것은 대외적인 소유형태를 변경하는 것에 불과하므로 그 등기가 무효의 등기라고 할 수는 없다고 되어있는데, 전문에서는 "공유물분할이 허용되지 않다"고 하는데 후문에서는 "공유물분할을 하여 단독소유로 한 경우에" 라고 되어있어서 이해가 잘 안가요.

2. 양자 간의 등기명의신탁에서 명의신탁자는 등기명의인인 수탁자를 상대로 그 명의등기의 말소등기 또는 진정명의 회복을 위한 소유권이전등기를 구할 수 있으며, "명의수탁자로서는 신탁자는 물론 제3자에 대한 관계에서도 수탁부동산의 소유자임을 주장할 수 없고, 소유권에 기한 물권적 청구권을 행사할 수도 없다." 라고 교과서에 서술돼 있는데, 명의수탁자는 제3자에 대한 관계에서는 수탁부동산의 소유자임을 주장할 수 있지 않나요? 그러니까 명의신탁약정이 실명법에 의해 무효가 되도 그 무효를 제3자에게 대항하지 못하니까 제3자에 대한 관계에 있어서는 명의수탁자가 소유자가 아닌가요?

Answer

1. 공동명의수탁자가 대외적으로는 공유자라고 하더라도 대내적으로는 소유자가 아닌 자들입니다. (대내적으로) 소유자가 아닌 자들이 공유물분할을 청구하는 것은 허용되지 않습니다. 가령, 공동명의수탁자 1인이 다른 공동명의수탁자들에 대해서 공유물분할을 청구하더라도 공동명의신탁관계임이 밝혀지면 법원은 그 청구를 받아주어서는 안 됩니다.

그런데, 공동명의수탁자들이 서로 협의하여 공유물을 분할하기로 하고 가령 어느 1인 명의로 단독등기를 하였다면 그 등기는 무효의 등기일까요? 무효의 등기라고 본다면 그 등기에 기초하여 다시 이해관계를 맺은 자는 보호되지 못하게 됩니다.

비록 공동명의수탁자의 공유물분할청구가 허용되지 않는다고 하더라도 공동명의수탁자가 임의로 공유물분할을 원인으로 등기명의자를 바꾼 경우에는 이는 대외적 관계에서 소유형태를 변경한 것으로 보아야 합니다. 즉, 명의신탁관계가 여전히 유지되는 것이라고 보아야 합니다. 결국 그 등기는 명의신탁등기로서 유효하고(물론 부동산실명법이 적용되는 경우라면 무효이겠지요), 그 등기에 기초하여 다시 이해관계를 맺은 자는 그 자가 선의인지 여부를 불문하고 보호되는 것입니다.

2. 부동산실명법 제4조 제3항은 전항의 무효를 제3자에게 대항하지 못한다고 규정하고 있습니다. 명의신탁약정의 무효와 물권변동의 무효를 제3자에게 대항하지 못한다는 의미이지요. 그렇다고, 명의수탁자가 제3자에게 유효를 주장할 수 있다는 의미는 아닙니다. 명의수탁자는 소유권을 취득하지 못하므로 제3자에게이든 아니면 명의신탁자에게이든 자신이 소유권자임을 주장할 수 없습니다. 그러나 명의수탁자로부터 다시 권리를 취득하고자 하는 제3자에 대해서는 누구도 명의수탁자의 소유권취득이 무효라고 주장할 수 없습니다.

대항할 수 없다는 의미를 생각해보세요.

Question. 3

부동산 실권리자명의등기에 관한 법률 제4조 2항 단서에 "다만 부동산에 관한 물권을 취득하기 위한 계약에서 명의수탁자가 어느 한쪽 당사자가 되고 상대방 당사자는 명의신탁약정이 있다는 사실을 알지 못한 경우에는 그러하지 아니한다."라고 규정하고 있는데.

이 단서조항이 '계약명의신탁'에서 매도인이 '선의'인 경우를 말하는 건가요?

만약 계약명의신탁에서 매도인이 선의라면 그 등기는 유효한 등기로 성립되는 건가요?

Answer

네 맞습니다.

이태섭 민법판례정리Ⅰ 648쪽

③ 유예기간 내에 명의신탁자와 명의수탁자가 재판상 이혼을 한 경우 부동산실권리자명의등기에관한법률 시행 이전에 행하여진 명의신탁등기로서 같은 법 시행 당시 신탁자와 수탁자가 배우자 관계에 있었고, 신탁자가 조세포탈, 강제집행의 면탈 또는 법령상 제한의 회피를 목적으로 명의신탁하였다고 볼 수 없는 이상, 비록 신탁자가 같은 법 제11조에 정한 유예기간 중에 제기된 부동산물권에 관한 쟁송의 본안판결 확정일로부터 1년 이내에 재판상 이혼을 하고 그의 명의로 실명등기를 하지 아니하였다고 하더라도 수탁자와 사이의 명의신탁약정 및 이에 따른 부동산물권변동은 유효하다. [대법원 2002. 9. 27 선고 2001다42592 판결]

Question. 4

2002. 9. 27, 2001다42592(이태섭 민법판례정리Ⅰ 648쪽)관련 질문입니다.
판례 내용에서 재판상 이혼이 갖는 의미는 무엇인지요?

Answer

부동산실명법이 시행되기 전에 이미 명의신탁등기가 존재하는 경우, 부동산실명법의 시행과 동시에 부동산실명법을 적용하게 되면 명의신탁약정과 명의신탁등기가 무효로 되는 바람에 명의신탁자는 그 실소유권을 등기에 반영할 수 없게 됩니다. 그래서 부동산실명법에서는 일정한 유예기간을 마련한 것입니다.

부동산실명법 시행 후 1년 이내에 명의신탁자가 명의신탁약정을 해지하고 그에 따라 실명등기를 할 수 있도록 한 것입니다. 만약 이를 위반하는 경우에는 부동산실명법 제12조에 따라 우선 실명법을 적용하여 명의신탁약정과 명의신탁등기를 무효로 하고, 더 나아가 실명등기의무를 위반한 자에 대하여 과징금과 이행강제금 등의 제재를 가하도록 하고 있습니다.

부부 사이의 명의신탁은 부동산실명법이 시행된 후에도 여전히 그 효력이 인정됩니다. 물론 강제집행을 면탈하거나 법령회피의 목적이 없어야 합니다.

Re-Question.

기존 부부 사이의 명의신탁등기의 경우에도 실명등기의무가 있나요?

Re-Answer

부동산실명법 제11조가 규정하고 있는 기존 명의신탁에 관한 실명등기의무자에 부부 사이의 명의신탁을 배제하고 있는 것은 아니기 때문에 부부 사이의 명의신탁에서도 실명등기의무가 인정됩니다.

다만 실명등기의무를 위반하였다고 하더라도 부부 사이의 명의신탁약정은 유효한 것이지요. 일반적인 기존 명의신탁의 경우에는 실명법 시행 후 1년 내에 실명등기를 하지 아니하면 그 명의신탁등기는 실명법 제4조에 따라 무효가 됩니다. 다만, 명의신탁자가 실명법 시행 전 혹은 유예기간 내에 부동산물권에 관하여 법원에 소송을 제기하였다면 그 유예기간은 확정판결 후 1년으로 합니다.

명의신탁자가 명의신탁부동산에 관하여 명의수탁자를 상대로 소송을 제기하여 판결이 확정될 당시에 명의신탁자와 명의수탁자가 부부 사이였다면 비록 본안판결 확정일로부터 1년이 경과하였다고 하여 명의신탁약정 및 명의신탁등기가 무효로 된다고 할 수 없고, 이는 본안판결 확정일로부터 1년 이내에 명의신탁자와 명의수탁자가 재판상 이혼을 하였다고 하더라도 마찬가지라고 판단한 것입니다.

결국 부동산실명법 시행 후에도 부부 사이의 명의신탁은 유효하다는 취지입니다.

지원림 저 민법강의 제9판 348쪽 판례 2001. 9. 25. 99다19698

② 채권자가 채무자 소유의 부동산에 대하여 강제경매신청을 하여 자녀들 명의로 이를 경락받았다면 그 소유자는 경락인인 자녀들이라 할 것이므로, 채권자가 그 후 채무자와 사이에 채권액의 일부를 지급받고 자녀들 명의의 소유권이전등기를 말소하여 주기로 합의하였다 하더라도 이는 일종의 타인의 권리의 처분행위에 해당하여 비록 양자 사이에서 위 합의는 유효하고 채권자는 자녀들로부터 위 부동산을 취득하여 채무자에게 그 소유권이전등기를 마쳐주어야 할 의무를 부담하지만 자녀들은 원래 부동산의 소유자로서 타인의 권리에 대한 계약을 체결한 채무자에 대하여 그 이행에 관한 아무런 의무가 없고 이행을 거절할 수 있는 자유가 있었던 것이므로, 채권자의 사망으로 인하

여 자녀들이 상속지분에 따라 채권자의 의무를 상속하게 되었다고 하더라도 그들은 신의칙에 반하는 것으로 인정할 만한 특별한 사정이 없는 한 원칙적으로 위 합의에 따른 의무의 이행을 거절할 수 있다. [대법원 2001. 9. 25 선고 99다19698 판결]

Question. 5

부동산경매절차에서 매수대금을 부담한 명의신탁자와 매수인 명의를 빌려준 명의수탁자 그리고 경매상 채무자 사이에서 계약명의신탁이 성립하여 경매상 채무자가 선의이기 때문에 명의신탁에 의한 물권변동은 유효하고 그에 따라서 명의수탁자가 소유권을 취득하는데,

그럼 지원림 저 민법강의 제9판 348쪽에서 나오는 판례 2001. 9. 25, 99다19698의 경우에,

채권자가 자녀들 명의로 경락 받은 경우, 이것도 계약명의신탁으로 보는 건가요? 그래서 경매상 채무자는 선의이고 그렇기 때문에 자녀들이 소유권을 완전히 취득하는 대신 채권자에게 매수자금을 부당이득으로 반환할 의무가 있는데, 이 경우 채권자가 그 후 채무자와 별도로 약정하는 것은 (소유권은 이미 자녀들이 취득하였으므로) 무권리자의 처분행위가 되어 그 법리에 따라 처리하게 되는 걸로 이해하면 되는 건가요?

Answer

네. 맞습니다. 그렇게 이해하시면 정확합니다.

대판 1987. 2. 24 86다215

① 부동산의 공동명의수탁자들이 그 부동산에 대하여 공유물분할을 하고 각 그 지분을 서로 이전하여 단독소유로 하는 것은 수탁자들이 대외적인 소유형태를 변경하는 것일 **뿐 명의신탁관계를 소멸시키는 수탁부동산의 처분행위가 아니므로** 비록 그 공유물분할이 신탁자의 의사에 반한 것이더라도 그것이 신탁자에 대한 반사회적인 배임행위가 된다거나 그 지분이전등기가 원인 없는 무효의 등기라고는 할 수 없다(**필자 註 : 원고 종중이 계쟁토지를 A, B에게 명의신탁하였는데,**

명의수탁자가 임의로 위 계쟁토지를 분할하여 이를 피고에게 매매한 것이다. 원고 종중은 위 분할이 배임행위로서 무효이고, 분할로 인한 지분이전등기가 원인무효임을 전제로 피고에 대하여 등기말소를 구하고 있다. 이에 대하여 대법원은 위 분할로 인하여 명의신탁관계가 종료되지 않는다는 점을 들어 원인무효라고 할 수 없고, 또한 제103조 위반의 분할행위라고도 볼 수 없다는 전제 하에 피고는 명의수탁자로부터 전득한 자로서 적법하게 소유권을 취득한다고 판시하고 있다). [대법원 1987. 2. 24 선고 86다215 판결]

이태섭 민법판례정리 I 653쪽

⑤ **대물변제로 행하여진 3자간 등기명의신탁과 대물변제의 효력** 대물변제가 채무소멸의 효력을 발생하려면 채무자가 본래의 이행에 갈음하여 행하는 다른 급여가 현실적인 것이어야 하며 그 경우 다른 급여가 부동산소유권의 이전인 때에는 그 부동산에 관한 물권변동의 효력이 발생하는 등기를 경료하여야 하는 바, 부동산실권리자명의등기에관한법률에 의하면 이른바 3자간 등기명의신탁의 경우 같은 법에서 정한 유예기간 경과에 의하여 기존 명의신탁약정과 그에 의한 등기가 무효로 되고, 이 경우 수탁자가 제3자에게 신탁부동산에 대한 처분행위를 한 경우 3자간 등기명의신탁에 의한 소유권이전등기의 무효로써 제3자에게 대항할 수 없다고 하더라도(부동산실권리자명의등기에관한법률 제4조 제3항), 당초의 약정에 따른 신탁자에 대한 소유권이전등기의무가 이행된 것으로는 볼 수 없다. [대법원 2003. 5. 16 선고 2001다27470 판결]

이태섭 민법판례정리 I 656쪽

⑥ **부동산경매절차에서 매수대금을 부담한 명의신탁자와 매수인 명의를 빌려준 명의수탁자 및 제3자 사이의 새로운 명의신탁약정에 따라 확정판결에 의하여 명의수탁자가 다시 제3자 명의로 소유권이전등기를 마쳐 준 경우, 부동산의 소유자(=명의수탁자)** 경매절차에서 매수대금을 부담한 명의신탁자와 매수인 명의를 빌려준 명의수탁자 및 제3자 사이의 새로운 명의신탁약정에 의하여 명의수탁자가 다시 명의신탁자가 지정하는 제3자 앞으로 소유권이전등기를 마쳐 주었다면, 제3자 명의의 소유권이전등기는 위 법률 제4조 제2항에 의하여 무효이므로, 제3자는 소유권이전등기에도 불구하고 그 부동산의 소유권을 취득하거나 그 매수대금 상당의 이익을 얻었다고 할 수 없다. 또한, 제3자 명의로 소유권이전등기를 마치게 된 것이 제3자가 명의수탁자를 상대로 제

기한 소유권이전등기 청구소송의 확정판결에 의한 것이더라도, 소유권이전등기절차의 이행을 명한 확정판결의 기판력은 소송물인 이전등기청구권의 존부에만 미치고 소송물로 되어 있지 아니한 소유권의 귀속 자체에까지 미치지는 않으므로, 명의수탁자가 여전히 그 부동산의 소유자임은 마찬가지이다.

[대법원 2009. 9. 10 선고 2006다73102 판결]

Question. 6

1. 공동명의신탁에서 종중원이 공동명의수탁자일 때, 수탁자들이 수탁받은 부동산에 대하여 공유물분할을 하는 것은 허용되지 아니한다는 판결이 있잖아요?

근데 대판 1987.2. 24, 86다215에서는 부동산의 공동명의수탁자들이 그 부동산에 대하여 공유물분할을 하고 각 그 지분을 서로 이전하여 단독소유로 하는 것은 수탁자들이 대외적인 소유형태를 변경하는 것일 뿐이라며 유효하다고 했는데요. 위에 판결이랑 어떻게 상호모순되지 않게 이해할 수 있을까요?

2. 이태섭 민법판례정리 I 653쪽 '대물변제로 행하여진 3자간 등기명의신탁과 대물변제의 효력'이란 판결의 상황이 이해가 안 돼요. 명의신탁자, 수탁자, 제3자, 그리고 대물변제, 이 관계가 어떻게 구성되어 있나요? 그리고 "수탁자가 제3자에게 신탁부동산에 대한 처분행위를 한 경우 3자간 등기명의신탁에 의한 소유권이전등기의 무효로써 제3자에게 대항할 수 없다고 하더라도(이 문장 자체는 알겠는데요), 당초의 약정에 따른 신탁자에 대한 소유권이전등기의무가 이행된 것으로는 볼 수 없다." 이 문장이 앞문장이랑 어떻게 연결되는지 모르겠어요.

3. 이태섭 민법판례정리 I 656쪽 '부동산경매절차에서 매수대금을 부담한 명의신탁자와 매수인 명의를 빌려준 명의수탁자 및 제3자 사이의 새로운 명의신탁약정에 따라 확정판결에 의하여 명의수탁자가 다시 제3자 명의로 소유권이전등기를 마쳐준 경우, 부동산의 소유자'라는 판결에서요. 마지막 부분에 보면 '확정판결에 의한 것이라도 기판력은 이전등기청구권의 존부에만 미치고 소유권이 귀속 자체에까지 미치지는 않으므로 명의수탁자가 소유자이다'라는데요.

이전등기청구권이 소유권의 귀속을 다루는 것이니까 그게 그거 아닌가요? 어째서 두 개를 구분하는지 모르겠네요. 판례대로라면 이전등기청구권은 확실히 존재하나 소유권은 얻을 수 없다는 말인가요?

Answer

1에 대한 답변.

공동명의수탁자가 다른 공동명의수탁자를 상대로 공유물분할청구를 하면 법원은 이와 같은 청구가 허용되지 않음을 이유로 그 청구를 배척하여야 합니다. 즉, 공동명의수탁자가 공유물분할청구를 하는 것은 허용되지 않습니다.

그러나, 공동명의수탁자들이 서로 합의(협의분할)하여 어느 1인의 소유로 등기명의를 이전하였을 경우, 그 등기의 효력이 어떠한가 하는 문제는 다른 문제입니다. 공동명의수탁자들 상호간의 관계를 명의신탁의 대외적 관계로 파악할 것인가 하는 문제가 생기는 것입니다. 만약 그렇게 이해하게 되면 단독 명의로 등기를 이전받은 공동명의수탁자 중 1인은 다른 공동명의수탁자로부터 이전받은 지분등기에 관해서는 완전한 소유권을 취득하게 되는데, 이는 명의신탁자를 침해하는 결과가 되지요. 그래서 대법원은 공동명의수탁자들이 협의분할을 통해서 등기명의를 어느 1인 명의로 하였더라도 이는 대외적 소유형태의 변경에 불과할 뿐, 대내적 관계에 아무런 영향을 주지 않는다고 이해하는 것입니다.

양 판결이 모순되는 것은 아닙니다.

2에 대한 답변.

'갑은 을에 대하여 1억 원의 채권을 기지고 있습니다. 갑과 을이 대물변제 합의를 하였고, 을의 부동산을 갑의 부탁으로 갑의 명의수탁자인 병에게 이전하였습니다. 을은 채무를 완전히 이행하였다고 생각한 것이지요. 그 후 병은 그 부동산을 정에게 처분하였습니다.'

이런 상황이 그 예가 될 수 있습니다. 정이 부동산실명법 제4조 제3항에 따라 소유권을 취득하더라도 을이 갑에 대하여 대물변제약정에 따라 부담하는 의무가 완전히 이행된 것으로 볼 수 없습니다. 대물변제로 급부가 이행되었다고 하기 위해서는 현실적으로 유효한 등기가 있어야 하는데, 병명의의 등기는 부동산실명법에 따라 무효의 등기가 될 수밖에 없기 때문입니다.

3에 대한 답변

등기청구권의 존재를 확인한 확정판결이 있으면 등기청구권자가 그 부동산의 소유자라고 확정되는 것입니까? 갑의 부동산을 을에게 매각하였습니다. 을이 갑을 상대로 매매를 원인으로 소유권이전등기청구소송을 제기하여 을이 승소하고 판결이 확정되었습니다. 이제 부동산을 을의 소유로 확정되는 것입니까? 만약 그렇다면 우리 민법의 형식주의 원칙은 무엇입니까?

소유권이전등기청구소송은 소유권자가 누구인지를 확정하는 소송이 아닙니다.

제3장 용익물권

제1절 지상권

Question. 1

지상권 부분에서 부종성과 종물이론(주물과 종물의 관계)에 대한 개념이 정확히 이해가 가질 않습니다.

담보물권이 가지고 있는 본체적 속성을 부종성이라고 하고, 주물에 대한 처분은 종물에까지 그 효력이 미친다고 하는 게 종물이론이라고 말씀하셨는데요, 부종성은 법률적으로 어떤 권리의 성립, 존속, 소멸 따위가 주된 권리와 운명을 같이하는 성질이라고 개념설명이 되어있는데 이 설명이 종물이론과 어떤 점에서 차이가 있는지 잘 모르겠습니다.

또한 지상권과 지상물 소유권은 종물이론이 적용되지만 부종성은 인정되지 않는다는 말이 무슨 뜻인지 이해하기 어렵습니다. 부종성과 종물이론의 개념적 차이를 설명해 주셨으면 합니다.

Answer

저당권은 부종성을 띠는 권리라고 합니다. 저당권이 존속하기 위해서는 저당권의 피담보채권이 존재하여야 하지요. 부종성을 가지는 권리는 전제가 되는 권리와 분리해서 처분할 수 없습니다. 가령 저당권만을 피담보채권과 분리해서 제3자에게 처분하는 것은 허용되지 않습니다.

어떤 권리가 다른 권리에 종된 권리로서 종물이론이 적용된다는 것은 분리해서 처분할 수 없다는 의미가 아닙니다. 종물이론은 물건의 효용을 극대화하기 위해 주물과 종물의 경제적 운명을 같이 하고자 하는 이론입니다. 따라서 물건 소유자의 의사를 무시하고 언제나 종물은 주물의 처분에 따라야 한다고 볼 수는 없습니다. 결국 종물이론은 임의규정적 성질을 가지는 것이지요.

지상권이 지상물소유권에 부종성을 띠는 권리가 아니라는 것은 지상권이 지상물소유권과 분리해서 처분될 수 있는 독립한 물권이라는 의미입니다. 그러나 종물이론의 적용을 받는 권리라는 것은 지상물소유권의 경제적 가치를 확보하기 위해서 지상물소유권의 처분이 있으면 지상권도 따라서 처분되는 것이 당사자의 의사에 부합된다는 의미입니다.

Question. 2

기존 건물의 사용을 목적으로 지상권이 설정된 경우, 지상권의 최단 존속기간에 관한 민법 제280조 1항 1호는 적용되지 않는다.

이 판례문장이 구체적으로 이해가 가지 않습니다.

Answer

지상권은 지상물을 소유하기 위한 토지사용권입니다. 기존 건물을 사용하기 위한 지상권이란 있을 수 없지요. 그런데, 기존건물을 사용하기 위해서 토지에 지상권설정등기를 마쳤다면 그와 같은 토지용익관계는 지상권으로 볼 수 없을 것이고, 지상권의 최단존속기간이 적용되지는 않을 것입니다. 이 점을 밝히고 있는 것입니다.

Question. 3

"환지로 인하여 새로운 분할 지적선이 그어진 결과 환지 전에는 동일인에게 속하였던 토지와 그 지상건물의 소유자가 달라졌다 하더라도 환지의 성질상 건물의 부지에 관하여 소유권을 상실한 건물 소유자가 환지된 토지에 대하여 건물을 위한 관습상의 법정지상권을 취득한다거나 그 환지된 토지의 소유자가 그 건물을 위한 관습상의 법정지상권의 부담을 안게 된다고 할 수 없다."

이 판례에서 환지에 관해서는 법정지상권이 인정되지 않는 이유를 정확히 모르겠습니다.

Answer

환지란 토지의 이용가치를 전반적으로 증진시키기 위해 일정한 구역 내의 토지 소유권이나 기타의 권리(지상권, 임차권)를 권리자의 의사와 관계없이 강제로 교환하거나 분리, 통합하는 것을 말합니다. 환지에도 불구하고 건물유지를 위한 지상권을 인정하게 되면 토지의 이용가치를 증진시키기 위한 개발은 불가능해지겠지요. 환지에 의해서 토지와 건물의 소유자가 달라지게 되는 경우에는 관습상 법정지상권이 인정될 수 없습니다.

Question. 4

지상물매수청구권에서 상당한 가액 평가시, 지상권설정자가 청구할 땐 = 행사당시의 시가 상당액이고,

지상권자가 청구시 = 매수청구권을 행사하여 매매계약이 성립되는 때의 시가로,

양자가 다른 건가요? 이유는 무엇인가요?

Answer

다르지 않습니다. 지상물매수청구권은 형성권으로 행사시에 매매계약관계가 형성됩니다. 그 시점에서 매매가격이 결정됩니다.

Question. 5

"구분소유적대지지분에 저당권설정 후 실행되어 소유자가 달라졌다. 이럴 때는 어떻습니까? 이때는 제366조의 법정지상권이 인정된다"고 하셨는데요. 한참 생각해도 이해가 안 되서 질문을 올립니다.

A, B가 구분소유적공유관계인 경우, B가 구분소유하는 토지에 건물이 있는데, B가 자신의 토지 지분에 저당권설정 후 실행되어 건물과 토지의 소유자가 달라졌다면, B의 토지에 법정 지상권이 인정되지 않는 것이 아닌가 해서 질문 올립니다.

B가 자기 지분에 저당권 설정 후 경매되면 특별한 경우가 아닌 한 경락인은 B가 구분

소유하는 토지가 아니라 B의 공유지분을 경락받고, 그 경우 A와 B의 구분소유적 공유관계는 소멸하고 경락인과 A의 단순한 공유관계가 되는 것으로 알고 있습니다. 그렇게 되면 일반적인 공유관계에서와 마찬가지로 B에게 법정지상권을 인정해주면 다른 공유자의 지분권침해 가능성이 있어 법정지상권을 인정하지 않는 것 아닌지에 대해서 의문이 풀리지 않습니다.

Answer

구분소유적 공유지분이 경락되었을 경우와 순수한 공유지분이 경락되었을 경우는 구별해야 합니다. 구분소유적 공유지분이 경락되었을 때에는 제366조의 법정지상권이 인정됩니다. 강의시간에 제 설명은 구분소유적 공유지분이 경락되었을 경우를 상정한 것입니다.

토지에 구분소유적 공유관계가 형성된 후 토지지분에 관한 경매가 실행되면 집행법원은 토지의 현황조사를 합니다. 그리고 최저경매가격을 공시하고 경매를 실시하지요. 그 과정에서 구분소유부분의 가격이 최저경매가격으로 평가된 경우와 전체 토지의 공유지분의 가격이 최저경매가격으로 평가된 경우를 구별할 수 있습니다. 어느 것인지 명확하지 않으면 전체 토지의 공유지분이 경매의 목적물로 된다고 이해합니다.

토지에 구분소유적 공유관계가 형성된 후, 배타적 소유부분에 건물을 소유하고 있는 구분소유자가 구분소유적 공유지분에 저당권을 설정한 후 저당권이 실행된 경우 즉, "구분소유적 공유지분에 관한 저당권이 실행된 경우"에는 구분소유적 공유지분이 저당권의 목적이므로 경락인은 구분소유적 공유지분을 취득하게 되고, 이때에는 제366조의 법정지상권이 인정됩니다.

그러나 질문하신 것처럼 저당권자가 순수한 공유지분에 저당권을 취득하였다거나 구분소유적 공유지분에 저당권을 취득한 저당권자가 저당권 실행을 하였는데, 경매법원이 순수한 공유지분으로 경매절차를 진행하여 경락인이 경락을 받은 경우에는 제366조의 법정지상권이 인정되지 않습니다.

Question. 6

토지와 건물이 A 소유였는데 B가 건물에 대하여 취득시효 기간 만료 후 소송을 제기해 승소하였습니다. 토지는 A에게서 C로 등기가 이전되었는데요.

C가 B에게 건물철거를 청구하려고 하는데 이 경우 B에게 관습법상 법정 지상권이 성립하는지요. 그리고 법정 지상권이 성립한다면 법정 지상권의 성립시기는 등기시인지요?

취득시효로 인한 소유권취득의 효과는 점유시로 개시하는데 이는 소유자에 대하여 부담하는 책임만 소급한다고 하셨었는데 법정지상권도 소급하는지, 하게 되면 법정지상권 기간이 만료되는 건지 궁금합니다.

Answer

우선, 현실에서 발생하기 어려운 상황으로 보입니다.

토지와 그 지상건물 중에서 건물만 시효로 취득하는 경우가 어떠한 경우인지 알기 어렵습니다. 건물에 대한 시효취득이 가능하려면 건물을 자주점유하여야 하는데, 건물의 자주점유자는 그 건물부지도 다른 특별한 사정이 없는 한 자주점유하고 있다고 보아야겠지요. 만약 그렇지 않고, 건물은 자주점유하였는데, 그 부지는 타주점유인 경우라면 대체로 건물의 자주점유자인 취득시효완성자와 토지소유자 사이에 토지에 관한 임대차계약 등의 계약관계가 존재할 것입니다.

아무튼 토지와 그 지상건물을 A가 소유하고 있는데, B가 건물만 시효로 취득한 상황이라면 토지소유자가 B를 상대로 건물철거청구할 수 있는 것이 원칙일 것입니다. 다만, B가 토지의 점유권원을 가지고 있는 경우이거나 토지소유자의 건물철거청구가 신의칙에 반하는 특별한 사정이 있는 경우에는 허용되지 않겠지요.

토지와 지상건물이 동일인 소유인데, 매매 기타 원인에 의하여 소유자가 분리된 경우에 관습상 법정지상권이 인정되는데, 주어진 사안에서 혹시 관습상 법정지상권이 인정되는 것은 아닌가 하는 의문이 들 수 있습니다. 질문하신 분은 아마도 그것을 물어보는 것 같군요.

B가 건물을 매매를 통해 취득하였다면 관습상 법정지상권이 인정되어 토지양수인 C의 건물철거청구는 허용되지 않을 것입니다. 그런데 B가 건물을 시효로 취득한 경우에도 마찬가지일까? 시효취득은 법률규정에 의한 취득입니다. 당사자의 의사에 터 잡은 취득이 아닙니다. 관습상 법정지상권은 건물을 유지하겠다는 당사자의 추정적 의사에 기초하여 인정되는 토지사용권입니다. 그렇다면 건물만 시효로 취득한 자가 토지사용권을 가질 수는 없을 것입니다. 결국 관습상 법정지상권은 인정되지 않을 것입니다.

Re-Question.

토지와 건물이 A 소유였는데 B가 건물과 토지에 관하여 취득시효 요건을 갖추었습니다

하지만 B가 등기를 하기 전에 A는 토지부분을 매매해서 C에게 이전했고 건물부분은 A에게 여전히 등기가 되어있었습니다. 이 상태에서 B가 시효취득을 원인으로 건물에 대해 이전등기 소송을 제기해 승소하였습니다. C가 B에게 건물철거를 청구하려고 하는데,

1. 이 경우 B에게 관습법상 법정 지상권이 성립하는지요?

그리고 법정 지상권이 성립한다면 법정 지상권의 성립시기는 등기시인지요?

(취득시효로 인한 소유권취득의 효과는 점유시로 소급하는데 이는 소유자에 대하여 부담하는 책임만 소급한다고 하셨었는데 법정 지상권도 소급하는지 하게되면 법정 지상권 기간이 만료되어 건물철거를 요구할 수 있는지요?)

2. 관습법상 법정 지상권이 성립하지 않으면 C는 건물철거를 B에게 할 수 있는지요?

Re-Answer

A가 토지와 건물의 소유자인데, A가 토지만을 C에게 이전하면, A와 C사이에 건물을 철거한다는 다른 약정이 없는 한, A는 관습상 법정지상권을 취득합니다.

그런데, A가 소유하는 건물에 대하여 B가 취득시효를 원인으로 소유권을 취득하면 B는 관습상 법정지상권에 의하여 보호되는 건물의 소유권을 취득하게 됩니다. 즉, A는 관습상 법정지상권을 등기 없이 당연히 취득하게 되고, 그 후 B가 건물에 대하여 취득시효 완성을 원인으로 소유권이전등기를 마침으로써 건물의 소유권을 취득하게 되는데(물론 건물소유권 취득의 효과는 점유개시시로 소급하기는 합니다), 종된 권리인 A의 관습상 법정지상권까지도 취득하게 될 것입니다. 다만, 법정지상권 이전의 등기가 필요한 것으로 보입니다.

B가 토지에 관한 관습상 법정지상권을 취득하는 시기는 건물등기시로 볼 수는 없고, 지상권이전등기를 마쳤을 때입니다. 건물에 관한 등기만 하고, 지상권이전등기를 하지 않은 경우에 토지소유자 C가 건물소유자인 B에 대하여 건물철거를 청구할 수 있는지는 문제되나, C는 B의 지상권취득을 용인할 수밖에

없는 지위에 있다는 점을 고려한다면 C의 건물철거청구는 신의칙에 반하게 될 것입니다.

Question. 7

1. 법정지상권자가 지급할 지료를 정함에 있어서 법정지상권이 설정된 건물이 건립되어 있음으로 인하여 토지의 소유권이 제한을 받는 사정은 참작, 평가해서는 안 된다.
왜 소유권 제한 받는 사정이 참작되지 않는지 잘 이해가 안가요. 지료를 지급하는 이유가 소유권이 제한되기 때문이 아닌가요?
2. 공동저당의 경우는 토지에만 저당권 설정한 경우와 달리 신축건물을 위한 법정지상권이 성립되지 않잖아요. 수업시간에 설명해주셨는데도 아직 잘 이해가 안가서요. 다시 한 번만 설명해주세요.

Answer

1. 건물이 없는 토지의 임대료는 건물이 존재하여 그 사용이 제한된 토지의 임대료보다 높을 수밖에 없을 것입니다.
건물이 없는 토지의 한 달 임대료는 가령 1백만 원 정도인데, 건물이 있는 토지의 한 달 임대료는 10만 원 정도라고 합시다. 그 토지가 법정지상권의 목적인 토지로서 법정지상권자가 건물소유를 목적으로 그 토지를 사용하고 있는 경우, 법정지상권자가 지급하여야 할 임대료는 월 1백만 원으로 보아야 할까요? 아니면 10만 원으로 보아야 할까요? 당연히 1백만 원으로 보아야 하지 않겠습니까? 건물이 있는 토지의 사용료가 낮은 까닭은 건물의 존재로 토지이용이 제한되기 때문인데, 건물소유자는 그 건물의 존재를 위하여 토지를 사용하고 있으니 토지이용이 제한된다고 할 수 없지 않습니까?
2. 토지와 건물에 동일한 채권을 담보하기 위한 공동저당권이 설정된 경우에는 채권자의 합리적 의사가 어떠한지를 살펴야 할 것입니다.
토지에만 저당권을 취득한 경우에는 채권자는 토지만을 담보로 파악한 것입니다. 그리고 저당권설정당시 이미 건물이 존재하고 있다면 건물 있는 토지의 가치를 담보로 잡은 것이지요. 이때는 건물 존재를 위한 법정지상권이 인정되더라도 토지저당권자가 부당하게 담보가치 하락이라는 불이익을 입지 않습니다.
반면 토지와 건물에 공동저당권을 취득한 경우에는 토지저당권의 효력이 토지에만 미치므로 건물 있는 토지의 가치를 담보로 잡은 것이라고 생각할 수도 있으나, 공동저당권이 설정되었다는 점에 비추어보면 토지의 가치 하락분을 건물의 저당권을 통하여 회복하려는 것이 채권자의 의사라고 할 수 있습니다.

결국 채권자는 완전한 토지의 가치를 담보로 파악하고자 하는 것이지요. 그런데 우연한 사정에 의하여 건물이 철거되고 새로운 건물이 신축되었는데, 그 신축건물을 위한 동일한 순위의 저당권이 설정되지 않은 상태에서 토지저당권이 실행되어 토지소유자가 달라졌다고 하여 신축건물을 위한 법정지상권을 인정하게 되면 공동저당권자의 합리적 의사와 달리 담보가치 하락을 강요하는 결과가 되어 부당한 것이지요. 따라서 법정지상권이 인정되지 않는 것입니다.

Question. 8

지원림 저 민법강의 제8판 691면에 소개되어 있는 '공유 관계와 관습상의 법정지상권' 부분이 명확하게 정리되지 않은 부분이 있어서 질문드립니다.

일단 제가 이해하고 있는 부분에 대해서 먼저 말씀드리고, 제가 궁금한 점을 질문하도록 하겠습니다.

<A와 B가 공유하고 있는 대지에 A의 건물이 축조되어 있는 상황에서>

(1) A와 B가 공유대지를 협의분할 하여 B가 대지를 단독소유하게 됐을 때, 건물의 존재를 전제로 건물 철거 특약이 없다면 A의 건물 소유를 위한 관습상의 법정지상권의 성립이 '인정'된다고 알고 있습니다.

(2) A가 제3자인 C에게 대지 공유지분을 양도하고 지분이전등기를 경료한 경우에 만약 A의 건물 소유를 위한 관습상의 법정지상권을 인정하게 된다면, 다른 공유지분권자인 B의 동의 없이 공유물 전체에 대세적 용익물권을 설정하게 되는 결과가 되므로, A의 건물 소유를 위한 관습상의 법정지상권 성립이 '부정'된다고 알고 있습니다.

(3) 하지만 A와 B가 구분소유적 공유관계에 있을 경우에는, A가 구분소유적 공유지분을 C에게 처분했을 때 A의 건물 소유를 위한 관습상의 법정지상권의 성립이 '인정'된다고 알고 있습니다.

제가 궁금한 점은,

1. 예전에 선생님께서 강의하실 때 (2)의 상황에서 A가 C가 아니라 B에게 지분을 양도하는 경우에도 마찬가지로 A의 건물 소유를 위한 관습상의 법정지상권 성립이 '부정'된다고 하셨는데, 왜 그런지 잘 모르겠습니다.

얼핏 보기에는 A가 B에게 지분을 양도하는 경우는 (1)에서처럼 협의분할을 하는 것과 같은 것처럼 보이는데 왜 관습상의 법정지상권 성립이 부정되는 것인지 모르겠습니다.
2. 예전에 선생님께서 강의하실 때 A와 B가 공유물 분할방법으로 '경매'를 한 경우에는 관습상의 법정지상권 성립이 '부정'된다고 하신 바 있는데, 왜 그런지 모르겠습니다.

Answer

지분양도의 경우에 관습상 법정지상권이 인정되지 않는 이유가 다른 공유자의 지분권을 보호하기 위한 것입니다. 건물소유자인 대지지분권자가 다른 대지지분권자에게 지분을 양도한 경우에 관습상 법정지상권이 인정되면 지분을 양수한 대지지분권자가 가지고 있던 기존 지분권에는 관습상 법정지상권이라는 부담이 설정되는 결과가 됩니다. 이는 기존 지분권에 이해관계를 가지고 있는 제3자를 침해할 우려도 있습니다. 대지지분권을 제3자에게 양도한 경우와 구별해서 관습상 법정지상권을 인정해야 할 이유가 없는 것입니다.
지분양도 당시에 양수인이 가지고 있는 기존 지분권은 대가 산정에서 전혀 고려되지 않는다는 점을 아울러 고려하면 쉽게 이해할 수 있을 것입니다.

Question. 9

법정지상권 파트에서요.
"건물 없는 토지에 저당권자의 동의를 얻어 건물을 신축"해도 법정지상권이 인정되지 않는데, 그 이유를 제3자의 법적 안정성에서 찾고 있더라구요. 그렇다면 무허가건물의 경우에도 마찬가지로 제3자가 알 방도가 없으니 법정지상권을 인정하지 말아야하는 것 아닌가요?
보면 저당권자의 동의 케이스에서만 제3자 안정성을 갑자기 언급하는 것 같아요. 논리적으로 일관되지 못한 것 같아요.

Answer

저당권자의 저당권설정 후에 축조된 건물이지만, 저당권자의 '동의'가 있었는지 여부와 저당권설정 당시에 '건물'이 있었는지는 경매과정에서 경매절차 매수인이 알 수 있는지에 중대한 영향을 줍니다. 전자는 전혀 알 수가 없습니다. 반면에 후자는 알 수 있습니다. 양자를 동일하게 볼 수 없습니다.

대판 2000다48517 · 48531의 판결

① 신 · 구건물 사이의 동일성은 요건이 아니라는 사례　민법 제366조 소정의 법정지상권이 성립하려면 저당권 설정 당시 저당권의 목적이 되는 토지 위에 건물이 존재하여야 하는데, 저당권 설정 당시의 건물을 그 후 개축 · 증축한 경우는 물론이고 그 건물이 멸실되거나 철거된 후 재건축 · 신축한 경우에도 법정지상권이 성립하며, 이 경우 신건물과 구건물 사이에 동일성이 있거나 소유자가 동일할 것을 요하는 것은 아니라 할 것이지만, 그 법정지상권의 내용인 존속기간 · 범위 등은 구건물을 기준으로 하여야 할 것이다(필자 註 : ②의 (ㄴ)판결의 취지에 반하는 범위에서 변경된 판결). [대법원 2001. 3. 13 선고 2000다48517 · 48531 판결]

Question. 10

전원합의체 판결로 인하여 동일인의 소유에 속하는 토지 및 그 지상 건물에 관하여 공동저당권이 설정된 후 그 지상 건물이 철거되고 새로 건물이 신축된 경우에 특별한 사정이 없으면 그 신축건물을 위한 법정 지상권은 성립되지 않는다고 하였는데요,

그렇다면 공동저당이 설정된 후, 건물을 증축한 경우에는 증•개축된 건물에도 법정지상권이 성립되는지 궁금합니다.

대판 2000다48517·48531의 판결은 건물이 있는 대지에 관하여 저당권이 설정된 경우인데, 그대로 적용해도 되는지 궁금합니다.

Answer

대지와 건물에 공동저당권이 설정된 후 건물을 증축한 경우에 법정지상권이 성립하는지를 물으셨는데.

법정지상권 성립을 부정하는 전원합의체 판결의 주된 이유는 건물저당권을 실현할 수 없기 때문에 법정지상권을 인정하는 것은 공동저당권자의 담보가치를 저감시키는 결과를 초래하여 부당하기 때문입니다.

건물이 철거되고 신축된 것이라면 철거된 건물에 존재하는 저당권이 신축된 건물에도 여전히 유지될 수는 없을 것입니다. 반면에 건물이 증축된 것이라면 기존 건물이 여전히 존속하는 것이고, 그 결과 건물저당권도 존속합니다. 법정지상권을 부정할 이유가 없을 것입니다. 이 경우 법정지상권의 범위는 당연히 구 건물이 표준이 되어야 저당권자를 부당하게 침해하지 않게 될 것입니다.

제2절 지역권

Question. 1

제294조에 의한 지역권의 시효취득은 점유 취득시효에 한정된다고 할 것이다.
위 문장에서 지역권이 점유 취득시효에만 한정되는 이유가 궁금합니다.

Answer

지역권의 취득시효가 점유취득시효에 한정된다는 지원림 저 민법강의 제9판 706면의 서술은 문제가 있는 듯합니다. 점유취득시효에 한정해야 할 아무런 이유가 없는 것 같습니다. 다른 교과서들에서는 등기부취득시효가 당연히 가능하다고 서술하고 있습니다. 이덕환 교수의 물권법, 김준호 교수의 민법강의, 송덕수 교수의 민법강의, 이영준 변호사의 물권법, 민법주해 등에서도 모두 등기부취득시효가 당연히 가능하다고 설명하고 있습니다.

제3절 전세권

Question. 1

1억의 채무를 지고 있는 甲 소유 X를 채권자 乙의 妻 丙에게 전세권 설정등기를 하기로 甲, 乙, 丙이 합의를 하고 등기하였는데 甲이 부종성에 반하여 무효라고 주장하는 경우,

→ 판례는 3자의 합의를 전제로 전세권자인 丙이 채권자의 지위를 행사할 수 있다고 한다고 하였는데, 이 경우 왜 명의신탁은 아닌 건가요?

Answer

제3자 명의로 설정된 전세권등기도 3자간의 합의가 있다면 유효하다고 합니다. 실질적으로 선제권자 아닌 자를 전세권등기명의자로 하였다면 이는 전세권의 명의신탁에 해당할 것입니다. 다만, 그와 같은 전세권의 명의신탁이 실명법에 위반하여 무효인지는 별개의 문제입니다. 전세권등기명의자가 단순히 명의를 빌려준 데에 불과한 것이 아니라면 실명법의 취지에 반하지 않습니다.

Question. 2

"전세권소멸 후 전세금반환채권을 제3자에게 양도하고 전세권설정자에 양도통지를 하였으나 확정일자를 받지 않았다. 그 후 전세권자의 채권자가 전세권을 가압류결정을 받아 부기등기가 경료된 사안에서 그 전세권에 관하여 경료된 가압류부기등기는 무효이다"는 지문이 이해가 잘 되지 않습니다.

전세금반환채권 양도인의 통지에 확정일자가 없으면 양수인이 양도인의 채권자에게 대항할 수 없고(대판2005. 3. 25, 2003다35659), 그렇다면 전제권자의 채권자의 가압류 부기등기가 유효하다고 해야 할 것 같은데요.

Answer

전세권이 소멸한 경우, 용익물권으로서의 전세권은 말소등기가 없더라도 당연

히 소멸하고, 담보물권으로서의 효력만이 유지됩니다. 전세권 소멸 후 전세금반환채권을 제3자에게 양도하고, 양도통지를 하였다면, 우선 전세금반환채권만을 양도하고자 하는 것인지 아니면 전세금반환채권과 담보물권으로서 전세권을 함께 양도하고 하는 것인지는 당사자의 의사에 따라 확정해야 할 것입니다. 당사자의 의사가 명료하지 않다면 전세권과 함께 양도하고자 하는 것으로 이해해야 할 것입니다. 그러나 지문에서 다룬 판결 사안은 전세금반환채권만을 양도한 사안입니다.

전세권자의 채권자가 전세권에 대한 가압류신청을 하고, 가압류결정을 받아 가압류의 부기등기가 마쳐진 경우, 이 가압류의 대상은 용익물권으로서 전세권입니다. 만약 담보물권으로서 전세권이 가압류의 대상이었다면 전세금반환채권 가압류결정이 있어야 하기 때문입니다. 그런데 전세금반환채권과 분리하여 담보물권인 전세권만이 가압류의 대상이 될 수 있다면 이는 담보물권의 부종성에 반하는 것으로 문제가 됩니다. 위 가압류결정은 그 자체로 무효인 결정이 될 수밖에 없는 것입니다.

더구나 판결사안의 경우에는 담보물권으로서 전세권과 분리하여 전세금반환채권을 이미 타인에게 양도한 것이므로 전세금반환채권에 수반하지 못한 담보물권으로서의 전세권은 이미 부종성에 따라 소멸한 것이고, 그 후에 이루어진 전세권 가압류결정은 당연히 무효로 될 수밖에 없는 것이지요.

제가 문제 지문을 살펴보지 않아 알 수가 없지만, 지문에서 전세권과 분리하여 전세금반환채권을 양도하였다는 사실이 언급되어야 문제가 보다 분명해질 수 있습니다.

Question. 3

전세권 소멸 전 전세금반환채권만의 양도 관련 질문입니다.

여기서 전세권이라는 것을 용익물권으로서의 전세권을 뜻하는 것으로 이해했습니다.

지원림 저 민법강의 제8판 715쪽 97다29790 판례와 함께 실린 예시 질문입니다.

가령 전세권설정계약의 당사자 사이에 그 계약이 합의해지된 경우 전세권설정등기는 전세금반환채권을 담보하는 효력은 있다고 할 것이나, 그 후 당사자간의 약정에 의하여 전세권의 처분이 따르지 않는 전세금반환채권만의 분리양도가 이루어졌다면

→ 여기서 처분되어야 할 전세권이 존재하는지 의문입니다. 이미 용익물권으로서의

전세권은 합의해지된 것 아닌가요?

양수인은 유효하게 전세금반환채권을 양수하고, 그로 인해 전세금반환채권을 담보하는 물권으로서의 전세권마저 소멸된 이상,

→ 여기서 양수인이 전세금반환채권을 양수하더라도 담보물권으로서의 전세권은 존속하는 것 아닌가요?

Answer

용익물권으로서 전세권의 경우, 전세금채권을 전세권과 분리하여 양도할 수 없습니다. 판례가 그렇게 이해하고 있습니다. 반면 담보물권으로서 전세권의 경우, 전세권을 전세금채권과 분리하여 양도할 수는 없지만, 전세금채권을 전세권과 분리하여 양도하는 것은 가능한 경우가 있습니다. 전세금채권의 처분에도 전세권의 처분이 따르지 않는 것으로 특약한 경우가 그러한 경우이지요. 그 경우 채권양수인은 무담보의 채권만을 양수취득하게 됩니다.

제4장 담보물권

제1절 유치권

Question.

타인의 임야의 일부를 개간한 자가 그 개간부분에 대하여 유치권을 항변하였는데 거래상 개간 부분과는 다른 부분과의 분할이 가능함이 용이하게 추지되는 경우 그 유치권의 객체는 임야 중 개간 부분에 한하는 것이었다고 할 것임에도 불구하고 인도청구 전부를 배척한 것은 위법이다.

→ 유치권은 유치물의 일부에도 설정가능하고 불가분성이 있어 목적물이 분할 가능하더라도 전부에 대해 유치권 행사가 가능하다고 이해했습니다.

왜 위 판결에서는 분할이 가능하다고 하여 인도청구 전부를 배척한 것이 위법하다고 하였나요? 다른 부분과의 분할이 너무나 용이하기 때문인가요?

Answer

임야의 일부에 관하여 피담보채권이 발생하였으므로 그 일부에 관해서만 유치권을 행사할 수 있다는 것입니다. 만약 임야 전부에 관하여 피담보채권이 발생하였다면 비록 그 채권의 일부에 관해서 변제가 이루어졌다고 하더라도 임야 전부에 관해서 유치권을 행사할 수 있을 것입니다. 유치권의 불가분성과 구별하여야 합니다.

제2절 질권

Question. 1

질물재입질설은 질권을 피담보채권과 단절된 독립한 가치권으로서 파악하려는 입장에 있다.

→ 질권을 피담보채권과 단절된 독립한 가치권으로서 파악하려는 입장은 질권재입질설이나 해제조건부 질권양도설의 입장이 아닐까요? 왜 질물재입질설이 그러한지 이해가 안 됩니다.

Answer

질물재입질설은 질권을 순수한 가치권으로 보는 전제에 서 있습니다. 책임전질을 질물재입질로 보는 것은 이런 논리에 근거합니다. 질권은 피담보채권과 단절된, 질물자체의 교환가치를 파악하는 가치권입니다. 질권자가 파악한 질물의 교환가치는 질권자가 처분할 수 있는 것이고, 이를 담보로 제공하는 것이 책임전질입니다. 결국 질물재입질설은 질권을 가치권으로 보는 전제에서 논리를 전개하는 것입니다.

Question. 2

지원림 저 민법강의 제9판 771쪽에서 "학설에 따르면 채권질권에서는 입질채권의 액이 피담보채권액을 초과하지 않으면 '제353조 제2항의 취지'에 따라 변제기 전이라도 유질 계약을 금지할 이유가 없다고 한다"는데.

1. 제353조 제2항의 취지라는 것이 폭리행위 방지를 뜻하는 것인가요?

2. 만일 그렇다면 동산질권에서의 유질계약도 질권의 목적물의 가치가 피담보채권의 가치보다 낮다면 가능해야 하는 것 아닌가요? 유질 계약을 금지하는 이유가 구체적으로 무엇인지 궁금합니다.

Answer

제353조는 채권질권의 실행방법으로 채권질권자가 제3채무자에 대해서 직접 청구하는 방법을 규정하고 있습니다. 제2항은 질권의 목적이 된 입질채권이 금전채권일 경우, 채권질권자는 자신의 채권(피담보채권)액 범위에서 입질채권을 직접 제3채무자에 대하여 행사하고, 변제를 받아 자신의 채권변제에 충당할 수 있다는 규정입니다.

이는 결국 피담보채권의 변제에 필요한 채권액 범위에서 입질채권을 채권질권자에게 양도하여 그 채권을 실현하도록 하는 것과 다를 바가 없는 것이지요. 일종의 유질이라고 할 수 있는 것입니다. 즉, 제353조 제2항은 입질채권이 금전채권인 경우 유질을 허용하는 결과를 인정하는 것입니다.

따라서 채권질권 설정 당시부터 피담보채무를 변제하지 못할 경우, 질권의 목적으로 제공한 입질채권을 채권질권자에게 이전하기로 약정하더라도 그 입질채권이 금전채권이고, 입질채권액이 피담보채권액을 초과하지 않는다면 금지할 이유가 없는 것이지요.

제353조 제2항의 취지는 폭리방지라는 취지가 아닙니다. 제353조 제2항은 채권질권자가 피담보채권액의 범위에서 입질채권을 직접 행사하여 자신의 채권변제에 충당할 수 있다는 점을 선언하고 있는 것입니다.

유질을 금지하는 것은 폭리방지 때문이지요. 그런데 그 목적을 위하여 금지하는 유질계약은 폭리가능성이 있는지 여부를 실질적으로 따지지 않고, 유질합의가 언제 있었느냐에 따라 금지 여부를 정하고 있습니다(제339조). 물론 이러한 입법의 태도가 바람직한가에 대해서는 의문이 있을 수 있지만, 법문의 명확한 규정에 반하여 해석할 수는 없기 때문에 질물의 가격과 피담보채권액을 비교하는 것은 아닙니다.

제3절 저당권

Question. 1

이론적인 부분이라기 보단 실무적인 부분인데요.

甲 (채권자) 과 乙 (채무자) 사이에 돈을 차용하기로 하는 계약을 맺었고요.

그 계약을 보증하기 위하여 丙의 부동산에 저당을 설정하는 보증계약까지 설정되었습니다.

그 후, 甲과 乙사이의 계약은 乙이 차용한 돈을 다 변제하여 소멸했습니다.

하지만 아직 저당권은 등기가 남아있는 상태인데 이 때, `채무자`인 乙이 주채무 소멸을 이유로 저당권 소멸을 청구할 수 있는지요. 만약 있다면 판례도 있는지요?

채무자인 乙이 저당권소멸 소멸을 청구해서 승소 판결을 받은 경우, 등기공무원이 소유자인 丙이 아니라서, 등기를 못해준다고 할 수도 있는지 궁금합니다.

Answer

질문의 요지는 채무자가 물상보증인이 설정한 저당권등기의 말소를 청구할 수 있는지요. 채무자는 저당권설정계약의 당사자가 아닙니다. 또한 저당부동산의 소유자도 아니지요. 그렇다면 말소를 청구할 실체법상 권리가 없다고 보아야 합니다.

반면, 물상보증인은 저당권설정계약의 당사자이며, 또한 저당부동산의 소유자이기도 하지요. 따라서 물상보증인은 말소등기를 청구할 실체법상 권리가 있지요.

물상보증인은 말소등기를 청구할 수 있지만, 채무자는 말소등기를 청구할 권리가 없습니다. 채무자가 물상보증인으로부터 대리권을 수여받아 물상보증인을 대리하여 말소등기를 청구하는 것은 가능할 수 있지만, 직접 청구할 수는 없습니다.

Question. 2

기출문제 완전분석 259쪽 13번 ①번 지문
13. 공동저당에 관한 설명 중 틀린 것은? (다툼이 있으면 판례에 의함)

① 토지와 그 지상 건물의 소유자가 이에 대하여 공동저당권을 설정하고 철거하고 새로이 건물을 축조하고 소유하고 있는 경우에는 나대지상에 저당권을 설정한 후 건물을 신축한 경우와 마찬가지로 제365조에 따른 일괄경매청구권을 행사할 수 있다.

토지와 건물의 공동저당권이 설정된 후, 건물이 철거되고 새로운 건물이 신축되었는데. 신축건물의 소유자가 토지의 소유자와 동인한 특별한 사정이 있으면 법정지상권이 인정된다고 하셨잖아요. 그럼 법정지상권으로 인해 일괄경매청구권 행사할 수 없는 거 아닌가요?

Answer

공동저당권이 설정된 후 건물이 철거되고 새로이 신축된 경우, 제366조의 법정지상권이 인정되기 위해서는 신축건물의 소유자와 토지소유자가 동일한 것만으로는 부족합니다. 공동저당권자가 신축된 건물에 종전과 동일한 순위의 저당권을 취득하여 토지에서 하락된 법정지상권만큼의 가치를 건물에서 취득할 수 있는 경우여야 합니다. 그와 같은 특별한 사정이 없다면 제366조의 법정지상권은 인정되지 않습니다. 따라서 법정지상권에 의하여 보호되지 않는 건물이 존재하는 경우, 일괄경매권 행사가 가능한 것이지요.

Question. 3

지원림 저 민법강의 제9판 829쪽 아래 부분에 보면 "근저당권의 실행비용이 최고액에 포함되는지에 관하여 견해가 대립한다"고 되어 있는데 다른 책에 보면 [대결 1971. 5. 15, 71마251, 대판 1971. 4. 6, 71다26]을 들면서 저당권에 관한 제360조와 달리 근저당권의 경우 채권최고액 속에 근저당권의 실행비용은 포함되지 않는다고 되어 있습니다.

만약 < 채권최고액 속에 근저당권의 실행비용은 포함되지 않는다 >라는 지문이 나오면 맞다고 해야 하나요, 아니면 틀리다고 해야 하나요?

Answer

저당권 실행비용이 우선변제의 대상이 되는지에 관해서 판례는 우선변제의 대상이 된다고 판단하고 있습니다. 저당권이든 근저당권이든 마찬가지입니다. 따라서 (근)저당물의 제3취득자가 (근)저당권소멸청구권을 행사하기 위해서는 (근)저당권자가 지출한 (근)저당권 실행비용을 변제하여야 합니다.

그런데 근저당권에는 채권최고액이 등기되어 있고, 그 범위에서 우선변제권이 인정됩니다. 근저당권이 실행되기 위해서는 채권자가 별도로 비용을 들여 근저당권 실행경매신청을 하여야 합니다. 경매절차가 진행되고, 매각대금을 배당하는 경우에는 채권자인 근저당권자가 이미 지출한 경매비용 등 근저당권 실행비용은 매각대금에서 모두 우선적으로 공제됩니다. 공제되고 남은 금액으로 배당절차가 진행되지요.

그런데, 경매절차 진행 중에 근저당물의 제3취득자가 피담보채무를 변제하고 근저당권소멸을 청구하기 위해서는 채권최고액 범위의 피담보채무액만 변제하면 되는지 아니면 채권자인 근저당권자가 이미 지출한 경매비용 등도 지급하여야 하는지가 문제됩니다. 이 점에 관해서 견해의 대립이 있습니다. 근저당권의 채권최고액에 경매비용 등 근저당권실행비용이 포함되는지 여부라는 논점은 바로 이에 관한 논점입니다.

판례는 채권최고액에 근저당권실행비용이 포함되지 않는다는 입장입니다. 따라서 제3취득자가 경매절차 진행 중에 피담보채무를 변제하고 근저당권소멸을 청구하기 위해서는 채권최고액 범위의 피담보채무액과 채권자가 이미 지출한 경매비용까지 지급하여야 합니다. 가령 근저당권의 채권최고액은 1천만 원이며, 실제의 피담보채권액은 1천 1백만 원인데, 근저당권자가 경매를 신청하였고, 그 비용으로 50만 원을 지출하였는데, 근저당물의 제3취득자가 제364조에 따라 제3취득자로서 변제하고 근저당권소멸을 청구하기 위해서는 1천만 원만 변제하면 족한 것인지 1천 50만 원을 변제하여야 하는지에 관해서 대법원은 1천 50만 원을 변제하여야 한다는 입장입니다. 대법원의 입장은 타당한 것으로 보입니다. 그렇게 보지 않으면 근저당권자가 스스로 경매를 신청한 경우와 다른 채권자가 경매를 신청한 경우에 근저당권자가 우선변제받을 수 있는 채권액이 달라지게 되는 불균형이 발생할 수 있기 때문입니다.
"채권최고액 속에 근저당권의 실행비용은 포함되지 않는다."는 지문은 옳지 않은 지문입니다. 한편 "근저당권 실행비용은 저당권 실행비용과 달리 우선변제의 대상이 되지 아니한다."는 지문도 역시 옳지 않은 지문입니다.

Question. 4

"경매가 실행이 되면 최선 순위의 저당권에 앞선 보전가등기는 말소되지 않는다"라고 교과서에서 설명하고 있습니다. 예를 들어 A의 소유의 부동산 X에 甲이라는 사람이 소유권이전을 위한 보전가등기를 설정하였고, 乙이라는 사람이 저당권 설정등기를 하였다면 실질적으로 乙의 저당권 실행시 甲의 보전 가등기가 말소되지 않게 되면 사실상 乙은 가등기가 경료되어 있는 부동산을 경락받아 언제 가등기에 의한 본등기의 경료로 소유권이 이전될지 모르는 위험을 부담하고 있는데, 乙의 입장에서 그 위험 부담을 해소하는 방법에는 무엇이 있는지 궁금합니다.

제가 곰곰이 생각해 본 결과, 乙은 자신의 부동산 소유권을 기초로 방해예방을 위하여 가등기 말소청구를 신청할 수 있지 않을까요?

Answer

질문이 잘 이해가 되지 않습니다.
선순위 가등기권리자가 있고, 후순위로 저당권을 취득한 자가 있는데, 후순위저당권자가 저당권을 실행하여 부동산을 경락받더라도 선순위가등기가 말소되지 않아 후순위저당권자에게 불리하므로 부당하다고 생각하시는 것 같군요.
부당합니까? 후순위저당권이 실행되면 선순위가등기가 말소되어야 정당합니까? 그렇다면 가등기를 통해서 청구권을 보전하는 것을 불가능하거나 무의미해지는 것 아닐까요? 나아가 저당권을 후순위로 취득할 당시 이미 선순위 가등기가 있음을 저당권자는 알고 있었을 것인데, 그런 저당권자가 왜 선순위가등기권리자보다 보호되어야 하나요?
가지고 계시는 의문을 다시 한 번 생각해보십시오.

제4절 비전형담보

Question. 1

1. 가등기담보권 실행시 청산금은 "실행통지 당시의" 목적부동산 가액에서 그 시점의 피담보채권액을 공제한 차액이 되는데… 실행통지 당시로 한 취지가 있나요?

청산통지 후 가등기담보권자가 목적부동산을 취득하기 전 청산기간인 2월 동안에도 피담보채권액은 이자나 지연손해금 등으로 계속 늘어날 것이고 목적부동산 가액도 비록 주관적이긴 하지만 증감변동할 텐데 그런 건 따지지 않는 건가요?

2. 가등기담보의 목적물에 대하여 제 3자에 의한 경매가 진행되는 경우, 경매를 신청한 제3자보다 가등기담보권자가 선순위라도 배당에 참가하여 우선변제를 받을 수 있는 건가요?

Answer

1. 부동산의 가액도 변동되고, 피담보채권액도 지연손해금 등으로 늘어나게 될 것인데, 어느 시점에서인가는 청산금 액수를 확정해야 하겠지요. 실행통지 시점을 기준으로 하여 청산금을 확정할 수도 있고, 실제로 청산할 때를 기준으로 청산금을 확정할 수도 있을 것입니다. 이는 결국 입법정책의 문제이겠지요. 가담법에서는 실행통지 시점을 기준으로 청산금을 확정하도록 규정하고 있습니다. 이는 그 무렵이 아마도 제3자에 대한 관계까지 고려할 때에 가장 적당하다고 생각되기 때문입니다.

2. 네.

Question. 2

약한 의미의 양도담보라는 것이 일반양도담보와 똑같은 건가요?

Answer

같은 의미라고 보시면 됩니다. 양도담보는 채권담보를 목적으로 소유권 등의 권리를 이전하는 담보제도입니다. 채무자가 변제를 하지 않을 경우, 담보로 이전된 권리를 청산 없이 취득하는 양도담보와 청산을 하고 취득하는 양도담보로 나누어 볼 수 있는데, 전자를 약한 의미의 양도담보라고 합니다. 제607조, 제608조의 취지에 비추어 청산 없이 취득할 수는 없다고 보아야 하므로 양도담보는 다른 특별한 사정이 없는 한 약한 의미의 양도담보라고 보아야 합니다.

Question. 3

지원림 저 민법강의 제9판 867쪽에 맨 위에 양도담보권자는 담보권 실행의 일환으로 이를 담보채무자로부터 임차하여 점유하는 제3자에 대하여도 명도를 구할 수 있고 또한 명도를 거부하는 경우에는 담보권 실행이 방해된 것을 이유로 하는 손해배상도 아울러 구할 수 있다, 할 것이다. 그러나 그러한 경우에도 양도담보권자에게는 목적부동산에 대한 사용수익권이 없으므로 일반 소유권자가 소유 부동산을 불법점유하는 제3자에 대하여 소유권에 기한 사용수익을 하지 못한 것을 이유로 하여 청구하는 임료상당의 손해배상을 구할 수는 없다고 함이 상당하다. 이렇게 나와 있는데요.

양도담보권자가 양도담보실행으로 인한 청산금 지급하고 완전한 소유권 취득 후 반환청구를 하게 되면 그때는 보통의 소유자와 마찬가지로 사용수익권을 가지는 거 아닌가요?

(담보권 실행한 것이 아니라면, 양도담보제공자가 여전히 사용 수익하고 양도담보권자는 대외적 소유권만 취득하고 사용수익하지 못하기 때문에 임료상당의 손배청구가 불가능하다는 점은 알고 있습니다.)

Answer

양도담보권자로서 제3자에 대하여 명도와 손해배상을 청구한다는 의미는 완전한 소유권자로서 제3자에 대하여 명도와 손해배상을 청구한다는 의미가 아닙니다. 질문하신 것처럼 양도담보권을 실행하여, 청산금을 지급하고 완전한 소유권을 취득한 후에 제3자에 대하여 명도와 손해배상을 청구한다면 이는 양도담보권자로서 명도와 손해배상을 청구하는 것이 아니라 완전한 소유권자로서 명도와 손해배상을 청구하는 것이지요. 그런 경우에는 임료 상당액의 손해배상청구도 당연히 가능한 것입니다.

Question. 4

"미등기건물에 대한 양도담보계약상의 채권자의 지위를 승계하여 건물을 관리하고 있는 자는 건물의 소유자가 아니며, 건물에 대하여 법률상 또는 사실상 처분권을 가지고 있지도 않기 때문에 건물에 대한 건물처분권을 가지지 못한다."라는 지문인데요.

신탁적 소유권이전설에 따르면 양도담보권자는 대외적 소유자여서. 그 물건에 대한 처분권한을 갖는 거 아닌가요? 근데 이 문제 같은 경우 미등기여서 소유권이전의 등기가 되어있지 않아서 처분권한을 갖지 못하는 건가요?

"채무자가 채권자에게 채무에 갈음하여 다른 재산권을 이전하였다면 그 재산권의 시가가 채무의 원리금을 초과하는 경우에 그러한 재산권 이전은 민법 제607조, 제608조에 의해서 무효로 된다." 이게 틀린다고 하는데. 채무자가 채무에 갈음하여 다른 재산권을 완전히 이전하는 것이라면 제607조, 제608조에 따라 무효이고, 완전히 이전하는 것이 아니라 채권담보목적으로 이전하는 것이라면 담보목적 범위 내에서 약한 의미의 양도담보로써 유효로 볼 수 있다는 거 아니었나요?

Answer

첫 번째 질문에 대한 답변〉

질문하신 분이 생각하는 것이 맞기도 하고 틀리기도 하네요. ㅠ

미등기건물의 처분권한을 가지는 자는 그 건물의 미등기매수인 등과 같이 그 건물에 관하여 등기를 제외하고는 완전한 소유권을 취득한 것과 마찬가지의 지위를 가지는 자입니다. 미등기건물에 대한 양도담보권자는 설사 등기명의를 가지고 있다고 하더라도 완전한 소유권자와는 달리 담보목적으로 소유권을 가지고 있는 자이기 때문에 완전한 소유권을 취득한 것과 마찬가지의 지위를 가지는 자라고 할 수 없습니다. 따라서 양도담보권자는 그 건물에 대한 철거처분권을 가지지 않습니다. 또한 양도담보권자의 지위를 승계한 자도 그 지위를 승계하였다는 점에 비추어 보면 역시 완전한 소유권을 취득한 것과 마찬가지의 지위를 가지는 자라고 할 수 없는 것이지요.

두 번째 질문에 대한 답변〉

제607조와 제608조는 대물반환의 예약을 규제하는 규정입니다. 지문에서는 대물변제를 한 것이지요. 대물변제에는 제607조와 제608조가 적용되지 않습니다.

Question. 5

"담보가등기 후에 등기된 저당권자 및 전세권자는 가등기담보 채무자에 우선하여 청산금을 지급받을 권리가 있다"란 명제가 맞는 명제인가요?

위의 명제에서 '담보가등기 후에 등기된 저당권자 및 전세권자'는 가담법에서 말하는 '후순위권리자'에 해당하는 것으로 보이는데, 후순위권리자에 관하여 규정한 가담법 제5조 제1항("① 후순위권리자는 그 순위에 따라 채무자등이 지급받을 청산금에 대하여 제3조제1항에 따라 통지된 평가액의 범위에서 청산금이 지급될 때까지 그 권리를 행사할 수 있고, 채권자는 후순위권리자의 요구가 있는 경우에는 청산금을 지급하여야 한다.")문언에서,

"권리를 행사하고"가 무슨 의미인지 잘 모르겠고,

"청산금을 지급하여야 한다"는 것이 후순위권리자들이 채무자에 우선하여 청산금을 지급받을 수 있다는 의미인건지, 만일 아니라면 채무자와의 관계에서 어떤 순위로 배당이 되는 것인지 궁금합니다. 채무자는 후순위권리자들이 청산금을 지급받고 남은 금액만을 받을 뿐인가요?

Answer

따옴표 안의 문장은 가담법 제5조 제1항에서 규정하고 있는 후순위권리자의 직접청구권에 관한 설명으로 보입니다. 옳은 지문으로 보입니다.

담보가등기 후에 등기된 저당권자, 전세권자는 가등기담보법 제2조 5호에서 후순위권리자로 규정하고 있습니다. 후순위권리자는 가등기담보채무자에 대해서 권리를 가지고 있는 자이지 가등기담보채권자에 대하여 권리를 가지고 있는 자는 아닙니다. 그러나 가등기담보법 제5조에서는 후순위권리자가 가등기담보채무자에 대하여 행사할 수 있는 권리를 가등기담보채권자에 대하여 행사할 수 있도록 허용한 것인데, 그 범위는 통지한 청산금의 수액 범위에서 행사할 수 있다고 규정하고 있습니다. 이는 가등기담보권의 사적 실행에서 가등기담보채권자에게 채권자로서의 지위, 매수인으로서의 지위, 배당금을 배분하는 집행담당기관으로서의 지위를 모두 인정한 것으로 이해할 수 있습니다.

후순위권리자가 가등기담보채권자에게 청산금에 대한 직접청구를 하면, 가등기담보채권자는 채무자에게 지급하여야 할 청산금(실행통지한 청산금의 수액에 한하여) 중에서 후순위권리자가 요구한 청산금을 지급하여야 하므로 결과적으로 후순위권리자가 가등기담보채무자보다 우선하는 결과가 됩니다.

Question. 6

작년 판례들을 공부하다 양도담보권자가 목적물의 소실로 인하여 양도담보 설정자가 취득한 화재보험금청구권에 대하여 물상대위권을 행사할 수 있는지에 관한 2009. 11. 26, 2006다37106 판례의 내용 중 의문이 들어서 이렇게 질문을 드립니다.

판결 요지를 보면 양도담보로 제공된 목적물이 멸실이 되었을 경우에 담보물 가치의 변형물인 화재보험금청구권에 양도담보권자는 물상대위권을 행사할 수 있다고 하였는데, 여기서 목적물의 멸실 책임은 누구에게 있든지 상관이 없는 것인지요? 제 생각으로는 임대차에서의 임대목적물의 멸실 시 임대인의 책임 영역인지, 임차인의 책임영역인지 판단하여 그 멸실 책임을 귀속하였는데, 담보목적물의 멸실 시에도 책임 귀속에 의하여 양도담보권자의 물상대위권 행사 여부도 달라지지 않을까 하는 의문이 들었습니다.

선생님 제가 생각하고 있는 것이 여기에서도 적용되는지 여쭈어봅니다. 답변 기다리고 있겠습니다.

Answer

물상대위의 요건으로 담보물의 멸실, 훼손의 원인은 묻지 않지만, 담보권자의 과실에 기하지 않은 것이어야 한다(지원림 저 민법강의 제9판 786면). 참고하시기 바랍니다.

Question. 7

지원림 저 민법강의 제8판 855면 위 단락

"신탁적 소유권이전설을 일관한다면, 양수인은 선, 악의를 불문하고 소유권을 취득한다고 할 것이다. 즉 양도담보권자가 담보목적 부동산에 대하여 가등기담보 등에 관한 법률 소정의 청산절차를 이행하지 아니한 채 소유권을 이전한 경우에 부동산매수인은 소유권을 확정적으로 취득한다(대판 1992. 12. 8, 92다35066. 다만 이영준, 992쪽은 부동산의 경우에 가등기담보법 제11조 단서에 의하여 선의의 양수인만이 소유권을 취득할 수 있다고 한다.)"고 되어 있습니다

판례가 따르는 신탁적 소유권이전설을 견지한다면, 가등기담보법이 적용되지 않는 양도담보에서는 양도담보권자가 담보목적 부동산을 처분한 경우 양수인의 선, 악의를 불문하고 취득하는 것인가요?

저도 이렇게 이해하고 있었고, 선생님의 진도별 모강 제13회 37번 ㄹ 지문도 그렇게 되어 있어요.

그런데 지원림 저 민법강의 제8판 855면은 가등기담보법이 적용되지 않는 양도담보에 관하여 설명하고 있는 부분인데, 할주 처리 되어 있는 부분에 이영준 변호사는 '가등기담보법 제11조 단서에 의하여....'라고 하면서 가등기담보법이 적용되는 듯 한 취지로 설명하는 것 같고, 위 본문에서도 '가등기담보 등에 관한 법률 소정의 청산절차...'라고 하면서 가등기담보법을 언급하고 있는데, 왜 그런지 모르겠습니다.

지원림 저 민법강의 제8판 854면에 보면 생각건대 이하에서 지원림 교수님은 담보권설의 입장에서 가등기담보법 제11조 단서의 '유추'에 의해서 선의의 양수인만이 확정적으로 소유권을 취득한다고 하고 있는데..이 부분이 혼란스럽습니다. 판례가 이 경우(가등기담보법이 적용되지 않는 양도담보에서 양도담보권자가 담보목적 부동산을 처분한 경우 양수인의 선, 악의를 불문하고 확정적으로 소유권을 취득할 수 있는지 여부)에 어떤 판단을 내리고 있는지 궁금합니다.

Answer

알고 계신대로 정리하시면 됩니다. 가담법의 적용범위를 제한적으로 이해하는 것이 판례의 태도입니다. 92다35066은 가담법이 적용되지 않는 경우의 판례입니다. 정산절차 없이 양도담보권자가 제3자에게 소유권을 이전한 경우에 제3자가 소유권을 확정적으로 취득합니다. 이는 악의라도 마찬가지입니다.

Question. 8

가등기담보에서 채무자 등의 말소청구권에 관한 질문입니다.

말소청구권 소멸 사유 중에서 채무의 변제기로부터 10년이 경과한 경우에서의 채무란 청산금 채무를 말하는 건가요 아니면 본래 채무자의 채무를 말하는 건가요?

만약에 후자면, 채무가 10년이 지나서 소멸했는데 당연히 말소를 청구할 수 있는 것 아닌가요?

Answer

교과서 등이 이를 분명히 언급하지 않고 있더군요. 청산금채무를 의미하는 것으로 보아야 할 것입니다.

Question. 9

가등기담보법에서 후순위권리자 문제 질문입니다

지원림 저 민법강의 제9판 854쪽 맨 아래 하단에 있는 판례에서요. "채권자의 변제제한의 효력은 후순위권리자에게만 적용되는 상대적인 것이므로"라는 의미가 정확히 무슨 뜻인가요?

청산기간이 경과하기 전에 채권자가 채무자에게 청산금채무를 변제 할 수 없는 것은 후순위 권리자뿐만 아니라 채무자에 대해서도 마찬가지 아닌가요?

Answer

채권자가 채무자에게 청산기간 전에 청산금채무를 변제하였다면 그와 같은 변제에 의하여 청산금채무가 소멸할 것인가 하는 문제가 생깁니다. 그 변제는 유효라는 것이지요. 다만, 후순위권리자에 대해서는 그 변제가 효력이 없는 것입니다. '상대적'이라는 의미는 바로 이러한 뜻입니다.

기출 273쪽 6번 문제 5번 보기(11년 기출)

甲은 乙에게 돈을 빌려주었다. 그 원리금 반환채무를 담보하기 위해 乙은 약정 당시의 가액이 원금과 약정 변제기까지의 이자의 합산액을 초과하는 자신의 건물을 甲에게 양도하기로 하는 담보계약을 체결하고, 甲 명의로 소유권이전등기를 해주었는데, 甲과 乙의 약정에 따라 乙이 위 건물을 사용 · 수익하고 있다. 다음 설명 중 옳은 것은? (다툼 있으면 판례에 의함) [11년]

⑤ 乙의 채무가 변제기를 도과한 경우, 甲은 건물을 타인에게 처분하여 정산하기 위한 환가절차의 일환으로 직접 건물의 소유권에 기하여 乙에게 그 인도를 구할 수 있다.

Question. 10

기출문제 완전분석 273쪽 6번 문제 5번 보기 (11년 기출) "乙의 채무가 변제기를 도과한 경우 甲은 건물을 타인에게 처분하여 정산하기 위한 환가절차의 일환으로 직접 건물의 소유권에 기하여 乙에게 그 인도를 구할 수 있다.(소극)"이고, 해설에서는 판례의 신탁적소유권이전설에 따라 소유권에 기하여 인도청구하는 것은 불가하며 담보권실행을 원인으로 반환청구를 할 수 있다고 되어 있는데 저는 가담법이 적용되는 경우 판례에 따르면 더 이상 처분청산은 허용되지 아니하므로 틀린 지문이라고 생각했는데 제가 제대로 판단했는지 궁금합니다.

Answer

부동산 양도담보가 이루어진 경우, 부동산에 관한 등기명의는 이미 채권자 앞으로 이전되어 있습니다. 채권자가 이를 제3자에게 매각하고 등기를 이전하는 행위 자체가 불가능하지는 않습니다(처분정산의 가능성). 다만, 채권자는 정산을 완료하지 아니하면 채무자에 대하여 소유자로서 권리를 행사할 수 없습니다.

이 지문이 묻고자 하는 것은 채권자가 정산금 지급하기 전에 소유권에 기하여 양도담보의 목적물에 대한 인도를 청구할 수 있는지 여부입니다.

처분정산이 가능하다고 하더라도 채권자가 채무자에 대하여 정산금을 지급하기 전까지는 소유자로서 권리행사를 할 수는 없습니다. 가등기담보법 제4조 제2항도 이점을 분명히 하고 있습니다. 결국 해설처럼 소유권을 행사할 수는 없다고 이해하여야 합니다.

양도담보의 경우에는 처분정산이 불가능하지는 않다는 점을 주의하시기 바랍니다.

제3편 채권총론

제1장 채권법 서론 · 채권의 목적

채권의 목적

Question. 1

위법하게 해고된 근로자의 해고기간 동안의 임금채권과 관련해서요.
판례가 휴업수당관련설을 취하는데 강의 중에 들어주신 예에 대해서 질문입니다.
해고기간동안의 임금액수 : 1200만 원
휴업수당상당액 : 900만 원
중간수입 : 500만원
이 경우 사용자가 지급할 금액이 900만 원이라고 하셨는데,
이해가 안가네요.

사용자가 지급할 임금액(1200만 원) 중에서 휴업수당(900만 원) 상당액을 초과한 부분이 공제대상인데 그럼 초과부분이 300만 원이고. 여기서 중간수입 500만 원과의 계산을 잘 모르겠어요.

Answer

공제대상은 300만 원 부분만입니다. 300만 원에서 500만 원을 공제하면, 200만 원은 공제될 수 없지요. 그렇다고 휴업수당상당액에서 그 200만 원을 공제할 수 없습니다. 공제한다면 근로기준법의 취지에 반하기 때문입니다. 결국 200만 원은 더 이상 공제될 수 없는 것입니다. 사용자는 공제대상인 300만 원을 중간수입으로 모두 공제하고, 나머지 900만 원을 지급하여야 합니다.

Question. 2

민법 진도별 모강 제15회의 강의를 듣다 궁금한 점이 생겨 이렇게 질문 글을 올립니다.

다름이 아니라 이 강의에서 금전채무에 관한 지연손해금에 대해 설명하실 때,

(1) 지연손해금에 관한 별도의 약정이 있는 경우,

- 손해배상액의 예정으로서의 성격을 가진다.
- 직권감액가능/ 직권증액 불가능(법정이율보다 낮은 지연손해금율 약정은 유효).
- 초과 손해배상청구는 허용 X.

(2) 지연손해금에 관한 별도의 약정이 없는 경우,

원칙 : 법정이자율에 따라 손해액 산정

예외 : 약정이자율에 따라 손해액 산정(약정이자율이 법정이자율보다 높은 경우만)

이런 식으로 필기를 하셨는데,

1번 상황의 경우에는 법정이율보다 낮은 약정이율이 유효한데,

2번 상황에서는 약정이율이 법정이율보다 낮으면 무효인 이유를 잘 모르겠습니다.

즉, 양자의 상황이 다르다는 건 알겠는데 뭐가 다른 건지 이해를 못하겠습니다.

제가 대략적으로 생각하는 해석은 2가지가 있는데,

첫 번째는 1번은 지연손해금 액수 그 자체를 의미하는 것이고(즉 1,000만 원 채무이면 10만 원을 지연손해금으로 주기로 정하는 것도 유효하다는 해석 - 이율로 따지면 1%지만 액수로 취급하기 때문에 유효하다),

두 번째는 지연손해금에 대한 이율을 의미한다는 해석.

두 번째는 1번은 일반이자에 관한 약정이율과 지연손해금에 관한 약정이율 모두 정한 것이고 2번은 일반이자에 관한 약정이율만 정했고 지연손해금에 관한 약정이율은 정하지 않은 것이라는 해석.

(즉, 2번의 경우에는 일반이자에 관한 이율이 지연손해금에도 그대로 적용한다는 방식)

이 둘 중 맞는 해석이 있는 건지 아니면 둘 다 틀린 해석인지 모르겠습니다.

부디 명쾌한 해답을 내려주시면 정말 감사하겠습니다.

Answer

지연손해금에 관한 약정과 이자에 관한 약정을 혼동하고 있습니다. 가령, 1천만

원을 대여하면서 이자는 연 10%를 지급하기로 했습니다. 이때 10%는 이자에 관한 약정입니다. 지연손해금에 관한 약정은 아니지요. 그런데, 이자 약정 외에 별도로 변제기에 변제를 하지 아니하면 지연손해금은 연 20%의 이율로 지급하기로 약정하였습니다. 이때 20%는 이자에 관한 약정이 아니라 지연손해금에 관한 약정입니다. 이행지체를 대비한 약정이지요. 거래에서 이와 같은 지연손해금에 관한 약정을 연체이자라고 합니다.

이러한 이해를 바탕으로 다시 한 번 생각해보시기 바랍니다.

Question. 3

기본적 이자채권에 대한 질문입니다.

기본적 이자채권만의 양도나 압류는 안 되는 건가요? 가령 A가 1000만 원의 원본채권과 앞으로 매년 200만 원씩 3년간 받을 수 있는 기본적 이자채권이 있는데, 다른 사람이 매년 200만 원씩 받을 수 있게 양도하거나, 압류해서 압류채권자가 받을 수 있게 할 수는 없는 건가요? 제가 생각하기엔 장래의 채권의 양도나 압류처럼 특정이 되면 가능하지 않을까 생각되는데….

Answer

기본적 이자채권이란 아직 변제기가 도래하지 아니한 이자채권을 말합니다. 말하자면 장래 도래할 변제기에 이자를 지급받을 수 있는 추상적 지위인 것이지요. 매년 200만 원씩 지급받을 수 있는 기본적 이자채권으로부터 각 이자지급시기가 도래함을 전제로 하는 지분적 이자채권이 발생합니다.

양도나 압류의 대상이 되는 채권은 특정성이 있어야 합니다. 가령, 질문자님이 든 예에서 원본채권의 변제기를 정하지 아니하였다고 가정합시다. 매년 200만원씩 받을 수 있는 이자채권을 그 변제기 도래 전에 양도할 수 있는가에 관해서는 특정성이 있는가를 따져보아야 할 것입니다. 몇 년 치의 이자채권을 양도하려는 것인지를 특정하지 아니하였다면 그와 같은 양도는 특정성이 없어 효력이 없을 것입니다. 반면에 2년 치의 이자채권을 양도하려는 것이라면 이는 기본적 이자채권의 양도가 아니라 장래 발생할 지분적 이자채권의 양도라고 보아야 하지요.

정리하자면 원칙적으로 기본적 이자채권을 원본채권과 분리하여 양도하는 것은 허용되지 않습니다. 압류 역시 마찬가지입니다. 그 주된 이유는 추상적 권리로서 특정성이 없기 때문입니다. 그러나 질문자님이 지적하는 것처럼 앞으로 발생하게 될 이자채권의 양도나 압류는 특정성이 있다면 가능합니다. 이때 양도나 압류의 대상이 되는 이자채권은 추상적 채권이 아니라 구체적 채권이라고 해야 합니다. 즉 장래 발생할 지분적 이자채권이라고 보아야 합니다.

Question. 4

민법 제462조의 해석론으로서 특정물채권에서 흠 있는 특정물을 인도할 경우 완전이행설과 변제제공설이 대립되며 전자가 다수설인 것으로 알고 있습니다. 그런데 완전이행설에 의할 때,

1) 흠 있는 특정물을 인도하여 그 흠으로 손해가 발생하였다면 제390조에 의한 손해배상으로 해결하지 않고 담보책임의 문제로 해결하는 것이 맞는가요?

2) 1번이 맞다면 특정물의 흠으로 인하여 이행이익을 초과하는 배상이 발생했더라도 담보책임과 별도로 제390조의 채무불이행책임은 추궁할 수 없는 것인가요?

Answer

'흠으로 손해가 발생'한 경우, 그 손해의 내용이 무엇인지를 살펴야 할 것입니다. 그 손해라는 것이 흠 있는 물건을 흠 없는 물건으로 생각하여 비싼 가격으로 매수함에 따른 손해라면 이러한 손해배상을 내용으로 제390조에 따른 채무불이행책임을 추궁할 수는 없을 것입니다.

즉, 상품적합성의 결여로 인한 손해라면 그 손해의 전보 등에 관한 문제는 담보책임의 영역이라는 것이 완전이행설의 태도입니다. 반면 흠으로 인한 손해가 매수인의 기존 이익을 침해하는 손해(이행이익을 초과하는 완전성 이익 혹은 현상이익 침해에 따른 손해)라면 완전이행설에 의하더라도 이는 담보책임으로 해결할 수 있는 문제가 아닙니다. 불법행위 혹은 채무불이행의 문제로 이해합니다.

Question. 5

1. 금전채권 손해배상액의 정형화에 있어서 질문입니다.

손해배상액을 미리 약정해놨으면 실손해증명에 의한 감액이 허용이 되지 않는다고

알고 있습니다.

하지만 동영상 강의에서,

미리 손해액이 약정되지 않았을 때, 예외적으로 법정이율과 다른 약정이율 존재시, 법정이율이 약정이율보다 작으면 법정이율에 따르고, 법정이율이 약정이율보다 크면 약정이율에 따른다고 하셨는데,

여기서 약정이율이 존재한다는 것은 손해배상액 예정이 없는 경우에서 예외적으로 법정이율과 약정이율이 다른 경우가 아닌, 이미 미리 손해배상액에 관해서 약정이 있는 걸로 보아야 하지 않는지 궁금합니다.

또한 배상액의 예정이 없는 경우, 법정이율이 약정이율보다 작을 때 왜 법정이율에 따르는지, 약정이율이 법정이율보다 작을 때 왜 약정이율에 따르는지, 다시 한 번 설명 부탁드릴 수 있을까요.(지원림 저 민법강의 제9판 928쪽)

2. 선택채권의 특정시, 급부의 선택은 소급효를 가지나, 이 소급효가 채권적효력을 가질 뿐이어서 제 3자의 권리를 해하지 못한다고 나와 있습니다.(지원림 저 민법강의 제9판 918쪽 d))

그런데 만일 제3자 역시 채권적 효력을 가질 시, 채권자 평등원칙에 따라서 채권자가 제 3자의 채무자에 대한 채권적 권리의 실현을 방해함으로써 제 3자의 권리를 해할 수 있는 것 아닌가요?

3. 외화채권을 내국통화로 결제하는 경우, 환율결정시기에 있어서 채권자가 대용권을 행사하여 소가 제기되었을 때도 판례는 378조의 적용을 긍정하여, 채무자가 채권자에게 현실적으로 지급할 때의 환율로 변제할 수 있다고 설명하셨습니다.

그런데 이게 왜 타당성을 가지는지, 판례가 왜 이렇게 판단하는지 이유를 잘 모르겠습니다. 채권자가 대용권을 행사했을 시, 학설에 따라서 의사표시할 때의 환율이나, 소를 제기하였을 때의 환율로 하는 것이 더 타당하지 않는가요? (지원림 저 민법강의 제9판 924쪽, (라)외국통화)

4. 종류채권인 금전채권과 특정금전채권의 차이점이 잘 이해가 가지 않습니다. (지원림 저 민법강의 제9판 923쪽 - 924쪽)

5. 선택채권의 지정권에 관한 규정이 왜 종류채권에 유추되지 않는지, 그리고 제한종류채권에는 왜 유추되는지 이해가 잘 되지 않습니다.(지원림 저 민법강의 제9판

914쪽, b))

6. 자연채무가 경개 또는 준소비대차의 기초로 삼을 수 있다는 게 무슨 뜻인지 이해가 되지 않습니다. 경개라는 것이 채권자가 구채무를 소멸시키고 신채무를 성립시키는 것으로 알고 있는데, 채권자가 이행을 청구할 수 없는 자연채무를 경개의 구 채무로 대입하는 것은 잘못된 것 아닌가요?(지원림 저 민법강의 제9판 896쪽, d))

Answer

1. 1천만 원을 대여하면서 대여기간 1년, 이자는 연 3%로 약정하였다고 가정해 봅시다. 연 3%의 이자약정은 대여금채무불이행을 대비한 약정은 아니지요. 즉 손해배상액의 예정이라고 볼 수는 없습니다. 그런데 채무자가 약정한 변제기에 대여금을 갚지 않고 있습니다. 이 경우 이행지체로 인한 손해배상금을 어떻게 산정해야 할까요?

민법 제397조 제1항은 금전채무불이행의 손해배상은 법정이율에 의한다고 규정하면서도 그 단서에 법령의 제한에 위반하지 아니한 약정이율이 있으면 그 이율에 의한다고 규정하고 있습니다. 약정이율 연 3%가 있으니 제397조 제1항 단서에 따라 지연손해금도 연 3%의 이율에 따라 산정하여야 할까요? 약간의 의문이 생깁니다. 이자약정이 전혀 없었던 경우에도 변제기에 변제하지 아니하면 민사법정이자율인 연 5%의 이율에 따라 손해를 산정하는데, 이자약정이 있는 경우임에도 지연손해금을 법정이율보다 낮은 약정이율에 의한다면 균형이 맞지 않는 것이지요.

이런 점을 고려하여 최근 대법원은 제397조 제1항 단서의 적용범위를 제한적으로 해석합니다. 즉 법정이율보다 높은 약정이율이 있을 때에만 적용하는 것이고, 법정이율보다 낮은 약정이율이 있을 때에는 적용하지 않는 것으로 해석합니다. 이러한 해석이 일반인의 관념에 부합하는 해석일 것입니다.

2. 제3자가 가지고 있는 권리가 채권이라면 선택채권자가 선택권을 행사하더라도 그에 의하여 급부내용이 특정되더라도 제3자의 채권은 침해되지 않습니다. 질문하신 분이 생각하시는 '채권의 실현을 방해'하는 것이 구체적으로 무엇인가요?

3. 저도 질문하신 분과 같은 생각입니다. 다만, 그 판결에서 채권자의 대용권이 제378조를 근거로 발생하는지 여부는 당사자가 다투지 아니한 사항이었습니다.

만약 그 부분을 다투었다면 다른 결론에 이를 수도 있었을 것입니다. 또한 환율결정시기에 관해서도 당사자가 다투지 아니하였습니다. 그런 이유로 이 판결을 과연 리딩판결로 이해할 수 있을지는 의문입니다. 다만, 채무자가 임의로 이행하는 경우이든 채권자의 청구에 의하여 이행하는 경우이든 급부의 내용이 달라지는 것은 일반인의 법관념에 비추어 바람직하지는 않을 것입니다. 아마도 이러한 고려에 따라 환율결정시기를 판단하지 않았나 생각합니다.

4. 종류채권과 특정채권의 차이를 생각하시면 됩니다. 다만 급부의 목적물이 물건으로서 금전일 뿐입니다. 즉 대체가능성이 있는 경우가 종류채권인 금전채권이고, 대체가능성이 없는 경우가 특정금전채권이지요.

5. 선택채권의 선택권은 채무자에게 있습니다. 채무자가 선택하지 아니하면 그 선택권이 채권자에게 이전할 수 있지요. 선택권이전에 관한 규정이 종류채권에 유추되지 않습니다. 종류채권의 경우에도 종류물이 구체적으로 정해져야 급부를 실현할 수 있을 것입니다. 종류물이 특정되기 위해서는 채무자가 지정하거나 이행에 필요한 행위를 완료하여야 합니다. 채무자가 그와 같은 행위를 하지 아니한 경우, 채권자가 종류채권의 실현을 위해 선택권이전에 관한 규정을 유추하여 종류물을 특정할 수 있도록 하면 곤란한 문제들이 발생합니다.

가령, 삼성파브텔레비젼을 목적물로 하는 종류채권이 있다고 가정해봅시다. 채무자는 그 종류의 텔레비젼을 아주 싼 가격에 구할 수 있어 비교적 시가보다 저렴한 가격으로 매매계약을 체결하였는데, 채무자가 특정을 위한 아무런 행위를 하지 않고 있습니다. 선택권이전에 관한 규정을 유추하여 채권자가 일방적으로 급부목적물을 선택할 수 있도록 하면 채권자가 삼성파브텔레비젼이 있는 아무 상점에 들어가 그 텔레비젼을 지정하여 특정할 수 있을 것이고, 채무자는 그 특정된 물건을 구입하여 채권자에 급부하여야 할 것입니다. 채무자의 거래선 등은 모두 무의미한 것이 될 수 있지요. 이러한 결과가 용인될 수 있을까요? 아마도 용인되기 어려울 것입니다. 그러나 제한종류채권이라면 문제가 조금 다를 수 있지요. 제한종류채권의 경우에는 그 범위 내의 종류물이 모두 급부목적물이 될 수 있음을 채무자가 예정하고 있기 때문입니다.

6. 자연채무를 오해하고 있군요. '채권자가 이행을 청구할 수 없는 자연채무'라고 쓰셨는데, 그렇게 이해하면 자연채무는 채무가 아니지요. 자연채무는 소구할 수 없는 채무입니다. 소송을 제기하여 급부를 청구할 수 없는 채무인 것입니다.

엄연히 법적인 채무이지요. 그 채무의 이행에 갈음하여 다른 급부를 하겠다는 약속은 당연히 효력이 있다고 보아야 하지요.

사시 2009년 기출 변제충당 사례

甲은 2006. 5. 6. 乙로부터 1억 원을 이자 월 2%, 변제기 2007. 10. 5.로 정하여 차용하였으며('A 차용금'이라 함), 乙에게 그 차용금채무의 담보로 액면 1억 5,000만 원, 지급기일 2007. 10. 5.인 약속어음을 발행하여 주었다. 甲은 2005. 11. 6.에도 乙로부터 8,000만 원을 이자 월 2%, 변제기 2006. 11. 5.로 정하여 차용한 바 있었는데('B 차용금'이라 함), 2006. 7. 5. 乙에게 B 차용금에 대한 그 때까지의 이자 및 원금 중 3,000만 원을 변제하였다. 甲은 2008. 1. 5. 乙에게 1억 4,000만 원을 지급하였다('지급금'이라 함). 다음 설명 중 옳지 않은 것은?(다툼 있으면 판례에 의함) [09년]

① 乙이 지급금을 B차용금의 채무의 변제에 충당하고자 하는 데 대하여 甲이 즉시 이의를 제기하면 乙의 지정충당은 그 효력이 없다.

② 甲은 위 지급금을 A차용금의 원금 변제에 먼저 충당할 것을 지정할 수 없다.

③ 甲은 위 지급금이 A차용금의 변제를 위하여 지급되었다고 주장하고 乙은 B차용금의 변제에 충당되었다고 주장하는 경우 '그 급부는 당해 채무(B차용금채무)에 대하여 행하여진 것'이라는 점에 대한 증명책임은 채권자인 乙에게 있다.

④ 甲이 발행한 어음을 乙에게 교부하였더라도 법정충당에 있어서 A차용금채무와 B차용금채무의 변제이익에는 차이가 없다.

⑤ 법정충당에 의할 경우 위 지급금 중 4,000만원(1억원 × 2% × 2006. 5. 6.부터 2008. 1. 5.까지 20개월)은 A차용금채무의 이자 또는 지연손해금의 변제에, 1,800만원(5,000만원 × 2% × 2006. 7. 6.부터 2008. 1. 5.까지 18개월)은 B차용금 중 이자 또는 지연손해금의 변제에, 나머지 8,200만원은 A차용금의 원금 변제에 각 순차로 충당된다.

Question. 6

지연손해금의 기준이 되는 금액이 의문인데요.

甲의 A 차용금을 기준으로 보면 변제기가 2007. 10. 5. 이구요, 2008. 1. 5.에 지급금 1억 4천만 원을 냈잖아요? 근데 A 차용금은 2007. 10. 5. 까지 계속 이자가 붙어서, 원본 1억에 이자 3400만 원이 나오는데요. 그렇다면 2007. 10. 5의 변제기가 지나면서 붙는 지연손해금은 1억에 3400만 원을 더한 1억 3400만 원을 기준으로 계산해야 되는 것 아닌가요? 계속 원본에 대해서만 붙어나가는 건가요? 변제기 이전의 이자처럼요?

Answer

질문하신 분은 아마도 지연손해금에도 다시 지연손해금이 부가되어야 하는 것 아닌가 하는 생각을 하고 있는 듯합니다. 변제기가 정해진 원본채무는 변제기가 지나면 당연히 지연손해금이 부가됩니다. 반면 지연손해금채무는 기한의 정함이 없는 채무입니다. 따라서 별도로 이행의 청구를 받지 않는 한 지연손해금채무의 이행지체가 발생하지 않습니다. 결국 지연손해금에 대한 별도의 이행청구가 없는 한 원본채무에 대해서만 지연손해금이 부가됩니다.

채권의 효력

4/15 피드백 확인테스트 26번

26. 甲은 乙로부터 X 건물을 임차하여 막대한 시설비를 투자하고 양식음식점 시설을 갖추어 영업을 하여 왔다. 그러나 X 건물의 누수로 인하여 상당한 부분의 식당시설이 훼손되고 정화조 탱크가 파손되는 등 건물에 하자가 있어 영업을 계속하지 못하게 되었다. 하자 사실에 대하여 乙이 알았거나 알 수 있었다면 乙은 甲에 대하여 영업을 하지 못함으로써 입은 정신적 고통에 대하여 위자료를 지급하여야 한다. 정답 X

해 설 임대인의 채무불이행으로 인하여 임차인이 임차의 목적을 달성할 수 없는 손해가 발생한 경우에도 주된 피침해이익이 재산적인 것이며, 이 경우 재산상의 손해의 전보에 의하여 통상 정신적 고통 또는 불이익도 전보되는 것으로 볼 수 있기 때문에 재산적 손해의 배상만으로는 회복될 수 없는 정신적 고통을 입었다는 특별한 사정이 있어야 하고, 이에 대하여 임대인이 예견

가능성을 가지고 있을 때에 위자료 배상의무가 발생한다.
[대판 1994. 12. 13, 93다59779] 일반적으로 임대차계약에 있어서 임대인의 채무불이행으로 인하여 임차인이 임차의 목적을 달할 수 없게 되어 손해가 발생한 경우, 이로 인하여 임차인이 받은 정신적 고통은 그 재산적 손해에 대한 배상이 이루어짐으로써 회복된다고 보아야 할 것이므로, 임차인이 재산적 손해의 배상만으로는 회복될 수 없는 정신적 고통을 입었다는 특별한 사정이 있고, 임대인이 이와 같은 사정을 알았거나 알 수 있었을 경우에 한하여 정신적 고통에 대한 위자료를 인정할 수 있다.

Question. 1

4/15 피드백 확인테스트 26번 관련 질문입니다.

오답 이유가 "특별한 사정"에 대한 임대인의 인식 대상이 잘못 설시된 점에 있는 것 같은데 그렇다면 이 문제에서 특별한 사정이 무엇인지 궁금합니다.

"막대한 시설비"부분인지 아니면 "재산적 손해의 배상만으로 회복 불가능한 정신적 고통인지"...

Answer

재산적 손해의 전보에도 불구하고 회복되지 않는 정신적 고통을 야기하는 사정이 있고, 이러한 사정에 대한 예견가능성이 있어야 위자료배상이 가능합니다. 막대한 시설비를 투자하였다는 사실 혹은 건물에 누수라는 하자가 있다는 사실을 아는 것만으로는 재산적 손해전보에도 불구하고 회복되지 않는 정신적 고통이 남아있게 되는 특별한 사정을 예견했다고 할 수 없습니다. 재산적 손해전보로 그 손해가 모두 전보되기 때문이지요.

Question. 2

1. 이행지체의 종료에서요.

"이행지체의 종료사유로 '변제'나 그 밖의 사유로 인한 채권의 소멸, '변제의 제공(지연배상을 포함해야한다)', 채권자의 지체면제, 지체 후의 불능 등이 있다"라고 되

어있는데요,
'변제'와 '변제의 제공'은 같은 것 아닌가요?

2. 손해배상의 방법과 손해의 산정 파트 속 손배액의 예정에서요, 청구의 범위 속에 나오는 내용인데요,
"채무불이행으로 인한 손해배상예정액의 청구와 채무불이행으로 인한 손해배상액의 청구는 그 청구원인을 달리하는 별개의 청구이므로, 손해배상예정액의 청구 가운데 채무불이행으로 인한 손해배상액의 청구가 포함되어 있다고 볼 수 없다.(대판2000. 2. 11, 99다49644)"라고 되어 있는데요, 손배예정을 해놓으면 따로 손해배상청구를 할 수 없고, 예정액만을 요구할 수 있는 것 아닌가요?

Answer

1. 변제와 변제제공은 다른 말입니다. 변제제공은 채무자가 변제에 필요한 행위를 완료하고, 채권자의 협력을 구하는 상태를 말하며, 채권자가 그에 필요한 협력을 하여 채권의 목적이 달성되는 것이 변제입니다.

2. 손해액을 예정한 경우, 일정한 채무불이행을 전제로 손해액을 예정할 수 있습니다. 가령, 이행지체를 전제로 지연손해배상금을 예정하는 것이 그러한 예가 될 수 있습니다. 이때 이행지체를 원인으로 예정배상액의 지급을 청구할 수도 있지만, 채무자가 이행지체 이외의 다른 채무불이행이 있을 수도 있습니다. 그때에는 채무불이행으로 인한 손해배상청구를 하여야 합니다.

Question. 3

제가 알기로는 전보배상은 이행에 갈음하는 손해배상으로써 채무불이행의 주된 유형인 이행지체(예외적인 경우), 이행불능에 인정되는 것으로 알고 있습니다.
전보배상은 계약관계가 존속함을 전제로 하고 청구하는 것이기 때문에 전보배상을 청구하기 위해서는 전보배상청구권자가 자기의 반대급부를 이행해 주어야 한다고 알고 있습니다.
그런데 이행지체와 이행불능에서 계약을 해제하는 것도 가능한 걸로 알고 있는데,
진도별 모강 제16회 강의를 들어보면 계약이 해제되는 경우에도 전보배상이 가능한

것처럼 말씀하셨는데 계약을 해제하는 경우에도 전보 배상이 가능한 건가요?

가능하다면 이 경우에도 반대급부를 제공해 주어야 하는 건가요?

아니면 계약을 해제하는 경우에는 전보배상은 불가능하고 단지 계약을 해제하기까지 이르게 된 과정에서 생긴 손해를 별도로 청구할 수 있을 뿐인 건가요?

전보배상과 계약 해제의 관계를 잘 이해하지 못하겠습니다.

그리고 전보배상은 채무불이행에만 관계있는 내용이고 불법행위로 인한 손해배상에는 적용되지 않는 것으로 알고 있는데 맞는지 궁금합니다.

Answer

전보배상은 급부에 갈음하는 손해배상을 말합니다. 계약을 해제한 경우에도 전보배상을 청구하는 것이 가능하고, 계약을 해제하지 않고도 전보배상을 청구하는 것이 가능할 수 있습니다.

전보배상을 청구하는 경우, 손해액을 산정하는 방법으로 급부의 가치를 가액으로 산정하여야 하는가(교환설), 반대급부의 가치를 공제하여 가액을 산정하여야 하는가(차액설)에 관해서는 견해의 대립이 있습니다. 이는 지원림 저 제9판 1111면 이하에 자세히 설명되어 있습니다. 방주 [4-221] (마)를 참고하세요.

Re-Question.

일단 답변을 달아주신 것에 감사드립니다.

계약을 해제하는 경우에도 전보배상 청구가 가능하다고 하셨는데,

그럼 이 경우에 전보배상청구권자가 부담하는 반대급부는 어떻게 되는 것인가요?

계약을 해제하며 전보배상을 청구하는 경우에는 반대채무를 이행하지 않아도 되지만 계약을 해제하지 않고 전보배상을 청구하는 경우와 전보배상의 내용이 달라지는 건가요?

즉, 청구하는 손해배상의 내용이 달라지는 건가요? 그렇다면 계약을 해제하고 전보배상을 청구하는 경우 그 대표적인 배상 내용은 무엇인가요?

그리고 전보배상이라는 용어는 채무불이행에서만 사용되고 불법행위에서는 사용되지 않는 용어인가요?

Re-Answer

급부에 갈음하는 손해배상이 전보배상입니다. 급부의무를 전제로 하는 것이지요. 불법행위는 급부의무를 부담하는지 여부를 전제로 하지 않습니다. 결국 전보배상이라는 표현은 채무불이행에서만 사용할 수 있는 것입니다.

계약을 해제하고 전보배상을 청구하는 경우와 계약을 유지하면서 전보배상을 청구하는 경우는 그 청구의 내용이 당연히 달라져야 할 것입니다. 가령, 시가 1억 원하는 부동산을 8천만 원에 매수하기로 매매계약을 체결하였는데, 매도인이 이를 이행하지 않아서 매수인이 계약을 해제하고, 손해배상을 청구하는 경우를 가정해보죠. 매수인이 반대급부의무(매매대금지급의무)를 이행하였다면 이미 지급한 매매대금의 반환을 청구할 수 있습니다. 이는 제548조 제2항에 따라 청구하는 것으로 손해배상의 내용으로 되지는 않습니다. 원상회복청구이지요. 지급한 매매대금을 돌려받더라도 매수인에게는 손해가 있습니다.

매도인이 급부의무를 이행하였더라면 매수인은 1억 원 가치가 있는 부동산을 취득하고, 대금 8천만 원을 지급하여야 하는 것이므로 그 차액인 2천만 원의 이익을 취득하였을 것입니다. 그 2천만 원의 손해배상이 전보배상의 내용이 될 것입니다. 이 경우 전보배상의 내용은 차액설에 따라 파악한 것이지요. 만약 손해배상을 청구할 당시 부동산 가격이 앙등하여 더 많은 이익을 얻을 수 있었던 경우, 그와 같은 손해는 이른바 특별사정으로 인한 손해이므로 제393조 제2항의 요건 하에서 배상범위에 포함될 수 있겠지요.

제2장 채권의 소멸

제1절 변제와 채권자지체

변제

2012년도 사법시험대비 기출문제집 294쪽 문제 7번

甲은 2006. 5. 6. 乙로부터 1억 원을 이자 월 2%, 변제기 2007. 10. 5.로 정하여 차용하였으며('A차용금' 이라 함), 乙에게 그 차용금채무의 담보로 액면 1억 5,000만원, 지급기일 2007. 10. 5.인 약속어음을 발행하여 주었다. 甲은 2005. 11. 6.에도 乙로부터 8,000만원을 이자 월 2%, 변제기 2006. 11. 5.로 정하여 차용한 바 있었는데('B차용금' 이라 함), 2006. 7. 5. 乙에게 B차용금에 대한 그 때까지의 이자 및 원금 중 3,000만원을 변제하였다. 甲은 2008. 1. 5. 乙에게 1억 4,000만원을 지급하였다('지급금' 이라 함). 다음 설명 중 옳지 않은 것은?(다툼 있으면 판례에 의함)[09년]

① 乙이 지급금을 B차용금의 채무의 변제에 충당하고자 하는 데 대하여 甲이 즉시 이의를 제기하면 乙의 지정충당은 그 효력이 없다.

② 甲은 위 지급금을 A차용금의 원금 변제에 먼저 충당할 것을 지정할 수 없다.

③ 甲은 위 지급금이 A차용금의 변제를 위하여 지급되었다고 주장하고 乙은 B차용금의 변제에 충당되었다고 주장하는 경우 '그 급부는 당해 채무(B차용금채무)에 대하여 행하여진 것' 이라는 점에 대한 증명책임은 채권자인 乙에게 있다.

④ 甲이 발행한 어음을 乙에게 교부하였더라도 법정충당에 있어서 A차용금채무와 B차용금채무의 변제이익에는 차이가 없다.

⑤ 법정충당에 의할 경우 위 지급금 중 4,000만원(1억원 × 2% × 2006. 5. 6.

부터 2008. 1. 5.까지 20개월)은 A차용금채무의 이자 또는 지연손해금의 변제에, 1,800만원(5,000만원 × 2% × 2006. 7. 6.부터 2008. 1. 5.까지 18개월)은 B차용금 중 이자 또는 지연손해금의 변제에, 나머지 8,200만원은 A차용금의 원금 변제에 각 순차로 충당된다.

2012년도 사법시험대비 기출문제집 302쪽 문제 7번

변제에 관한 설명 중 옳은 것(○)과 옳지 않은 것(×)을 바르게 표시한 것은? (다툼 있으면 판례에 의함) [08년]

㉠ 금전채무에서 우편환, 은행발행의 자기앞수표 등의 제공은 현실제공이 되나, 보통의 수표나 약속어음의 제공 또는 은행통장과 인출인장의 제공은 원칙적으로 금전채무에 대한 유효한 변제제공이 될 수 없다.

㉡ 민법 제470조의 채권의 준점유자는 변제자의 입장에서 볼 때 일반 거래관념상 채권을 행사할 정당한 권한을 가진 것으로 믿을 만한 외관을 가지는 사람을 말하며, 스스로 채권자라고 하여 채권을 행사하는 자는 이에 해당하나, 채권자의 대리인이라고 하면서 채권을 행사하는 자는 이에 해당하지 않는다.

㉢ 담보권 실행을 위한 경매에서 배당된 배당금이 담보권자가 갖는 수 개의 피담보채권 전부를 소멸시키기에 부족한 경우, 민법 제476조에 의한 지정변제충당은 허용될 수 없고, 합의에 의한 변제충당과 법정변제충당의 방법만이 허용된다.

㉣ 비용 · 이자 · 원본에 대한 변제충당에서는 당사자 사이에 특별한 합의가 없는 한 비용 · 이자 · 원본의 순서로 변제에 충당하여야 할 것이며, 채무자는 물론 채권자라고 할지라도 위 법정 순서와 다르게 일방적으로 충당의 순서를 지정할 수는 없다.

㉤ 임의대위에서 변제자가 제3자에게 대항하기 위하여는 확정일자 있는 증서에 의한 대위의 통지나 승낙이 필요한데, 이 경우 제3자라 함은 대위변제의 목적인 그 채권 자체에 관하여 대위변제자와 양립할 수 없는 법률상 지위에 있는 자만을 의미한다.

㉥ 변제자대위는 일부대위의 경우에도 인정되므로, 근저당권의 피담보채권이 확정되기 전이라도 그 채권의 일부가 대위변제되었다면 그 근저당권은 대위변제자에게 이전될 수 있다.

① ㄱ(○), ㄴ(○), ㄷ(○), ㄹ(×), ㅁ(○), ㅂ(○)

② ㄱ(×), ㄴ(○), ㄷ(×), ㄹ(×), ㅁ(×), ㅂ(×)
③ ㄱ(○), ㄴ(×), ㄷ(○), ㄹ(○), ㅁ(○), ㅂ(×)
④ ㄱ(○), ㄴ(×), ㄷ(×), ㄹ(○), ㅁ(○), ㅂ(×)
⑤ ㄱ(×), ㄴ(○), ㄷ(○), ㄹ(○), ㅁ(×), ㅂ(○)
⑥ ㄱ(○), ㄴ(×), ㄷ(○), ㄹ(×), ㅁ(○), ㅂ(×)
⑦ ㄱ(×), ㄴ(○), ㄷ(○), ㄹ(×), ㅁ(×), ㅂ(○)
⑧ ㄱ(○), ㄴ(×), ㄷ(×), ㄹ(○), ㅁ(×), ㅂ(×)

Question. 1

1. 2012년도 사법시험대비 기출문제집 294쪽 문제 7번의 지문 3번 설명에서,

甲에게 한 급부('지급금')가 B 차용금 채무에 대하여 행하여진 것이라는 사실이 왜 乙에게 유리한 사실이죠? B 차용금엔 담보가 없기 때문입니까?

그리고 지급금이 A 차용금의 변제를 위하여 지급되었다는 주장에 대한 증명은 甲이 해야 하는 것이죠?

2. 2012년도 사법시험대비 기출문제집 302쪽 문제 7번의 지문의 ⓜ에 대한 설명에서,

임의대위변제자가 대항해야할 제3자는 '대위변제의 목적인 그 채권 자체에 관하여 대위변제자와 양립할 수 없는 법률상 지위에 있는 자만'을 의미한다고 했는데 그런 사람이 구체적으로 어떤 사람인가요?

Answer

1. 법정충당보다 유리한 충당의 효과를 주장하는 자가 그 근거에 대한 증명책임을 부담한다는 것이 대법원의 입장입니다. B 차용금채무에는 A 차용금채무와 달리 담보가 없기 때문에 법정충당에 따르면 A 차용금채무가 먼저 소멸되어야 합니다. 그러나 을이 B 차용금채무가 먼저 소멸되어야 한다고 주장한다면 그 근거를 스스로 증명하여야 합니다.

A 차용금채무의 변제를 위하여 지급되었다는 갑의 주장이 증명되지 않더라도 법정충당에 따라 A 차용금채무가 먼저 소멸합니다. 별도로 갑이 증명책임을 부담한다고 할 수는 없습니다.

2. 가령 임금채권을 임의대위변제하였는데, 임금채권 자체에 관하여 이해관계를 가지는 자, 예를 들면 임금채권 자체를 압류한 근로자의 채권자 혹은 임금채권 자체를 근로자로부터 이미 양수하여 취득한 양수인 등이 확정일자부 대항요건을 갖추어야 하는 제3자에 해당합니다.

Question. 2

1. '주채무자 이외의 자가 변제자인 경우 변제자가 발행 또는 배서한 어음에 의하여 담보되는 채무가 다른 채무보다 변제이익이 더 많다.' 여기서 '주채무자 이외의 자'가 보증인 같은 사람을 말하는 건가요? '어음에 의하여 담보되는 채무'보다 그냥 일반 채무가 더 변제이익이 많은 거 같은데 잘 이해가 안 되네요.

2. 채무초과 상태의 채무자가 수익자에게 부동산을 매매했는데요. 그 부동산을 시가의 2배 가격으로 판 경우에도 채권자가 채권자취소를 할 수 있나요?

Answer

1. 어음에 의하여 담보되는 채무와 그렇지 않은 채무 사이의 변제이익을 묻는 것 같군요. 우선 변제자가 누구인가를 살펴야 합니다. 변제자의 이익을 가지고 따져야 하기 때문입니다. 변제자가 어음을 발행하였거나 어음에 배서한 사람이네요. 그렇다면 변제자는 어음상 채무를 부담하는 사람이군요. 어음상 채무는 인적항변이 절단되어 있어서 통상적인 채무보다 그 집행이 쉽게 이루어질 수 있습니다. 어음상 채무를 부담하는 사람은 다른 채무보다 어음상 채무를 소멸시키는 것이 훨씬 유리합니다. 어음에 의하여 담보되는 채무를 소멸시키면 어음상 채무도 소멸될 수 있지요. 어음에 의하여 담보되는 채무, 즉 어음상 채무를 소멸시키는 것은 다른 단순 채무를 소멸시키는 것 보다 유리하고, 변제이익이 더 큽니다.

2. 채무자가 얼마에 팔았느냐는 채권자취소에 영향을 주지 않습니다. 시가의 2배에 팔았다고 하더라도 집행할 수 있는 부동산이 없어지고(채무자에게서 수익자에게로 부동산의 소유자가 바뀌게 되면 채권자는 그 부동산에 대해서는 원칙적으로 집행할 수 없습니다. 수익자는 채권자에 대하여 채무를 부담하는 사람이 아니기 때문이죠), 책임재산이 감소되는 것이기 때문에 채권자는 채무자의 그와 같은

양도를 취소할 수 있습니다. 채무자가 수익자로부터 시가의 2배나 되는 돈을 받았으니 오히려 채무의 재산이 늘어난 것 아닌가 하는 의문을 가지시는 것 같군요. 시가의 2배나 되는 돈을 받았더라도 채권자 입장에서 채무자가 소지하고 있는 금전은 집행의 대상으로 삼을 수가 없습니다. 물론 채무자가 받은 돈을 은행에 예금해두었다면 그 예금채권은 집행의 대상이 되니 사해행위가 아닐 수도 있겠다는 생각은 할 수 있습니다. 그러나 부동산이 책임재산으로서 가지는 가치와 예금채권이 책임재산으로서 가지는 가치가 동일하지는 않을 것입니다. 예금은 인출이 워낙 용이해서 부동산보다는 책임재산으로서의 가치가 떨어질 수밖에 없습니다. 결국 시가의 2배가 되는 돈을 받고 팔았더라도 사해행위가 아니라고 할 수는 없을 것입니다.

Question. 3

2000. 11. 10, 2000다29796 판결에서 보험에 의하여 담보되는 임차인의 채무가 다른 채무보다 더 변제이익이 많다고 볼 수 없는 이유는 무엇인가요? 변제자는 보험의 혜택을 받기에 다른 채무가 더 변제이익이 있지 않나요?

Answer

임차인이 보험회사와 보험계약을 체결하였는데, 이는 임대인에게 발생할 손해를 보험회사가 대신 배상하여 주기로 하는 내용의 보험입니다. 이를 타인을 위한 손해보험계약이라고 합니다.

타인을 위한 손해보험계약을 체결한 경우, 피보험자(보험의 이익을 받는 자, 임대인)에게 제3자가 손해를 가하는 경우, 피보험자는 제3자에 대하여 손해배상청구권을 취득함과 동시에 보험회사에 대하여 보험금청구권을 취득합니다. 제3자가 피보험자에게 손해배상금을 지급하면 보험회사는 그 한도에서 면책되지만, 보험회사가 보험금을 지급하였다고 해서 피보험자의 제3자에 대한 손해배상청구권이 소멸하지는 않습니다. 대신, 그 손해배상청구권이 보험회사에게 이전됩니다. 그런데, 타인을 위한 손해보험계약의 이와 같은 법리는 제3자가 손해를 가하는 경우뿐만 아니라 보험계약자가 손해를 가하는 경우에도 마찬가지로 적용됩니다.

질문하신 판결사안은 보험계약자인 임차인이 영화촬영장비가 파손된 때를 대비하여 피보험자는 임대인으로 하여 동산종합보험계약을 체결하였는데, 보험계약자인 임차인의 부주의로 렌즈가 파손된 사안입니다. 비록 보험회사가 보험금지급채무를 부담하더라도 보험회사가 그 채무를 이행하면 보험회사는 임대인의 임차인에 대한 손해배상청구권을 이전받아 취득하게 됩니다.

결국 렌즈파손에 따른 손해배상채무는 임차인이 종국적으로 그 책임을 부담해야 할 채무인 것이지요. 그 결과 다른 채무와 변제이익에 있어서 차이가 없는 것입니다. 이는 마치 변제자가 주채무자인 경우, 보증인에 의하여 담보되는 채무와 다른 채무 사이에 변제이익의 차이가 없는 것과 마찬가지입니다.

지원림 저 제9판 1144쪽 중간 부분 괄호 안 지문

대위권행사의 모든 효과는 채무자에게 귀속되어 전 채권자의 공동담보로 된다. 그러나 대위권을 행사함에 있어서 반드시 채무자에게 급부하라고 요구하여야 하는 것은 아니고, 채권자 자신에게 직접 급부하라고 요구하여도 된다. 즉, 채권자에 의한 대위수령도 가능하다.

Question. 4

지원림 저 민법강의 제9판 1144쪽 중간 부분 괄호 안 지문 관련 문의입니다.

이전등기청구권의 대위행사에서는 대위수령이 허용되지 않는다고 합니다. 선생님께서 강의하실 때 채권자가 매도인(채무자)에게서 매수인(3채무자) 명의로 소유권이전등기를 신청하는 절차에 매도인이 협력하라는 판결을 받으면 변제수령권자는 채권자가 된다고 하셨는데 괄호 지문을 어떻게 이해해야 하나요?

Answer

이전등기청구권을 대위행사하는 경우, 채권자의 변제수령권 여부

지원림 교과서에는 지적하신 대로 "이전등기청구권의 대위행사에는 대위수령이 허용되지 않는다."고 서술되어 있습니다. 반면 말소등기청구권의 대위행사의 경우에는 채권자의 변제수령권이 인정된다는 대법원 판례가 있고 교과서에서도 이를 소개하고 있습니다(95다27998).

채권자대위권을 행사하면 그 효과는 채무자에게 귀속됩니다. 그런데 효과가 채무자에게 귀속된다고 해서 채무자만이 변제수령권자여야 한다면 채무자가 변제

수령을 거절함으로써 채권자대위권 행사의 효과가 부당하게 발생하지 않을 수도 있습니다. 따라서 학설과 판례는 대위채권자의 피대위권리에 대한 변제수령권을 인정합니다. 대위채권자가 변제를 수령하는 것이 처분행위도 아니고, 채무자의 책임재산에 대한 법정재산관리권자인 채권자에게는 그 관리권의 내용으로 변제수령권을 인정할 수 있기 때문입니다.

변제수령권이 인정되어야 한다는 것은 피대위권리가 이전등기청구권인 경우에도 마찬가지라고 보아야 합니다. 가령, 갑이 을을 대위하여 병에 대하여 소유권이전등기청구를 하였고, 원고인 갑의 청구가 이유가 있어 그 청구를 인용하여야 한다면 법원은 피고에게 이전등기절차를 이행하라는 명령을 내려야 할 것입니다. 물론 이전등기절차는 그 상대방이 있을 수밖에 없는데, 너무나 당연하게도 그 상대방은 피대위자인 채무자 을이 되어야만 할 것입니다. 이전등기절차의 상대방을 원고인 갑으로 보게 되면 이는 법원이 중간생략등기를 명하는 것이 되어 타당하지 않기 때문입니다.

이전등기청구권의 대위행사의 경우에는 대위채권자의 대위수령이 허용되지 않는다는 지원림 교수님의 지적은 이전등기절차의 상대방이 대위채권자가 되어서는 안된다는 지적입니다. 다른 학설도 마찬가지로 이전등기절차의 상대방은 피대위자인 채무자여야 한다고 하고 있습니다.

그런데, 피대위권리인 이전등기청구권을 인용하여 그 절차이행을 명하는 판결을 함에 있어 이전등기절차의 상대방이 피대위자여야 한다는 것과 이전등기청구권의 변제수령권자가 피대위자이어야 한다는 것은 다른 의미인데, 지원림 교수님은 이를 간과하고 있는 듯합니다. 채권자대위소송은 채권자가 원고가 되어 제3채무자를 피고로 하여 제기하는 소송입니다. 이전등기청구권을 대위행사하는 소송에서도 원고는 채권자, 피고는 제3채무자입니다. 그 대위소송에서 원고는 피고에게 채무자에게로의 이전등기를 요구하고 있습니다. 이러한 요구가 타당하여 이를 실현하고자 한다면 피대위권리인 이전등기청구권의 변제수령권자가 누가 되어야 하겠습니까? 오로지 피대위자만이 수령권자라면 피대위자만이 대위판결을 기초로 하여 피대위자에게로의 이전등기를 실현할 수 있을 것입니다. 대위채권자도 변제수령권자에 해당한다고 보아야 할 것입니다. 그래야 대위채권자도 피고인 제3채무자의 의사를 대신하는 대위판결을 제출하여 피대위자인 채무자의 의사와 무관하게 피대위자인 채무자에게로의 이전등기를 실현할 수 있을 것입니다.

결국, 이전등기청구권의 대위행사의 경우에도 대위채권자에게 변제수령권이 인정되지만, 이전등기절차의 상대방은 피대위자이어야 하므로 제3채무자에게서 대위채권자에게로 직접 이전등기를 명하는 것은 허용되지 않는다고 이해하여야 합니다. 실무적으로는 이전등기청구권의 대위소송의 인용판결은 "피고는 채무자 000에게 소유권이전등기절차를 이행하라"고 그 주문이 작성됩니다. 그러나 이 판결을 대위채권자인 원고가 활용하여 채무자 의사와 무관하게 소유권이전등기를 실현할 수 있다는 점에서 대위채권자도 변제수령권이 있다고 이해하여야 합니다.

보다 중요한 것은 이전등기청구권 대위행사의 경우, 원고인 대위채권자에게 직접 이전등기절차를 이행하라고 명할 수는 없다는 점입니다.

Question. 5

채무를 대위변제한 보증인은 저당권의 등기에 부기등기를 하면 저당부동산의 제3취득자에 대하여도 채권자를 대위할 수 있으므로, 제3취득자를 상대로 구상할 수 있는 금액의 지급을 구하는 소를 제기할 수 있다(誤).

제482조 제2항 1호에 의하면 맞는 것 같은데요...왜 그런가요?

Answer

저당부동산의 제3취득자는 채무를 부담하는 사람이 아닙니다. 저당권에 따른 책임을 부담할 뿐입니다. 따라서 보증인이 변제자대위를 통해 행사할 수 있는 권리는 저당권입니다. 저당권의 피담보채권을 제3취득자에게 이행할 것을 요구하는 청구권이 인정되는 것은 아닙니다.

지문에서는 변제자대위의 가능성 여부를 묻는 것이 아닙니다. 변제자대위를 통하여 구체적으로 행사할 수 있는 권리의 모습이 무엇인지를 묻는 것입니다. 저당권을 실행하여 저당부동산으로부터 우선변제를 받을 수 있다고 하면 옳은 지문일 것입니다. 그러나 저당채무의 지급을 구하는 소를 제기하는 것은 허용되지 않습니다.

Question. 6

변제자 대위에 관한 민법 483조 제2항 3호에서 제목의 조문에서 제3취득자가 수인이 되는 경우가 어떠한 경우인지 잘 생각이 나지 않아서 여쭙게 되었습니다.

수개의 부동산에 대한 각각의 제3취득자를 뜻하는 것인지요? 제483조 제2항 3호가 적용되는 간단한 예를 알려주실 수 있나요?

Answer

갑이 을에 대하여 1억 원의 채권을 가지고 있고, 을의 A 부동산(시가 3천만 원)과 B부 동산(시가 9천만 원)에 공동저당권을 설정하였습니다. 그 후 A 부동산은 병에게, B 부동산을 정에게 각 이전되었습니다. 정이 갑에게 1억 원을 모두 대위변제하였다면 정은 을에 대한 구상권을 확보하기 위하여 채권자인 갑의 채권 및 담보에 관한 권리를 취득하게 되는데, 갑이 A 부동산에 가지고 있었던 저당권도 취득할 수 있는지를 제482조 제2항 제3호가 규정하고 있습니다.

취득할 수는 있으되, 그 저당권의 범위는 제한적으로만 인정됩니다. 부동산의 가액에 비례하여 저당권을 행사할 수 있는 것이지요. A 부동산과 B 부동산의 가액비율은 1 : 3 이므로 1억 원 및 그에 관한 법정이자 및 피할 수 없는 비용기타 손해액의 1/4 범위에서 저당권을 행사할 수 있습니다.

Question. 7

1.변제충당에서요,
각 비용이나 이자, 원금 상호간에는 제477조를 준용하는데요,
그렇다면 각 비용들 사이에서는 (법정충당 전에) 지정이 가능한 거죠?

2.구상권과 변제자대위 개념이 잘 안 잡히는데요,
구상권과 대위권은 같은 건가요?(즉, 구상권을 행사하기 위해 하는 것이 대위권인가요?) 아니면 다른 건가요? '물상보증인 고유의 구상권과 변제자대위권의 관계'란 부분을 보면 다른 것 같기도 하고요.

3. 만약 같다면 '물상보증인 고유의 구상권과 변제자대위권의 관계' 이건 뭐죠? 만약 다르다면 어떻게 다른가요? 그리고 어차피 변제자대위권은 구상권의 범위에서만 행사 가능한 것이니 변제자대위권은 실익이 없는 것이 아닌가요?

Answer

1. 제479조 제2항에서는 제477조를 준용하고 있을 뿐, 제476조는 준용하고 있지 않습니다. 따라서 각 비용들 사이에서는 채무자의 지정권을 인정하지 않고 있다고 해석하여야 합니다.

2. 구상권과 변제자대위권은 서로 다른 권리입니다. 마치 동일한 사실관계가 채무불이행도 구성하고 불법행위도 구성하는 경우, 손해배상청구권이 경합하는 것과 마찬가지고 구상권과 변제자대위를 통해 구상권자가 취득한 채권자의 채권도 서로 경합하는 관계에 있습니다. 구상권의 범위 내에서만 채권자의 권리를 행사할 수 있는 것이니 실익이 없는 것 아닌가 하는 의문이 들 수 있습니다.
그러나 변제자대위를 통해서 구상권자가 취득할 수 있는 채권자의 권리는 채권에 한정되는 것이 아니라 채권을 담보하기 위한 권리도 취득합니다. 구상권자는 구상권을 행사하는 것보다 채권자로부터 취득한 저당권과 같은 권리를 행사하는 것이 자신의 권리를 실현하기에 훨씬 수월할 것입니다. 실익이 없다고 할 수 없습니다.

이태섭 민법판례정리 I 372쪽 보험자대위에 의한 권리

(4) 보험자대위에 의한 권리

① 구 산업재해보상보험법(1994. 12. 22. 법률 제4826호로 전문 개정되기 전의 것) 제15조 제1항 본문은 "노동부장관은 제3자의 행위에 의한 재해로 인하여 보험급여를 한 때에는 그 급여액의 한도 안에서 급여를 받은 자의 그 제3자에 대한 손해배상청구권을 대위한다" 고 규정하고 있는 바, 이는 급여를 받은 자의 제3자에 대한 손해배상청구권이 있음을 전제로 하여 지급한 급여액의 한도 안에서 그 손해배상청구권을 취득한다는 취지에 불과한 것이므로, 노동부장관이 법규정에 따라 보험급여를 함으로써 취득하는 손해배상청구권은 동일성이 그대로 유지되고, 따라서 소멸시효의 기산점과 기간도 손해배상청구권 자체를 기준으로 판단하여야 한다. [대법원 1997. 12. 16 선고 95다37421 전원합의체 판결]

② 보험금을 지급한 보험자가 보험자대위에 의하여 다른 공동불법행위자 및 그의 보험자에 대하여 가지는 구상권의 소멸시효기간은 일반채권과 같이 10년이고, 그 기산점은 구상권이 발생한 시점, 즉 구상권자가 현실로 피해자에게 손해배상금을 지급한 때이다. [대법원 1999. 6. 11 선고 99다3143 판결]

Question. 8

이태섭 민법판례정리Ⅰ 372쪽 보험자대위에 의한 권리에서요.

1번 판례와 2번 판례가 결론이 다른 이유가 정확히 뭐죠? 1번은 피해자를 대위해 가해자에게 손배청구권을 행사하는 것이고, 2번은 불법행위자를 대위해 다른 불법행위자에게 손배청구권을 행사한다는 것이 차이인가요?

Answer

결론이 다르지 않습니다. 결론이 다르다고 생각하는 이유가 뭐죠? 보험자대위에 의하여 보험자가 취득하는 권리의 소멸시효기간과 기산점은 피대위권리를 기준으로 하여 판단하여야 한다는 것입니다. 1번 판례는 피대위권리가 손해배상청구권이고, 2번 판례는 피대위권리가 구상권입니다.

Question. 9

09년 사시기출 중 변제충당 문제에서요.

채무자와 채권자가 어디에 충당되었는지에 대해 다른 주장을 할 경우에, 증명책임은 채권자인 을에게 있다고 했는데요.

판례에 보면 안분충당보다 자신에게 유리한 것을 주장하는 자가 입증책임이 있다고 하는데요. 해설에도 그렇게 되어 있구요. 근데 물론 채권자 입장에서는 안분비례에 의할 때보다 B차용금에 충당할 때가 자신에게 유리한 건 맞는데요.

채무자 입장에서도 마찬가지로 안분비례에 의할 때보다 A차용금(어음에 의해 담보되는)에 충당할 때가 자신에게 더 유리한 것 아닌가요?

Answer

법정충당에 의하여 부여되는 법률효과 이상으로 자신에게 유리한 효과를 주장하는 자가 그 근거를 증명하여야 합니다. A 차용금 채무와 B 차용금 채무는 A 채무가 채무자에게 변제이익이 더 큰 채무입니다. 법정충당에 의하면 A 채무가 먼저 소멸되어야 하지요. 그런데 채권자는 B 채무가 먼저 소멸되어야 한다고 주장합니다. 법정충당에 의하여 부여되는 법률효과 이상으로 자신에게 유리한 효과를 주장하는 것이지요. 그 근거는 채권자가 증명하여야 합니다.

이태섭 민법판례정리 II 31쪽 (2) ② 판결

② 이해관계 있는 제3자의 의미 민법 제469조 제2항은 이해관계 없는 제3자는 채무자의 의사에 반하여 변제하지 못한다고 규정하고, 민법 제481조는 변제할 정당한 이익이 있는 자는 변제로 당연히 채권자를 대위한다고 규정하고 있는바, 위 조항에서 말하는 '이해관계' 내지 '변제할 정당한 이익'이 있는 자는 변제를 하지 않으면 채권자로부터 집행을 받게 되거나 또는 채무자에 대한 자기의 권리를 잃게 되는 지위에 있기 때문에 변제함으로써 당연히 대위의 보호를 받아야 할 법률상 이익을 가지는 자를 말하고, 단지 사실상의 이해관계를 가진 자는 제외된다(필자 註 : 공동저당의 목적인 물상보증인 소유의 부동산에 후순위로 소유권이전청구권 가등기가 설정되어 있는데 그 부동산에 대하여 먼저 경매가 실행되어 공동저당권자가 매각대금 전액을 배당받고 채무의 일부가 남은 사안에서, 위 가등기권리자는 채무자의 의사에 반하여 그 채무 잔액을 대위변제하거나 변제공탁 할 수 있는 '이해관계 있는 제3자' 또는 '변제할 정당한 이익이 있는 자'에 해당하지 않는다고 본 사례). [대법원 2009. 5. 28 자 2008마109 결정]

이태섭 민법판례정리 II 42쪽 5. ③ 판결

③ 인감증명서에 기재된 매도인의 주소와 등기부상 주소가 일치하지 아니하는 경우

(ㄱ) 매도인이 대금지급기일에 인감증명서 · 등기권리증 · 인감도장 등을 준비하였다면 위 인감증명서에 기재된 매도인 및 가등기명의자의 주소가 각자의 등기부상 주소와 일치하지 않더라도, 신의칙에 비추어 매도인은 일응 자기 채무의 이행제공을 하였다고 봄이 상당하다. [대법원 1992. 7. 24 선고 91다15614 판결]

(ㄴ) 부동산매도인이 이행의 제공을 한 정도는 언제든지 현실의 제공을 할 수 있는 정도로 등기절차에 필요한 일체의 서류를 준비하여야 하는 것으로서 그 서류를 준비하여야 하는 것으로서 그 서류 중 인감증명서는 그 주소가 부동산 등기부상의 그것과 동일한 것이어야 하고, 만일 그들 사이에 다른 점이 있다면 비록 그것이 매도인의 귀책사유에 기인한 것이 아니라 하더라도 그 이행의 제공은 적법한 것이 될 수 없다. [대법원 1980. 1. 29 선고 79다1910 판결]

Question. 10

1. 이태섭 민법판례정리Ⅱ 31쪽 (2) ②번 판결에서요.
물상보증인에 대한 공동저당권자보다 후순위의 소유권이전청구권 가등기 권리자가 '변제할 정당한 이익이 있는 자'가 아니라고 하는데요.
왜 그렇죠? "채권자로부터 집행을 받게 되거나, 또는 채무자에 대한 자기의 권리를 잃게 되는…"에서 자신의 권리를 잃게 되는 사람인 것 같은데요. '채무자에 대한'이 아니기 때문인가요?

2. 이태섭 민법판례정리Ⅱ 42쪽에서요.
'5.변제제공에 관한 기타 판례 중 ③'에서 ㄱ과 ㄴ이 어떻게 다른가요? 상반된 판례인가요? 하나는 이행제공을 인정하고, ㄴ은 이행 제공이 적법하지 않다 하구요.

3. 지원림 저에서, 지급을 위하여 어음, 수표가 교부된 경우에서요.
기존채무의 이행과 어음, 수표 반환 사이의 동시이행관계를 설명할 때, 괄호 안에 보면 어음 수표 상의 권리를 먼저 행사하여야한다는 입장을 따르더라도, 가령 어음상의 주채무자와 원인계약상의 주채무자가 다른 경우에는 이중변제의 위험을 부담하게 된다는데요. 왜 이중변제의 위험을 부담하게 되나요?

Answer

1. 물상보증인이 제공한 저당권이 실행되어 그 부동산에 있는 후순위 가등기권리는 소멸하였습니다. 그리고 후순위 가등기권리자가 채무자가 제공한 공동저당권의 피담보채무를 대위변제하고자 하는데, 이에 관하여 변제할 정당한 이익이 있는가가 문제되고 있는 사안입니다. 채무자가 제공한 공동저당권의 피담보채무를 대위변제하더라도 이미 소멸한 자신의 가등기권리가 부활하지는 않습니다. 변제하지 않는다고 하여 후순위 가등기권리자였던 자의 재산에 강제집행의 위험이 생기는 것도 아니지요. 따라서 변제할 정당한 이익을 인정할 수 없다고 합니다.

2. 현실제공으로 변제제공을 하는 경우와 구두제공으로 변제제공을 하는 경우의 차이입니다. (ㄱ) 판결은 구두제공으로 변제제공을 하여 상대방을 이행지체에 빠뜨리기 위한 변제제공이 유효한 지를 다루는 판결이나, (ㄴ) 판결은 현실제공

으로 변제제공을 하는 경우에 관한 판결입니다.

3. 어음상 주채무자에게 먼저 청구하였는데, 어음상 주채무자가 어음금 지급을 거절하여 원인채무자에게 이행을 청구하는 경우에는 이중지급의 위험이 문제될 수 있습니다. 이때 어음반환과 원인채무이행 사이에 동시이행관계를 인정할 필요가 있습니다.

Question. 11

대위로 인한 저당권의 이전에 등기가 필요한가요?

지원림 저 민법강의 제9판 491쪽 상단에 보면 '대위로 인한 저당권 등의 이전'은 등기가 필요하지 않은 것으로 되어 있는데요,

지원림 저 민법강의 제9판 823쪽 <공동저당에서의 대위에 관한 재판 예>에서 보면, 물상보증인이 대위취득한 선순위저당권설정등기에 대하여는 물상보증인 앞으로 대위에 의한 저당권이전의 부기등기가 경료되어야 하므로 피담보채권이 소멸했다는 사정만으로 말소등기를 청구할 수 없다고 나옵니다.

어떻게 이해해야 하는지요?

Answer

대위의 부기등기가 없더라도 법정대위자에게 저당권은 당연히 이전합니다. 법정대위자가 저당권을 변제자대위에 의하여 취득하더라도 대위의 부기등기가 없다면 법정대위자가 저당권을 행사하기 곤란할 것입니다. 따라서 저당권의 행사를 용이하게 하기 위하여 혹은 제3취득자에게 대항하기 위하여 대위의 부기등기를 하여야 할 필요는 있지요. 그 결과 대위변제를 받은 채권자는 법정대위자에 대하여 대위의 부기등기절차에 협력할 의무를 부담하는 것입니다.

Question. 12

당사자 사이에 특별한 합의가 없는 한 비용, 이자, 원본의 순서로 충당하여야 하고, 채무자는 물론 채권자라 할지라도 위 법정순서와 다르게 일방적으로 충당의 순서를 지정할 수는 없다고 합니다. 그런데 당사자의 일방적인 지정에 대하여 상대방이 지체

없이 이의를 제기하지 아니함으로써 합의가 된 경우에는 이 순서를 따르지 않아도 된다고 하는데요.

그렇다면 여기서 채권자나 채무자가 위 법정순서와 다르게 '지정'만 한 단계에서는 이것이 받아들여지지 않고 그 상대방이 이의를 제기하지 않았을 때에는 그 '지정'이 합의로써 받아들여진다는 것인가요? '지정'만 한 단계, '합의'에 이른 단계를 구분하기는 했습니다만 명확히 받아들여지지가 않습니다.

Answer

지체 없이 이의를 제기하지 아니하면 언제나 채무자의 지정을 받아들이는 합의로 되는 것은 아닙니다. 지체 없이 이의를 제기하지 아니한다는 것은 묵시적 합의를 판단할 수 있는 하나의 자료입니다. 합의가 있었는지 여부를 판단하는 문제는 어렵습니다. 채권자측의 행태를 모두 고려하여야 하겠지요.

대판 2006. 12. 7, 2005다77558

근로자의 임금우선특권의 행사와 법정대위자 면책규정의 유추적용 [1] 근로자가 후순위저당권자가 존재하는 사용자의 재산에 대하여 임금채권 우선변제권을 행사하는 경우에 민법 제485조를 유추적용할 수 없다. 왜냐하면, 민법 제485조는 변제할 정당한 이익이 있는 자의 출연에 의한 변제에 따른 구상권 및 대위에 대한 기대권을 두텁게 보호하기 위하여 특별히 마련된 조항이므로 구상권의 발생이 예상되지 않는 경우에 유추적용하는 것은 적절하지 않고, 만일 유추적용을 인정하게 되면 근로자는 사용자의 재산에 대하여 별개로 경매절차가 진행될 경우 해당 재산의 책임분담액에 맞추어 개별 경매절차마다 일일이 임금채권 우선변제권을 행사하지 않으면 그 한도에서 우선변제권이 배제되는 불이익을 입게 되는 바, 이는 근로자에게 지나친 비용과 노력을 요구하므로 근로자의 생활안정을 위하여 임금채권을 강하게 보장하는 근로기준법의 입법 취지에 현저히 반하는 결과를 초래하기 때문이다. [2] 근로자가 사용자의 다른 재산에 대한 권리자 등과 공모하여 오로지 후순위저당권자의 대위에 관한 정당한 기대를 해하려는 의도 아래 후순위저당권의 목적물이 아닌 사용자의 다른 재산에 대하여 손쉽게 행사할 수 있었던 임금채권 우선변제권 행사를 포기해 버린 경우처럼, 근로자가 임금채권 우선변제권을 사용자의 일부 재산에 대하여만 선택적으로 행사하는 것이 사회생활상 용인될 수 없을 만큼 부당하여 권리남용으로 평가될 수 있는 경우에는 후순위저당권자의 대위에 관한 정당한 기대를 침해한 한도에서 임금채권 우선변제권이 배제되거나 제한될 수 있다. [대법원 2006. 12. 7 선고 2005다77558 판결]

Question. 13

근로자가 후순위저당권자가 존재하는 사용자의 재산에 대하여 임금채권우선변제권을 행사하는 경우에 제485조를 유추적용할 수 없다고 하고, 이와 더불어 2005다77558 판례(지원림 저 민법강의 제8판 963쪽)가 제시되어 있는데 제485조와 근로자의 임금채권우선변제권의 행사가 서로 어떠한 점에서 관련되는 것인지 모르겠습니다. 왜 제485조의 유추적용 문제에서 임금채권우선변제권의 행사 문제를 언급하게 되느냐를 이해해야 할 것 같습니다.

Answer

제485조는 채권자가 담보보존의무를 위반하여 법정대위자가 행사하여야 할 담보가 손상되거나 소멸한 경우, 채권자의 법정대위자에 대한 권리행사가 제한된다는 것을 규정하고 있습니다. 임금우선특권자는 저당권자보다 우선변제를 받을 수 있습니다. 임금우선특권자는 사용자의 모든 재산으로부터 우선변제를 받을 수 있는데, 사용자의 다른 재산이 경매되었음에도 임금우선특권자가 배당요구를 하지 않아 우선변제권이 실현되지 않고 있다가, 저당물의 경매절차에서 배당요구를 하면 저당권자에게는 불이익이 발생합니다. 이때 저당권자가 제485조를 유추하여 임금우선특권자의 우선변제권 행사를 제한할 수 있는지에 관한 판결입니다.

질문의 내용으로 보아서는 제485조의 취지가 이해되지 않은 듯합니다.

제2절 기타의 채권소멸원인

대물변제

대판 2003. 5. 16, 2001다27470 판례

대물변제가 채무소멸의 효력을 발생하려면 채무자가 본래의 이행에 갈음하여 행하는 다른 급여가 현실적인 것이어야 하며 그 경우 다른 급여가 부동산소유권의 이전인 때에는 그 부동산에 관한 물권변동의 효력이 발생하는 등기를 경료하여야 하는 바, 부동산실권리자명의등기에관한법률에 의하면 이른바 3자간 등기명의신탁의 경우 같은 법에서 정한 유예기간 경과에 의하여 기존 명의신탁약정과 그에 의한 등기가 무효로 되고, 이 경우 수탁자가 제3자에게 신탁부동산에 대한 처분행위를 한 경우 3자간 등기명의신탁에 의한 소유권이전등기의 무효로써 제3자에게 대항할 수 없다고 하더라도**(부동산실권리자명의등기에관한법률 제4조 제3항)**, 당초의 약정에 따른 신탁자에 대한 소유권이전등기의무가 이행된 것으로는 볼 수 없다. [대법원 2003. 5. 16 선고 2001다27470 판결]

Question.

2001다27470 판례(지원림 저 민법강의 제8판 972쪽) 관련하여 질문입니다.

도급인이 수급인회사의 임직원들에게 3자간 등기명의신탁의 방법으로 부동산소유권을 이전한 경우 수탁자가 제3자에게 신탁부동산의 처분행위를 하여도 이전등기의 무효로써 제3자에 대항할 수 없다고 하더라도, "당초의 약정에 따른 신탁자에 대한 소유권이전등기의무가 이행된 것으로는 볼 수 없다"

따옴표 안 문장이 이해가 되지 않습니다. 어떤 상황을 두고 이르는 말인가요?

Answer

공사대금 주는 대신에 부동산 넘겨주기로 약정하였죠(대물변제약정). 그런데 수급인에게 등기를 넘겨 준 것이 아니라 수급인의 임직원들에게 등기를 넘겨준 것이므로 당초 약정에 따른 의무가 이행된 것은 아니라는 것입니다.

공탁

Question.

대판 1993.7.13, 91다39429 관련 문의입니다.

진정한 출급청구권자(채권자)에 대한 공탁자의 채무는 소멸하는 것인가요? 그리고 민사소송으로 그 공탁금의 지급을 구할 수 없다는 말의 의미는 무엇인가요?

Answer

질문하신 판결 사안은 다음과 같은 사건입니다. 대한주택공사가 甲의 토지를 수용하고, 공탁물을 수령할 자를 甲으로 하여 공탁하였습니다. 그런데, 乙이라는 사람이 甲으로 가장하고 각종 서류를 위조 제시하여 공탁금을 출급인가처분을 받아 공탁금을 수령하였습니다. 이에 갑은 국가를 상대로 공탁금 지급청구소송을 제기한 것입니다.

원심법원은 乙에 대한 공탁금의 출급은 정당한 공탁금 출급청구권자에 대한 출급이 아니므로 공탁금에 대한 甲의 공탁금 출급청구권은 소멸하지 아니하였다는 점을 이유로 甲의 청구를 인용하였습니다.

대법원은 乙이 甲으로 가장하여 공탁금출급인가처분을 받아 공탁금을 출급하였다면, 이로써 공탁절차는 종료되었다고 보아야 한다고 판단합니다. 따라서 공탁금지급청구는 허용되지 않는다는 것이 대법원의 입장입니다.

대한주택공사의 甲에 대한 채무는 乙의 출급으로 인하여 소멸하는 것인가? 대법원이 이를 분명히 판단하고 있지는 않지만, 공탁에 의하여 甲에 대한 채무는 소멸한다고 보아야 합니다. 그 공탁 자체를 무효라고 할 수는 없기 때문입니다. 한편 甲에 대한 공탁금 출급인가처분이 있었으므로 그 처분이 당연무효라는 특별한 사정이 없는 한 공탁절차는 종료될 수밖에 없습니다. 그렇다면 甲이 국가에 대하여 불법행위를 이유로 한 손해배상을 청구하는 것은 가능할지 몰라도 공탁금 지급청구를 할 수는 없습니다. 민사소송으로 공탁금의 지급을 청구할 수 없다는 말의 의미는 바로 이러한 의미입니다.

상계

대판 2007. 9. 20. 2005다48956

⑤ 수탁자 개인이 수익자에 대하여 갖는 고유의 채권을 자동채권으로 하여 신탁재산에 속하는 채권과의 상계가 허용된다고 본 사례 수탁자 개인이 수익자에 대하여 갖는 고유의 채권을 자동채권으로 하여 수익자가 신탁종료시 수탁자에 대하여 갖는 원본반환채권 내지 수익채권 등과 상계하는 것은, 우선 신탁법 제20조가 금지하는 상계의 유형에 해당하지 아니할 뿐만 아니라 위와 같은 상계로 인하여 신탁재산의 감소가 초래되거나 초래될 위험이 전혀 없는 점, 수익자는 상계로 소멸하는 원본반환채권 등과 대등액의 범위 내에서 자신의 채무를 면하는 경제적 이익을 향수하게 되는 점, 신탁법 제42조 자체가 수탁자에게 자기의 고유재산으로 일단 신탁재산에 속하는 채무를 변제한 다음 그 비용을 신탁의 이익이 귀속하는 신탁재산 또는 수익자로부터 보상받을 수 있는 권리를 인정하고 있는 점, 수탁자가 수익자와의 거래로 생긴 채권 등을 자동채권으로 하여 수익자의 수탁자에 대한 원본반환채권 등과 상계할 것을 기대하는 것이 거래통념상 법적으로 보호받을 가치가 없는 비합리적인 기대라고 볼 수 없는 점 등에 비추어 볼 때, 수탁자의 위와 같은 상계는 수익자의 반대채권과의 상계를 통한 채권회수를 둘러싸고 신탁재산에 속하는 채권과 수탁자 고유의 채권이 경합하는 관계에 있어 이익상반행위에 해당한다거나 일반 민법상의 권리남용에 해당한다는 등의 특별한 사정이 없는 한 적법 · 유효한 것으로서 허용된다(필자 註 : 신탁법 제20조에서는 "신탁재산에 속하는 채권과 신탁재산에 속하지 아니하는 채무와는 상계하지 못한다" 고 규정하고 있다. 이는 신탁재산에 속하는 채권을 자동채권으로 하여 수탁자의 개인적 채무를 소멸시키지 못하게 함으로써 신탁재산의 감소를 방지하고 수익자를 보호하기 위한 것인데, 수탁자 개인이 수익자에 대하여 갖는 고유의 채권을 자동채권으로 하여 수익자의 수탁자에 대한 채권을 상계로 소멸시키는 것은 신탁법 제20조의 취지에 반하지 않는다고 판단한 사례이다). [대법원 2007. 9. 20 선고 2005다48956 판결]

Question. 1

1. 수탁자가 신탁의 수탁자로서 상대방에 대하여 갖고 있는 채권은 상대방이 수탁자 개인에 대하여 갖고 있는 반대채권과 법형식상으로는 상계가능한 대립관계에 있는 것처럼 보이지만 이 경우 수탁자에 의한 상계를 허용하게 되면 수탁자 고유의 채무를 신탁재산으로 소멸시켜 수탁자가 신탁재산으로부터 이익을 향수하는 결과를 초래하므로 이를 금지함으로써 신탁재산의 감소를 방지하고 수익자를 보호하기 위함이다(대판 2007. 9. 20. 2005다48956). 여기서 말하는 상대방은 신탁자인가요? 아니면 수탁자의 채권자인가요? 수탁자가 신탁재산으로부터 이익을 향수한다는 것이 무슨 말인지 잘 모르겠어요.

2. 제3자변제적 상계에 대한 건데요. 첨부된 파일에서의 그림에서 제3자의 피상계자에 대한 채무를 자기 자동채권으로 상계자가 피상계자에 대한 아무런 수동채권(채무)도 없는데 그냥 변제해 주는 건가요?

Answer

1. 수탁자가 신탁재산에 속하는 채권을 가지고 있고, 그 채무자에 대하여 수탁자가 고유한 채무를 부담하고 있는 경우, 수탁자의 상계는 허용되지 않는다는 의미입니다. 신탁재산에 속하는 채권은 법형식상으로는 수탁자의 채권입니다. 그러나 그 채권을 수탁자가 보유하는 것은 신탁계약에 따라 그 채권을 활용하여 얻은 이익을 위탁자에게 주기 위함입니다. 그런데 법형식상 수탁자가 보유하는 채권이라고 해서 수탁자가 그 고유한 채무를 소멸시키기 위한 상계를 허용한다면, 수탁자의 채권자는 수탁자에 대한 채권을 신탁재산으로 실현하는 것과 마찬가지의 결과가 됩니다.

신탁법에서는 신탁재산이 수탁자의 고유재산과 분리되어 관리되어야 함을 규정하고 있습니다. 이를 신탁재산 독립의 원칙이라고 합니다. 그 원칙에 입각하여 신탁법 제20조는 신탁재산에 속하는 채권과 신탁재산에 속하지 아니하는 채무와는 상계하지 못한다고 규정하고 있습니다.

2. 질문의 취지를 알 수가 없네요.
제3자 변제적 상계를 하는 이유를 묻는 것인지?

아니면 제3자 변제적 상계의 요건 내지는 허용여부를 묻는 것인지? 알 수가 없네요.
상계자가 피상계자에 대하여 채무를 부담하고 있는 제3자와 아무런 관계가 없는데도 제3자변제적 상계를 하려고 하지는 않겠지요. 아마도 채무변제를 위해서, 혹은 재산적 이익을 주기 위해서 등등의 어떤 이유가 있을 것입니다.

Question. 2

상계의 소급효 = 상계표시시가 아니라 상계할 수 있는 때로 소급소멸 (둘 다 이행기가 도래한때) 자동채권이 먼저 도래하고 상계표시가 있고 수동채권의 변제기가 도래한 경우에 정산시점은 상계표시시로 된다구 하셨는데요.(수동채권의 기한이익포기)
권순한 저 민법요해 채권총론편 709쪽 사례연습을 보면,
상계의 의사표시를 한 시점이 아니라 자동채권의 이행기가 도래한 시점으로 보고 있습니다.
제가 볼 땐 두 개가 같은 사안으로 보이는데,
왜 결론을 달리하는지 모르겠습니다.
위에 것은 제가 배운 대로 우겼는데 민법요해 사례 문제에서는 저렇게 나오드라구요.

Answer

자동채권의 변제기는 도래하였으나, 수동채권의 변제기가 도래하기 전에 상계한 경우, 정산기준시점이 언제인가를 묻는 것이군요.
권순한 박사 책은 제가 살펴보지 못해서 알 수가 없고요(제가 책이 없네요. ㅠ).
위의 예와 같은 사안에서 상계의 소급효가 인정되는 시기가 언제인지에 관해서 1990년 고시연구에 실린 이은영 교수의 "상계"라는 논문에 보면 위의 사안과 같은 경우 자동채권의 변제기를 말한다고 서술하고 있습니다. 민법 주해 제11권 제493조 해설 부분을 보면 보다 구체적으로 다음과 같이 서술되어 있습니다.
"자동채권의 변제기가 도래한 후에 수동채권에 관하여 기한의 이익을 포기하고 상계한 경우에는 다른 의사표시가 없는 한 자동채권의 변제기를 기준으로 계산하여야 할 것이다. 따라서 자동채권에 관하여는 지연손해금이 붙지 않는 것으로 계산한다. 다만 상계를 함에 있어서는 기한의 이익을 포기하는 시기를 따로 지정하

는 것도 가능하다고 보아야 할 것이므로 그 경우에는 그 지정된 시기가 기준이 된다."

이 표현에 기초하여 자동채권의 변제기 도래시가 상계적상 시점으로 되어 정산의 기준시기가 된다고 설명하는 듯합니다.

그러나, 현실적인 예를 들어 보면 이치에 닿지 않습니다.

가령 갑이라는 사람이 을에게 1천만 원의 대여금채권이 있습니다. 갑의 을에 대한 1천만 원의 채권은 연10%의 이자약정이 있었는데, 대여기간 1년이 지나고, 다시 1년간 을이 이자와 원금 어느 것도 지급하지 않고 연체를 하고 있습니다. 그러던 중 갑이 을에게 물품대금채무를 부담하게 되었습니다. 물품대금채무의 변제기가 도래하기 전에 갑이 자신이 받아야 할 대여금채권을 자동채권으로 하여 상계를 하고자 합니다. 자동채권과 수동채권을 대등액에서 소멸시켜야 하는데, 그 정산기준시기를 자동채권의 변제기로 보게 되면 갑은 지연손해금 1백만 원을 받지 못하게 되는 결과가 됩니다.

이러한 결과가 과연 타당할 것인지를 의문입니다. 아마도 이러한 의문으로 인해 주해에도 "상계를 함에 있어서는 기한의 이익을 포기하는 시기를 따로 지정하는 것도 가능하다고 보아야 할 것이므로 그 경우에는 그 지정된 시기가 기준이 된다."고 설명하고 있는 듯합니다.

갑이 정상적인 사람이라면 자신이 지급받을 수 있는 지연손해금을 포기하면서 상계를 하는 것은 생각하기 어려운 일입니다. 그렇다면 다른 특별한 사정이 없는 한, 상계표시시까지의 지연손해금을 지급받는 것을 전제로 그 시기에 기한의 이익을 포기한 것으로 해석하는 것이 정당합니다.

결국 상계의사표시시를 기준으로 정산이 이루어져야 할 것입니다.

Question. 3

상계에서요. 자동채권 A(이행기 1월 15일)가 있고 수동채권 B(이행기 1월 30일)가 있을 때요.

A 채권자가 1월 20일 날 상계를 하면 소급시점이 15일이고, 2월 13일에 상계하면 소급 시점이 1월 30일이 되나요, 아니면 2월 13일에 해도 소급시점이 1월 15일이 되나요?

즉, 기본적으로 두 채권이 둘 다 이행기가 도래해야 되지만 수동채권 이행기가 도래하지 않았을 때에는 자동채권이 도래한 시기로 소급한다는 예외가 있다고 이해하면 되나요? 아니면 그냥 자동채권 도래시가 어떤 경우에든 소급시점이 되나요?

Answer

상계적상 시점은 양 채권의 변제기가 도래한 때입니다. 문제는 자동채권의 변제기는 도래하였으나, 수동채권의 변제기가 도래하지 아니한 상태에서 상계를 한 경우, 정산의 기준시점, 즉 상계적상시가 언제인가인데, 수동채권의 변제기 도래 전에 상계를 한다는 것은 상계자가 기한의 이익을 포기한다는 것이지요. 그에 따라 아직 이행기가 도래하지 아니한 채무의 이행기도래의 효과가 발생합니다. 그 결과 상계의사표시 시점에서 상계적상이 발생합니다. 1월 20일 날 상계표시를 하였다면 그 시점이 상계적상 시점이 됩니다. 따라서 그때까지 발생한 자동채권 원본 및 자동채권에 대한 지연손해금으로 수동채권 및 변제기 전의 변제로 인하여 상대방이 입은 손해에 대한 배상청구권을 대등액에서 소멸시켜야 합니다. 물론 자동채권에 대한 지연손해금을 청구하지 않을 의사를 상계자가 분명히 하였다면 자동채권의 변제기가 정산의 기준시점이 될 수도 있습니다.

Question. 4

2004다17207(지원림 저 민법강의 제8판 1000쪽) 판례 질문입니다.
전체적으로 읽어보면 상계주장의 대상이 된 수동채권에 동시이행의 항변권이 부착된 경우에는 그 기판력을 부정하겠다는 이야기인데요. 정확히 소송상 상계주장에 관한 기판력이 인정되는 경우란 어떤 경우를 말하는 것인가요?
판례의 전체적 상황을 이해하고 싶습니다.

Answer

민사소송법 제216조 제2항에서는 '상계를 주장한 청구가 성립되는 아닌지의 판단은 상계하고자 대항한 액수에 한하여 기판력을 가진다'고 규정하고 있습니다. 이 규정은 소송상 상계항변을 하고, 이에 대한 법원의 판단이 있었다면 비록 상계항변을 통해서 주장한 반대채권(자동채권)의 존부가 판결주문에 기재되지는 않지만, 기판력을 인정하겠다는 것입니다.

가령, 1천만 원의 대여금을 지급하라는 소송을 제기하였는데, 피고가 매매대금채권 3백만 원을 자동채권으로 하여 상계하겠다는 항변을 하였고, 법원이 이를 받아들여 피고는 원고에게 7백만 원을 지급하라는 판결을 선고하고 이 판결이 확정된 경우, 피고가 상계로써 주장한 3백만 원 채권의 존부는 비록 판결이유 중에서 판단되었다고 하더라도 기판력을 인정한다는 것입니다.

그런데, 상계주장에 관한 판단에 기판력이 인정되는 경우, 즉 민사소송법 제216조 제2항이 적용되는 경우는 상계가 있는 모든 경우인가는 생각해보아야 합니다. 가령 원고가 피고에게 소유권이전등기청구소송을 제기하였습니다. 피고가 매매대금지급과 동시이행의 항변권을 행사합니다. 이때 원고가 피고에 대하여 별개로 가지고 있는 대여금채권과 피고의 매매대금채권을 상계하겠다고 재항변하였고, 원고의 재항변이 받아들여져서 법원이 피고에 대하여 소유권이전등기를 명하는 판결이 확정된 경우에는 상계로 주장한 반대채권(대여금채권)에 기판력이 인정될 수 없습니다. 질문하신 판결은 이 점을 언급하고 있습니다.

이 판결은 민사소송법과 관련된 판결입니다.

경개

Question.

지원림 저 민법강의 제8판 1013면에 보면,

"제505조는 경개에 의하여 구채무가 소멸하기 때문에 이에 따르는 인적, 물적 담보 또한 부종성의 원리에 따라 당연히 함께 소멸하고, 당사자가 신채무에 관하여 저당권 등을 설정하기로 합의하여도 구채무에 관하여 존재하던 저당권 등은 어차피 소멸하여 그 순위의 보전이 불가능하지만, 이러한 결과가 많은 경우에 당사자의 의도에 반하는 것인 점을 고려하여 당사자의 편의를 위하여 부종성에 대한 예외를 인정한 것으로서, 구채무에 관한 저당권 등이 신채무에 이전되기 위하여는 당사자 사이에 그러한 뜻의 특약이 이루어져야 하지만, 반드시 명시적인 것을 필요로 하지는 않고 묵시적인 합의로도 가능하다."고 되어 있습니다.

제가 국어실력이 부족한지 이 판례가 부종성에 대한 예외를 인정한 결과 저당권의 순위의 보전까지 허용한다는 의미인지 아닌지를 잘 모르겠습니다. 제가 보기에는 저당권의 순위의 보전까지 가능하다는 입장인 것처럼 보이는데...

Answer

이해하신 것이 옳습니다.

혼동

Question.

혼동에 관한 손해배상청구권의 소멸과 상속포기에 관한 2003다38573(지원림 저 민법강의 제8판 1014쪽)판례에서 "피해자의 운행자에 대한 손해배상청구권은 비록 위 손해배상청구권과 손해배상의무가 상속에 의하여 동일인에게 귀속되더라도 혼동에 의하여 소멸하지 않고 이러한 법리는 자배법 제3조에 의한 손해배상의무자가 피해자를 상속한 경우에도 동일하지만",

이 부분에서 손해배상의무자인 운행자가 피해자를 상속한 경우에도 손해배상청구권이 소멸하지 않는다고 이해했습니다. 그런데 다음 부분에서 "가해자가 피해자의 상속인이 되는 등 특별한 경우에 한하여 손해배상청구권과 손해배상의무가 혼동으로 소멸하고"라고 판시하고 있습니다. 제가 어디서 잘못 이해하고 있는지 짚어주셨으면 합니다.

Answer

자동차손해배상보장법상의 운행자가 언제나 교통사고의 가해자로 되는 것은 아닙니다. 가령, A가 소유하는 자동차를 B가 운전하던 중 B의 과실로 교통사고가 발생하여 C가 사망하였다고 가정합시다. 이 경우, 자배법상 손해배상의무자는 A이지만, 교통사고의 가해자는 B가 됩니다. A가 C를 상속했다고 해서 C의 손해배상청구권이 혼동으로 소멸하지는 않습니다. 반면에 B가 C를 상속하게 되면 혼동으로 소멸합니다.

제3장 채권관계의 장애

제1절 채무불이행의 유형

제2절 채무불이행의 효과

Question. 1

甲은 자기 소유의 자동차를 2006. 8. 26. 乙 카센터에 수리를 맡기면서, 그 수리가 완료되면 乙이 전화로 알려주고 甲이 당일 찾아가기로 하였다. 그런데 8. 30. 예상치 못한 집중폭우로 근처의 저수지가 범람 · 붕괴되어 乙 카센터가 침수되었다. 이로 인해 甲의 자동차가 멸실되었으며, 그때까지 乙은 수리비용으로 20만원을 지출하였다.

이와 관련한 '가', '나', '다'의 경우에 대한 설명 중 옳지 않은 것을 모두 고른 것은?

'다' : 만약 乙이 甲에게 자동차 수리를 8. 29.까지 완료하기로 약정하였는데, 개인적 사정으로 완료하지 못한 경우,

ㅁ. 甲은 乙에 대하여 채무불이행으로 인한 손해배상을 청구할 수 있다.

ㅂ. 乙은 甲에 대하여 자동차 멸실 전까지 지출한 수리비용의 지급을 청구할 수 있다.

'ㅂ' 보기를 잘 모르겠습니다. 정답에서는 'ㅂ' 보기가 틀린 보기로 되어있는데, 왜 그런지 선뜻 이해가 되지 않습니다.

저는 이행지체 중 이행불능의 경우, 채무자에게 귀책사유가 없다고 하더라도 채무자는 민법 제392조에 따라 손해배상책임을 져야하기 때문에(이것이 'ㅁ'의 내용), 민법 제392조 단서의 적용이 없는 한(이 사안에서는 민법 제392조의 적용이 있다고 보기 어렵다) 위험부담은 문제가 될 수 없어서 상대방은 반대급부의무를 면할 수 없다고 생각했습니다. 따라서 乙은 甲에 대하여 수리비용의 지급을 청구할 수 있게 되므

로 'ㅂ'은 맞는 보기라고 생각했습니다.

하지만 정답은 'ㅂ'은 틀린 보기로 되어 있습니다. 그리고 제가 보고 있는 기출문제집의 해설에서는 'ㅂ' 보기의 경우를 이행지체 중 이행불능으로 보지 않고, 단순한 채무자의 귀책사유 없는 이행불능으로 보아 乙이 甲에 대해서 수리비용의 지급을 청구할 수 없다고 되어 있습니다. 하지만 이는 제가 생각하기로는 적절한 해설이 아니라고 생각되어서, 보다 정확한 이유를 알고자 선생님께 질문을 드리게 되었습니다.

Answer

제 기출문제집 321면에 해설된 내용을 소개해 드립니다.

을의 이행지체 중에 을의 자동차반환채무가 불능으로 되었으므로 을은 이행불능으로 인한 손해배상채무를 부담합니다. 갑은 을의 채무불이행으로 인하여 계약목적을 달성할 수 없기 때문에 계약을 해제하고 손해배상을 청구할 것인데, 그 손해액을 산정하는 과정에서 을의 반대급부가 고려되어 을은 별도로 자신의 수선비용의 지급을 청구할 수 없게 됩니다.

이 내용을 예를 들어 설명드리죠.

자동차가 5백만 원인데, 이 자동차의 수리를 갑이 을에게 맡겼습니다. 수리비로는 5십만 원을 주기로 약속했지요. 그런데 사례와 같은 사정에 의하여 자동차가 멸실되었습니다. 이 경우 을은 갑에게 손해배상을 해주어야 합니다. 그 배상액은 얼마이겠습니까? 이행이익의 배상이어야 하므로 급부가 적절하게 이행되었더라도 존재하였을 재산상태, 즉 수리완료 후에 자동차의 가치를 산정해 보아야 하겠지요. 아마도 5백만 원보다는 많은 액수일 것입니다. 반면 계약이 해제되지 않았다면 갑 또한 전보배상을 받았으므로 반대급부를 이행하여야 할 것입니다. 약속한 반대급부 50만 원을 지급하여야 하지요. 그렇다면 결국 손해액을 산정할 때에 50만 원을 공제합니다.

만약 자동차가 멸실될 때까지 을이 수리비를 20만 원 들였다고 하더라도 이 금원을 갑에게 다시 달라고 할 수는 없는 것입니다.

정리하면, 갑이 계약을 해제하면 손해액을 산정할 때에 을이 받아야 할 반대급부를 공제하므로 불능 당시까지 을이 지출한 수리비를 갑이 별도로 상환할 필요가 없습니다. 갑이 계약을 해제하지 않았다면 갑은 수리계약의 내용에 따라 을에게 반대급부를 이행하여야 하므로 그와 별도로 수리비를 을에게 지급할 이유는 없는 것입니다.

Re-Question.

계약을 해제하고 손해배상을 청구하는 경우에는 선생님의 설명대로 손해배상의 내용으로서 이행이익을 산정하는 과정에서 반대급부가 고려되기 때문에 별도로 수리비용의 지급을 청구할 수 없다는 것은 이해되었습니다.

그런데 계약을 해제하지 않고, 전보배상을 청구하는 경우에도 반대급부인 수리비용의 지급을 청구할 수 없다는 것은 잘 이해가 되지 않습니다. 전에 선생님 강의 들으면서 필기했던 것에도 이행지체 중 채무자의 책임 없는 사유로 불능이 된 경우 반대급부의무는 존속한다고 필기했었는데,

인터넷에 검색하다보니, 이 문제에 대한 해설 가운데,

"도급인은 일의 결과에 대해 보수를 지급해야 하는데(민법 제664조) 보수는 완성된 목적물의 인도와 동시에 지급해야 한다(민법 제665조 제1항 본문). 설문의 경우 수리된 자동차의 인도가 불가능하므로 갑은 수리비를 지급할 의무가 없다."고 한 해설을 발견하였는데, 만약 이 해설이 타당한 것이라면 원칙적으로 이행지체 중 채무자의 책임 없는 사유로 불능이 된 경우 반대급부의무는 존속하지만, 예외적으로 도급계약의 경우에는 위와 같은 이유로 반대급부의무가 소멸하는 것인가요?

Re-Answer

채무자인 을의 반대급부청구권은 채권자가 채무자에게 전보배상을 청구하는 과정에서 고려됩니다. 따라서 을이 갑에게 수리비용의 지급을 청구할 수는 없습니다. 가령 약정한 수리비채무가 20만 원을 지급하는 것이라고 합시다. 채무자인 을의 책임 있는 사유로 불능이 되었습니다. 채권자 갑은 자동차의 시가상당액을 손해로서 배상하라고 청구할 것입니다. 그 과정에서 손해액을 산정하여야 하겠지요. 손해액 산정에서 채권자 갑이 부담하여야 할 수리비채무 20만 원은 손해액에서 공제됩니다. 그러니 을이 갑에 대하여 20만 원을 지급하라고 청구할 수는 없을 것입니다.

전보배상액을 산정할 경우, 반대급부를 고려하여 산정하여야 하는가에 관해서는 교환설과 차액설의 대립이 있습니다. 판례의 태도가 명료하지 않지만, 원칙적으로 차액설에 따라 전보손해를 산정하지만, 반대급부를 현실적으로 실현해야 할 필요가 있는 경우에는 교환설에 따라야 합니다.

가령, 갑과 을이 교환계약을 체결하였습니다. 갑은 A 토지를 을은 B 토지를 서로 양도하기로 하였는데, A 토지이전의무가 불능으로 되어 을이 갑에게 전보배상을 청구하는 경우에 갑이 B 토지를 취득해야 할 현실적 필요가 있는 경우 혹은 을이 B 토지를 이전해야 할 현실적 필요가 있는 경우까지 차액설에 따라 반대급부의 가치를 공제하고 손해액을 산정해서는 안 됩니다. 그러나 을이 교환계약을 해제하여 갑이 B 토지를 취득할 수 없는 경우에는 차액설에 따라 손해액을 산정하여야 합니다.

기출사안의 경우에는 을이 수리비를 현실적으로 지급받아야 할 특별한 사정이 없고, 을 또한 갑에게 전보배상으로 금원을 지급하여야 할 의무를 부담하고 있는 점에 비추어 차액설에 따라 손해액을 산정하여야 합니다. 결국 별도로 반대급부의 이행을 청구하는 것은 허용되지 않는다고 보아야 합니다.

기출문제가 가지는 문제점이 하나 있습니다. 수리계약에서 약정한 수리대금이 얼마인지에 관해서는 언급이 없습니다. 다만 불능시까지 지출한 수리비에 관해서만 언급하고 있습니다. 불능시까지 지출한 수리비가 반대급부의 내용이 되는 것은 아닙니다. 반대급부의 내용은 약정한 수리대금의 지급이어야 합니다.

ㄹ. 지문은 문제가 생깁니다. 채권자지체 중 불능으로 반대급부의 위험은 채권자가 지게 됩니다. 그렇다면 을은 수리비용 20만 원의 지급을 청구할 수 있는 것이 아니라 약정한 수리대금의 지급을 청구할 수 있다고 해야 옳을 것입니다. 이 지문에 비추어 보면 약정한 수리대금과 지출한 수리비용을 동일하게 보는 것 같은데, 이는 논리의 비약이지요. 수리업자가 지출한 비용이 약정한 수리대금이 되면 수리업자는 이익을 남기지 않고 수리해주는 자선사업가가 될 것이기 때문입니다. 지출한 수리비용과 그에 약간의 공임과 이윤을 합한 금액이 약정한 수리대금이 될 것입니다.

이 문제는 문제를 최대한 선해하여 풀 수밖에 없습니다.

Question. 2

"가압류된 토지가 양도된 후 법률에 의하여 수용된 경우 그 가압류의 효력이 소멸하지만 양수인이 그 보상금을 수령한 것은 가압류채권자에 대한 관계에서 부당이득이 된다."

위 지문이 틀린 것은 알겠는데(부당이득 성립 안됨) 그렇다면 가압류채권자는 보상금에 대하여 자기의 담보채권액에 상당하는 대상청구권을 행사함으로써 채권을 보호받을 수 있는 것인가요?

그냥 부당이득이 안 된다고만 해설되어 있고, 어떤 구제방법이 있는지 안 나와 있으니 좀 답답해서 확실히 알고 넘어가고 싶어서요.

Answer

가압류채권자가 대상청구권을 행사할 수 있는 것 아닌가 하는 질문이 마지막 질문이군요. 대상청구권의 개념을 확인하시기 바랍니다. 가압류채권자의 채권이 불능으로 된 것이 아니지 않습니까? 도무지 대상청구권이 나올 수 없는 상황입니다.

1천만 원의 금전채권을 가지고 있는 갑이 을의 부동산에 가압류를 신청하여 가압류집행이 이루어졌습니다. 그런데 그 부동산이 수용되었고, 부동산 소유자인 을에게 수용보상금이 5천만 원 지급되기로 결정되어 공탁되어 있다고 가정해봅시다. 가압류채권자인 갑의 채권이 불능으로 된 것은 아니지요. 1천만 원 채권의 가치변형물이 5천만 원 수용보상금인 것은 아니지요.

가압류는 부동산에 대해서 집행되었는데, 그 부동산이 수용되어 소유자가 바뀌면 가압류의 효력은 소멸합니다. 부동산에 대한 가압류를 부동산의 가치변형물인 수용보상금에 대한 가압류로 이해할 수도 없습니다. 가압류채권자는 저당권자와 같은 우선변제권을 가지는 담보채권자가 아니기 때문입니다. 만약 가압류채권자가 아니라 우선변제권을 가지는 저당권자라면 저당권의 물상대위적 효력에 의하여 저당권의 효력이 수용보상금에도 미치게 됩니다.

결국 가압류채권자는 다시 수용보상금채권에 가압류를 하여 그 지급을 금지하여야 하고, 나아가 1천만 원 채권에 관한 집행권원을 얻어 일반채권자로서 수용보상금채권에 집행하는 방법으로 그 권리를 행사하여야 합니다.

Question. 3

민법 제395조는,

"이행지체가 성립한 경우에도 채권자가 채무자에게 상당한 기간을 정하여 이행을 최고하여도 그 기간 내에 이행이 없거나 지체 후의 이행이 채권자에게 이익이 없다면, 채권자가 이행의 수령을 거절하고 이행에 갈음하는 손해배상을 청구할 수 있다"

고 하고 있고,

제50회 사법시험에 기출되었던 문제에서의 2번 보기에서도,

"매도인이 선이행의무인 소유권이전의무를 이행지체하여 매수인이 상당한 기간을 정하여 이행을 최고하였으나 그 기간 내에 이행하지 아니하거나, 지체 후의 이행이 매수인에게 이익이 없는 때에는 매수인은 매도인이 이행의 제공을 하였더라도 수령을 거절하고 전보배상을 청구할 수 있다"

고 하여 맞는 지문으로 하고 있습니다.

그런데 지원림 저 민법강의 제8판 1367면을 보면,

<(나)이행지체에 의한 해제권 발생, (3) 채무자가 최고기간이 지나도록 이행하지 않을 것 [5-87]>, "해제권을 행사하기 전에 채무자가 이행 또는 이행제공을 하면(지체로 인하여 손해가 생긴 경우에는 그 손해도 아울러 배상하면서) 해제권은 소멸한다(채권자가 채무자의 이행을 수령하지 않으면 오히려 채권자지체가 성립할 수 있다)"고 하고 있습니다.

즉, 질문의 요지는 민법 제395조와 사시 50회 기출에서는 해제권을 보유하고 있는 채권자는 이행의 수령을 거절할 수 있다고 하는데, 지원림 저 민법강의 제8판 1367면에서는 채권자는 채무자가 이행제공을 하면 수령을 거절할 수 없고(채권자지체 성립) 해제권이 소멸한다고 하여 외견상 충돌하는 것처럼 보이는데, 이 부분을 잘 모르겠습니다.

Answer

이행지체로 인하여 채권자가 전보배상을 청구할 수 있는 경우, 채무자가 본래의 급부를 제공하면 채권자가 채권자지체에 빠지는지를 묻는 것 같군요.

본래 급부의 실현가능성이 있더라도 그 급부가 채권자가 이익이 되지 아니하거나 상당한 기간을 정하여 이행을 최고하였는데도 이행하지 아니한 경우에 채권자는 급부에 갈음하는 손해배상을 청구할 수 있습니다. 급부에 갈음하는 손해배상을 청할 수 있다고 해서 그렇게 해야만 한다는 의미는 아닙니다. 채권자는 그 선택에 따라 본래 급부를 청구할 수도 있고, 전보배상을 청구할 수도 있지요.

채권자가 명시적이든 묵시적이든 전보배상을 청구한 바가 없다면 전보배상을 청구할 수 있는 객관적 요건이 갖추어졌다고 해서 채권의 내용이 변경되지는 않습니다. 따라서 채무자는 본래 급부를 이행할 수 있고, 이행하여야 합니다. 채무

자가 본래 급부를 제공하였는데, 채권자가 수령을 거절하고 전보배상을 청구하는 경우에는 채권자의 수령거절은 정당한 것으로 평가되고, 채무자의 이행제공은 적법한 제공이 될 수 없어 채권자지체가 성립하지는 않을 것입니다.

그런데 채무자가 본래 급부를 제공하였음에도 채권자가 수령하지 않을 뿐만 아니라 전보배상을 청구하고 있지도 않습니다. 이 경우 채권자가 미리 계약을 해제하지 않았다면 채권자의 채권자지체가 성립할 것입니다.

Question. 4

공동명의로 부동산을 구입하게 되었는데 공동매수인 1인이 다른 공동매수인에게 구두상으로 자신의 지분을 넘기겠다고 약속을 했습니다. 그런데 시간이 지나도 공동매수인 1인이 약속을 이행하고 있지 않자 다른 공동매수인이 자기의 지분을 처분하려고 합니다.

이럴 경우 어떻게 되나요?

Answer

등기명의가 누구에게 있는지 알 수 없어 답변하기 곤란하지만, 공동매수인 중 1인이 다른 공동매수인에게 지분을 이전하기로 약속하였다면 그에 따른 약속을 이행하지 않는 것은 단순한 채무불이행에 불과합니다. 지분이전등기를 받아 타인에게 처분하면 되겠지요.

Question. 5

대상청구권의 행사요건에서요.

쌍방급부가 모두 불능으로 된 경우 판례 질문인데요.

"쌍방급부가 모두 불능으로 된 경우에는 원칙적으로 대상청구권 행사가 가능하다."

라는 식의 지문이 나오면 맞는 건가요, 틀린 건가요? (그러니깐, 이때는 원칙이 행사가 가능하다는 건가요? 불가능하다는 건가요?)

~~때에는, ~~특별한 사정이 없는 한, ~~~없다. 이런 식으로 되어 있어서 한 번의 예외사유를 적고 다시 그에 대한 예외 사유를 적어놓은 형태라서 헷갈리네요.

Answer

쌍방의 급부가 모두 불능이면 대상청구권이 인정되지 않습니다. 원칙적으로 대상청구권 행사가 허용되지 않습니다.

판례정리 II 147~8쪽 (2) 1) ②번 판례

② 채무불이행을 이유로 계약해제와 아울러 손해배상을 청구하는 경우**에 그 계약이 행으로 인하여 채권자가 얻을 이익 즉** 이행이익의 배상을 구하는 것이 원칙**이**지만, 그에 갈음하여 **그 계약이 이행되리라고 믿고 채권자가 지출한 비용 즉** 신뢰이익의 배상을 구할 수도 있다**고 할 것이고, 그 신뢰이익 중 계약의 체결과 이행을 위하여** 통상적으로 지출되는 비용은 통상의 손해로서 상대방이 알았거나 알 수 있었는지의 여부와는 관계없이 그 배상을 구할 수 있고**, 이를** 초과하여 지출되는 비용은 특별한 사정으로 인한 손해로서 상대방이 이를 알았거나 알 수 있었던 경우에 한하여 그 배상을 구할 수 있다**고 할 것이고, 다만 그** 신뢰이익은 과잉배상금지의 원칙에 비추어 이행이익의 범위를 초과할 수 없다**(필자 註 : 채권입찰제 방식의 아파트 분양에서 주택채권을 액면가로 매입하였다가 그 액면가에 미달하는 금액으로 매각한 후 분양자의 채무불이행으로 인하여 아파트 분양계약이 해제된 경우, 주택채권의 매입가와 그 시세에 상당하는 매각대금의 차액을 신뢰이익의 배상으로 청구할 수 있다고 한 사례).** [대법원 2002. 6. 11 선고 2002다2539 판결]

Question. 6

1. 손해배상법 서설에서,
"본래의 채권이 시효로 인하여 소멸한 경우에는 손배청구권도 소멸한다."라고 되어있는데요.
손배청구권이 발생하기 전에 본래 채권이 소멸한 경우를 얘기한 거죠?
일단 손배청구권이 생기면 기산점은 다르고 기간은 동일하니까 시효완성일이 다르죠?

2. 계약해제와 신뢰이익 손해 관련 판결에서요. 이태섭 민법판례정리Ⅱ 147~8쪽인데요.

어떤 판결은 계약해제와 아울러, 이행이익에 갈음해 신뢰이익의 배상을 구할 수 있다고 하고, 어떤 판결은 계약 해제와 아울러 이행이익을 청구해야하고, 신뢰이익은 청구할 수 없다고 하는데요. 무슨 차이점이 있나요?

3. 특별손해에서 예견가능성의 판단시기에 대해 판례는 채무의 '이행기'라고 나오는데요. 이것을 채무불이행시라고 해석하는데 실제로는 채무불이행시와 채무의 이행기는 다를 수 있지 않나요? 판례는 이행지체의 경우를 다루는 거라 그런가요?

4. 손익상계에서요. 손익상계여부가 문제되는 사안에서 임의거래로 인한 이득(이태섭 민법판례강의Ⅱ 174쪽)은 손익상계할 수 없다는데, 이유가 뭐죠? '고객이 그 거래를 추인하면 그로 인한 이득은 적법하게 고객에게 귀속되는 것이므로'라는데 이해가 안가네요.

Answer

1. 지연배상청구권은 원본채권의 시효완성에도 불구하고 그 소멸시효가 완성되지 아니할 수도 있습니다. 그러한 경우, 본래채권의 소멸로 인하여 지연배상청구권은 그 자체로 시효가 완성되지 아니한 채권도 시효로 소멸하게 됩니다.

2. 계약해제로 인한 손해배상의 내용은 원칙적으로 이행이익의 배상이나 예외적으로 이행이익의 배상에 갈음하여 신뢰이익의 배상을 청구할 수 있다고 이해하시면 됩니다.

3. 특별손해에서 특별한 사정의 예견가능성 판단의 기준 시기는 판례는 '이행기'를 기준으로 한다고 판단하고, 학설은 '채무불이행시'를 기준으로 판단한다고 합니다. 학설의 표현이 보다 정확합니다. 이행기 전에 이행불능이 발생할 수도 있는데, 이때에는 이행불능이라는 채무불이행 당시를 기준으로 예견가능성을 판단하여야 합니다. 판례는 아마도 이행지체로 인한 손해배상이므로 그와 같이 판단한 듯 보입니다.

4. 이득공제의 대상이 되는 이득은 채무불이행이나 불법행위로 인하여 취득한 이득 중에서 상당인과관계 있는 이득만을 의미합니다. 당연히 채권자에게 귀속되어야 할 이익임에도 채무불이행이나 불법행위 과정에서 생겨난 것이라고 하여 이를 이득공제의 대상으로 삼는 것은 부당합니다. 판례는 이 점을 지적하는 것입니다.

제4장 책임재산의 보전

채권자 대위권

Question. 1

채권자 대위권에서,
"임차보증금반환채권의 양수인이 임대인을 대위하여 임차인에게 가옥인도를 구한 경우에 예외적으로 채무자의 무자력을 요하지 않는다"는 부분에서,
왜 양수인이 임차인의 권리가 아닌 임대인의 권리를 행사할 수 있는지 궁금합니다. 채권자 대위권은 채권자가 그 채무자의 권리를 행사하는 권리라는 점에서...

Answer

보증금채권양수인이 보증금채권을 실현하려 임대인에게 보증금반환을 청구합니다. 그런데 보증금반환과 임차인의 목적물반환이 서로 동시이행관계에 있고, 임대인은 동시이행항변권을 행사하여 보증금지급을 거절합니다.
보증금채권양수인이 보증금채권을 실현하기 위해서는 임대인의 동시이행항변권이 소멸하여야 하고, 이를 위해서는 임차인의 목적물반환의무의 제공이 있어야 합니다. 보증금채권양수인이 임대인을 대위하여 임대인의 임차인에 대한 목적물반환청구권을 행사할 필요가 있습니다.

Question. 2

지원림 저 민법강의 제9판 1143쪽 대판 90다 9407 사실관계 설명해주실 때,
"채권자가 제3채무자에게 채무자에 대한 등기이전청구권을 대위 행사하였는데 제3채무자가 채무자에게 소유권이전등기를 넘겨주어서 등기청구권을 소멸시켜주는 행위를 하면 이는 채무자가 변제를 수령한 것에 불과하여 제3채무자의 처분행위이지 채무자의

처분행위가 아니다."라고 설명해주셨습니다.

그런데 제3채무자가 채무자에게 소유권이전등기를 넘겨준 행위는 처분행위가 아니라 채권자의 등기이전청구권 대위행사에 부합하는 행위라고 보아야 하지 않나 궁금합니다.

Answer

제3채무자가 채무자에게 피대위권리인 소유권이전등기청구권의 변제행위를 하는 것, 즉 소유권이전등기를 넘겨주는 행위는 질문하신 분이 생각하는 것처럼 "채권자의 등기이전청구권 대위행사에 부합하는 행위"이지요. 그렇기 때문에 피대위권리의 "처분행위가 아니라"는 것입니다.

제가 따옴표를 친 부분을 잘 보세요. "처분행위가 아니라"는 의미와 "채권자의 등기이전청구권 대위행사에 부합하는 행위"라는 의미가 다른가요? 질문하신 분은 그 의미가 다르다고 생각하시는 것 같은데 어떻게 다르지요?

Re-Question.

제가 궁금했던 것은 "채무자의 처분행위가 아닌 제3자의 처분행위" 이기 때문에 변제가 가능한 것(제가 이해한 선생님 설명)이 아니라 "채권자의 등기이전청구권 대위행사에 부합하는 행위"이기 때문에 변제가 가능한 것(제 생각)이 아닌가 하는 것인데, 질문이 너무 우문인가요?

제가 아직 개념정립이 제대로 되어있지 않아서 선생님 강의 내용 하나하나에 너무 신경을 곤두세우는 것 같습니다.

Re-Answer

같은 말입니다. 대위권 행사에 따라 제3채무자가 변제하는 것은 통지의 효과에 반하여 채무자가 피대위권리를 처분하는 행위에 해당하지는 않는 것입니다. 또한 대위행사에 부합하는 행위이기도 하지요.

Question. 3

甲은 乙에 대한 금전채권을 가지고 있고 乙은 丙에게 금전채권을 가지고 있는데, 이때 제3자 丁이 乙의 甲에대한 채무를 담보하기 위하여 그 소유부동산에 대해 甲에게 저당권을 설정해 준 경우, 乙이 무자력에 해당되더라도, 저당목적물의 담보가치가 甲의 乙에 대한 피담보채권을 상회하는 이상, 甲은 乙의 丙에 대한 금전채권을 대위할 수 없다.(x)

피담보채권의 보전의 필요성이 없어서 맞는 지문 같은데요. 왜 틀린지 이유를 모르겠습니다.

Answer

지문에 문제가 있습니다.

지문이 묻고자 하는 바는, 채권자대위권의 피보전채권이 저당권에 의하여 담보되는 경우에도 채권자대위권 행사가 가능한지 여부입니다. 채권자에게 다른 권리구제수단이 있는 경우에도 채권자대위권을 인정할 것인지 등도 이와 같은 맥락의 문제이지요. 이를 '채권자대위권의 보충성'이라고도 합니다.

채권자대위권의 보충성을 인정할 것인지에 관해서 통설은 보충성을 인정하지 않습니다. 따라서 채권자에게 다른 권리구제수단이 있는 경우에도 그러한 사실에 의하여 채권자대위권 행사가 허용되지 않는 것은 아니라고 합니다. 나아가 피보전채권이 저당권 등에 의하여 담보되는 경우에도 채권자대위권을 행사함에는 지장이 없다고 합니다.

이러한 통설에 따르면 위 지문은 옳지 않은 지문입니다.

그러나, 판례의 태도가 어떠한가에 대해서는 위 지문이 검토하지 않은 듯합니다. 대법원 1993. 10. 8. 선고 93다28867 판결에서는 채권자의 채권이 근저당권에 의하여 담보되고 있는 경우에는 근저당권의 목적물인 부동산의 시가와 근저당권의 채권최고액, 실제의 피담보채무액 등을 구체적으로 비교, 검토하여 채무자의 무자력 여부를 판단하여야 한다는 취지로 판시하고 있다. 즉, 판례에 따르면 채권자대위권의 피보전채권이 저당권에 의하여 충분히 담보되고 있는 경우에는 보전필요성, 즉 채무자의 무자력을 인정할 수 없어 채권자대위권 행사가 허용되지 않습니다.

따라서 판례에 따르면 위 지문은 옳은 지문입니다.

생각건대, 저당권에 의하여 충분히 담보되는 채권을 보전하기 위한 채권자대위권 행사는 채권자취소권과 마찬가지로 허용되지 않는다고 보아야 합니다. 저당권에 의하여 담보되는 채권은 민법 제370조에 의하여 준용되는 민법 제340조 제1항에 따르면, 우선 저당물에서 만족을 얻어야 하고, 저당물에 의하여 변제를 받지 못한 부분의 채권에 한하여 채무자의 다른 재산으로부터 변제를 받을 수 있습니다. 이 규정에 비추어 보면 저당권에 의하여 충분히 우선 변제받을 수 있는 채권의 경우에는 채무자의 일반재산으로부터 만족 받을 수 없는 채권인 것입니다. 채무자의 책임재산으로부터 만족 받을 수 없는 채권을 보전하기 위하여 책임재산 보전제도로서 채권자대위권 행사를 허용하는 것은 부당합니다. 판례의 입장이 타당한 이유입니다.

채권자대위권 행사의 보충성이 없다는 것은 옳은 지적이지만, 채무자의 책임재산으로부터 만족 받을 수 없는 채권을 기초로 하여 채권자대위권 행사가 가능하다는 것은 채권자대위권 제도의 취지에 반하는 해석입니다. 이는 채권자대위권 행사의 보충성을 부정하는 것과는 다른 차원의 문제입니다.

Question. 4

선생님이 드신 판례 93다28867은 소외 불로인삼주식회사의 무자력여부를 판단하기 위한 경우이고(아예 청구를 피담보채권액을 초과하는 부분(4억 6천 - 3억 5천)에 대하여 한 것 같은데요),

"甲는 乙에 대한 금전채권을 가지고 있고 乙은 丙에게 금전채권을 가지고 있는데, 이때 제3자 丁이 乙의 甲에대한 채무를 담보하기 위하여 그 소유부동산에 대해 甲에게 저당권을 설정해 준 경우, 乙이 무자력에 해당되더라도, 저당목적물의 담보가치가 甲의 乙에 대한 피담보채권을 상회하는 이상, 甲은 乙의 丙에 대한 금전채권을 대위할 수 없다'의 경우는 무자력이라고 가정하였을 때의 사안이므로 다르지 않은가요?

권순한 선생님의 민법요해를 찾아보면 '채권자취소권과 달리 채권자대위권의 보충성에 대하여 다수설은 불요설(피보전채권이 담보로 보전되어 있는 경우)라고 되어 있고 단 반대견해가 있다'라고 되어 있더라구요.

판례가 있다고는 나와 있지 않네요.

Answer

채권자대위권의 보충성을 인정한다는 것이 '채무자가 자력이 충분하여 채권자의 채권이 만족될 수 있는 경우에도 채권자대위권 행사가 가능하다'고 오해되어서는 안 됩니다.

피보전채권에 저당권이 있고, 저당물의 담보가치가 피담보채권을 상회하는 경우에는 판례에 따르면, 채무자를 무자력자로 볼 수 없는 것입니다. 그렇다면 채권자대위권의 행사요건을 결여하고 있는 것으로 보아야 합니다.

본 지문은 결국 판례에 따르면 불가능한 전제에서 출제된 것이지요. 피보전채권이 저당권에 의하여 담보되는 경우에도 채권자대위권 행사가 가능하다는 통설의 취지가 무엇인지는 따로 살펴보아야 할 것이지만, 그 내용을 자세히 설명하고 있지 않습니다.

Question. 5

물권법 취득시효 부분에 소개되어 있는 판례와 채권총론 채권자대위권 부분에 소개되어 있는 판례가 명확하게 구별되어 이해되지 않아서 질문드립니다.

물권법 취득시효 부분에 소개되어 있는 대법원 2005. 5. 26. 선고 2002다43417 판결은,

"구 토지조사령(1912. 8. 13. 제령 제2호)에 따라 토지조사부가 작성되었으나 그 토지조사부의 소유자란 부분이 훼손되어 사정명의인이 누구인지 확인할 수 없게 되었지만 누구에겐가 사정된 것은 분명하고 시효취득자가 사정명의인 또는 그 상속인을 찾을 수 없어 취득시효완성을 원인으로 하는 소유권이전등기에 의하여 소유권을 취득하는 것이 사실상 불가능하게 된 경우, 시효취득자는 취득시효완성 당시 진정한 소유자는 아니지만 소유권보존등기명의를 가지고 있는 자에 대하여 직접 취득시효완성을 원인으로 하는 소유권이전등기를 청구할 수 있다고 한 사례." 라고 하고 있고,

채권총론 채권자대위권 부분에 소개되어 있는 대법원 1992.2.25. 선고 91다9312 판결은,

"채권자대위권 행사의 요건인 '채무자가 스스로 그 권리를 행사하지 않을 것'이라 함은 채무자의 제3채무자에 대한 권리가 존재하고 채무자가 그 권리를 행사할 수 있는 상태에 있으나 스스로 그 권리를 행사하고 있지 아니하는 것을 의미하고, 여기서

권리를 행사할 수 있는 상태에 있다는 뜻은 권리 행사를 할 수 없게 하는 법률적 장애가 없어야 한다는 뜻이며 채무자 자신에 관한 현실적인 장애까지 없어야 한다는 뜻은 아니고 채무자가 그 권리를 행사하지 않는 이유를 묻지 아니하므로 미등기 토지에 대한 시효취득자가 제3자 명의의 소유권보존등기가 원인무효라 하여 그 등기의 말소를 구하는 경우에 있어 채무자인 진정한 소유자가 성명불상자라 하여도 그가 위 등기의 말소를 구하는 데 어떤 법률적 장애가 있다고 할 수는 없어 그 채권자대위권 행사에 어떤 법률적 장애가 될 수 없다."고 하고 있습니다.

제가 궁금한 점은 위 판례에서의 '사정명의인이 누구인지 확인할 수 없게 되었지만 누구에겐가 사정된 것은 분명하고 시효취득자가 사정명의인 또는 그 상속인을 찾을 수 없어' 와 아래 판례에서의 '성명불상자'가 무슨 차이가 있는지 모르겠습니다.

대법원은 위 두 경우가 서로 다른 경우임을 전제하여 위의 경우에는 현재 소유 명의자에 대해서 직접 이전등기 청구를 할 수 있지만, 아래 경우에는 성명불상자를 대위하여 등기를 말소하고 성명불상자에게 소유권이전등기를 청구해야 한다는 입장인 것으로 보이는데, 위 두 경우가 도대체 무슨 차이가 있는지 선뜻 이해되지 않습니다.

사정명의인 또는 그 상속인을 찾을 수 없는 경우나 성명불상자인 경우나 결국 같은 것 아닌가요?

Answer

질문하시는 분은 아마도 '채권자가 제3자에 대하여 직접 권리를 행사할 수 있는 경우에는 채권자대위권행사는 허용되지 않는다고 생각하는 것 같습니다'는 맞나요? 따라서 직접 등기명의자에 대하여 취득시효를 원인으로 이전등기청구할 수 있다는 판결과 성명불상자를 대위하여 이전등기청구할 수 있다는 판결이 상호모순된다고 생각하는 듯합니다.

채권자가 직접 제3자에 대하여 권리행사를 할 수 있는 경우에도 채권자대위권 행사가 부정되는 것은 아닙니다. 따라서 양 판결이 모순되는 판결은 아닙니다. 가령, 취득시효가 완성된 후 점유를 승계받은 자는 소유명의변동이 없는 한 전점유자의 점유기간 중 임의의 시점을 기산점으로 주장하여 스스로 취득시효완성자가 되어 소유명의자에 대하여 직접 등기청구를 할 수도 있고, 전점유자을 대위하여 소유명의자에 대하여 등기청구를 할 수도 있습니다.

질문하신 전자 판결은 토지조사부의 사정명의인을 특정할 수 없는 경우이나 보존등기명의인이 사정명의인이 아닌 것이 분명한 경우에 그 보존등기명의인이 취득시효완성자에 대하여 이전등기의무자가 된다는 판결입니다. 반면에 후자 판결은 성명불상자가 소유자이나 그 부동산에 원인무효의 보존등기가 있는 경우, 성명불상자를 대위하여 원인무효의 보존등기말소청구가 가능하다는 취지입니다.

후자 판결에서 보존등기명의자에 대하여 직접 취득시효완성을 이유로 이전등기청구하는 것은 허용되는가? 성명불상자이나, 소유자를 특정할 수 있는 경우에도 원인무효의 보존등기명의자를 취득시효완성자에 대한 의무자로 보아야 하나요? 그렇지는 않을 것입니다. 성명불상자와 소유자를 특정할 수 없는 자는 동일한 개념을 아닌 듯합니다. 예컨대 소유자의 주소기재는 있으나, 소유자의 성명 기재부분이 멸실된 경우에는 주소의 기재 등을 통하여 소유자를 특정할 수 있습니다.

답변에 대한 댓글

채권자가 제3자에 대하여 직접 권리를 행사할 수 있는 경우에는 채권자대위권행사는 허용되지 않는다 생각해서 두 판례를 혼동했다기 보다는 '소유자를 특정할 수 없는 자'와 '성명불상자'를 동일 개념으로 이해했기 때문에 혼동하였습니다. 선생님이 들어주신 예를 읽고서, 두 개념이 동일한 개념이 아니라는 것을 이해했습니다.

이태섭 민법판례정리 II 212쪽 (2) ①번 판례

① 동시이행항변권이 부착된 권리　채권자대위권은 채권자가 자기의 채권을 보전하기 위하여 채무자에게 속한 권리를 행사하는 것이며 그 권리가 채무자의 일신에 전속하는 권리 또는 압류를 불허하는 권리와 같이 채권의 담보가 될 수 없는 성질의 것이 아닌 이상 대위권 행사의 객체가 될 수 있고 그 권리에 동시이행의 항변권이 부착된 권리라 하여도 관계없다. [대법원 1965. 5. 25 선고 65다265 판결]

Question. 6

압류금지채권 관련 판결에서요.

치료비청구권을 보전하기 위해 국가배상청구권을 대위할 수 있다는 판결이 있잖아요?

이 판결에 따르면 압류금지채권도 대위의 객체가 될 수 있는 것 같은데요.

이태섭 민법판례정리Ⅱ 212쪽 동시이행항변권이 부착된 권리라는 판결을 보면, "그 권리가 채무자의 일신에 전속하는 권리 또는 '압류를 불허하는 권리'와 같이 채권의 담보가 될 수 없는 성질의 것이 아닌 이상 대위권 행사의 객체가 될 수 있고", 라고 되어 압류금지채권은 객체가 될 수 없다고 하고 있네요.

Answer

국가배상청구권은 압류금지채권이므로 채권자대위의 객체가 되지 않지만, 치료비채권을 보전하기 위한 경우에는 가능하다는 것입니다.

채권자 취소권

Question. 1

1. 사해행위 후 수익자가 저당권을 제3자에게 설정해준 경우에 채권자가 채권자취소권을 행사할 때는 보통 가액반환을 명하기는 하는데요. 이 때 만약 채권자가 가액반환을 신청하지 않고 굳이 원물반환을 신청해서 원물반환이 이루어지게 되면 채무자는 저당권이 딸린 부동산을 반환받게 되고 결국 돈은 수익자가 제3자에게 빌리고 채무자의 부동산에 저당권이 설정되는 결과가 발생하는데요.

그러면 여기서 제3자(저당권자)가 저당권이 실행되었을 때 우선변제를 받게 되는 데에 문제가 없는데 이 경우 채무자가 물상보증인처럼 되어서 수익자를 상대로 변제자대위 행사가 가능한가요?

2. "채권자가 가압류한 부동산에 대하여 채무자가 기존의 다른 채권자에게 후순위로 저당권을 설정하여 준 경우 가압류채권자는 가압류의 피보전채권을 기초로 후순위 저당권 설정행위를 사해행위로 취소할 수 있다"라는 질문에서 답은 (X)인데요.

이 경우에 그냥 일반채권자들 사이에서 순위가 정해지는 건가요? (채권자 평등에서 벗어나서) 그러니까 가압류 채권자가 먼저 변제받고 그 다음에 후순위 저당권자가 변제받든지 이런 식으로 되는 건가요?

3. "채무자가 근저당권이 설정된 부동산을 수익자에게 처분 후 수익자가 근저당채무의 일부변제를 한 경우 사해행위를 이유로 취소하고 부동산 자체의 회복을 명하는 것은 허용될 수 없다" 지문의 답은 (X)인데요.

이 때 부동산자체가 회복되는 경우 수익자가 일부 변제한 것은 어떻게 되나요?

Answer

1. 채권자취소의 효과는 취소채권자와 수익자 사이에서만 그 효력이 생깁니다. 취소로 인하여 수익자의 부동산이 채무자에게 귀속되더라도 이는 채권자를 위해서 채권자가 집행할 수 있는 채무자의 책임재산으로 된다는 의미에 불과합니다. 따라서 채무자가 그 재산의 귀속권자가 되는 것은 아닙니다. 채무자가 수익자에 대하여 변제자대위권을 행사한다는 것은 이치에 닿지 않습니다. 자기 재산으로 대신 변제한 것이 아니기 때문입니다.

2. 무엇을 질문하는지 알기 어렵습니다. "이 경우에 그냥 일반채권자들 사이에서 순위가 정해지는 건가요?" 라는 말이 무엇을 묻는지 알기 어렵군요. 혹시 선순위가압류채권자와 후순위저당권자 사이에서 배당하는 방법을 묻는 건가요? 선순위가압류채권자와 후순위저당권자 사이에서는 채권액에 따라 평등하게 배당이 이루어집니다.

3. 수익자의 일부변제로 인하여 채무자가 책임을 면하게 됩니다. 수익자는 채무자에 대하여 사무관리나 부당이득에 따른 반환청구권을 행사할 수는 있습니다.

Question. 2

제척기간은 원칙적으로 법원 직권으로 기산점이랑 기간 준수여부를 판단해야 하는 걸로 알고 있는데 뒤에 2009년 판례가 준수여부에 대한 증명책임이 채권자취소소송의 상대방에 있다고 하네요. 이 내용에 대한 객관식문제를 풀 때 어떻게 풀어야하나요? 둘 다 맞다고 해야 하나요?

Answer

직권사항이라는 말과 직권사항에 대한 증명책임이 당사자 중 어느 일방에게 있다는 말이 상호 모순되는 말이라고 생각하시는군요.
모순되는 말이 아닙니다. 직권사항이란 당사자가 주장하지 않더라도 법원이 직권으로 사항의 존부를 판단할 수 있다는 의미입니다. 반면에 증명책임은 어떤 판단이 필요한 사항에 관하여 법원이 확신할 수 없을 때에 그 사항을 존재하는 것으로 혹은 존재하지 않는 것으로 판단하고 재판할 수밖에 없습니다. 이로 인하여 당사자에게 발생하는 불이익을 말하는 것입니다.
직권사항도 증명되지 않을 수 있는 것입니다. 법원이 직권으로 판단할 수 있는 사항이라고 하더라도 법원이 자의적으로 판단할 수는 없지 않겠습니까? 증거에 의하여 판단하여야 할 터인데, 그 사항이 증명될 수 없으면 어떡합니까? 증명책임의 분배원칙에 따라 당사자 중 어느 일방에게 불리한 재판을 할 수밖에 없는 것이지요.
따라서 질문하신 두 가지 지문이 서로 모순되는 것은 아닙니다.

Question. 3

기준이 되는 시기를 사실심 기준으로 할 때 이 사실심이 의미하는 바는 무엇인가요?
또 다른 질문입니다. 채권자취소 후 가액상환은 원물반환이 불가능하거나 현저히 곤란한 경우에 이루어지는 데 누구의 입장에서 불가능이나 곤란함을 판단하나요?

Answer

사실심은 제1심과 제2심을 말합니다.
원물반환 불능여부는 합리적인 제3자의 입장에서 판단하여야 할 것입니다.

Question. 4

지원림 교수님께서는 "부동산 가액에서 1번 저당권의 피담보채권액과 대항력 있는 임차보증금반환채권 상당액을 공제한 가액이 가액상환의 범위"라고 서술하고 계신데, 이것보다는 수익자가 배당금을 현실로 지급받았다면 배당금 중 채권자(B or F)의 채권액

상당이 가액상환의 범위이고, 수익자가 배당금을 현실로 지급받지 못하였다면 배당금 지급청구권을 채무자(C)에게 반환하여야 한다고 하는 것이 보다 적절하다고 생각되는데, 제가 잘못 생각한 것인가요?

Answer

질문하신 분이 생각하는 게 옳습니다. 교과서가 잘못 문제를 풀고 있는 것으로 보입니다.

저당권설정행위가 사해행위인 경우, 이를 채권자취소권을 활용하여 취소하면 원상회복의 방법은 저당권등기를 말소하는 방법이 첫 번째 방법일 것입니다. 그런데 저당권이 실행되어 이미 저당권등기가 말소되었다면 원상회복의 방법은 수익자인 저당권자가 배당금을 받을 수 없도록 하는 방법이 되어야 합니다. 아직 수익자에게 배당이 이루어지지 않았다면 배당금청구권의 양도를 이미 배당이 이루어졌다면 배당받은 금액 상당액을 지급하는 방법으로 원상회복이 이루어져야 합니다. 물론 취소채권자의 채권액 범위에서 이루어져야 합니다. 이렇게 이해하는 것이 판례의 입장입니다(2000다44348, 97다8687 참고).

Question. 5

지원림 저 민법강의 제9판 655쪽 [3-206] 3번째 줄부터,

"명의수탁자의 일반채권자는 명의수탁자 명의의 재산에 대하여 강제집행할 수 있고, 등기명의인 아닌 명의신탁자는 명의신탁을 이유로 명의 수탁자의 일반채권자에 대하여 - 비록 그가 명의신탁관계를 알고 있었더라도 - 자기의 소유권을 주장할 수 없다." 라고 서술 되어 있는데요.

이 부분을 읽다가 갑자기 궁금한 것이, 명의수탁자의 일반채권자는 명의신탁인의 명의신탁 해지로 인하여 명의수탁인에게 있었던 재산이 명의신탁인에게 되돌아가면 명의신탁인에게 사행행위로 인한 채권자 취소가 가능한지가 궁금해요. 갑자기 민법 총칙 때 공부했던 부분의 구조랑 비슷한 듯한데…. 제 부족한 능력으로는 결론을 내릴 수가 없어서 이렇게 여쭤봅니다.

Answer

명의신탁해지로 명의신탁자가 명의수탁자에게 (대외적) 소유권을 이전하는 행위가 사해행위인가에 관한 답변

종중재산, 부부재산에 대한 명의신탁과 같이 허용되는 명의신탁의 경우, 명의수탁자는 명의신탁자에게 명의신탁해지로 인하여 (대외적)소유권을 이전해야 할 채무를 부담합니다. 따라서 명의수탁자의 소유권이전행위는 변제행위에 해당합니다. 변제행위로 인하여 채무자인 명의수탁자의 책임재산이 감소되더라도 이는 원칙적으로 사해행위가 되지 않습니다.

부동산실명법에 따라 허용되지 않는 명의신탁의 경우, 명의수탁자는 소유권을 취득하지 않습니다. 따라서 명의수탁자가 명의신탁자에게 소유권이전등기를 하는 것은 명의수탁자 재산의 처분행위가 아닙니다. 사해행위라고 할 수 없지요. 그러나 매도인이 선의인 계약명의신탁에서는 명의수탁자가 소유권을 취득합니다. 이때 명의수탁자가 명의신탁자에게 소유권이전등기를 넘겨주는 행위가 명의수탁자의 채권자에 대한 관계에서 사해행위인가? 이는 사해행위가 될 수 있습니다. 명의수탁자는 명의신탁자에게 부당이득으로 매수자금을 반환해야 할 의무를 부담하는데, 그 의무에 갈음하여 부동산소유권을 이전하는 것으로 말하자면 대물변제이지요. 대물변제의 경우 사해성을 인정할 수 있습니다.

대판 1997. 10. 10. 97다8687

수익자가 경매절차에서 채무자와의 사해행위로 취득한 근저당권에 기하여 배당에 참가하여 배당표는 확정되었으나 채권자의 배당금 지급금지가처분으로 인하여 배당금을 현실적으로 지급받지 못한 경우, **채권자취소권의 행사에 따른 원상회복의 방법은 수익자에게 바로 배당금의 지급을 명할 것이 아니라** 수익자가 취득한 배당금지급청구권을 채무자에게 반환하는 방법으로 이루어져야 **하고, 이는 결국 배당금지급채권의 양도와 그 채권양도의 통지를 배당금지급채권의 채무자에게 하여 줄 것을 청구하는 형태가 될 것이다.** [대법원 1997. 10. 10 선고 97다8687 판결]

대판 2002. 10. 25, 2002다42711

수익자가 사해행위인 약속어음 발행행위 및 그에 터잡은 추심명령 또는 전부명령에 기하여 배당에 참가하여 배당표는 확정되었으나 배당금을 현실적으로 지급받지 못함으로써 취득한 채무자의 제3채무자에 대한 피압류채권이 아직 소멸되지 아니한 경우에는 채권자취소권의 행사에 따른 원상회복의 방법은 수익자에게 바로 배당금의 지급을 명할 것이 아니라 수익자가 취득한 배당금지급청구권을 채무자에게 반환하는 방법으로 이루어져야 하고, 이는 결국 배당금지급채권의 양도와 그 채권양도의 통지를 배당금지급채권의 채무자에게 하여 줄 것을 청구하는 형태가 될 것이며, 사해행위가 채권자에 의하여 취소되기 전에 이미 수익자 또는 전득자가 배당금을 지급받았거나 변제 등의 방법으로 피압류채권이 소멸된 경우에는, 채권자는 원상회복방법으로 수익자 또는 전득자를 상대로 배당 또는 변제로 수령한 금전의 지급을 가액배상의 방법으로 청구할 수 있다. [대법원 2002. 10. 25 선고 2002다42711 판결]

Question. 6

채권자 취소권 부분에서요 판례 1997. 10. 10, 97다8687 및 2002. 10. 25, 2002다42711 관련하여 질문드립니다.

지원림 저 민법강의 제9판 1172쪽과 이태섭 민법판례정리Ⅱ 248쪽 관련해서요.

기본강의를 듣다가 선생님께서 수익자에게 아직 배당금이 지급 안된 경우에는 배당금채권(배당금지급청구권)의 양도로서 원상회복이 이루어진다고 하셨는데,

판례에서는 배당금 지급청구권을 채무자에게 반환하는 방법으로 이루어져야 한다고 되어 있고 그 방법으로서 배당금지급채권의 양도와 그 채권양도의 통지를 배당금지급채권의 채무자(제 생각으론 경락인 정도 될 것 같은데 맞나요?)에게 하여 줄 것을 청구하는 형태라고 하였는데, 그렇다면 배당금 채권을 채무자에게 수익자가 양도하고 그 통지를 배당금지급채권 채무자에게 한다는 것인가요 아니면 취소채권자에게 수익자가 양도하고 그 통지를 배당금지급채권 채무자에게 한다는 것인가요?

제 생각으로는, 수익자에게 배당금이 아직 지급 안된 상태라면 그 배당금 채권은 (가액반환의 경우와 달리) 채무자의 모든 일반채권자들을 위한 공동담보로 쓰여져야 한다고 했으니, 채무자에게 수익자가 양도하고 그 통지를 배당금 지급채권 채무자에게 해준다는 것 같은데 맞나요? 따라서 채권자는 취소소송 제기시 가액반환의 경우에야 자신에게 지급할 것을 구할 수 있지만, 배당금채권의 경우 자신이 아닌 채무자에게 반환할 것을 구할 수밖에 없는 것이죠?

Answer

옳게 생각하시는 것 같습니다.
수익자의 배당금청구권이 원상회복의 대상이 된다면 이는 채무자에게 배당금청구권을 귀속시켜 취소채권자 이외에 채무자의 다른 채권자들도 배당금청구권으로부터 자기 채권의 만족을 받을 수 있도록 하여야 할 것입니다.

이태섭 민법판례정리II 250쪽 10번 판례

⑩ 사해행위로 가등기가 마쳐지고 선순위 저당권이 사해행위 후 말소된 경우　소유권이전등기청구권보전을 위한 가등기가 사해행위로서 이루어진 경우 그 매매예약을 취소하고 원상회복으로서 가등기를 말소하면 족한 것이고, 가등기 후에 저당권이 말소되었다거나 그 피담보채무가 일부 변제된 점 또는 그 가등기가 사실상 담보가등기라는 점 등은 그와 같은 원상회복의 방법에 아무런 영향을 주지 않는다. [대법원 2001. 6. 12 선고 99다20612 판결]

Question. 7

1. 이태섭 민법판례정리Ⅱ 250쪽 10번 판례에서 사해행위로 가등기가 설정된 후 저당권말소의 경우를 설명해 주시면서 사해행위로 부동산이 양도된 후 저당권이 말소된 경우 두 가지를 비교하여 전자는 저당권 말소로 회복되는 가치가 채무자의 모든 채권자를 위한 공동 담보로 회복되고 후자는 수익자의 재산으로 회복된다고 하셨는데요,

양자가 달라지는 이유는 전자는 가등기에 불과하고 사해행위로 수익자에게 소유권 자체가 이전된 것이 아니기 때문에 여전히 부동산이 채무자 소유이기 때문이고, 후자는 수익자가 재산권 자체를 취득했기 때문인가요?

그렇다면 나아가서 전자의 경우와 유사한 사안으로 가등기 말고 저당권 등과 같은 담보권이 후순위로 사해행위로 행하여지면 선순위 저당권을 수익자가 변제로 말소한 후에 채권자취소소송이 제기되어 반환해야할 때 선순위 저당권 말소로 회복되는 재산가치는 채무자에게 귀속되고 그 원상회복 방법도 원물반환으로써 말소등기 형식으로 이루어지는 것, 따라서 판례집 같은 페이지 9번 판례와 같은 결론 및 10번 판례에

서처럼 담보가등기였다는 사정은 고려되지 않게 되는 것인가요?

2. 지원림 저 민법강의 제9판 1176쪽 (3) a) (iii) 판례 2004. 1. 27, 2009다6200 에서요,

"수익자의 배당액을 삭제하여 당해 채권자의 배당액으로 경정하여야 한다."는 것은 채권자에게 배당금 자체를 지급한다는 것 같은데 그럼 수익자에게 아직 배당금이 지급되지 않았다면 배당금채권을 채무자에게 반환하는 형식, 즉 수익자가 배당금채권을 채무자에게 양도하고 배당금채권채무자에게 통지하는 형식으로 이루어져야 한다는 것과 모순적인 것 같은데, 위의 " " 안에 의미가 구체적으로 무엇인가요? 배당금채권의 귀속이 바로 채권자에게 되는 것인지 아니면 바로 배당금이 가액반환형식으로 이루어지는 것인지 이해가 안 되네요.

3. 지원림 저 민법강의 제9판 1177쪽 C) (iii) 2002. 10. 25, 2000다7783 판결에서 다음 장(1178쪽)에서 보면,

"압류전부된 공사대금채권의 가치가 압류전부를 전후하여 달라졌다고 보아 공사대금 채권 그 자체의 양도에 의한 반환은 구할 수 없고 압류전부 당시의 공사대금채권의 객관적 평가액 또는 그 당시의 기성고에 따른 공사대금채권 상당액 배상을 구할 것."이라고 되어 있는데,

가액반환은 사실심 변론 종결시를 기준으로 산정하는 것인데 그것에 대한 예외를 인정하여 압류전부 당시를 기준으로 한 것인가요? 그리고 주식의 가액반환은 되지 않는다는 판결이 있었는데 주식은 사정변경이 허용되지 아니하여 가액배상이 안되는데 공사대금채권에는 인정되는 것으로 보여지는데, 제 생각이 맞나요?

4. 수익자가 채권자 취소에 따른 원상회복으로서 가액배상을 할 때에는 채무자에 대한 채권자라는 이유로 채무자에 대해서 가지는 자기의 채권과의 상계를 주장할 수 없다고 하는데 이는 어차피 채권자는 자신의 고유의 권리로 채권자취소권을 행사하여 그로 인해 자신의 권리로써 가액반환청구권을 갖는 것이어서 어차피 수익자는 채권자에 대해 아무런 반대채권을 갖지 아니하므로 상계적상 자체가 없어서 상계를 주장할 수 없는 것. 맞나요?

5. 가압류 채권자 vs 일반 채권자/선순위 가압류 채권자 vs 후순위 가압류 채권자 사이에서는 각각 우열관계가 없는 것 맞죠?

6. "채무자가 근저당권이 설정된 부동산을 수익자에게 처분 후 수익자가 근저당채무의 일부변제를 한 경우에 사해행위를 이유로 취소하고 부동산 자체 회복을 명하는 것은 허용될 수 없다" 는 것이 틀린 지문으로 되었는데 밑에 해설에 실린 판례(2002. 12. 6, 2007다39175)를 봐도 잘 이해가 되지 않아서요.

자료에 실린 판례 부분의 끝부분에 보면 사해행위 취소에 따라 그 부동산 자체의 회복을 명하더라도 당초 일반채권자들의 공동담보로 되어 있지 않았던 부분까지 그 원상회복을 명한 것이라고 볼 수 없다고 되어 있는데, 이는 근저당권이 확정되기 전까지는 당해 채무가 근저당권에 의해 담보될 것인지가 아직 확정되지 않았으므로 변제자 대위로써 채권자의 근저당권의 일부가 이전될 수 없고, 확정된 후에야 비로소 이전된다는 등의 논리와 같은 것인가요?

그리고 1번 질문과 관련해서 이러한 경우에 1번 질문에서처럼 저당부동산이 양수된 후에는 변제로 인해 회복되는 재산가치는 수익자에게 돌아와야 할 것인데, 이 경우에는 근저당권이 확정되지 않았기 때문에 수익자가 일부변제했다 하더라도 근저당권은 소멸하지 않고 그렇다면서 원상회복으로서 수익자등기만 말소한다 하더라도 애초에 공동담보로 되지 않았던 부분까지 공동담보로 되는 것은 아니란 것이 판례의 의미인가요?

Answer

1. 네. 맞습니다.

2. 배당이의의 소가 제기되었기 때문에 그와 같은 결론에 이른 것입니다.
가령, 갑이 을에 대하여 1억 원의 채권을 가지고 있는데, 을이 그의 시가 1억 원짜리 부동산에 병을 위한 5천만 원의 저당권을 사해행위로서 설정하였습니다. 그 후 저당권이 실행되어 경매절차가 개시되었고, 갑이 배당요구를 하였습니다. 병이 5천만 원을 우선변제받게 되는데, 갑이 병을 상대로 채권자취소소송을 제기하면서 병합하여 병에게 우선배당하는 배당에 대하여 이의를 하였습니다. 즉 채권자취소소송과 배당이의소송을 같이 제기한 것이지요.

이런 경우 법원은 을과 병의 저당권설정행위를 사해행위로서 취소하고, 원상회복으로 굳이 배당금채권의 반환을 명할 필요가 없는 것이지요. 그냥 병에게 우선배당하지 아니하는 방법으로 배당표를 경정하면 되는 것이지요. 이때 취소채권자가 배당받을 수 있는 금액이 늘어나도록 배당액을 경정한다는 것입니다.

3. 처분된 재산이 금전채권이므로 사실심 변론종결 당시와 다르지 않을 것입니다.

4. 네. 맞습니다.

5. 네. 맞습니다.

6. 네. 맞습니다. 근저당권 확정 전 일부변제가 있었더라도 근저당권이 소멸하는 것은 아니므로 원물반환을 한다고 하여 일반채권자의 공동담보로 되지 아니한 부분이 원상으로 회복된다고 할 수 없기 때문입니다.

Question. 8

1. 채권자취소권에서, 행사의 효과에서 가액반환의 경우에 대해 질문 있는데요,

가액반환의 경우에는 취소채권자가 사실상 우선변제권을 가진다고 하잖아요? 다른 채권자들이 배당받을 수 있는 별도의 절차가 없기 때문에...

그런데 그 아래 판례들을 보면 "그 배당액은 배당요구를 한 취소채권자에게 그대로 귀속되는 것이 아니라 채무자의 책임재산으로 회복되는 것이며, 이에 대하여 채무자에 대한 채권자들은 채권만족에 관한 일반원칙에 따라 채권내용을 실현할 수 있는 것(2005. 8. 25, 2005다14595)" 그 아래 판례에서도 공탁한 경우에는 다른 채권자들에게도 나누어줄 수 있다는 식으로 써져있는데요. 이 두 가지 판례는 어떻게 이해해야 하나요?

2. 채권자취소권에서 기산점 파트에서요, "채권자가 취소원인을 안 날"에서 한편 사해행위의 객관적 사실을 알았다고 하여 취소의 원인을 알았다고 추정할 수는 없다"라고 나와 있는데요, 그 아래 판례들을 보면, 객관적 사정들로 보아 채무자에게 사해의사가 있다는 것을 채권자가 알았다고 보는 것이 상당하다, 라는 판결들이 몇 개 나오는데요. 그냥 상반된 판결이라고 알아둬야 하나요?

Answer

1. 가액배상금을 취소채권자가 지급받으면 자기 채권변제에 충당됩니다. 그러나 취소채권자가 수익자의 재산에 대한 강제집행에서 가액배상청구권으로 배당요구를 하여 배당액이 정해지면, 취소채권자 뿐만 아니라 채무자의 다른 채권자들이 그 배당액에 대하여 취소채권자와 마찬가지로 자기 채권을 실현할 수 있습니다. 즉 가액배상금을 지급받지 않은 상태라면 채무자의 책임재산으로 회복이 된다는 취지입니다.

2. 사실관계를 살펴보고, 판단하여야 할 것입니다. 일률적으로 판단할 수는 없지만, 원칙적으로 사해의 객관적 사실을 알았다고 해서 채권자취소권의 요건사실을 알았다고 추정할 수 없다고 알아두셔야 합니다.

이태섭 민법판례정리 II 224쪽

(ㅁ) **채권자의 채권원리금이 우선변제권에 의하여 전액 담보되지 아니하는 경우, 채권자취소권을 행사할 수 있는 피보전채권의 범위** 채무자 또는 제3자 소유의 부동산에 대하여 채권자 앞으로 근저당권이 설정되어 채권자에게 우선변제권이 확보되어 있다면 그 범위 내에서는 채무자의 재산처분행위가 채권자를 해하지 아니하므로 그 담보부동산으로부터 우선변제받을 금액을 공제한 나머지 채권액에 대하여만 채권자취소권이 인정된다. 그리고 이와 같이 채권자의 채권원리금이 우선변제권에 의하여 전액 담보되지 아니하는 경우에는 변제충당의 법리를 유추 적용하여 이자가 원금에 우선하여 담보된다고 보아야 하므로 사해행위의 시점에서 담보되지 아니하는 부분에는 원금에 해당하는 금원이 포함되어 남아 있게 되고, 따라서 채권자가 채권자취소권을 행사할 수 있는 피보전채권의 범위는 사해행위 당시 담보부동산의 가액과 채권최고액 중 적은 금액을 초과하는 부분에 해당하는 채권원리금 및 그 중 원금 부분에 대하여 그 후 사실심 변론종결시점까지 발생한 지연이자 상당의 금원이 된다. [대법원 2010. 2. 11 선고 2009다81616 판결]

Question. 9

채권자취소권이라는 게 사해행위로 인한 책임재산 보전이 목적인데 따라서 피보전채권의 범위도 사해행위당시를 기준으로 해야 되지 않나요?

판례는 사해행위당시가 아니라 그 이후인 사실심 변론종결시점까지의 지연이자가 왜 들어가는지 궁금합니다.

Answer

사해행위 당시에 존재하는 원본채권이 채권자취소소송의 사실심 변론종결시까지 지급되지 않아서 그 원본채권이 이자나 지연손해금에 의하여 확장되었다면 확장된 채권액이 채권자취소권의 피보전채권이 됩니다. 반면에 사해행위 이후에 발생한 원본채권은 사해행위에 의하여 침해되지 않은 것이기 때문에 피보전채권이 될 수 없는 것입니다.

결국 이자나 지연손해금은 원본채권으로부터 파생되는 채권이므로 비록 나중에 발생한 것이라고 하더라도 그 발생의 기초가 되는 채권이 사해행위 당시에 존재하고 있었기 때문에 피보전채권이 되는 것입니다.

이태섭 민법판례정리 II 250쪽에 11번

⑪ 저당부동산이 사해행위로 양도된 후 저당권이 실행되어 수익자가 지급받아야 할 배당금이 다른 사람에게 배당된 경우 사해행위 취소에 따른 원상회복 방법

저당권이 설정된 부동산의 소유권이 사해행위로서 양도되었다가 그 저당권의 실행으로 말미암아 양수인인 수익자에게 배당이 이루어진 경우, 원상회복의 방법은 그 배당금이 수익자에게 지급된 경우에는 동액 상당의 가액의 배상으로, 배당금지급금지가처분 등으로 인하여 지급되지 못한 경우에는 그 배당금채권의 양도절차의 이행으로 각 이루어져야 하는바, 이러한 법리는 경매법원이 수익자에게 배당하여야 할 금원을 수익자에게 배당하지 않고 다른 사람에게 배당하는 바람에 수익자가 배당금을 지급받지 못하고, 자신의 권리 이상으로 배당을 받은 다른 사람에 대하여 부당이득반환채권을 취득한 경우에도 마찬가지라고 봄이 상당하다. [대법원 2008. 12. 11 선고 2007다91398 · 91404 판결]

Question. 10

이태섭 민법판례정리Ⅱ 250쪽에 11번 저당부동산이 사해행위로 양도된 후 저당권이 실행되어 수익자가 지급받아야 할 배당금이 다른 사람에게 배당된 경우 사해행위 취소에 따른 원상회복 방법이란 판결에서요.

수익자에게 배당금이 지급되지 않았다면, 그에게 부당이득반환채권이 생기고, 이 부당이득반환채권이 채무자에게 양도되어야 하는 거죠?

Answer

네...

Question. 11

사해행위로 가등기가 마쳐지고 선순위 저당권이 사해행위 후 말소된 경우(2001.6.12 99다20612) 사해행위 당시에 책임재산은 선순위 저당권을 제외한 나머지 부분이므로 선순위저당권이 소멸된 뒤에도 취소범위는 당시 책임재산인 나머지 부분 아닌가요?

수익자가 변제자 대위를 하지 않고 말소했다는 얘기는 저당권을 실현하지 않겠다는 것으로 얘기하시고 집행 가능한 공동담보로 회복됐다고 하셨는데 그렇다고 하더라도 취소범위는 사해행위 당시를 기준으로 하는 것이 원칙 아닌가요, 따라서 가액반환을 해야 하지 않나요(원상회복하면 사해행위당시의 책임재산보다 더 많이 회복되는 문제가 발생하는 거 같습니다)?

사해행위로 부동산 양도 후 저당권 말소된 경우에는 기존의 양도를 사해행위로 취소하면 종전의 책임재산을 했던 범위보다 많이 회복되므로 가액반환을 하는 것으로 알고 있습니다만.

Answer

사해행위로서 가등기가 설정된 경우는 사해행위로서 부동산이 양도된 경우와 문제상황이 조금 다릅니다. 가등기가 설정되었다고 해서 채무자의 부동산이 수익자에게 이전되는 것은 아닙니다. 그러나 사해행위로서 부동산이 양도된 경우에는 채무자의 부동산이 수익자에게 이전하게 됩니다.

사해행위 후에 기존의 저당권을 말소한 경우, 사해행위로서 부동산이 양도된 경우에는 수익자의 재산이 증가합니다. 증가된 수익자의 재산은 채무자의 재산이 아니므로 채무자의 채권자가 집행할 수는 없습니다. 따라서 사해행위로서 부동산 자체의 반환을 허용하면 책임재산이 되지 말아야 할 수익자의 재산까지 채무자의 책임재산으로 회복되어 부당한 결과가 됩니다.

반면에 사해행위로서 가등기가 설정된 경우에는 사해행위 후 기존의 저당권을 말소하더라도 채무자의 재산이 증가될 뿐 수익자의 재산이 증가되는 것은 아닙니다. 증가된 채무자의 재산은 채권자가 집행할 수 있지요. 따라서 부동산 자체에 대한 집행을 가능하게 하기 위하여 사해행위로서 설정된 가등기를 말소하더라도 수익자의 재산이 부당하게 채무자의 책임재산으로 회복되는 결과가 생기지 않습니다.

Question. 12

지원림 저 민법강의 제8판 1156쪽 하단에 있는 판례인데요.

"소유권이전등기청구권 보전을 위한 가등기가 사해행위로서 이루어진 경우에 그 매매예약을 취소하고 원상회복으로서 가등기를 말소하면 족하고, 가등기 후에 저당권이 말소되었다거나 그 피담보채무가 일부변제 된 점 또는 그 가등기가 사실상 담보가등기라는 점 등은 그와 같은 원상회복의 방법에 영향을 주지 않는다."

"사해행위로 경료된 근저당권설정등기가 사해행위취소소송의 변론종결시까지 존속하고 있는 경우에, 그 원상회복은 근저당권설정등기를 말소하는 방법에 의하여야 하고, 사해행위 이전에 설정된 별개의 근저당권이 사해행위 후에 말소되었다는 사정은 원상회복의 방법에 아무런 영향을 주지 않는다."

이 두 판례와 뒤에 나오는 초과회복의 문제에서의 판례와 어떤 차이가 있는지 모르겠습니다. 이 두 경우 왜 원상회복을 하는지 모르겠네요.

Answer

사해행위로서 가등기나 저당권설정등기가 마쳐지고, 그 후 선순위 저당권이 말소되었다고 하더라도 사해행위 취소에 따른 원상회복은 원물반환의 방법, 즉 가등기나 저당권등기를 말소하는 방법으로 이루어져야 한다는 취지의 판례입니다.

채무자가 채무초과 상태에서 그의 부동산에 가등기를 설정하는 행위를 하거나 저당권을 설정하는 행위를 하고, 그 행위가 사해행위에 해당한다고 가정합시다. 그 후 그 부동산에 이미 존재하고 있었던 선순위 저당권이 소멸하게 되면, 선순위 저당권이 파악하고 있었던 부동산의 가치는 그 부동산 소유자인 채무자의 것으로 되어 모든 채권자의 책임재산으로 됩니다. 그런데 그 부분에 대해서 사해행위로서 가등기나 저당권등기를 취득한 수익자가 우선변제 받도록 하는 것은 부당합니다. 그 결과 가등기나 저당권등기를 말소할 필요가 있는 것이지요.

사해행위로서 부동산을 양도한 경우에는 사정이 조금 다릅니다. 이미 저당권이 설정된 부동산을 채무자가 사해행위로서 수익자에게 양도하였고, 그 후 이미 존재하고 있던 저당권이 말소되었다면, 저당권이 파악하고 있었던 부동산의 가치는 그 부동산의 소유자인 '수익자'에게 회복됩니다. 수익자는 채무자가 아니므로 취소채권자를 포함한 채무자의 채권자들이 집행할 수 있는 책임재산으로 회복되는 것은 아니지요. 따라서 채권자취소에 따른 원상회복방법으로 원물반환은 불가능한 상태가 되는 것입니다.

정리하자면, 사해행위로서 가등기나 저당권등기를 설정하는 경우와 사해행위로서 부동산을 양도하는 경우는 서로 다른 결론에 이를 수 있습니다.

Question. 13

저당권이 설정된 부동산 + 사해행위로써 가등기 설정 + 수익자의 출재로 저당권 소멸 → 이 경우 원물반환으로 가등기의 말소를 하면 족하다는 것이 맞다고 해설이 되어있는데요. 애초에 저당권이 설정되어 있었다가 수익자 출재로 소멸된 것이라면 그 부분까지 원상회복이 되면 애초에 공동담보로 되어있던 부분까지 회복되므로 가액반환 쪽으로 가야 하는 게 아닐까요?

저당권이 설정된 부동산 양도 + 수익자의 출재로 저당권 소멸 → 가액반환으로 처리하는 것과 뭐가 다른지요?

Answer

사해행위로써 가등기가 설정된 경우와 사해행위로써 부동산이 양도된 경우의 차이가 있습니다. 가등기가 설정된 경우에는 여전히 부동산은 채무자 소유입니다. 부동산에 존재하던 저당권이 소멸하면 그 저당권이 파악하고 있던 부동산 가치는 이제 모든 채권자의 공동담보가 되어야 합니다.

사해행위로써 부동산이 양도된 후에 그 부동산에 존재하던 저당권이 소멸하면 이제 그 저당권이 파악하고 있던 부동산 가치는 채무자가 아니라 수익자에게 귀속되어야 합니다. 채권자의 공동담보로 될 수 없는 것이지요.

따라서 사해행위로써 가등기가 설정된 경우와 사해행위로써 부동산이 양도된 경우는 달리 취급되어야 합니다.

제5장 다수당사자의 채권관계

연대채무

Question. 1

1. 지원림 저 민법강의 제9판 1205쪽에서요.

연대채무에서 소멸시효의 절대적 효력에 관한 제421조는 공동불법행위자 상호간의 부진정 연대채무에 대하여는 적용되지 않으므로 공동불법행위자 중 1인의 손해배상채무가 시효로 소멸한 후에 다른 공동불법행위자 1인이 피해자에게 자기 부담부분을 넘는 손해를 배상하였을 경우에도 그 공동불법행위자는 다른 공동 불법행위자에게 구상권을 행사할 수 있다고 하는데요. 그러면 이 경우 구상의무자인 시효소멸 공동불법행위자는 피해자에게 부당이득반환청구를 할 수 있게 되나요?

2. 지원림 저 민법강의 제9판 1201쪽의 양자가 결합된 경우의 사안에서요. A, B, C가 채권자에 대하여 각자 90만 원의 채무를 부담하고 그들 사이의 부담부분이 균등한 경우에 A가 채무 전액을 변제한 후 사후통지를 해태하고 B는 사전통지 후 선의로 변제한 경우인데요, 상대적 효력설에 따르면 A와 B사이에서만 제426조가 적용되고 C와의 사이에서는 제1의 변제만이 유효하다고 합니다. 그런데 그러면 B는 사전통지도 했고 제대로 변제했는데 A가 사후통지를 위배하고 변제했다는 이유만으로 A와 C 모두에게 구상하지 못하고 A한테만 구상이 가능하게 되는 건 좀 부당하지 않은가요? 이 견해의 논거가 궁금합니다.

Answer

1. 손해배상의무가 시효로 소멸된 후에도 소멸시효 완성의 효과가 부진정 연대채무에서는 상대적 효력에 불과하므로 구상책임을 부담하게 되는데, 그 구상의무자가 채무 전부를 배상받은 피해자에 대하여 부당이득반환을 청구할 수 있는지의 문제는 보다 복잡합니다. 소멸시효가 완성된 손해배상의무를 부담하는 자가 결국 손해배상책임을 부담하게 되었다고 하여 피해자에 대하여 부당이득반환을 청구

하는 것이 허용되는지의 문제인데, 이에 관해 판례가 판단하고 있는 것은 아직 없습니다. 교과서에서도 언급이 없지요. 사견으로는 허용되지 않을 것으로 보입니다. 신의칙에 반하기 때문입니다.

2. C에 대한 관계에서는 B의 변제로 인하여 C의 채무가 소멸한 것으로 되지 않습니다. 오히려 A의 변제로 인하여 C의 채무가 소멸한 것이지요. B는 이미 변제로 소멸한 연대채무를 변제한 사람입니다. 2중변제자인 셈이지요. B의 2중변제가 A의 사후통지로 인하여 발생하였다고 하더라도 그로 인한 책임을 B가 A에게 추궁하는 것은 타당하지만, C에게 추궁하는 것은 타당하지 않습니다. C의 입장에서 보면 B는 2중변제자에 불과하기 때문입니다. 다만, A가 C로부터 구상권을 행사하여 받은 이익은 B에 대한 관계에서 부당이득이 될 수 있습니다. A와 B 사이에서는 B만이 정당한 구상권자이기 때문이지요.

Question. 2

연대채무자 A가 변제한 후 사후통지를 하지 않고 있는 동안 B가 사전통지를 한 후 선의로 변제하면 B는 A에 대해서 자신의 변제행위가 유효하다고 주장할 수 있는데요. 그런 B가 A의 변제가 유효한 것으로 주장 가능한가요? 가능하다면 A는 B에게 구상할 수 있는지?

Answer

사후통지의무 위반의 효과를 규정하고 있는 제426조 제2항은 선의로 유상의 면책행위를 한 연대채무자가 자신의 면책행위의 유효를 주장할 수 있다고 규정하고 있습니다. 이는 선의로 유상의 면책행위를 한 연대채무자가 자신의 면책행위의 유효를 주장할 수도 있고, 주장하지 아니할 수도 있다는 의미입니다. 이렇게 해석하는 것이 이른바 상대적 효과설입니다. 따라서 B는 자신의 면책행위의 유효를 주장하지 않고, 2중으로 변제를 받은 채권자에 대하여 부당이득반환을 청구할 수도 있습니다. 이 경우 A는 B에 대하여 구상권을 행사할 수도 있습니다.

Question. 3

다액 일부가 변제된 경우 채무액이 적은 다른 부진정 연대채무자의 채무가 어떻게 소멸하는지에 대해 안분설과 외측설이 어느 상황에서 적용되는지 헷갈립니다.

작년 대법원판례에서는 단독부담 부분이라 하여 외측설에 따른 것이 있고요,

반면 대판95. 7. 14 94다19600 에서는 안분설을 따르고 있습니다.

금액이 서로 다른 부진정 연대채무 중 많은 손해액을 배상할 의무 있는 자가 일부 변제했을 경우, 적은 범위의 손해액을 배상할 의무 있는 자의 채무가 외측설과 안분설 중 어떤 것에 따르는지 궁금합니다.

Answer

대법원은 외측설과 안분설을 사안에 따라 병용하여 사용합니다. 이태섭 민법판례정리Ⅱ 51면 이하에 자세히 설명되어 있습니다.

요약하면 각 부진정 연대채무가 동질적 성격을 가져서 각 부진정 연대채무자가 책임을 분담하여야 하는 경우에는 안분설을 따릅니다. 그러나 각 부진정 연대채무가 이질적 성격을 가져서 각 부진정 연대채무자가 책임을 분담하여야 하는 경우가 아닌 때에는 외측설에 따라 문제를 해결합니다.

가령, 사용자책임에 따라 사용자가 부담하는 손해배상채무와 피용자의 손해배상채무는 동질적 성격을 가지고 있습니다. 이런 경우, 안분설에 따라 문제를 해결합니다. 그러나 대출금채무를 변제하여야 할 대출계약상 채무자의 책임과 은행으로 하여금 대출을 하도록 기망한 자가 부담하는 불법행위로 인한 손해배상채무의 경우에는 그 채무가 이질적이어서 외측설에 따라 문제를 해결합니다.

Question. 4

예를 들어 B, C, D가 A에 대하여 120만 원의 연대채무를 부담하고 있는 경우, 연대채무자 상호 간의 부담부분이 각 40만 원으로 같다면, 만약 B가 A에 대하여 90만 원을 변제했을 때, B는 C와 D에 대하여 각 30만 원씩 구상할 수 있다고 알고 있습니다.

이와 같은 사안에서 B, C, D가 A에 대하여 부담하는 채무가 연대채무가 아니라 '부진정연대채무'인 경우, B의 부담부분인 40만 원을 초과하여 90만 원을 출재한 B는 위의 연대채무관계에서처럼 C와 D에 대하여 각 30만 원씩 구상할 수 있는 것인지, 아니면 초과출재된 부분 즉, 50만 원에 대하여 C와 D에게 25만 원씩 구상할 수 있는 것인지 궁금합니다.

정리하면, 부진정 연대채무자의 구상관계에서도 연대채무자의 구상관계와 마찬가지

로 사고하면 되는 것인지, 아니면 부진정 연대채무자가 변제한 부분 가운데 부담부분을 제외한 액수 즉 초과출재된 액수에서 다른 부진정 연대채무자의 부담비율에 따라 구상해야하는 것인지가 궁금합니다.

만약 후자처럼 새긴다면, 연대채무자의 구상관계에서와는 달리 먼저 변제한 부진정 연대채무자에게 불리하게 되는 결과가 초래되는 것 같은데….

Answer

초과출재한 부분에 대해서만 구상가능합니다. 자기의 부담부분에 해당하는 부분은 자기 채무의 변제로 보아야 하므로 이를 초과하는 부분에 대한 출재액만을 구상의 기초로 삼을 수 있습니다. 연대채무의 경우에는 연대채무자들 상호간의 주관적 공동관계로 인하여 초과출재를 그 요건으로 하지 않습니다만, 그와 같은 공동관계가 없는 부진정 연대채무에서는 초과출재가 있어야 구상이 가능합니다.

Question. 5

연대채무자의 경우 청구의 경우에 재판상 청구와 최고의 경우에만 절대적 효력이 있고, 나머지 청구의 경우에는 상대적 효력만이 있는 건가요?

Answer

나머지 청구도 모두 절대적 효력이 있습니다. '청구'에 해당하면 제416조에 따라 절대적 효력을 가집니다. 청구의 구체적 모습은 문제되지 않습니다.

Question. 6

가령 A, B는 공동불법행위로 X에게 1천만 원의 손해를 입혔는데 B와의 관계에서 책임경감사유가 있어 20% 과실상계를 당한 경우, 채무액이 다른 부진정 연대채무에서 일부변제를 한 경우 판례는 책임분담관계가 있는 경우 안분설을 취하는 것으로 설명해주시면서 안분설을 취해야 B가 무자력이 된 경우 그 불이익을 X가 부담한다고 하셨는데 잘 이해가 안 됩니다.

Answer

A가 1천만 원의 손해배상책임을, B가 8백만 원의 손해배상책임을 부담하는 경우입니다. A가 2백만 원을 변제하고, 무자력자가 되었다고 가정합시다. 만약 안분설을 취하지 아니하고 외측설을 취하게 되면 피해자는 B에게 8백만 원을 청구할 수 있을 것입니다. A와 B의 부담부분이 동일하다면 B는 A에게 3백만 원을 구상할 수 있어야 하는데(자기 부담부분 5백만 원 초과분), A가 무자력이면 이는 고스란히 B가 부담하는 것이 됩니다.

그 결과 피해자는 1천만 원을 모두 지급받은 결과가 되는데, 이는 B에 대한 관계에서 B의 추가출연을 기초로 피해자가 전액을 손해를 전보 받은 결과가 됩니다. 따라서 부당하다는 것이지요. 책임을 나누는 관계에 있으므로 A가 2백만 원을 변제한 것은 B의 책임도 일부 면책시켜야 하지요. 결국 2백만 원의 80%는 B의 책임도 면제시켜야 합니다. 그 결과 160만원은 B의 채무액을 감축시키는데 사용하고, 그 결과 B는 640만 원을 변제함으로써 책임을 면할 수 있도록 해야 합니다. 이렇게 해야 A가 무자력이 되었을 때에 나타나는 위험을 피해자와 분담하는 결과가 됩니다.

Question. 7

지원림 저 민법강의 제8판 1181쪽

연대채무자 전원 또는 일부가 파산선고를 받은 경우에 채권자가 어느 파산재단으로부터 일부배당을 받았거나 임의변제를 받은 경우에는 배당참가액을 감액할 필요가 없는데, 어느 파산재단으로부터 현실로 배당을 받은 후에 다른 파산재단에 가입한 경우에는 감액해야 한다고 합니다. 이 두 경우가 서로 어떤 점에서 차이가 있는지 궁금합니다.

Answer

채무자 회생 및 파산에 관한 법률 제126조 제1항에서는 '여럿이 각각 전부의 이행을 하여야 하는 의무를 지는 경우 그 전원 또는 일부에 관하여 회생절차가 개시된 때에는 채권자는 회생절차 개시 당시 가진 채권의 전액에 관하여 각 회생절차에서 회생채권자로서 그 권리를 행사할 수 있다.'고 규정하고 있습니다. 가령,

A와 B가 채권자에 대하여 1천만 원의 연대채무를 부담하고 있는데, A와 B 모두에 대해서 회생절차(파산절차)가 개시되었습니다. 채권자는 회생절차 개시 당시의 채권액인 1천만 원 전액에 관하여 권리를 행사할 수 있습니다. 그런데 A에 대한 회생절차 중 채권자가 3백만 원의 변제를 받았다고 가정합시다. 이 경우 B에 대한 회생절차에서 채권자는 여전히 1천만 원에 관하여 회생채권자로서 권리를 행사할 수 있는가? 하는 문제가 생깁니다. 위 법에 따르면 여전히 회생채권자로서 권리를 행사할 수 있다는 것입니다. 즉 배당참가액을 감액할 필요가 없습니다.

반면, 위의 예에서 A에 대한 회생절차가 개시되었고, 채권자가 A로부터 3백만 원을 변제받은 후에 B에 대한 회생절차가 개시되었다면 B에 대한 회생절차 개시 당시의 채권액은 7백만 원이므로 그 채권액에 관하여 채권자는 회생채권자로서 권리를 행사할 수 있습니다.

회생절차 개시 당시의 채권액이 서로 다르기 때문에 차이가 나는 것입니다.

Question. 8

만약에 부진정 연대채무자 A가 1,000만 원의 채무를 부담하고 부진정 연대채무자 B가 600만 원의 연대채무를 부담한다면 B가 500만 원을 변제하였을 때에는 A의 부담부분이 500만 원으로 줄어든다고 하셨잖아요. 전부 연대부분이 아닌 단독부분에 속하니까요..

그런데 좀 이해가 안 가는게 어째든 채권자는 1천 6백만 원을 청구할 수 있는 게 아니라 전부 1천만 원을 청구할 수 있는 거잖아요. 이 논리가 잘 이해가 안가요.

그럼 B가 600만 원을 변제하면 부담부분이 더 적은데도 A보다 많이 변제하게 되는 것 아닌가요?

Answer

부진정 연대채무자들 상호간의 구상문제는 별도로 검토하여야 합니다. 채무액이 적은 B가 6백만 원을 변제하게 되면, 6백만 원의 변제금은 모두 B의 채무를 소멸시키게 되는데, B의 채무는 그 전액이 A의 채무와 부진정 연대관계에 있는 결과 A의 채무는 변제금인 6백만 원 범위에서 소멸하게 됩니다(절대적 효력).

그 후 B가 A에 대하여 구상할 수 있는가 하는 점은 별개의 문제가 됩니다. B의 부담부분이 얼마이고, A의 부담부분이 얼마인가를 다시 판단하여야 합니다. 만약 B의 부담부분이 3백만 원에 불과하다면 3백만 원의 범위에서 A에게 구상할 수 있을 것입니다.

보증채무

Question. 1

지원림 저 민법강의 제9판 970쪽 위에서 두 번째 줄에 "보증인, 물상보증인이 수인인 경우에 이들에게 주채무자에 대한 구상권만을 인정한다면 채권자를 먼저 만족시킨 자가 주채무자의 무자력에 따른 불이익을 입게 된다."고 하는데 어떻게 불이익을 입게 되는 것인지 쉽게 이해가 가지 않습니다.

Answer

어느 보증인이 보증채무를 변제하여 주채무를 소멸시킵니다. 그 후 주채무자에 대하여 구상권을 행사하였는데, 주채무자가 무자력자입니다. 보증채무를 변제한 보증인은 자신이 출재한 재산을 회복할 수 없게 됩니다. 다른 보증인은 주채무의 소멸로 인하여 채무가 면책됩니다. 다른 보증은 전혀 재산을 출재하지 않게 됩니다. 결국 주채무자가 무자력자가 되는 경우, 출재한 보증인만이 그 불이익을 입게 됩니다.

Question. 2

조문에는 부탁 없는 보증인 중 주채무자의 의사에 반하여 보증인으로 된 자는 "현존이익의 한도"에서 구상권을 행사할 수 있다, 구상전까지 주채무자가 반대채권을 취득했다면 주채무자는 상계할 수 있었음을 주장하며 구상에 응하기를 거절할 수 있고, 그 반대채권이 보증인에게 이전된다고 규정되어 있는데요. 주채무자가 상계할 수 있었음을 비수탁보증인에게 항변시 그의 현존이익이라는 게 구체적으로 어떤 걸 말하는 건지 모르겠습니다. 비수탁보증인의 변제로 주채무자는 그의 의사에 반하긴 하지만 어쨌든 자신의 채무를 면하는 이익을 얻었고, 구상전에 채권자에 대하여 반대채권을 취득한 것이라면, 자신의 채무액에서 반대채권액을 공제한 만큼의 금액이 현존이익이 되는 게 아닌가요?

Answer

질문의 요지를 파악할 수 없습니다. 부탁을 받지 않은 보증인의 구상범위와 주채무자의 상계조문을 언급하고 있는데, 주채무자가 채권자에 대한 채권으로 상계할 수 있다는 것은 보증인이 사전통지를 하지 않은 경우의 효과입니다. 무엇이 궁금한 것인지 알 수가 없네요.

Question. 3

어느 한사람이 같은 채권의 담보를 위하여 보증계약과 물상보증계약을 체결한 경우 별개의 계약이므로 보증책임의 범위가 담보부동산의 가액범위 내로 제한된다고 할 수 없다고 하는데요. 지원림 저 보면 '채무의 액수는 근저당권의 채권최고액 겸 근보증액의 보증한도액에 한정된다'라고 하는데. 뭐가 다른 건가요?

Answer

동일인이 물상보증인으로서 근저당권을 설정해주고 나아가 보증계약을 체결하여 근보증인이 되는 경우가 현실에서 종종 있습니다. 이 경우, 근저당권에 의하여 담보되는 채무와 근보증계약에 의하여 담보되는 채무가 동일한 채무인가 아니면 서로 다른 채무인가 하는 점이 문제될 수 있습니다. 이는 근저당권설정계약과 함께 근보증계약을 체결한 당사자의 의사가 어떠한가에 따라 판단하여야 할 것입니다.

1) 동일한 채무를 위해서 근저당권이라는 담보와 근보증이라는 담보를 중첩해서 제공하는 경우도 있을 수 있고,

2) 근저당권으로 담보하는 채무와 근보증으로 담보하는 채무를 전혀 달리 하는 경우도 있을 수 있고,

3) 근저당권으로 담보하는 채무가 동시에 근보증으로도 담보되지만, 근저당권으로 담보할 수 없는 채무까지 포함해서 근보증으로 담보하기 위한 경우도 있을

수 있습니다. 당사자의 의사가 분명하다면 문제가 되지 않겠지만, 당사자의 의사가 명료하지 않은 경우, 어떻게 해석해야 하나요? 이에 대해서 대법원은 다른 특별한 사정이 없는 한 3)으로 해석하여야 한다는 입장입니다.

왜냐하면 근저당권이라는 담보력이 강력한 물적 담보를 제공하였음에도 다시 동일인이 근보증이라는 인적 담보를 제공하는 이유는 근저당에 의한 담보만으로는 피담보채무를 충분히 담보할 수 없다는 이유에서 근보증을 추가하여 담보로 제공하는 것이라고 이해하는 것이 당사자의 합리적 의사에 부합할 수 있기 때문입니다.

가령, 계속적 거래관계로부터 발생할 수 있는 채무액은 1억 원 정도인데, 이를 담보하기 위하여 물상보증인이 제공하고자 하는 부동산의 가액은 7천만 원에 불과한 경우, 채권자가 채무자에게 거래관계를 유지하기 위해서는 추가 담보를 요구하지 않겠습니까? 물상보증인이 7천만 원 상당의 부동산을 담보로 제공하여 근저당권을 설정하고, 나아가 근보증 계약을 체결하는 경우가 있겠지요.

이 경우, 근저당권에는 채권최고액이 있는데, 채권최고액 범위 내의 채무는 근저당권과 근보증 모두에 의하여 담보되지만, 채권최고액 범위를 초과하는 채무는 근보증으로 담보하려는 것이 당사자의 의사이겠지요. 이러한 담보형태를 '누적적 담보'라고 합니다. 반면에 1)과 같은 담보형태를 '중첩적 담보'라고 하지요.

동일인이 물상보증인이면서 동시에 근보증인인 경우, 담보형태는 다른 특별한 사정이 없는 한 '누적적 담보'라는 것이 대법원의 입장이고, 그 결과 보증책임의 범위가 담보부동산 가액 범위로 제한되지 않는 것입니다, 반면 피담보채무가 동일한 채무로서 '중첩적 담보'인 경우, 근저당권실행으로 채무가 소멸한 범위에서 근보증으로 담보되어야 하는 책임도 감축됩니다.

Question. 4

제446조 주채무자의 보증인에 대한 면책통지의무와 관련하여 이 조항이 적용될 만한 상황이 존재할 수 없는 것 아닌가요? 실익이 있는 사례가 있다면 알려주셨으면 합니다. 선생님 著 조지사 등 서점에서 구할 수 있는 모든 책이 있으니 페이지만 알려주셔도 감사하겠습니다.

[주채무자는 사'후'통지의무가 있고 수탁보증인은 사'전'통지의무가 있는데 제446조에서는 "주채무자가 자기의 행위로 면책하였음을 그 부탁으로 보증인이 된 자에게 통지하지 아니한 경우에 보증인이 선의로 채권자에게 변제 기타 유상의 면책행위를 한 때에

는 보증인은 자기의 면책행위의 유효를 주장할수 있다."라고 규정하고 있습니다.]

후단의 '보증인이 선의로 채권자에게 변제 기타의 행위를 한때'에서 보증인에게는 사전 통지의무가 있으므로 이를 어기고 통지하지 아니한 채로 변제 기타의 행위를 했음에도 제446조는 그 유효를 주장할 수 있다고 합니다. 하지만 제445조 제1항에서는 "보증인이 주채무자에게 통지하지 아니하고 변제 기타의 행위를 한 경우 주채무자가 채권자에게 대항할 수 있는 사유로 보증인에게 대항할 수 있다."라고 규정하기 때문에 주채무자의 변제 기타의 행위가 보증인의 변제 기타의 행위보다 앞서게 됩니다.

즉 제445조의 규정에 의해서 446조가 적용될 가능성은 사라지게 되는 것 아닌가요?

판례는 "주채무자의 수탁보증인에 대한 통지의무(민법 제446조)의 규정은 같은 법 제445조 제1항의 규정을 전제로 하는 것이어서 같은 법 445조 1항의 사전통지를 하지 아니한 수탁보증인까지 보호하는 취지의 규정은 아니므로 수탁보증에 있어서 주채무자가 면책행위를 하고도 그 사실을 보증인에게 통지하지 아니하고 있던 중에 보증인도 사전통지를 하지 아니한 채 이중의 면책행위를 한 경우에는 보증인은 주채무자에 대하여 민법 제446조에 의하여 자기의 면책행위의 유효를 주장할 수 없다고 봄이 상당하고 따라서 이 경우에는 이중변제의 기본 원칙으로 돌아가 먼저 이루어진 주채무자의 면책행위가 유효하고 나중에 이루어진 보증인의 면책행위는 무효로 보아야 하므로 보증인은 민법 제 446조에 기하여 주채무자에게 구상권을 행사할 수 없다" - 따라서 채권자에게 부당이득을 반환받아야겠지요

정리하면 제445조에 의해서 보증인은 사전통지의무를 부담하는데 제446조는 주채무자가 변제를 하고 통지하지 아니한 채로 보증인이 이중변제를 한 경우 보증인은 자신의 변제의 유효를 주장할 수 있다고 함. 그러나 보증인이 제445조의 사전통지의무를 이행했다면 제446조와 같은 이중변제가 일어날 가능성이 없음(사전통지로 인해서 주채무자가 이미 면책행위를 했다는 것을 인지할 수밖에 없고 따라서 자신의 변제가 이중변제가 되리라는 것을 알고도 한 이중변제가 존재하는가? 굳이 그런 상황을 대비한 법조항을 만든 이유는?) 만약에 그러한 상황이 존재한다고 하더라도,

1. 제 생각 : 제445조 제1항에 의하면 보증인이 사전통지하지 아니하고 변제한 경우 주채무자가 채권자에게 대항할 수 있는 사유로 보증인에게 대항할 수 있으므로 제446조와 같은 보증인의 이중변제는 주채무자의 변제에 대항할 수 없게 됨

2. 판례 : 그러한 경우 제446조는 제445조에 전제한 규정이므로 사전통지하지 아니한 보증인을 보호할 필요 없음. 구상권행사 불가 - 사전통지의무 위반을 하면 제445조 1항의 대항할 수 없다는 조문을 근거로 할 것이지 왜 규정의 취지와 보호필요성을 언급하였는지… 이해가 안갑니다.

Answer

질문이 2가지인 것 같군요.

1) 제446조, 주채무자가 변제한 후 수탁보증인에게 면책통지를 하지 않고 있는 동안 수탁보증인이 선의로 2중 변제를 한 경우 수탁보증인이 자기의 면책행위의 유효를 주장할 수 있는 경우가 과연 존재할 수 있는가?

2) 주채무자가 변제를 한 후 수탁보증인에게 면책통지를 하지 않고 있는 동안, 수탁보증인이 사전통지 없이 2중 변제를 한 경우, 주채무자는 제445조 제1항(보증인의 사전통지 위반의 효과를 규정하고 있는 조문)에 의하여 보호받는 것인데, 판례는 제446조의 규정 취지를 왜 언급하고 있는가?

먼저,

1) 질문

현실에서는 얼마든지 발생이 가능합니다. 가령, 주채무자가 어떤 회사인데, 채무를 변제하였습니다. 그 후 사무착오로 수탁보증인에게 면책통지를 하지 못한 것이지요. 그런데 수탁보증인인 다른 회사가 변제하겠다는 것을 사전통지하였는데, 주채무자인 회사의 사무착오로 수탁보증인에게 이미 변제하였다는 사실을 알려주지 못했습니다. 그래서 수탁보증인이 회사가 2중 변제를 한 경우, 주채무자는 수탁보증인의 변제에 의하여 면책된 것은 아니기 때문에 원칙적으로 구상권이 발생하지 않아야 합니다. 그런데 이러한 결과는 대단히 부당하지요. 특히 주채무자의 부탁으로 보증인이 된 자의 이익을 주채무자가 전혀 배려하지 않았다는 점에 비난가능성도 있습니다. 이런 때를 대비하는 규정이 바로 제446조입니다.

2) 질문

주채무자가 변제 후 면책통지를 하지 않고 있는 동안에 수탁보증인이 그 사실을 모르게 유상의 면책행위를 하면 수탁보증인은 자기의 면책행위의 유효를 주장할 수 있습니다. 이를 제446조가 규정하고 있습니다. 한편, 보증인이 사전통지 없이 주채무를 소멸하게 한 경우에 주채무자가 채권자에게 대항할 수 있는 사유가 있었을 때에는 이 사유로 보증인에게 대항할 수 있습니다. 이를 제445조 제1항이 규정하고 있습니다.

양 조문이 충돌하지 않습니까? 주채무자가 면책통지 하지 않았고, 수탁보증인도 사전통지 하지 않았습니다. 제446조에 따르면 보증인은 자신의 면책행위의 유효를 주장할 수 있어야 합니다. 반면 제445조 제1항에 따르면 주채무자는 이미 변제로 주채무가 소멸하였다고 주장할 수 있어야 합니다.

양 조문 사이의 관계를 판례를 밝히고 있는 것입니다. 제446조는 수탁보증인이 온전히 보호받을 만한 가치가 있었을 때에 적용되는 것으로 이해하는 것이지요. 그래서 제446조의 규정 취지 등을 언급하고 있는 것입니다.

제6장 채권양도와 채무인수

채권양도

Question. 1

해제 또는 취소사유가 있으면 채무자는 -채권이 양도되더라도- 채권양도인에 대하여 해제 또는 최소의 의사표시를 할 수 있고, 이 점은 일방의 채권이 압류된 경우에도 마찬가지이다. 교과서 내용인데요,

여기서 해제 또는 취소사유가 있으면 채무자는 채권양도인이 아닌 채권양수인에게 그 의사표시를 하여야 하는 거 아닌가요?

Answer

취소는 법률행위를 취소하는 것이며, 그 상대방은 취소의 대상인 법률행위의 상대방이 되어야 합니다. 가령 매매계약을 체결하여 매매대금채권이 발생하였는데, 그 매매대금채권이 제3자에게 양도되었다고 가정합시다. 매도인이 매매의 흠을 이유로 매매계약을 취소하고자 한다면 누구에게 취소의 의사표시를 하여야 합니까? 매수인에게 해야지 매매대금채권을 양수한 제3자에게 할 것은 아닙니다.

Question. 2

지원림 저 민법강의 제9판 1258쪽에 '통지나 승낙이 없으면 양수인이 악의의 채무자에 대해서도 채권을 주장하지 못한다'고 되어 있는데, 승낙은 채권의 양도사실을 알고 있다는 관념의 통지라는 설명에 따르면, 악의의 채무자는 승낙의무가 있는 거 아닌가요?

Answer

채권양도 사실을 알고 있는 채무자가 승낙의무를 부담하여야 하는가를 묻는 것 같군요. 승낙의무의 근거가 알고 있다는 사실인 듯한데…, 알고 있는 사람은 모두 승낙의무를 부담하는 것인가요? 적어도 법적 의무를 부과하기 위해서는 그 의무의 근거가 있어야 할 것입니다. 알고 있다는 사실로부터 승낙의무를 도출할 수는 없을 것입니다. 알고 있으면서 승낙하지 않는 것이 신의칙에 반하도록 하는 사정이 있다면 신의칙에 근거하여 승낙의무가 발생할 여지는 있겠지만, 채권양도 사실을 알고 있다고 해서 채무자가 승낙해야 할 법적 의무가 있다고 보기는 곤란할 것 같습니다.

Question. 3

이중채권양도에서요. 확정일자를 갖추지 못하고 채권양도 통지만 갖춘 제1양수인(A)으로부터 채권을 양도받은 전득자(B)가 확정일자 있는 통지 도달을 채무자에게 하였을 경우 채무자의 가압류채권자(C)의 채권압류통지도달 시점이 전득자보다 느리다면 우열관계는 어떻게 되는지요?

Answer

채권의 전득자(B)와 양도된 채권을 가압류한 가압류채권자(C)의 우열관계를 묻는 것 같군요. 양자는 서로 양립할 수 없는 법률상 지위를 가지는 자입니다. 따라서 제450조 제2항의 대항요건을 갖추어야 그 법률상 지위를 주장할 수 있습니다. B도 확정일자부 양도통지에 의한 대항요건을 갖추었고, C도 가압류채권자로서 대항요건을 갖춘 것이므로 양자 사이의 우열관계는 판례에 따르면, 도달의 선후에 의하여야 할 것입니다. 전득자 B가 우선합니다.

Question. 4

甲은 乙에 대한 3,000만 원의 물품대금채권 중 1,000만 원을 丙에게 양도하고 乙에게 확정일자 있는 증서로 2007. 3. 2. 통지하였다. 그 후 2007. 3. 30. 甲은 다시 위 물품대금채권 전부(3,000만 원)를 丁에게 양도하였고, 같은 날 乙이 이의를 보류하지 않고 이를 구두로 승낙하였다. 그리고 甲의 채권자 戊가 3,000만 원의 대금채권 중 600만 원에 대하여 압류 및 전부명령을 받았고, 그 전부명령이 2007. 5. 4. 乙에게 도달하였다. 위 사례에서 乙은 丁, 戊에게 각 얼마를 지급해야 하는가? (다툼이 있는 경우에는 판례에 의함) (11년 사시)

올해 사시문제인데요 선생님의 해설을 보면,

ⅰ) 丙에 대한 채권양도의 효력 : 丙에 대한 채권양도는 확정일자 있는 증서로 통지되었으므로 다른 이해관계인 丁과 戊에 대해서도 대항할 수 있다. 3천만 원 채권 중에서 1천만 원은 丙에게 적법하게 이전되었다. ⅱ) 丁에 대한 채권양도의 효력 : 丁에 대한 채권양도에 대해서 채무자 乙이 이의를 보류하지 않고 승낙을 하였으므로 乙은 제451조에 따라 항변상실의 효과를 받는다. 그러나 채권의 귀속에 관한 사유는 상실되지 아니하므로 채무자 乙은 1천만 원이 이미 丙에게 양도되었음을 주장할 수 있고, 나아가 6백만 원의 채권이 전부명령에 따라 戊에게 귀속되었음을 주장할 수도 있다. 결국 丁은 1천 4백만 원의 채권에 대해서만 채권양도의 효력을 주장할 수 있다. ⅲ) 戊에 대한 전부명령의 효력 : 丁에 대한 채권양도에도 불구하고, 아직 변제가 이루어지기 전에 양도된 채권에 전부명령이 내려진 경우, 丁에 대한 채권양도가 제3자에 대한 대항력을 갖추지 못하였으므로 전부채권자 戊가 우선한다. 따라서 戊는 6백만 원의 채권을 취득한다.

요렇게 되어 있는데 물론 판례의 태도이긴 하지만 정에 대한 채권양도의 효력부분이 이해가 잘 안 되네요.

판례원문을 찾아보니 원심을 파기한 사안이던데 선생님이 생각하시기에 원심이 더 타당하다고 생각하지 않으세요?

(1) 채권의 존속여부에 대해서는 대항할 수 있다고 하면서 귀속에 대해서는 대항할 수 없다고 했는데요, 3천만 원 채권 중에서 1천만 원 채권은 병에게 양도되었다면 갑의 을에 대한 채권은 2천만 원으로 줄어들게 되었음에도 갑은 다시 3천만 원을 정에게 양도했고 채무자가 이의 없는 승낙을 한 것만 놓고 봤을 때 이것도 채권의 존속여부에 관한 것으로 볼 수 있지 않을까요?

(2) 그럼 만약에 戊가 없는 사안이라면 을은 정에게 3천만 원을 변제해야 되는 건가요?

(3) 그리고 원 사안에서 만약 정에게 3천만 원이 양도된 것에 대해 같은 날 을이 확정일자 있는 증서에 의한 승낙을 했다면 정은 3천만 원을 변제하라고 을에게 요구할 수 있게 되는 건가요?

Answer

이의를 보류하지 아니한 승낙을 한 경우, 채무자가 양도인에게 주장할 수 있었던 대항사유로 양수인에게 대항할 수 없도록 합니다(제451조). 그 이유는 이의를 보류하지 아니한 승낙에 의하여 양수인이 신뢰를 가지게 되었으므로 그 신뢰를 보호하기 위하여 채무자를 희생시키는 것이지요.

채무자는 원래 자신이 부담하던 채무액 이상을 변제해야 할 책임을 져서는 안됩니다. 특히 채권양도 등으로 채권자가 교체되었다고 하더라도 그리고 채권양수인이 완전한 채권을 취득할 것이라고 신뢰를 가지고 있었더라도 채무자가 원래 자신이 부담해야 할 책임 이상을 부담하도록 하는 것은 옳지 못할 것입니다.

그렇다면 채무자의 정당한 항변사유를 상실시켜 채무자의 책임을 가중시키는 제451조는 어떠한 이유에서 정당화될까요? 단순히 채권양수인이 신뢰를 가졌다는 것에서 정당화될 수는 없을 것입니다. 그것은 채무자가 임의로 포기할 수 있는 항변사유가 있음에도 이를 포기했다고 볼만한 행위를 하였다는 점에서 채무자의 희생이 정당화될 수 있을 것입니다.

제451조의 취지를 고려한다면 이의를 보류하지 아니한 승낙에 의하여 상실되는 항변사유는 다음과 같은 사유로 제한되어야 할 것입니다.

우선, 채무자가 그 항변사유를 주장할 수 있을지 여부를 자유롭게 결정할 수 있고, 그 결정에 따라 효과가 좌우되는 항변사유여야 합니다. 즉 항변상실의 효과로 인한 불이익 혹은 희생은 채무자에게 한정되어야 합니다. 항변상실의 효과가 제3자에게 예측하지 못하는 손해를 가져올 수 있는 것이라면 그 항변의 상실은 정당화될 수 없기 때문입니다. 이렇게 새기게 되면 상실되는 항변사유는 제450조 제1항이 예정하는 항변사유일 것입니다. 제450조 제2항은 채권에 관하여 이해관계를 가지는 제3자와의 우열결정기준을 마련한 것이고, 그 기준은 채무자에게도 효력이 있는 것이므로 제450조 제2항에 의하여 결정되어야 할 항변사유는 이의를 보류하지 아니한 승낙에 의해서도 상실되지 않습니다.

다음으로 그 항변사유를 채권양수인이 예상할 수 없는 사유이어야 합니다. 채권양수인이 충분히 예상할 수 있는 사유, 가령 정지조건부 채권양도에서 정지조건이 성취되지 아니하면 채권을 취득할 수 없게 된다는 사실을 채권양수인이 잘 알고 있는 사정일 것입니다. 이러한 사유는 채무자가 이의를 보류하지 않았더라도 채권양수인에게 대항할 수 있습니다.

(1) 채권의 존속을 저지, 배척하는 사유와 채권의 귀속에 관한 사유는 다른 것으로 생각됩니다. 채권의 귀속에 관한 사유는 제450조 제2항에서 마련한 결정기준에 따라 채권양수인보다 우선하는 제3자가 있다는 사유로서 채무자가 이의를 보

류하지 아니한 승낙을 하더라도 상실되는 항변사유에 해당하지 않습니다. 채권이 이미 타인에게 양도되었다는 사유와 채권이 채무자의 행위에 의하여 소멸하였다는 사유는 다른 사유로 보입니다.

(2) 무가 없더라도 정은 이미 병에게 양도된 1천만의 채권은 취득할 수 없으므로 2천만 원의 채권을 취득할 수 있을 뿐입니다.

(3) 을이 정에게 확정일자부 승낙을 하였더라도 승낙이 병에 대한 채권양도 확정일자부 통지보다 후에 이루어졌으므로 병에 대한 채권양도가 우선합니다. 그 결과 정은 을에게 2천만 원을 변제하라고 청구할 수 있을 뿐입니다.

Question. 5

지원림 저 민법강의 제9판 1262쪽 맨 밑에 보면 "참고로 채권집행으로 압류가 행하여지고 그 결정문이 제3취득자에게 송달된 후 압류채무자가 이를 양도한 경우에, 그 양도는 선행하는 압류채권자에 대한 관계에서만 무효이다(이른바 개별상대효)"라는 말이 있는데요. 여기서 제3취득자가 압류채무자인가요? 아니면 제3채무자인가요?

전체적인 말은 이해가 가는데 위의 말에 따라 그림이 안 그려져서요. 예시 같은 거요.

제가 생각해 볼 수 있는 경우는,

압류채권자 --------------- 압류채무자---------------제3채무자,

에서 압류채무자랑 제3채무자가 매매계약을 해서 압류채권자가 압류채무자의 제3채무자에 대한 등기청구권이나 매매대금채권을 압류한다고 생각해서 이해를 하려니까 자꾸 제3취득자가 누구인지 모르겠어요.

Answer

제3채무자의 오타인 듯합니다. 교과서가 소개하고 있는 2003다22561 판결도 제3채무자에게 가압류결정이 송달된 경우, 채권양수인과의 관계를 다루고 있습니다.

Question. 6

양도통지의 철회의 경우 채무자에게 대항하려면 양수인의 통지가 필요하잖아요? 근데 여기서 철회라는 게 해제의 경우 말고 무효나 취소도 마찬가지인가요? 가령 행

위무능력으로 인한 취소의 경우처럼요.

제가 철회의 뜻을 잘 모르는 것 같기도 하네요. 철회는 해제의 경우에만 쓰이는 용어인가요?

Answer

채권양도가 무효이거나 취소된 경우에도 마찬가지고 통지의 철회가 있어야 합니다.

채무인수

Question. 1

1. 임차인이 제3자에 대한 대항력을 갖추고 있는 것에서 어떻게 임대차보증금 반환채무를 면책적으로 인수한 것이라는 결론을 이끌어 낼 수 있는지요?

2. 중첩적 채무인수의 경우, 그것의 내부적 관계는 이행인수라고 말씀하셨는데요. 항상 그런가요? 그러니까 중첩적 채무인수가 이루어지기 위해서는 원채무자와 그의 채무를 중첩적으로 인수하려는 채무자 사이에 항상 이행'인수'계약이 있어야 하는 것인가요? 이행인수는 이행인수인으로 하여금 채무자를 면책시킬 의무를 발생시키는 것인데 어떻게(특별한 사정이 없는 한) 중첩적 채무인수와 연결될 수 있는 건지 잘 모르겠습니다.

그렇다면 후에 채무를 인수한 자가 원래 채무자가 채권자에게 지고 있던 채무를 변제함으로써 원래 채무자를 면책시켜주지 않을 경우, 그는 채무 불이행 책임을 지는 것입니까?

그리고 이행인수 계약을 체결하였음에도 불구하고 원채무자가 변제했을 경우에는 어떻게 하나요?

Answer

1. 임차권에 대항력이 있으면 임차인은 임차권의 효력을 임대목적물의 소유권을 양수한 자에게도 주장할 수 있습니다. 임대목적물을 양수한 사람은 임대인의 지

위를 승계하게 됩니다. 임대목적물의 양수인이 임대인의 지위를 승계하면 종전 임대인은 그 지위를 상실하게 됩니다(계약인수).

보증금반환채무는 임대인의 지위에서 부담하는 채무인데, 임대인의 지위를 상실한 종전 임대인은 더 이상 보증금반환채무를 부담하지 않게 됩니다. 결국 임대인의 지위승계에 수반하여 보증금반환채무의 면책적 인수가 이루어지게 되는 것입니다.

2. 이행인수는 인수인이 채무자의 채무를 대신하여 이행하기로 채무자와 약정하는 것입니다. 즉 채무자의 채무를 대신 이행하여 채무자를 면책시키고자 하는 채무자와 인수인의 계약이지요. 이와 같은 채무자와 인수인 사이의 계약에 의하여 채권자가 인수인에 대하여 채무자에 대한 채권과 동일한 채권을 취득하는 것은 아닌가요?

이는 결국 채무자와 인수인 사이의 계약내용이 채권자로 하여금 인수인에 대하여 직접 권리를 취득하게 하려는 의사였는지에 의존하게 될 것입니다. 인수인이 채무자의 채무를 대신 이행하여 채무자를 면책시키고자 하는 합의는 인수인이 채권자에 대하여 직접 채무를 부담하겠다는 의사가 포함되어 있을 수 있습니다. 그와 같은 의사가 포함되어 있다면 채무자와 인수인 사이의 합의는 당사자 사이에서는 이행인수이지만(내부적 관계), 채권자에 대한 관계에서는 병존적 채무인수가 됩니다. 이행인수가 동시에 병존적 채무인수로서의 성질을 가지는 경우, 인수인이 이행인수한 채무를 이행하지 않는 것은 내부적으로는 이행인수계약을 위반하는 것이며, 대외적으로는 (채권자에 대한 관계에서는) 병존적으로 인수한 채무를 이행하지 않는 채무불이행이 될 것입니다.

반면 채무자가 인수인이 이행인수한 채무를 변제하는 것을 내부적으로는 타인의 채무를 대신 변제하는 것이므로 이행인수인은 구상채무를 부담하여야 하고, 대외적으로는 자기 채무를 변제한 것이므로 채권자는 그 급부를 보유할 수 있는 것이지요.

Question. 2

지원림 저 민법강의 제9판 1277쪽의 2-1)에서는 '신채무자는 인수계약의 효력을 다툴 수 있다. 즉 취소사유가 있으면 인수계약을 취소할 수 있고, 무효원인이 있으면 인수계약의 무효를 주장할 수 있다'고 합니다. 다음 쪽 4)에서는 '그러나 신채무자는 자기와 구채무자 사이의 법률관계로부터 나오는 항변사유로써 채권자에게 대항하지 못한다'고 합니다. 책을 보면 충분히 이해가 가는 부분인데 강의를 듣다보면 이해가 되지 않는 부분이 있습니다.

선생님께서 "원인행위가 무효이거나 취소되었을 때, 채무인수인이 채권자에 대하여 더 이상 채무를 부담하지 않는다는 주장은 무인행위이기 때문에 할 수 없다"고 하셨는데, 예를 들어 채무인수인과 채무자 사이의 매매계약이 있고, 계약이 성립됨을 전제로 채무인수계약을 체결했다면, 후에 매매가 해지되었을 경우,

1. 1)를 위한 질문 - 채무인수인은 계약이 성립되지 않았으니 당연히 채무인수계약 또한 체결되지 않았다고 보아, (3자 계약 전제로) 채무자/채권자 모두에 대하여 인수계약의 무효를 주장할 수 있는 것이 맞나요?

2. 4)를 위한 질문 - 제가 들은 예에서는 계약 성립을 전제로 하여 채무인수계약을 체결한 경우라면, 유인성이 있다고 보아 신채무자와 구채무자 사이의 법률관계로부터 나오는 항변사유를 채권자에게도 주장할 수 있는 것 아닌가요?

3. 1)에서의 인수계약이 유효함을 전제로 하여, 4)와 관련된 강사님의 설명에서처럼 구채무자와의 원인행위 무효/취소사유는 무인행위이기 때문에 채권자에게 대항할 수 없다고 생각하면 되는 건가요?

4. 2번 질문의 답이 주장할 수 없다면, 모든 경우에 절대로 무인행위인지/ 아니면 유인행위가 될 수 있는 경우가 있는 건지 답변 부탁드립니다.

Answer

채무인수는 아무런 이유 없이 이루어지지 않습니다. 채무자와 인수인 사이의 어떠한 관계를 기초로 하여 채무인수가 이루어지는 것이지요. 가령, 인수인이 채무자에게 지급해야 할 금원이 있는데, 그 지급에 대신하여 채무자가 부담하고 있는 채무를 인수하는 계약을 체결하는 경우처럼 일정한 원인관계에 기초하여 채무인수계약이 체결되는 것입니다.

질문하신 분이 든 예로 "채무자와 인수인 사이의 매매계약이 성립됨을 전제로 채무인수계약을 체결"한 경우를 예로 들면 채무자와 인수인 사이의 매매계약이 아마도 채무인수의 원인관계일 것입니다. 그 매매계약관계가 유효하게 성립한다는 점을 전제로 채무인수계약이 체결되었다는 의미는 모호합니다. 채무인수계약

이 효력을 가지기 위해서는 채권자의 의사관여가 반드시 필요합니다. 그런데 채무자와 인수인 사이의 매매계약관계가 채무인수계약의 전제로 되었다는 것이 채무인수계약의 조건으로 되었다는 것인지 아니면 그저 동기에 불과하다는 것인지가 모호합니다.

만약 채무자와 인수인 사이의 매매계약관계가 채무인수의 조건으로 된 경우라면, 채무인수계약은 매매계약관계의 실효로 인하여 당연히 영향을 받아 그 효력이 소멸하게 될 것입니다. 이는 조건부 계약의 일반적 효력인 셈이지요. 이런 경우에 채무인수인은 채권자에 대하여 채무를 부담하지 않는다고 주장할 수 있습니다. 이는 채무인수계약이 무효라는 주장입니다.

그러나, 채무자와 인수인 사이의 매매계약관계가 채무인수의 조건으로 되지 않고, 단지 채무인수의 동기에 불과한 경우라면 비록 매매계약관계가 실효되더라도 채무인수계약은 영향을 받지 않습니다. 따라서 채무인수인은 채권자에 대하여 채무자와 인수인 사이의 매매계약관계가 무효로 되었으니 채무를 부담하지 않는다는 항변을 할 수 없는 것입니다. 채무인수의 이와 같은 성격을 무인행위라고 하는 것입니다. 참고로 어떤 행위가 유인행위인가 무인행위인가 하는 문제는 항상 그 행위 자체에는 아무런 하자가 없는데, 그 행위의 전제가 된 다른 행위에 의하여 그 행위가 영향을 받는지 여부를 따지는 것입니다.

일반적으로 채무자와 인수인 사이의 원인관계가 채무인수계약의 조건으로 되지 아니한 경우를 전제로 채무인수가 유인행위인가 무인행위인가를 논의합니다. 교과서 4)의 설명은 채무인수가 무인행위라는 설명입니다.

Question. 3

판례강의에서 이행인수 설명하실 때요.
"매매대금에서 저당채무액을 공제하는 약정",
이것이 두 가지의 경우로 나뉜다고 하셨거든요? 하나는 대신변제약정으로, 이것이 이행인수이고, 다른 경우가 '저당권말소를 보장하기 위한 약정'으로 이것은 이행인수가 아니라고 하셨는데요. 이 후자가 뭔지 모르겠네요. 이것에 대한 판례도 한 번 보고 싶구요!

Answer

2002년 5월 24일 선고 2002다7176 판결을 확인해보세요. 지원림 민법강의 제9판 805면에 있습니다. 방주 [3-382]를 참고하시면 됩니다.

저당권이 설정되어 있는 부동산을 산다고 가정합시다. 매수인이 저당채무를 인수하고자 하는 것은 아닙니다. 저당권을 말소하여 저당권의 부담이 없는 완전한 부동산을 사려고 합니다. 저당채무액이 5천만 원이고, 매매대금은 1억 5천만 원으로 약속했습니다. 그런데 매수인이 조금 불안합니다. 1억 5천만 원을 모두 매도인에게 지급하였는데, 저당권이 말소되지 않으면 매수인은 큰 손해를 보게 되지요. 그래서 매매계약 체결하면서 저당채무액 5천만 원은 매수인이 직접 저당권자에게 지급하겠다고 약속하고, 그 대신 매매대금으로 매도인에게 지급할 금원은 1억 원으로 하기로 했습니다. 이런 약정은 매수인이 매도인의 채무를 대신 변제하겠다는 약속이라고 할 수는 없습니다. 오히려 저당권의 말소를 보장하기 위한 방편이라고 보아야 하지요.

제4편 채권각론

제1장 계약총론

진도별 모강 6회(금) 문제 3번 지문 ⑤번

법률행위가 무효로 되는 경우에 관한 설명이다. 이에 관한 설명 중 옳은 것은? (다툼이 있으면 판례에 의함)

① 甲이 채권자 X의 강제집행을 피하기 위하여 S와 가장으로 그 소유 주택을 매도하는 계약을 체결하고, S를 채권자로 하는 처분금지가처분을 신청하기 위해서 그 사무 처리를 법무사 乙에게 위임하였다. 乙이 깜박 잊고 처분금지가처분 신청을 하지 않고 있는 사이에 X가 甲의 주택에 가압류를 한 경우, 甲은 乙에 대하여 채무불이행으로 인한 손해배상을 청구할 수 있다.

② 甲이 그 소유의 토지를 乙에게 매각하고, 토지를 인도하였는데, 그 토지 매매가 무효인 것으로 밝혀진 경우, 그 무효사유를 알지 못한 乙은 甲에게 토지를 반환하여야 하며, 토지를 사용함에 따른 이득도 그것이 현존하고 있다면 甲에게 반환하여야 한다.

③ 甲과 乙 사이의 부동산 매매계약이 무효인 경우, 매도인 甲은 계약해제에 관한 제548조 제2항의 준용에 의하여 이미 지급받은 매매대금 및 받은 날로부터의 이자의 합산액을 부당이득으로 乙에게 반환하여야 한다.

④ 甲이 매매대금을 모두 지급받은 후, 甲과 乙 사이의 매매가 무효인 사실이 밝혀진 경우, 무효사유를 알지 못한 甲이라고 하더라도 현존하고 있는 이익을 반환하여야 하며, 매매대금을 보유하고 있으면 법정이자 상당액의 이익은 보유되는 것이므로 甲은 매매대금과 법정이자를 부당이득으로 반환하여야 한다.

⑤ 乙에 대하여 1억 원의 채무를 부담하고 있는 甲은 乙에 대한 채무 변제에 갈음하여 그 소유의 부동산을 이전하기로 합의하였다. 그런데 乙 또한 丙에 대하여 1억 원의 채무를 부담하고 있었기 때문에 甲 · 乙 · 丙 사이에서 甲 명의로부터 직접 丙 명의로 소유권이전등기를 하기로 합의하고 등기를 丙에게 이전하였으나, 甲의 乙에 대한 채무가 존재하지 아니한 경우, 甲은 丙에 대하여 등기가 무효임을 주장할 수 있다.

Question.

진도별 모강 관련 질문입니다.

진도별 모강 6회 문제 3번 지문 ⑤번은 단축된 급부의 경우로서 甲이 丙에게 무효를 주장할 수 없는 것 아닌가요?

Answer

지문을 잘 보시면 '갑은 병에게 등기의 무효를 주장할 수 있다'고 되어 있습니다. 즉 병 명의로 된 등기가 유효인지 무효인지 여부를 묻는 지문입니다. 무효라고 평가되면 누구든지 무효를 주장할 수 있습니다. 물론 상대적 무효이고, 등기명의자가 선의의 제3자라면 누구든지 무효로 대항하지 못한다는 예외는 있습니다. 다만 본 지문은 상대적 무효가 문제되는 경우는 아닙니다.

단축된 급부의 경우, 급부의 원인이 흠결되었더라도 급부의 원인관계 당사자 사이에서 부당이득반환이 이루어져야 합니다. 갑과 병은 급부의 원인관계 당사자가 아니므로 갑이 병에 대하여 부당이득반환을 청구하는 것은 허용되지 않습니다. 본 지문은 이와 같은 법리를 묻는 것은 아닙니다.

계약의 효력

Question. 1

1. 부속물매수대금의 지급과 부속물의 인도가 동시이행관계에 있다는 것은 알겠어요.

근데 임대인의 부속물대금지급의무와 임차인의 임대목적물명도의무 사이에도 동시이행관계가 있다는 게...

제가 기본서를 읽었을 때랑 다른 것 같아요. 지원림 저 민법강의 제9판 1490쪽의 (3)에 b)를 보면….

임차인의 부속물매수청구권을 행사한 경우에 그는 주된 물건인 임차목적물 자체를 유치할 수 없다고 하잖아요. 유치권을 행사해서는 주된 물건인 임차목적물 자체는 인도거절은 할 수 없고 동시이행항변권을 행사해서는 인도거절을 할 수 있다는 것인가요?

2. 선순위가압류채권자와 후순위저당권자의 배당관계는 평등배당관계라는데. 분명 강의들을 때는 알았는데,

다시 생각해보니 모르겠네요. 선순위가압류채권자는 우선변제적효력이 없다는 것까지는 알겠는데 왜 평등배당인지 모르겠어요.

Answer

1. 유치권과 동시이행의 항변권이 행사되어 나타나는 결과는 매우 유사하지만, 그 성격이 다릅니다. 유치권을 행사하는 것이 허용되지 않는다고 해서 동시이행의 항변권까지 행사할 수 없다는 것은 아닙니다. 그 요건이 전혀 다르기 때문입니다.

부속물매수대금채권이나 지상물매수대금채권은 인도의 목적물인 임대건물 혹은 임대목적토지로부터 발생한 채권이 아니기 때문에 유치권의 피담보채권이 될 수는 없습니다. 그러나 부속물매수대금 지급과 부속물의 인도가 동시이행의 관계에 있는 것은 분명합니다. 그런데, 임대건물과 부속물매수대금 사이에 동시이행관계를 인정하지 아니하면 부속물매수대금 지급과 부속물인도 사이에 동시이행관계를 유지할 수 없습니다. 따라서 동시이행관계를 인정할 수밖에 없습니다.

2. 선순위가압류채권자에게는 실체법상 우선변제권이 없어서 후순위저당권자보다 우선하여 변제를 받을 수 없습니다.

한편 저당권자에게는 실체법상 우선변제권은 있습니다. 그런데 그 우선변제권으로 선순위가압류채권자에게까지 주장할 수 있다고 한다면 가압류제도는 무의미해질 수밖에 없습니다. 가령, 일반채권자가 채무자의 부동산을 가압류했더라도 채무자는 부동산에 저당권을 설정하는 방법으로 부동산의 가치를 훼손시켜버리는 것이 가능해지기 때문에 가압류제도는 무의미해지지요.

따라서 저당권의 우선변제적 효력을 적어도 선순위가압류채권자에게는 주장할 수 없도록 해야 합니다. 그렇다면 서로 우선하지 못하기 때문에 결국 평등하게 채권액에 따라 배당받을 수밖에 없습니다.

Question. 2

진도별 모강 24번 ㄷ 지문 - ㄱ 지문과 마찬가지로 제3자를 위한 계약에서 수익의 의사표시 당시 수익자가 현존하거나 특정되어 있으면 족함으로 甲의 사망당시 수익자는 특정되어 있으므로(태아) 출생한 후 보험금청구권을 취득할 수 있는 것 아닌가요?

Answer

ㄱ 지문 - X는 자신과 내연관계를 맺고 있는 A를 위하여 앞으로 A가 포태할 태아를 수증자로 하는 사인증여계약을 체결하였다. 그 후 A는 엑스의 자녀 甲을 포태하였는데, 甲이 출생하기 전에 X가 사망하였고 甲이 출생하였다. X와 A가 체결한 계약이 제3자를 위한 계약이라고 하더라도 A는 甲을 대리하여 X의 상속인에 대하여 사인증여계약의 이행을 청구할 수 없다(X).

ㄷ 지문 - 甲은 사실혼 배우자인 乙이 포태한 자녀 X를 위하여 甲을 피보험자, X를 수익자로 하는 생명보험계약을 체결하였는데, 甲이 사망한 후에 X가 출생하였다면 X는 보험금청구권을 취득할 수 없다(X).

생명보험계약은 일반적인 제3자를 위한 계약과 달리 수익의 의사표시가 필요하지 않습니다. 보험사고가 발생하면 바로 보험금청구권이 발생합니다. 그런데 수익자가 태아라면 보험금청구권을 취득할 수 없습니다. 반면에 일반적인 제3자를 위한 계약은 계약의 효력이 발생할 당시에 수익자가 반드시 현존, 특정되어 있을 필요가 없습니다. 수익의 의사표시를 할 당시에 권리능력자이면 족한 것입니다.

Question. 3

쌍무계약에서 이행지체 중에 불능사유가 발생한 경우의 위험부담 중간부분에 이와 달리 가령 당사자 일방(A)의 이행지체 중에 상대방 당사자(B)의 채무가 불능으로 된 경우에, A가 이행지체에 빠졌다는 것은 동시에 A가 B의 채무에 대하여 수령지체 빠졌음을 의미한다.

한편 "A의 채무가 선이행의무인 경우에", A의 이행지체가 B의 채무에 대한 수령지체를 의미하지 않으므로 (중략) 쌍무계약에서 이행지체에 빠졌다는 얘기는 채무자가 이행을 안 한 경우를 말하는 것이고 동시에 수령지체가 된다는 것은 반대의무를 안 받는다는 얘기가 되는데 자기 채무 이행을 안 하는 것이 반대의무 수령거절의 의미가 되어서 그런 것인가요?

이건 이행거절에 적용되는 논리인 거 같은데요. 지원림 저 민법강의 제9판 1349쪽에서는 이행제공이 있었음에도 불구하고 자기 채무를 이행하지 않음으로써 상대방의 채무에 대하여 수령지체(동시에 자기 채무에 대해서는 이행지체 양자는 성질상 분리될 수 없다)라고 하는데 동시이행과 관련이 있는 것으로 보입니다.

노트북매매를 생각해본다면 대금지급을 했는데도 인도의무를 이행하지 않으면 이행지체가 되는 동시에 대금지급을 수령하지 않았으므로 수령지체가 되는 건가요. 대금지급을 그냥 수령하면 되지 않나요? 물건 받을 때까지 대금지급을 받을 수 없는 항변이 붙어서 그런가요?

또한 선이행의무인 경우 A의 이행지체가 수령지체를 의미하지 않는다고 하는데….

Answer

매수인이 매매대금채무의 이행지체에 빠졌다면, 매수인에게 동시이행의 항변권이 있었음을 고려한다면 매도인이 변제제공을 하였다는 얘기이지요. 매도인의 변제제공을 매수인이 수령하려면 매수인도 매매대금을 지급하여야 하지요. 매수인의 매매대금채무의 이행지체가 발생하였다는 얘기는 결국 매도인은 그의 채무를 변제제공하였는데, 매수인은 그의 채무를 변제제공하지 못했다는 것입니다. 결국 매수인은 매매대금채무에 관해서는 이행지체, 매도인의 반대채무에 관해서는 채권자지체 상태에 빠지게 됩니다.

이러한 상태에서 매도인의 채무가 불능으로 되면 채권자지체 중의 불능으로 반대급부의 위험은 채권자(매수인)가 부담합니다. 즉 매수인의 매매대금채무를 면할 수 없지요.

만약, 매수인의 매매대금채무가 선이행의무인 경우, 매수인이 이행지체에 빠졌다는 것이 매도인의 반대채무에 관하여 채권자지체를 의미하지 않습니다. 왜냐하면 매수인의 이행지체가 발생하기 위해 매도인이 변제제공을 하여야 하는 것은 아니기 때문입니다. 그 결과 채권자지체가 아닌 매수인의 이행지체 중에 매도인의 채무가 불능으로 되면 채무자위험부담주의 원칙에 따라 매수인의 대금채무를 면하게 됩니다.

진도별 모강 19회 14번 ㄹ 지문

乙은 수출 1,000억 불 달성을 기념하는 영구조형물을 건립하기로 하고, 甲 등 조각가 4인에게 조형물의 시안(試案) 제작을 의뢰하면서 금 5백만 원을 지급하였다. 아울러 그 중에서 최종적으로 1개의 시안을 선정하고 그 선정된 작가와 조형물의 제작 · 납품 및 설치계약을 체결하겠다는 사실을 알렸으나, 조형물의 제작비, 제작시기, 설치장소를 구체적으로 통보하지는 않았다. 乙은 작가들이 제출한 시안 중 甲이 제출한 시안을 당선작으로 선정하고 甲에게 그 사실을 통보하였다. 그 후 乙은 여러 가지 내부적 사정과 외부의 경제 여건 등으로 甲과 사이에 그 제작비, 설치기간, 설치장소 및 그에 따른 제반사항을 정한 구체적인 계약을 체결하지 아니하고 있다가, 당선사실을 통지한 때로부터 약 3년이 경과한 시점에 甲에게 해당 조형물의 설치를 취소하기로 하였다고 통보하였고 다른 작가에게 의뢰하여 다른 상징조형물을 건립하였다.

㉣ 乙이 부담하는 조형물제작계약체결의무가 이행불능으로 됨에 따라 乙이 甲에 대하여 부담하는 손해배상채무는 단기 3년, 장기 10년의 소멸시효에 걸린다.

진도별 모강 제19회 40번 ㄹ,ㅁ 지문

환자인 A의 부탁을 받고 B가 의사 C와 진료계약을 체결한 경우에 관한 설명 중 옳지 않은 것을 고른 것은?

㉣ B가 C와 A를 대리하여 진료계약을 체결하든 A를 위하여 제3자를 위한 진료계약을 체결하든 그가 행위무능력자일지라도 진료계약은 유효하게 성립한다.

㉤ A가 B를 기망하여 B가 C와 A를 위하여 제3자를 위한 진료계약을 체결한 경우에는 당연히 B는 사기를 이유로 제3자를 위한 진료계약을 취소할 수 있다.

대판 2003. 4. 11. 2001다53059

계약이 성립하기 위한 법률요건인 청약은 그에 응하는 승낙만 있으면 곧 계약이 성립하는 구체적 · 확정적 의사표시여야 하므로, 청약은 계약의 내용을 결정할 수 있을 정도의 사항을 포함시키는 것이 필요하다. [대법원 2003. 4. 11 선고 2001다53059 판결]

Question. 4

1. 진도별 모강 제19회 14번 ㄹ 지문에 대한 질문입니다.

ㄹ 지문은 乙이 甲에 대해서 부담하는 손해배상채무가 불법행위에 기한 손해배상채무인지의 여부를 묻고 있는데, 해설에서는 채무불이행으로 인한 손해배상채무로 보아, ㄹ 지문을 틀린 지문으로 하고 있습니다.

저는 지원림 저 민법강의 제8판 1321면에 각주에 소개되어 있는 내용을 바탕으로 하여, 계약체결상의 과실책임에 대해서 판례가 불법행위책임으로 구성하는지 여부를 묻는 지문으로 이해하고, ㄹ 지문을 옳은 지문으로 생각하여 이 문제를 틀렸습니다. 1321면의 대판 2003. 4. 11, 2001다53059 판결에 따르면 불법행위책임으로 새겨야 할 것 같은데….

제 생각이 틀린 것인가요?

2. 진도별 모강 제19회 40번 ㄹ, ㅁ 지문에 대한 질문입니다.

ㄹ 지문 같은 경우, 해설에 따르면 제3자를 위한 계약일 경우는 취소할 수 있을 뿐이므로 계약은 유효하고, 대리일 경우는 대리인은 행위무능력자임을 요하지 않으므로(제117조) 유효하므로 일응 옳은 지문으로 처리되어야 함에도 정답은 틀린 지문으로 되어 있는데 왜 그런지 궁금합니다..

ㅁ 지문 같은 경우, 해설에 따르면 상대방인 C가 그 사실을 알았거나 알 수 있었을 경우에만 이를 취소할 수 있다고 하고 있는데, ㅁ 지문은 '당연히' 취소할 수 있다고 하고 있으므로, ㅁ 지문은 틀린 지문으로 처리되어야 함에도 정답은 옳은 지문으로 되어 있는데, 역시 왜 그런지 궁금합니다.

제 생각대로라면 옳지 않은 것은 ㄷ, ㅁ 이므로 보기에 정답이 없게 되는 문제가 발생하기는 하는데, 한 번 검토해주시기 바랍니다.

3. 별로 중요하지 않은 질문인 것 같지만 머리속에서 확실히 정리되지 않아서 질문드립니다.

채권각론 위험부담 부분을 보면 목차가 아래와 같이 되어 있습니다.

(1) 서설

(2) 위험부담에 관한 입법주의와 실질적 쟁점

가) 입법주의

나) 위험의 이전

(3) 채무자주의의 원칙

(4) 예외적인 채권자주의

입법주의에 보면 우리 민법은 채무자주의를 따르고 있고, 위험의 이전에서 보면 소유권이전 이전의 어느 시점에 위험이 이전된다는 견해에 입각하여 매수인(채권자)에게 인도하면 채무자가 부담하는 반대급부위험이 채권자에게 이전된다고 하고 있습니다. 여기까지는 이렇게 이해가 됩니다. 그런데, 그 뒤의 목차인 민법 제537조, 제538조에 따른 채무자주의 원칙과 예외적인 채권자주의에는 '채권자에게 인도하면 반대급부위험이 채권자에게 이전된다'는 것이 명확하게 서술되어 있지는 않습니다.

제가 생각하기로는 채권자에게 인도하면 반대급부위험이 채권자에게 이전되는 것이고, 3번과 4번 목차에서 소개하는 채무자주의의 원칙과 예외적인 채권자주의는 채권자에게 목적물이 인도되기 전의 상황을 전제하고 서술하고 있는 것처럼 보이는데….

옳게 이해한 것인가요? 아니면 채권자에게 목적물이 인도된 것을 예외적인 채권자주의에서 '채권자에게 책임 있는 사유로 인한 불능의 경우'중의 하나로 보아야 하는 것인가요?

Answer

1. 계약체결의무를 부담하는 자가 계약체결의무를 이행하지 않고, 그 계약을 종국적으로 좌절시켜버린 경우, 이를 불법행위로 보아야 합니까? 아니면 채무불이행으로 보아야 합니까?

계약의 부당한 좌절이 계약에 대한 상대방의 신뢰를 침해하는 불법행위를 구성할 수는 있습니다. 그러나 지문에서는 '을이 부담하는 조형물제작계약체결의무가 이행불능으로 됨에 따라 을이 갑에 대하여 부담하는 손해배상채무'라고 하고 있습니다. 이행불능으로 인한 손해배상채무를 묻고 있는 것이지요.

2. 취소는 넓은 의미에서 무효입니다. 취소할 수 있는 법률행위는 유효하게 성립한 법률행위라고 할 수 없습니다. 물론 취소권자가 취소의 의사표시를 하기 전에는 무효의 효과가 생기지 않습니다. 그러나 취소할 수 있는 법률행위를 유효하게 성립한 법률행위라고 할 수는 없습니다.

ㅁ. 지문은 오류입니다. 틀린 지문입니다. 제3자를 위한 계약에서 제3자는 계약의 당사자가 아니기 때문에 수익자의 사기는 제3자 사기로 보아야 합니다. 학설에 따라서는 수익자가 낙약자를 기망한 경우, 상대방과 동일시 할 수 있는 자의 기망으로 보아야 상대방 사기로 보아야 한다는 견해도 있습니다. 그러나 지문은

수익자가 요약자를 기망한 것이므로 제3자 사기임이 분명합니다.
이 부분은 해설 강의 시간에 상당한 시간을 들여 설명한 부분입니다.

3. 쌍무계약을 체결하고, 양 당사자가 아무런 이행행위를 하지 아니한 상태에서 일방 채무가 후발적 불능으로 소멸한 경우에는 원칙적으로 반대급부 위험을 채무자가 부담합니다. 그러나 예외적으로 반대급부 위험을 채권자가 부담하기도 하는데, 인도 등에 의하여 반대급부 위험이 채권자에게 이전한 경우, 채권자의 책임있는 사유로 후발적 불능이 생긴 경우, 채권자의 수령지체 중에 불능으로 된 경우 등이 채권자가 반대급부의 위험을 부담하는 경우에 해당합니다.

Question. 5

제3자를 위한 계약에서 제3자의 사기에 대해서는 별로 생각해보지는 않았습니다. 그런데 진도별 모강 제19회 40번 문제와 그에 대한 해설, 민법총칙 부분에 소개된 제3자를 위한 계약에서 제3자의 사기 부분을 읽고 나니 무언가 복잡해져서 질문드립니다.

먼저, 진도별 모강 제19회 40번 ㅁ 지문의 해설을 인용하면 "제3자를 위한 계약에 있어서, 제3자는 계약의 당사자가 아니므로 제3자의 사기에 관한 제110조 제2항을 적용하는 경우에는 동조 소정의 제3자에 해당한다는 것이 통설이다. 따라서 제3자의 사기에 의한 의사표시는 상대방이 알았거나 알 수 있었을 경우에 한하여 이를 취소할 수 있으므로, 위의 경우 A의 사기로 B가 C와 제3자를 위한 진료계약을 체결한 경우에는 그 상대방인 C가 그 사실을 알았거나 알 수 있었을 경우에만 이를 취소할 수 있다."라고 하고 있습니다.

이 사안은 제3자가 '요약자'를 기망한 경우인데, 이때는 제110조 제2항을 적용하여 사안을 해결한 것으로 이해됩니다.

지원림 저 민법강의 제8판 277면을 보면,

"제3자를 위한 계약에서 수익자가 낙약자를 기망 또는 강박을 한 경우에도 제110조 제1항을 적용할 것이고, 나아가 타인의 사기, 강박을 수익자가 알았거나 알 수 있었다면 제110조 제2항에 따라 표의자는 의사표시를 취소할 수 있다고 할 것이다"라고 하고 있습니다.

이 사안의 전단은 제3자가 '낙약자'를 기망한 경우인데, 이때는 제3자인 수익자를 요약자와 동일시 할 수 있는 자로 보아 제110조 제1항을 적용한 것으로 이해됩니다.

결국 제3자가 '요약자'를 기망한 경우에는 제110조 제2항을, 제3자가 '낙약자'를 기망한 경우에는 제110조 제1항을 적용하는 것으로 정리할 수 있는데, 이렇게 이해하는 것이 올바르게 이해하는 것인지 궁금합니다.

진도별 모강 문제 해설에서 "제3자를 위한 계약에 있어서, 제3자는 계약의 당사자가 아니므로 제3자의 사기에 관한 제110조 제2항을 적용하는 경우에는 동조 소정의 제3자에 해당한다는 것이 통설이다."라고 하셨는데, 기본서 어디에도 이 부분을 소개하고 있지 않아서 제가 이 쟁점을 잘 이해하지 못하고 있는 것 같습니다.

제 생각대로라면 제3자가 누구를 기망했느냐에 따라 적용 조항이 달라지게 되는 결과로 되는데 잘 모르겠습니다.

Answer

> 지원림 저 교재에 있는 부분은 소수설의 입장입니다. 이영준 변호사 등이 그와 같은 입장을 취하고 있습니다. 반면에 송덕수 교수 등은 수익자가 낙약자를 기망한 경우에도 제3자 사기로 이해하고 있습니다.

Question. 6

경매 무효의 경우에 동시이행관계가 인정되는 구체적인 경우가 잘 떠오르지 않습니다. 설명 좀 부탁드립니다.

Answer

> 경매로 인하여 경락인은 부동산을 취득하였고, 경매상 채무자는 매각대금을 지급받았는데, 그 경매가 무효로 된 경우, 경매상 채무는 지급받은 매각대금을 경락인에게 반환하여야 하고, 경락인은 부동산의 등기를 말소하여야 하며, 양 의무는 동시이행의 관계에 있겠지요.

Question. 7

토지에 丙의 근저당권설정등기가 되어 있는 경우, 乙(매수인)이 근저당권의 피담보채무를 인수하여 그 채무액 상당을 잔금에서 공제하기로 약정하는 등의 특별한 사정이 없는 한, 乙의 잔금지급의무는 甲(매도인)의 위 근저당권말소 및 소유권이전등기의무와 동시이행 관계가 있다고 합니다. 이게 맞는 지문인거는 알겠는데요.

토지에 丙의 근저당권설정등기가 되어 있는 경우, 乙(매수인)이 근저당권의 피담보채무를 인수하여 그 채무액 상당을 잔금에서 공제하기로 약정하는 등의 특별한 사정이 있으면 甲(매도인)의 근저당권말소 및 소유권이전등기의무와 乙(매수인)의 잔금지급의무는 동시이행관계에 있지 않나요?

판례 2004다13083을 보면 부동산매매계약과 함께 이행인수계약이 이루어진 경우에, 매수인이 인수한 채무는 매매대금지급채무에 갈음한 것으로서 매도인이 매수인의 인수채무 불이행으로 말미암아 또는 임의로 인수채무를 대신 변제하였다면, 그로 인한 손해배상채무 또는 구상채무는 인수채무의 변형으로서 매매대금지급채무에 갈음한 것의 변형이므로 매수인의 손해배상채무 또는 구상채무와 매도인의 소유권이전등기의무는 동시이행관계에 있다고 하는데 이것과 모순되는 지문이 아닌가요?

Answer

매매계약과 함께 근저당권의 피담보채무를 매수인이 이행하기로 이행인수약정을 하였다면 매도인이 매수인에 대하여 근저당권을 말소해주어야 할 의무를 부담한다고 할 수 없습니다. 따라서 기출지문에서 말하는 '특별한 사정'이 있다면 매수인의 잔급지급의무와 동시이행관계에 있는 매수인의 의무는 소유권이전등기의무에 한정되어야 합니다.

따라서 질문하신 분이 제시한 판결과 모순되지 않습니다.

Question. 8

채권자지체의 경우, 채무자는 고의 또는 중과실에 의한 경우를 제외하고는 채무불이행 책임을 지지 않는 것으로 알고 있습니다. 그런데 채권자의 수령지체 중 채무자의 경과실로 목적물이 멸실된 경우,

1) 제538조의 채권자위험부담주의가 적용되어 채무자는 채권자에게 목적물의 대가를 청구할 수 있는지요?

2) 만약 채무자에게 과실이 있으므로 채권자위험부담주의가 적용되지 않는다면, 결과적으로 제537조와 같은 결과, 즉 채무자는 채무불이행책임을 지지는 않지만 목적물의 대가도 청구할 수 없으며, 기이행급부는 부당이득반환청구하게 되는 상태가 되는 건가요?

Answer

견해의 대립이 있습니다. 통설은 채권자지체 중 채무자의 경과실은 면책되므로 채무자에게 아무런 과실이 없는 것으로 취급된다고 이해합니다. 이러한 논리는 위험부담의 영역에서도 마찬가지로 관철되어 반대급부의 위험을 채권자가 부담하는 것으로 이해합니다. 결국 채무자는 반대급부를 청구할 수 있는 것이지요. 반면 여전히 채무자위험부담주의를 적용해야 한다는 소수의 학설도 있습니다. 이 견해에 따르면 채무자는 반대급부를 청구할 수 없고, 만약 이미 이행된 것이 있다면 부당이득이 될 것입니다.

계약의 해제 · 해지

Question.

지원림 저 민법강의 제8판 396면 대판 2000. 1. 28, 99다50712 판례에 관한 질문입니다.

"보험계약의 해지권은 형성권이고, 해지권 행사기간은 제척기간이며, 해지권은 재판상이든 재판외이든 그 기간 내에 행사하면 되는 것이나 해지의 의사표시는 민법의 일반원칙에 따라 보험계약자 또는 그의 대리인에 대한 일방적 의사표시에 의하며, 그 의사표시의 효력은 상대방에게 도달한 때에 발생하므로 해지권자가 해지의 의사표시를 담은 소장 부본을 피고에게 송달함으로써 해지권을 재판상 행사하는 경우에는 그 소장 부본이 피고에게 도달할 때에 비로소 해지권 행사의 효력이 발생한다 할 것이어서, 해지의 의사표시가 담긴 소장 부본이 제척기간 내에 피고에게 송달되어야만 해지권자가 제척기간 내에 적법하게 해지권을 행사하였다고 할 것이고, 그 소장이 제척기간 내에 법원에 접수되었다고 하여 달리 볼 것은 아니다."라고 하고 있는데,

맨 마지막 줄에 "그 소장이 제척기간 내에 법원에 접수되었다고 하여 달리 볼 것은 아니다"가 무엇을 뜻하는지 잘 모르겠습니다.

'달리 볼 것은 아니다'는 것은 '같다'는 것이므로 제척기간 내에 피고에게 송달된 경우뿐만 아니라 법원에 접수되기만 하여도 제척기간 내 해지권을 적법하게 행사한 것으로 보아야 한다는 것으로 해석해야 하는지 궁금합니다. 하지만 이와 같이 해석하면 379면

에 소개되어 있는 대판 2008. 9. 11, 2008다27301과 모순되게 되는 결과가 되는 것 같습니다. 선생님의 진도별 모의고사 제6회에서 이 판례가 출제되었는데, 판례상으로는 명확히 서술되어 있지는 않지만, 그 문제에서는 "제척기간 내에 법원에 접수되었다면 적법하게 취소권을 행사한 것으로 볼 수 있다"는 것이 틀린 지문으로 출제된 바 있기 때문입니다.

정리하면, 취소권이나 해지권이나 형성권으로서 제척기간의 적용을 받는 것은 같지만, "제척기간 내에 법원에 접수된 것을 적법하게 취소권, 해지권을 행사한 것으로 보아야 하는지의 여부"에 관해서는 판례가 태도를 달리하는 것인지 아니면 제가 2000. 1. 28, 99다50712의 해석을 잘못한 것인지 궁금합니다.

Answer

제척기간 내에 해지표시가 된 소장이 법원에 접수되었다고 해서 해지권의 행사가 있었다고 볼 수 없다는 의미입니다. 제척기간 내에 상대방에게 도달되어야 한다는 의미입니다.

교과서에 소개된 판례를 중심으로 보는 것은 좋은 방법입니다. 다만, 시험에 출제되는 판례가 거의 대부분 교과서에 있는 판례들일 것입니다. 진도범위 이외의 곳에서 소개하고 있는 판결들까지 연결해서 출제된 것이기 때문에 낯설게 느껴질 뿐입니다. 회독수가 늘어나면 해결될 수 있습니다. 굳이 양을 늘리지 마시고, 교과서 회독수를 늘리는 것이 좋을 듯합니다.

제2장 계약각론

매매

Question. 1

지원림 저 민법강의 제9판 857쪽 대판 2002. 7. 12, 2002다19254에서, 건축업자로부터 건물을 분양받고 소유권이전등기를 경료 받지 못한 자는 건축업자가 대지소유자에게 매매대금을 완납하고 소유권이전등기를 건축업자 명의로 회복한 다음에야 소유권이전등기를 적법하게 경료 받을 수 있는 것인가요?

Answer

네. 물론 대지소유자가 대지매매대금을 완납 받게 되면 아마도 곧바로(중간을 생략해서) 수분양자에게 대지와 건물에 관한 소유권이전등기를 마쳐주게 될 것입니다.

Question. 2

1. 지원림 저 제8판 1418-1419면에 소개된 <대판 2007. 4. 26, 2005다34018,34025>에서,

"임대차계약에 기한 임차권(임대차보증금반환청구권을 포함한다)을 그 목적물로 한 매매계약이 성립한 경우, 매도인이 임대인의 임대차계약상의 의무이행을 담보한다는 특별한 약정을 하지 아니한 이상, 임차권매매계약 당시 임대차목적물에 이미 설정되어 있던 근저당권이 임차권매매계약 이후에 실행되어 낙찰인이 임대차목적물의 소유권을 취득함으로써 임대인의 목적물을 사용, 수익하게 할 의무가 이행불능으로 되었다거나, 임대인의 무자력으로 인하여 임대차보증금반환의무가 사실상 이행되지 않고 있다고 하더라도, 임차권매도인에게 민법 제576조에 따른 담보책임이 있다고 할 수 없고, 이러한

법리는 임차권을 교환계약의 목적물로 한 경우에도 마찬가지이다."라고 하고 있는데, 왜 민법 제576조가 적용되지 아니하는지가 궁금합니다.

저는 이 판례사안에서 민법 제576조가 적용되지 아니하는 이유가 임차권매도인의 임대인의 목적물을 사용, 수익하게 할 의무가 이행불능이 되었다고 하더라도, 임차권매수인의 임대인에 대한 '임차권은 소멸하지 않고 여전히 존재'하며, 다만 이 임차권을 가지고 낙찰인에 대하여 대항할 수 없을 뿐이어서, 민법 제576조의 요건인 '소유권을 취득할 수 없거나, 취득한 소유권을 잃는 경우'에 해당되지 않기 때문에 민법 제576조가 적용될 수 없다고 이해했는데, 이러한 저의 이해가 맞는 것인가요?

2. 민법 제579조는 "채권의 매도인이 단순히 자력을 담보한 경우에 매매계약 당시의 자력을 담보한 것으로 추정하고, 변제기가 아직 도래하지 않은 채무에 관하여 장래의 자력을 담보한 경우에는 그 채무의 변제기의 자력을 담보한 것으로 추정한다"고 규정하고 있는데, '자력을 담보한다'가 무슨 뜻인지 모르겠습니다.

3. 민법강의 제8판 1434면에 소개되어 있는 <대판 2002.9.27. 2000다27411>에서, "부동산의 매매계약에 있어 당사자 사이의 환매특약에 따라 소유권이전등기와 함께 민법 제592조에 따른 환매등기가 마쳐진 경우 매도인이 환매기간 내에 적법하게 환매권을 행사하면 환매등기 후에 마쳐진 제3자의 근저당권 등 제한물권은 소멸하는 것이므로, 환매권 행사 후 근저당권자가 파산선고를 받았다고 하더라도 매도인이 파산자에 대하여 갖는 근저당권설정등기 등의 말소등기청구권은 파산법 제14조에 규정된 파산채권에 해당하지 아니하며, 매도인은 파산법 제79조 소정의 환취권 규정에 따라 파산절차에 의하지 아니하고 직접 파산관재인에게 말소등기절차의 이행을 청구할 수 있다."고 하고 있는데,

도무지 왜 매도인이 환매기간 내에 적법하게 환매권을 행사하면 환매등기 후에 마쳐진 제3자의 근저당권 등 제한물권이 소멸하는지 모르겠습니다.

다수설처럼 환매의 본질을 약정해제의 일종으로 본다면, 환매권 행사는 원매매 해제의 효과를 갖게 되는데, 이 중 유인성설을 따르는 견해에서는 원매도인의 반환청구는 물권적 청구권의 성질을 갖게 된다고 하여 제3자의 권리가 침해될 우려가 있지만, 이 사안에서의 근저당권자는 민법 제548조 제1항 단서의 보호되는 제3자에 해당되므로 근저당권이 소멸되어서는 안 될 것이고,

무인성설을 따르는 견해에서는 원매도인의 반환청구를 채권적 청구권으로 보기 때문에 제3자의 권리가 침해될 여지가 없게 되고, 소수설처럼 환매의 본질을 재매매 예약의

일종으로 보다면, 환매권 행사는 재매매 성립의 효과를 갖게 되어 원매도인의 반환청구는 매매계약상의 채권적 청구권이 되기 때문에 마찬가지로 제3자인 근저당권자가 침해될 여지가 없는데, 왜 판례는 제3자인 근저당권자의 근저당권이 소멸한다고 하였는지 그 이유를 잘 모르겠습니다.

Answer

1. 임차권 매도인의 담보책임에 관한 질문에 대한 답변

임차권 매매에서 매도인이 부담하는 의무는 매수인으로 하여금 임대목적물을 사용, 수익하게 할 의무가 아닙니다. 임차권 매도인은 임차권을 매수인에게 이전하여야 할 의무를 부담합니다. 임차권 매수인이 임차권을 양수받으면 임대목적물을 사용, 수익하게 할 의무는 임대인이 부담하는 의무이지요.

매매의 대상인 임차권 자체에 담보권이 설정된 것이 아니라 임대목적물에 담보권이 설정된 것입니다. 임차권 매도 후에 임대목적물에 설정된 저당권이 실행되어 임차권 매수인이 취득한 임차권이 소멸하게 되더라도 이는 매매목적물인 임차권 자체에 설정된 담보권이 실행된 것은 아닙니다. 제576조가 적용될 수 없는 것이지요.

2. 자력을 담보한다는 의미

채권매매의 경우, 채권매도인은 채권을 매수인에게 이전하여 주면 그 의무를 다한 것으로 보아야 합니다. 채권매수인이 채권을 취득하였는데, 채무자가 무자력자이어서 그 채권이 부실채권에 불과하더라도 채권매도인이 그에 따른 책임을 지지 않습니다. 채권매매는 채무자의 무자력 위험을 채권매수인이 인수하는 것을 본질적 내용으로 하기 때문입니다.

가령, 갑이 병에 대하여 1천만 원의 채권을 가지고 있는데, 그 채권을 을에게 매도한다고 가정합시다. 을은 그 채권을 액면가에 매수하지는 않을 것입니다. 병이 무자력자가 되는 순간에 그 무자력 위험은 을이 부담해야 하기 때문이지요. 그러나 갑이 을에게 병이 무자력자가 되면 자신이 책임을 지겠다고 약속하는 경우가 있습니다. 즉 갑이 채무자인 병의 자력을 담보하는 경우이지요. 이런 경우에는 을은 병의 자력을 전제로 채권매수가격을 정하게 됩니다. 그런데 병이 무자력자가 되었다면 그 책임을 갑에게 물어갈 수 있어야 할 것입니다.

결국 채권매매의 경우에는 채권매도인이 채무자의 자력을 담보한 경우에만 채무자의 무자력이라는 매매대상 채권의 하자에 대하여 채권매도인이 담보책임을

부담합니다. 그런데 채무자의 자력상태는 고정되어 있지 않습니다. 시기마다 그 자력상태가 다릅니다. 채권매도인이 채무자의 자력을 담보하였다고 하더라도 어느 시기의 자력을 담보하였다고 보아야 하는지는 의문이고, 다툼의 여지가 매우 많습니다. 민법은 제579조를 마련하여 이러한 문제에 대비하는 것이지요.

3. 환매등기 후 저당권을 취득한 자가 파산한 경우, 환매권자의 환매권 행사로 인한 저당권말소등기청구권은 파산채권에 해당하지 않는다는 판례에 대한 질문에 관한 답변

환매 후 환매권 등기를 갖추었기 때문입니다. 저당권등기는 환매권 등기보다 후순위이기 때문에 저당권이 소멸하는 것입니다. 환매약정을 하였다고 하더라도 환매등기를 하지 않았다면 질문하신 분이 생각하는 것과 같을 것입니다. 그러나 환매권등기가 마쳐진 경우에는 환매권 행사로 인한 권리관계가 보전될 수 있습니다.

Question. 3

진도별 모강 제15회 38번 문제 ㄹ 지문에 대한 질문입니다.

ㄹ 지문은 "ㄴ의 경우에 이미 乙이 甲에게 매매대금을 전액 지급한 경우에는 乙은 그의 선의, 악의를 불문하고 甲에게, A 건물 부분에 관하여, 제574조에 의하여 지급한 매매 대금의 반환을 청구할 수 있다"고 되어 있습니다.

그런데 지원림 저 민법강의 제8판 1416면에 보면,

"이와 달리 대금감액에 관하여 매수인의 선, 악의를 따지지 않는 견해(가령 김형배, 327쪽)도 있고, 판례의 입장도 같다고 보인다"고 되어 있습니다.

이 문제는 다툼이 있으면 판례에 의하라고 되어 있는데, 판례에 따르면 맞는 지문으로 처리 되어야 하는 것 아닌가요?

Answer

제574조의 적용요건으로 매수인의 선의가 필요한지에 관해서는 학설상 대립이 있습니다. 악의자에게도 대금감액청구권을 인정하고자 하는 일부 학설이 있습니다. 그러나 이러한 학설은 우선 민법에 반합니다.

또한 제572조와 제574조를 유사하게 바라보는 것인데, 여기에도 오류가 있습니

다. 자기가 매수하고자 하는 토지 중의 일부가 타인에게 속한 경우와 자기가 매수하고자 하는 토지의 수량이 부족하거나 일부가 멸실된 경우는 동일하게 볼 수가 없습니다.

가령, 신림동 10번지를 매수하고자 매매계약을 체결하였는데, 매도인이 신림동 10번지 전부를 소유하는 자가 아닌 경우에 제572조가 적용됩니다. 이러한 경우 매도인이 완전한 소유자가 아니라는 사실을 매수인이 알고 있더라도 매도인이 다른 소유자로부터 취득하여 이를 매수인에게 이전할 것이라고 매수인이 기대할 수도 있습니다.

반면 신림동 10번지를 매수하고 매매계약을 체결하였는데, 그 면적이 100평임에도 이를 120평으로 알고 매매계약을 체결한 경우에 제574조가 적용될 수 있습니다. 만약 매수인이 그 면적이 100평임을 잘 알고 있었다면 이러한 매수인에게 일부해제에 해당하는 대금감액청구권을 인정해야 할 아무런 이유가 없는 것입니다. 민법은 이러한 점을 고려하여 제572조와 제574조를 달리 규정하고 있는 것입니다.

문제는 판례가 어떠한 입장을 취하는가 인데, 지원림 교과서에 소개된 99다58136 판결을 기초로 판례가 악의매수인에게 대금감액청구권을 인정하고 있다고 이해하는 것은 곤란합니다. 그 판결은 선의매수인에 의한 제574조의 담보책임에 따른 권리행사가 적법한 기간 내에 이루어졌는가 하는 점을 판단한 판결일 뿐입니다. 원심은 선의매수인은 부족한 수량을 취득하여 이전할 수 없음을 안 때로부터 1년 이내에 권리행사를 하여야 한다고 판단하였고, 대법원은 이를 수긍한 것입니다. 악의매수인에게도 대금감액청구권이 인정된다고 판단한 판결이 아닙니다. 제574조에는 제572조, 제573조가 준용된다는 점을 표명하고 있는 판결에 불과합니다.

진도별 모강 제15회 29번 ㄱ 지문

㉠ 다른 특별한 사정이 없는 한 매수인이 매매대금을 완제하지 않은 상태에서는 비록 매도인이 먼저 목적물을 인도할 의무를 부담하더라도 매도인의 매매목적물의 인도지체를 이유로 매매목적물의 임료상당액의 손해배상을 청구할 수는 없다.

[대판 2004. 4. 23, 2004다8210]

민법 제587조에 의하면, 매매계약 있은 후에도 인도하지 아니한 목적물로부터 생긴 과실은 매도인에게 속하고, 매수인은 목적물의 인도를 받은 날로부터

대금의 이자를 지급하여야 한다고 규정하고 있는바, 이는 매매당사자 사이의 형평을 꾀하기 위하여 매매목적물이 인도되지 아니하더라도 매수인이 대금을 완제한 때에는 그 시점 이후의 과실은 매수인에게 귀속되지만, 매매목적물이 인도되지 아니하고 또한 매수인이 대금을 완제하지 아니한 때에는 매도인의 이행지체가 있더라도 과실은 매도인에게 귀속되는 것이므로 매수인은 인도의무의 지체로 인한 손해배상금의 지급을 구할 수 없다.

Question. 4

진도별 모강 제15회 29번 ㄱ 지문에서 매도인이 선이행의무를 부담하더라도 대판 2004. 4. 23, 2004다8210이 적용될 수 있나요?

Answer

매도인이 목적물을 먼저 인도하기로 약속하였다고 하더라도 2004년 판결이 적용됩니다. 2004년 판결의 사안도 매도인이 먼저 매매목적물인 건물을 인도하기로 약속하였으나, 이를 인도하지 못한 경우에 관한 것입니다.

Question. 5

예전에 질문한 바 있는 판례인, 지원림 저 민법강의 제8판 1434면에 소개되어 있는 <대판 2002. 9. 27, 2000다27411>,

"부동산의 매매계약에 있어 당사자 사이의 환매특약에 따라 소유권이전등기와 함께 민법 제592조에 따른 환매등기가 마쳐진 경우 매도인이 환매기간 내에 적법하게 환매권을 행사하면 환매등기 후에 마쳐진 제3자의 근저당권 등 제한물권은 소멸하는 것이므로, 환매권 행사 후 근저당권자가 파산선고를 받았다고 하더라도 매도인이 파산자에 대하여 갖는 근저당권설정등기 등의 말소등기청구권은 파산법 제14조에 규정된 파산채권에 해당하지 아니하며, 매도인은 파산법 제79조 소정의 환취권 규정에 따라 파산절차에 의하지 아니하고 직접 파산관재인에게 말소등기절차의 이행을 청구할 수 있다.",

다시 읽어보니, 마치 환매등기가 경료되면 보전가등기가 경료된 것처럼 순위 보전의 효력이 있는 듯 한 인상을 주는데, 환매등기를 일종의 보전가등기와 같이 이해해도 무방한가요?

Answer

네. 그렇게 이해해도 될 것 같습니다.

이태섭 민법판례정리II 468 ~ 469쪽 ②번, ③번, ④번 판례

② 복수의 채권자가 예약완결권을 준공동소유하는 경우, 예약완결권의 행사방법

복수채권자가 채권을 담보하기 위하여 그 복수채권자와 채무자 소유의 부동산에 관하여 복수채권자 전원을 공동매수인으로 하는 매매예약을 체결하고 그에 따른 소유권이전등기청구권보전의 가등기를 경료한 경우에 복수채권자는 매매예약완결권을 준공동소유하는 관계에 있다고 풀이할 것이고 매매예약완결권의 행사, 즉 채무자에 대한 매매예약완결의 의사표시 및 이에 따른 가등기에 기한 소유권이전등기의 이행을 구하는 소의 제기는 매매예약완결권의 보존행위가 아니라 그 처분행위라 할 것이므로 매매예약완결의 의사표시는 채무자에 대하여 복수채권자 전원에 의하여 공동으로 행사되어야 하고 채권자가 채무자에 대한 매매예약완결에 따른 매매목적물의 가등기에 기한 소유권이전의 본등기절차의 이행을 구하는 소는 필요적 공동소송으로서 매매예약완결권을 준공동소유하고 있는 복수채권자 전원이 제기하여야 한다. [대법원 1985. 5. 28 선고 84다카2188 판결]

③ 수인의 가등기명의인 중 1인의 자기 지분에 상응한 본등기청구가 가능하다고 본 사례

공유자가 다른 공유자의 동의 없이 공유물을 처분할 수는 없으나 그 지분은 단독으로 처분할 수 있으므로, 복수의 권리자가 소유권이전청구권을 보존하기 위하여 가등기를 마쳐 둔 경우 특별한 사정이 없는 한 그 권리자 중 한 사람은 자신의 지분에 관하여 단독으로 그 가등기에 기한 본등기를 청구할 수 있고, 이는 명의신탁해지에 따라 발생한 소유권이전청구권을 보존하기 위하여 복수의 권리자 명의로 가등기를 마쳐 둔 경우에도 마찬가지이며, 이 때 그 가등기 원인을 매매예약으로 하였다는 이유만으로 가등기 권리자 전원이 동시에 본등기절차의 이행을 청구하여야 한다고 볼 수 없다. [대법원 2002. 7. 9 선고 2001다43922 · 43939 판결]

④ 복수의 권리자가 소유권이전청구권을 보존하기 위하여 가등기를 마쳐 둔 경우, 가등기에 기한 본등기청구소송의 성질 복수의 권리자가 소유권이전청구권을

보존하기 위하여 가등기를 마쳐 둔 경우 특별한 사정이 없는 한 그 가등기의 말소청구소송은 권리관계의 합일적인 확정을 필요로 하는 필수적 공동소송이 아니라 통상의 공동소송이다. [대법원 2003. 1. 10 선고 2000다26425 판결]

이태섭 민법판례정리II 482쪽 ①번 판례

① **타인권리매매에서 매도인 담보책임의 법적 성질(채무불이행)** 매매의 목적이 된 권리가 타인에게 속한 경우에 매도인이 그 권리를 취득하여 매수인에게 이전할 수 없을 때에는 **매매의 목적이 된 권리가 매도인에게 속하지 아니함을 알지 못한 매수인이 매도인에게 대하여 손해배상을 청구함에는** 매도인은 계약이 완전히 이행된 것과 동일한 경제적 이익을 배상함이 상당할 것임으로 그 손해는 매수인이 입은 손해뿐만 아니라 얻을 수 있었던 이익의 상실도 포함**된다고 해석할 것이다. 따라서 이 견해에 배치되는 대법원 1960.4.21 선고 1961민상 제385호 사건에 표시된 본원의 견해를 변경한다.** 위 경우의 손해액의 산정은 일반 채무불이행으로 인한 손해배상액의 확정시기와 마찬가지로 원칙으로 매매의 목적이 된 권리를 취득하여 이전함이 불능하게 된 때의 시가를 표준으로 **하여 결정할 것이고 본건에 있어서** 원고가 피고의 매매계약 이행의사 없음이 명백함을 전제로 하는 본건 매매계약 해제를 전제로 이행에 대신하는 전보배상을 청구하는 본건에 있어 **매도인이 본건 토지의 소유권을 취득하여 매수인에게 이전하지 못하므로 매매계약이 해제된 경우에는** 매수인은 해제시까지는 목적물의 급여청구권을 가지며 해제에 의하여 비로소 이 청구권이 상실되므로 특별한 사정이 없는 한 매수인이 받을 이행에 대신하는 손해배상액은 해제 당시의 목적물의 시가를 표준으로 하여 결정**할 것이고 원심과 같이 경제적 일반 추세에 따르는 목적물 시세 앙등사정은 당사자에게 당연 예견 또는 예견가능성이 있다는 전제로 변론종결 당시의 시가에 의하여 손해액을 산정할 것이 아니다.** [대법원 1967. 5. 18 선고 66다2618 전원합의체 판결]

이태섭 판례정리II 493쪽 ③번 판례

③ **임차권 매매계약 당시 임차목적물에 설정된 근저당권 실행으로 임대인의 의무가 불능으로 된 경우 제576조에 따른 담보책임이 인정되지 않는다고 본 사례** 임대차계약에 기한 임차권(임대차보증금반환청구권을 포함한다)을 그 목적물로 한 매매계약이 성립한 경우, 매도인이 임대인의 임대차계약상의 의무이행을 담보한다는 특별한 약정을 하지 아니한 이상, 임차권 매매계약 당시 임

대차 목적물에 이미 설정되어 있던 근저당권이 임차권 매매계약 이후에 실행되어 낙찰인이 임대차 목적물의 소유권을 취득함으로써 임대인의 목적물을 사용·수익하게 할 의무가 이행불능으로 되었다거나, 임대인의 무자력으로 인하여 임대차보증금반환의무가 사실상 이행되지 않고 있다고 하더라도, 임차권 매도인에게 민법 제576조에 따른 담보책임이 있다고 할 수 없고, 이러한 법리는 임차권을 교환계약의 목적물로 한 경우에도 마찬가지이다. [대법원 2007. 4. 26 선고 2005다34018·34025 판결]

이태섭 민법판례정리Ⅱ 506쪽 ④번 판례

④ 채무자가 채권자 앞으로 차용물 아닌 다른 재산권을 이전한 경우에 있어 그 권리의 이전이 채무의 이행을 담보하기 위한 것이 아니고 그 채무에 갈음하여 상대방에게 완전히 그 권리를 이전하는 경우 즉 대물변제의 경우에는 가사 그 시가가 그 채무의 원리금을 초과한다고 하더라도 민법 제607조·제608조가 적용되지 아니한다. [대법원 1992. 2. 28 선고 91다25574 판결]

Question. 6

1. 이태섭 민법판례정리Ⅱ 468~9쪽에, 2번 판례와 3번 판례가 다른 이유가 뭔가요? 분명 둘 다 매매예약으로 가등기를 해놓은 경우이고, 둘 다 그걸 공유하는 상태 아닌가요? 2번 판례는 전체에 대해 본등기를 하려는 경우라 전원이 같이 행사해야 하는 것이고, 3번 판례는 자기 지분에 대해서만 하는 것이라 혼자할 수 있는 건가요?

2. '통상의 공동소송'이 뭐죠?
이태섭 민법판례정리Ⅱ 469쪽에요. 4. 복수의 권리자가 소유권이전청구권을 보존하기 위하여 가등기를 마쳐 둔 경우, 가등기에 기한 본등기청구소송의 성질이라는 판례에 나와요.

3. 이태섭 민법판례정리Ⅱ 482쪽 1번 판례 이해가 안 가요. 타인권리매매에서 이행이익을 배상해야 되고, 손해액 산정 시기는 불능시라고 하는데요. 갑자기 이행거절 관련 얘기가 나오면서 손배액을 해제 당시의 시가를 표준으로 결정해야 된다고 나오네요.

4. 이태섭 민법판례정리Ⅱ 493쪽 5. 3 - 임차권 매매계약 당시 임차목적물에 설정된

근저당권 실행으로 임대인의 의무가 불능으로 된 이번 판결에서 왜 위의 다른 판결들과 달리 제576조의 담보책임이 인정되지 않나요?

5. 이태섭 민법판례정리Ⅱ 506쪽 3. 4(대법원 1992. 2. 28, 선고 91다25574 판결)에서요. 왜 제607조, 제608조 규정이 적용되지 않는 건가요? 예약이 아니라서 그런가요?

Answer

1. 예약완결권이 준공유관계가 있는지 여부가 서로 다른 사안입니다. 이미 각자가 가지는 지분이전등기청구권을 보전하기 위하여 가등기를 공동명의로 한 경우와 수인의 매매의 예약을 하여 예약완결권을 준공유하는 경우의 차이입니다.

2. 수인이 소송의 당사자로 되는 경우를 공동소송이라고 하는데, 여러 명의 반드시 하나의 소송절차에서 당사자로 참여하여야 하는 공동소송을 필수적 공동소송이라고 하고, 그렇지 않은 공동소송을 통상공동소송이라고 합니다.

3. 담보책임 요건이 이전불능은 채무불이행 요건인 이행불능 개념보다는 조금 완화되어 있는 개념입니다. 이행거절로 인하여 이전불능이라는 결과가 발생하는 경우, 손해액 산정의 기준시점은 해제 당시를 기준으로 하여야 한다는 것은 담보책임으로 손해배상을 청구하기 때문입니다.

4. 임차권매매에서는 매매의 목적물이 임차권입니다. 임차권 자체를 객체로 한 담보권이 실행된 것이 아니기 때문에 제576조가 적용되지 않습니다.

5. 네.

임대차

Question. 1

대항력 있는 임차주택의 양도담보권자가 주택임대차보호법상 규정에 따라 임대인의 지위를 승계한다는 것과, 그런 한편 그가 임차주택의 승계인에 포함되지 않는다는 말은 무슨 의미이죠?

Answer

대항력 있는 임차주택을 양수한 사람은 임대인의 지위를 승계합니다. 이는 주택임대차보호법에서 정하고 있는 바입니다. 임대인의 지위를 승계한다는 말은 주택양수인이 임대인이 된다는 의미입니다. 따라서 나중에 임대차가 종료하게 되면 주택양수인이 임대인으로서 보증금반환의무를 부담하게 되지요.

대항력 있는 임차권이 설정된 주택을 양도담보로 취득한 양도담보권자가 임차주택의 승계인에 포함되는지가 문제됩니다. 형식적으로 양도담보권자는 소유권이전등기를 마친 임차주택의 양수인처럼 보이기 때문입니다. 그러나 양도담보권자는 주택을 담보목적으로 취득한 것이지 임대할 권한을 포함하여 완전한 주택소유권을 취득한 자라고 할 수는 없습니다. 따라서 임대인의 지위를 승계하는 임차주택 양수인에 해당하지는 않습니다.

Question. 2

1. 부동산의 매수인이 매매목적물에 관한 임대차보증금 반환채무 등을 인수하는 한편 그 채무액을 매매대금에서 공제하기로 약정한 경우, 임차인이 제3자에 대한 대항력을 이미 갖추고 있다면 임대차보증금반환채무를 면책적으로 인수한 것으로 보아야 한다.

이 지문이 잘 이해가 가지 않습니다.

2. 용익권을 상실한 임차인은 대상물에 대한 임차권의 허용을 청구할 권리를 가지지 않으며, 임차목적물에 갈음하여 지급되니 수용보상비 또는 손해배상에서도 마찬가지이다. 반면 이용손실 자체에 대한 대상급부는 임차인에게 귀속된다.

교과서 내용인데 무슨 말인지 잘 모르겠어요.

Answer

1. 임차권이 대항력을 갖추게 되면 그 후 임대목적물을 취득한 사람은 임대인의 지위를 승계하게 됩니다. 단순히 임대목적물의 소유권을 취득하는 데에 그치는

것이 아니라 임대인으로서의 지위마저 승계하게 됩니다. 종전의 임대인은 임대인의 지위를 상실하지요. 보증금반환채무는 임대인의 지위에서 부담하는 채무인데, 임대인의 지위를 상실한 종전의 임대인이 여전히 보증금반환채무를 부담해야 할 이유는 없습니다. 그 결과 보증금채무에 관한 면책적 인수가 이루어지게 됩니다.

2. 대상청구권의 대상은 본래의 채권목적의 변형물이어야 합니다. 본래의 채권이 소유권이전채권일 때에 그 소유물의 변형물이 수용보상금이 대상이 될 수 있습니다. 본래의 채권이 임차권이라면 임대목적물이 수용되고, 임대인인 소유자가 수용보상금을 취득하였다고 하더라도 임차권자는 대상청구권을 행사하여 수용보상금의 지급을 청구할 수 없습니다. 당연하죠. 임차권자는 임대목적물의 소유권을 취득할 권리를 가지고 있지 않으니까 소유물의 변형물인 수용보상금에 대하여 대상청구권을 행사할 수는 없는 것이지요. 반면에 임대목적물의 사용권을 제한하는 조치로 인하여 임차권의 목적이 불능으로 되었고, 그 대가로서 임대목적물의 소유자에게 대상급부가 귀속되는 경우, 임차권자는 그 대상급부에 대하여 대상청구권을 행사할 수는 있을 것입니다.

Question. 3

임차권이 대항력 없는 것이라면 신소유자에 대하여 비용 상환을 청구할 수 없다고 하는데,

그러면 구 소유자한테 청구하면 되는 건가요?

Answer

임대인의 지위가 승계되지 않았기 때문에 비용상환의무를 종전의 소유자인 임대인이 부담하여야 합니다. 이 경우 종전 소유자인 임대인이 비용상환의무를 이행하지 않을 경우, 임차인은 유치권을 행사하여 현 소유자의 반환청구를 거절할 수 있습니다.

Question. 4

임대차종료 후 임차인의 사용, 수익에서 선생님께서 강의시간에 필기해주신 내용이,

(1) 채권적 전세
보증금반환 (O) -> 부당이득 (O)
보증금반환 (X) -> 부당이득 (X)
(2) 통상의 임대차
-> 부당이득 성립
이렇게 필기해주셨는데 통상의 임대차도 위 채권적 전세와 같이 보증금반환을 해야 부당이득이 성립하는 것 아닌가요?

Answer

임차인이 사용, 수익을 하여 얻은 이익이 부당이득인지 여부를 다룬 필기입니다. 통상의 임대차에서 임차인이 보증금을 반환받지 않아 계속하여 목적물을 사용, 수익하고 있습니다. 그러나 이미 임대차가 종료되었기 때문에 임대인은 임차인에게 임료를 지급하라고 할 수는 없습니다. 임차인이 비록 보증금을 반환받지 않았더라도 임대차의 목적에 따라 사용, 수익하였다면 임료 상당액의 부당이득을 얻고 있는 것이지요. 보증금을 반환받았는지 여부는 문제되지 않습니다.

Question. 5

1969. 6. 24, 69다617 판결의 임대인과 임차인이 합의로 임대차 계약을 해지하고, 임차인이 지상건물을 철거하기로 약정한 경우와 1991. 4. 23, 90다19695 판결의 토지임차인과 임대인이 임대차기간 만료 후, 임차인이 지상건물을 철거하여 토지를 인도하고 지산건물을 철거하지 아니할 경우 소유권을 임대인에게 이전하기로 한 약정의 경우가 결론이 다른 이유가 계약을 합의로 해지했고, 기간이 만료했다는 점에서 다른 건지 질문드립니다.

Answer

지상물매수청구권을 배제하는 특약으로 임차인에게 불리한 것은 효력이 없습니다.

임대차계약을 체결할 때에 임대인과 임차인이 '임대차기간 만료 후 임차인은 지상건물을 철거하여 토지를 인도하고, 만약 지상건물을 철거하지 아니할 경우 소유권은 임대인에게 이전하기로 함'이라고 합의하였다면 이와 같은 합의는 임차인의 지상물매수청구권을 배제하는 합의로서 효력이 없습니다. 이를 언급한 것인 91년 판결입니다.

임대차계약이 임대인과 임차인 사이의 합의에 의하여 해지되었습니다. 합의해지 당시 임차인은 지상건물을 철거하기로 약속하였습니다. 이는 임대차계약이 종료되기 전에 임대인과 임차인 사이에서 임차인이 당연히 취득해야 할 지상물매수청구권을 배제하는 합의라고 볼 수 없습니다. 합의해지 당시에 체결된 철거약정이기 때문입니다. 이를 언급한 것이 69년 판결입니다.

대판1986. 1. 21, 85다카1367

구 주택임대차보호법(1981. 3. 5 법률 제3379호) 제2조 소정의 주거용 건물이란 공부상의 표시에 불구하고 그 실지용도에 따라서 정하여야 하고 또한 한 건물의 비주거용 부분과 아울러 주거용 부분이 함께 임대차의 목적이 되어 각기 그 용도에 따라 사용되는 경우 그 주거용 부분에 관하여 본 법이 적용되느냐의 여부는 구체적인 경우에 따라 합목적적으로 결정하여야 하며, 더욱이 위 주택임대차보호법이 적용되려면 먼저 임대차계약 체결 당시를 기준으로 하여 그 건물의 구조상 주거용 또는 그와 겸용될 정도의 건물의 형태가 실질적으로 갖추어져 있어야 하고, 만일 그 당시에는 주거용 건물부분이 존재하지 아니하였는데 임차인이 그 후 임의로 주거용으로 개조하였다면 임대인이 그 개조를 승낙하였다는 등의 특별한 사정이 없는 한 위 법의 적용은 있을 수 없다. [대법원 1986. 1. 21 선고 85다카1367 판결]

대판2009. 8. 20, 2009다26879

⑨ 점포 및 사무실로 사용되던 건물에 근저당권이 설정된 후 그 건물이 주거용 건물로 용도 변경된 경우, 이를 임차한 소액임차인이 근저당권자에 대하여 우선변제권이 있는지 여부(적극)　주택임대차보호법은 주거용 건물의 임대차에 관하여 민법에 대한 특례를 규정함으로써 국민 주거생활의 안정을 보장함을 목적으로 하고 있으므로(제1조), 합리적 이유나 근거 없이 그 적용대상을 축소하거나 제한하는 것은 허용되지 않는다고 할 것인바, 주택임대차보호법 제2조가 주거용 건물의 전부 또는 일부의 임대차에 관하여 적용된다고 규정하고 있을 뿐 임차주택이 관할관청의 허가를 받은 건물인지, 등기를 마친 건물인지 아닌지를 구별하고 있지 아니하며, 건물 등기부상 '건물내역'을 제한하고 있지도 않으므로, 점포 및 사무실로 사용되던 건물에 근저당권이 설정된 후 그 건물이

주거용 건물로 용도 변경되어 이를 임차한 소액임차인도 특별한 사정이 없는 한 주택임대차보호법 제8조에 의하여 보증금 중 일정액을 근저당권자보다 우선하여 변제받을 권리가 있다. [대법원 2009. 8. 20 선고 2009다26879 판결]

Question. 6

주임법 적용을 받는 건물에 대한 판단에서 대판 1986. 1. 21, 85다카1367와 대판 2009. 8. 20, 2009다26879가 완전히 대치되는데 어떻게 이해해야 할까요?

Answer

어느 점이 '완전히 대치'되나요? 제가 보기에는 전혀 대치되지 않는데,... 86년 판결은 주택임대차보호법이 적용되는 주거용 건물인지 여부는 임대차계약 당시를 기준으로 판단하여 한다는 것이고, 09년 판결 또한 주거용 건물로 용도가 변경되고 난 후에 소액임대차계약을 체결하였으므로 주택임대차보호법이 적용된다는 전제에서 판단하고 있습니다. 어느 점이 '완전히 대치'되나요?

2003다10940 판례

③ 건축 중인 주택의 임차인이 당시의 현황과 일치하는 주민등록을 마친 후 등기부상 주택의 표시가 달라진 경우 기존의 주민등록은 유효한 공시방법이 될 수 없다고 한 사례 건축 중인 주택에 대한 소유권보존등기가 경료되기 전에 그 일부를 임차하여 주민등록을 마친 임차인의 주민등록상의 주소 기재가 그 당시의 주택의 현황과 일치한다고 하더라도 그 후 사정변경으로 등기부 등의 주택의 표시가 달라졌다면 특별한 사정이 없는 한 달라진 주택의 표시를 전제로 등기부상 이해관계를 가지게 된 제3자로서는 당초의 주민등록에 의하여 당해 주택에 임차인이 주소 또는 거소를 가진 자로 등록되어 있다고 인식하기 어렵다고 할 것이므로 그 주민등록은 그 제3자에 대한 관계에서 유효한 임대차의 공시방법이 될 수 없다고 할 것이며, 이러한 이치는 입찰절차에서의 이해관계인 등이 잘못된 임차인의 주민등록상의 주소가 건축물관리대장 및 등기부상의 주소를 지칭하는 것을 알고 있었다고 하더라도 마찬가지이다.
[대법원 2003. 5. 16 선고 2003다10940 판결]

Question. 7

주택임대차보호법상 주민등록의 유효성 관련 판례 질문입니다.

지원림 저 민법강의 제8판 1494쪽 3) a)에서는 임차인의 전입신고 당시에는 등기부 작성 전이지만, 전입신고 내용이 실제 건물의 소재지 지번과 정확히 일치하는 경우 그 후 토지분할 등의 사정으로 지번이 변경되었더라도 주민등록으로 유효하다고 합니다.

그런데 아래 작은 글 2003다10940 판례는 주택에 대한 소유권보존등기 경료 전 주민등록을 마친 임차인의 주민등록상 주소기재가 그 당시의 주택의 현황과 일치하더라도 그 후 사정변경으로 주택의 표시가 달라졌다면 특별한 사정이 없는 한 유효한 임대차의 공시방법이 될 수 없다고 하고 있습니다.

이 둘이 상반되게 여겨지는데 어떻게 이해하면 되나요?

Answer

전입신고 당시 등기부가 작성되기 전인 경우, 실제의 건물 현황과 일치하는 주민등록은 주택임대차의 유효한 공시방법이 됩니다. 그런데 그 후 지번변경 등의 사정변경이 있었고, 그에 따라 등기부상 기재가 달라진 경우에는 달라진 등기부의 기재를 기초로 이해관계를 맺은 제3자를 보호하기 위해서 그 제3자에 대해서는 종전 주민등록의 유효성을 주장할 수 없습니다. 즉 등기부의 기재가 달라진 이후에는 주민등록을 변경하기 전에는 그 주민등록은 유효한 공시방법이 될 수 없습니다.

정리하자면, 실제의 현황과 일치하는 주민등록은 유효, 그 후 사정변경에 의하여 등기부의 표시가 달라진 경우, 달라진 표시에 따라 주민등록을 변경하면 주민등록의 유효성은 유지, 그러나 달라진 등기부의 표시에 따라 주민등록을 변경하지 않으면 더 이상 주민등록의 유효성을 인정할 수 없으므로 달라진 등기부의 표시를 기초로 이해관계를 맺은 제3자에게 주민등록의 효력을 주장할 수 없습니다.

Question. 8

임대인에게는 부속물매수청구권이 인정되지 않는가요? 지상권설정자에게는 부속물매수청구권이 인정되는 점과의 균형상 인정될 것이라 생각했는데 관련조문이나 학설도 찾아볼 수 없었습니다.

그리고 간접점유자를 상대방으로 하는 소유물반환청구 가부에 대해서, 학설은 반환청구권의 양도형식으로 긍정하는 반면 판례는 원칙적으로 부정하는 것이 맞는지요?

Answer

1. 법이 임대인의 부속물매수청구권을 규정하고 있지 않습니다. 법에 없는 권리를 인정하기는 곤란하지 않을까요?

2. 네. 맞습니다. 판례가 간접점유자에 대한 소유물반환청구는 부정하고 있으나, 주의할 점은 약정에 따른 반환청구는 인정한다는 점입니다.

지원림 저 민법강의 제9판 1393쪽 판례 2003다12717과 판례 95다32037

(ㄹ) 그러나 이러한 대법원의 판단은 종전 판례와 다소 다른 점이 있어 이를 주의하여야 한다. 본 판결이 원용하고 있는 대법원 2003. 8. 22 선고 2003다12717 판결은 임대인인 주택매수인이 이미 소유권을 취득한 상태에서 대항력 있는 주택임차권을 설정하고, 그 후에 매매계약이 해제된 경우이므로 본 사안처럼 임대인인 주택매수인이 주택을 인도만 받았을 뿐, 소유권을 취득하지 못한 경우와는 다소 다른 점이 있다. 한편 임대인인 주택매수인이 주택의 소유권을 취득하기 전에 해제조건부로 전세권한을 부여받아 이를 임대한 후, 매매계약이 해제된 경우를 다룬 대법원 1995. 12. 12 선고 95다32037 판결에서는 주택임차인이 대항요건을 갖추었다고 하더라도 매도인의 명도청구에 대항할 수 없다고 판단하였다. 95다32307판결에 대해서는 대항요건을 갖춘 주택임차인이 해제로부터 보호되는 제3자인지 여부를 적극적으로 판단하지 않았다는 점, 등기를 갖춘 매수인이든 그렇지 않은 매수인이든 적법한 임대권한을 가진 자라고 보아야 하는데, 그렇다면 대항요건을 갖춘 주택임차인은 적법하게 대항력을 취득할 수 있고, 나아가 계약해제로부터 보호되는 제3자에 해당한다고 보아야 한다는 점 등의 의문이 들 수 있다(민유숙, 매매계약의 해제와 임대인의 지위승계, 대법원판례해설 제46호 참고).

Question. 8

1. 지원림 저 민법강의 제9판 1393쪽 아래쪽 판례 중 2003다12717과 1506쪽 중간쯤 판례 중 95다32037의 차이점이 무엇인지요? 하나는 적법한 임대권한 있는 자로부터의 임차인인데, 해제시 결론이 다릅니다. 해제조건과 해제의 효력 차이인가요?

2. 임대권한 있는 미등기매수인이 임대 후 매매계약 해제로 임대권한 상실한 경우와, 소유권을 온전히(등기까지) 취득하였다가 매매계약이 해제된 매수인의 경우가 같은지도 궁금합니다.

Answer

적법한 임대권한을 가지고 있는 매수인이 임대차계약을 체결하고, 임차인이 주택임대차보호법에 따른 대항요건을 갖추게 되면 그 후 매매계약이 해제되더라도 임차인은 해제로부터 보호되는 제3자에 해당합니다.

그러나 비록 매수인이라고 하더라도 적법한 임대권한이 없고, 매도인으로부터 매매계약해제를 해제조건으로 사용권을 부여받은 매수인이 임대한 경우에는 매매계약이 해제되면 임차인으로 해제로부터 보호되는 제3자에 해당하지 않습니다.

결국 매수인이 적법한 임대권한을 가지고 있는지 여부가 그 차이점입니다. 적법한 임대권한을 가지고 있는지 여부는 매수인이 완전한 소유권을 취득하였는지 여부에 좌우되는 것은 아닙니다. 매수인으로서 인도받았다면 사용수익권을 취득한 것이고, 그렇다면 임대권한을 적법하게 취득하였다고 보아야 하기 때문입니다.

도급

Question. 1

甲이 공사를 완료하여 乙에게 건물을 인도한 다음 2억 원의 공사잔대금채권을 丁에게 양도하고 乙에게 양도 통지한 경우 乙이 건물을 인도받은 후 1년이 경과한 때에 甲의 시공상 하자를 발견하였다면 乙은 丁의 공사대금청구에 대하여 그 하자로 인하여 발생한 손해의 배상과 상환으로 지급할 것을 주장할 수 없다. (X)

아래는 선생님의 기출해설입니다.

"도급계약상의 수급인의 보수채권과 도급인의 손해배상채권은 동시이행관계에 있고 이는 보수채권이 양도된 경우에도 마찬가지이다".

제가 갖는 의문점은,

도급계약상의 수급인의 보수채권(잔대금지급채권)을 양수한 자는 "특별한 사정이 없는 한" 수급인의 '도급에 기한 하자담보책임'까지 양수한 것은 아니지 않나요?

"도급계약상의 도급인과 수급인의 동시이행관계에 있는 각 채권은 '채권'일 뿐이고 이 중 보수채권을 양수한 자는 양도인과 양수인간의 '채권양도계약'에 따른 양수인일 뿐이므로 채권의 상대적 효력에 비추어 볼 때 도급인은 양수인에 대하여 양도인이 갖는 하자담보책임에 기한 손해배상을 청구할 수는 없는 것이다"라는 것이 저의 논리입니다.

보수채권을 양수한 자가 장래의 하자가 발생할 경우의 손해배상책임까지 양수한다는(채권양수가 아니라 수급인의 지위를 양도한다는 특약이나 사정이 없는 한)것은, 제가 당연히 지위를 양수하는 것이지 채권만 양수하는 것이 아니라는 것을 몰라서 이런 질문을 드리는 건지도 모르겠네요. 그게 아니라면 추가적으로 해설상의 "이는 보수채권이 양도된 경우에도 마찬가지이다"의 근거조항이나 판례 좀 알려주세요.

Answer

공사대금채권을 양수한 자가 양도인인 공사수급인이 부담해야 할 하자담보책임까지 승계하는 것은 아닙니다. 이 점은 질문하신 분이 적절하게 생각하고 있는 것 같군요.

그러나 하자담보책임에 의하여 발생한 공사수급인의 채무도 공사도급계약관계에서 발생한 채무로서 공사도급계약관계에서 발생한 공사대금채권과 동시이행의 관계를 갖습니다(제667조 제3항).

공사도급인이 가지는 동시이행의 항변권은 언제나 공사수급인이 공사대금채권을 행사할 때에만 행사 가능한 것일까요? 아니면 공사대금채권이 양도되어 그 양수인이 행사할 때에도 공사도급인이 동시이행의 항변권으로 대항할 수 있을까요? 후자로 이해하는 것이 채권양도의 본질에 맞습니다. 채권양도에 의하여 채권이 동일성을 유지하면서 이전되기 때문이지요.

이해를 돕기 위해 유사한 예를 들죠. 갑과 을이 매매계약을 체결했습니다. 갑은 을에 대하여 매매대금채권을, 을은 갑에 대하여 재산권이전채권을 취득하였습니다. 그런데 갑이 매매대금채권을 병에게 양도하였습니다. 이 경우 을은 병이 매매대금채권을 행사할 때에 동시이행의 항변권을 행사할 수 있을까요? 병이 을에 대하여 재산권이전채무를 인수한 것은 아니지만 을은 동시이행의 항변으로 병에게 대항할 수 있습니다.

Question. 2

문3 ④ 집합건물의 하자보수에 갈음한 손해배상청구권의 소멸시효기간은 집합건물을 인도받은 때로부터 진행한다.

문4 ㄱ. 수급인의 하자담보책임에 따른 도급인의 손해배상청구권은 도급인이 그 하자를 안 때로부터 1년 내에 행사하여야 하고 그 기간 내에 재판상 또는 재판 외에서 권리행사를 하면 그 권리는 보전될 수 있다.

3번 문제 해설에는 하자보수에 갈음하는 손해배상청구권은 구분소유자의 하자담보추급권의 한 내용을 이루는 것이기 때문에 인도받은 때로부터 10년의 제척기간의 대상이 된다. 한편 그 기간 내에 하자담보추급권을 행사한 경우, 즉 하자를 이유로 보수나 손해배상 등을 청구한 경우에는 그 권리관계가 보전되지만, 하자보수에 갈음한 손해배상청구권은 법정의 채권으로 10년의 소멸시효의 대상이 된다. 이 경우 소멸시효의 기산점은 하자가 발생한 시점이다.

4번 문제 해설에는 도급인의 손해배상청구권의 소멸기간은 제척기간이며, 그 제척기간은 반드시 출소기간은 아니라는 것이 판례의 태도이다. 즉, 재판 외에서 권리행사를 하더라도 손해배상청구권이 보전될 수 있다. 물론 제척기간 내에 재판 외에서 손해배상청구권을 행사하였다면 그 후로는 아무런 시간적 제약 없이 그 권리를 실현할 수 있다는 의미는 아니다. 제척기간 내의 권리행사로 손해배상청구권이 보전될 뿐이며, 그 손해배상청구권은 소멸시효의 대상이 될 수 있다.

하자를 이유로 보수나 손해배상을 제척기간 내에 한 번 행사해버렸는데 왜 그 권리들이 소멸시효의 대상이 되는 건가요? 즉 하자를 이유로 보수나 손배청구권을 행사했는데 또 행사하는 것을 전제로 소멸시효를 논하는 건가요.(동일한 하자에 대하여 중복청구가 되는 거 같습니다),

아니면 이 문제는 재판 외 행사를 전제로 한 것인가요? 재판 외에서 일단 행사해서 권리 관계를 보전(소멸되는 것을 저지)하고 그 다음에 재판상 청구(이때 보전된 권리에 소멸시효가 적용된다)를 하는 것 같은데요.

제척기간 경과로 청구권이 소멸되는 것을 막기 위한 행사와 권리실현을 위한 행사가 다른 건가요?

4번 해설을 보면 재판 외에서 권리행사를 하여 제척기간 도과로 소멸하는 것을 막고 다시 재판상 권리를 행사하는("그 후로 권리를 실현할 수 있다"는 표현) 두 번 행사할 수 있다는 취지로 말하는 거 같은데요.

Answer

강의시간에 자세하게 설명 드린 내용입니다.

제척기간이란 '권리행사의 한정기간'입니다. 제척기간이 정해진 권리는 그 기간 내에 행사되어야 그 권리가 보전될 수 있습니다. 제척기간의 대상이 되는 권리가 가령, 청구권인 경우 제척기간 내에 그 권리가 행사되었다면 그 권리는 이제 소멸시효의 대상이 되지 않는 것일까요?

한 번 행사되었지만, 그 권리가 실현되지 않은 경우, 그 권리는 영원히 소멸시효의 대상이 되지 않는다고 보아야 합니까? 그렇지 않습니다. 제척기간의 대상이 되는 권리도 그 권리가 제척기간 내에 행사되어야 보전되는 것이며, 또한 보전된 권리가 채권이라면 소멸시효의 대상이 되는 것입니다.

Question. 3

약관규제법 제6조에 관한 판례 질문입니다 .
지원림 저 민법강의 제8판 1287쪽 2008다21303 판례가 이해가 되지 않습니다.
타절기성검사와 보증인의 면책이 어떻게 관련되어 있나요?

Answer

이 판결을 알아야 하는지는 의문입니다. 약관의 해석에 관해 얼마나 기출되었는지 확인하세요. 15년 동안 1문제 출제되었습니다. 교과서에 소개된 판례를 모두 정리하는 것은 무의미한 것으로 생각합니다.

발주자가 있고, 수급인이 있으며, 하수급인이 있습니다. 하도급공사대금을 보증인이 보증하였는데, 그 보증금액은 하수급공사 인정금액을 기준으로 산정해야 합니다. 가령, 공사가 중단되었습니다. 수급인은 부도났구요. 그러면 그때까지 하수급공사대금을 보증인이 지급해야 하지요. 그런데 그때까지의 하수급공사 인정금액을 어떻게 산정해야 하는지가 문제될 수 있습니다. 이를 대비하기 위해 발주자가 기성공사를 확정하는 검사를 한다면 그 검사내용을 기준으로 하수급공사 인정금액을 산정하고, 만약 발주자가 그 검사를 하지 않는다고 하더라도 보증인이 면책되는 것으로 해석할 수는 없고, 이에 준하는 방법으로 하수급공사 인정금액을 산정하여야 한다는 판결입니다.

현상광고

진도별 모강 제19회 14번 문제

다음 사례에 관한 설명으로 옳지 않은 것을 모두 고르면? (다툼이 있으면 판례에 의함)

乙은 수출 1,000억 불 달성을 기념하는 영구조형물을 건립하기로 하고, 甲 등 조각가 4인에게 조형물의 시안(試案) 제작을 의뢰하면서 금 5백만 원을 지급하였다. 아울러 그 중에서 최종적으로 1개의 시안을 선정하고 그 선정된 작가와 조형물의 제작 · 납품 및 설치계약을 체결하겠다는 사실을 알렸으나, 조형물의 제작비, 제작시기, 설치장소를 구체적으로 통보하지는 않았다. 乙은 작가들이 제출한 시안 중 甲이 제출한 시안을 당선작으로 선정하고 甲에게 그 사실을 통보하였다. 그 후 乙은 여러 가지 내부적 사정과 외부의 경제 여건 등으로 甲과 사이에 그 제작비, 설치기간, 설치장소 및 그에 따른 제반사항을 정한 구체적인 계약을 체결하지 아니하고 있다가, 당선사실을 통지한 때로부터 약 3년이 경과한 시점에 甲에게 해당 조형물의 설치를 취소하기로 하였다고 통보하였고 다른 작가에게 의뢰하여 다른 상징조형물을 건립하였다.

㉠ 乙이 작가들에게 시안 제작을 의뢰할 때 시안이 당선된 작가와 사이에 조형물의 제작 · 납품 및 설치계약을 체결할 의사를 표명하였다면 그 의사표시 안에 해당 조형물의 제작 · 납품 및 설치에 필요한 제작대금, 제작시기, 설치장소를 구체적으로 명시하지 아니하였더라도 乙의 甲 등에 대한 시안제작 의뢰

는 조형물제작계약의 청약이라고 할 수 있다.
㉡ 甲이 시안을 제작하고 乙이 이를 당선작으로 선정하였다면 甲과 乙 사이에 구체적으로 이 사건 계약의 청약과 승낙이 있었다고 볼 수 있다.
㉢ 乙의 계약교섭의 부당한 중도파기가 불법행위를 구성하는 경우 그러한 불법행위로 인한 손해에는 경쟁입찰에 참가하기 위하여 지출한 제안서, 견적서 작성비용 등도 포함된다.
㉣ 乙이 부담하는 조형물제작계약체결의무가 이행불능으로 됨에 따라 乙이 甲에 대하여 부담하는 손해배상채무는 단기 3년, 장기 10년의 소멸시효에 걸린다.
㉤ 甲이 乙과 조형물제작·설치계약을 체결하여 조형물을 제작·설치하였더라면 취득할 수 있는 창작비 상당액의 손해에 관하여 甲은 乙에게 그 배상을 청구할 수 있다.

① ㉠ ㉡ ㉢ ㉤　② ㉠ ㉣
③ ㉠ ㉡ ㉢ ㉣　④ ㉡ ㉢ ㉣ ㉤
⑤ ㉠ ㉢ ㉣　⑥ ㉠ ㉡ ㉢ ㉣ ㉤

Question.

진도별 모강 제19회 14번 문제인데요, 주어진 사실관계상으로 보면 대판 2003. 4. 11, 2001다23059를 사례문제화한 것으로 보입니다.

이 문제의 "ㄹ" 지문은 乙이 부담하는 조형물제작계약체결의무가 이행불능으로 됨에 따라,

乙이 甲에 대하여 부담하는 손해배상채무는 단기 3년, 장기 10년의 소멸시효에 걸린다고 되어 있고 오답지문으로 해설에는 적혀 있습니다. 오답이라는 점에는 이의가 없습니다.

저의 궁금한 점은 '乙이 甲 등 조각가 4인에게 시안의 제작을 의뢰한 행위가 과연 현상광고에 해당하여 乙에게 甲과의 계약을 체결해야 할 의무가 발생할 수 있느냐, 그로 인하여 채무불이행 책임을 질 수 있느냐'입니다.

해설지에는 "ㄹ" 지문과 관련하여 우수현상광고와 관련한 판례를 제시하셨는데 사례만으로 보아서는 불특정 다수인에게 광고를 한 것이 아니므로 현상광고가 성립할 수 없고, 그렇다면 乙에게 甲과의 계약을 체결해야 할 의무가 발생할 수 없는 것이 아닌지요?

Answer

질문의 요지는 "특정인들에게 시안제작을 의뢰하고, 그 중에서 최우수작으로 선정된 사람과 일정한 계약을 체결하겠다는 의사표시"를 현상광고의 청약으로 볼 수 있는지 인듯합니다.

"광고"라는 말은 불특정 다수인에게 일정한 의사나 관념을 전달하는 표시방법이므로 사안과 같은 경우에는 "광고"라는 개념에 부합되지 않을 수 있습니다.

그렇다면 乙이 甲에게 한 의사표시는 아무런 법적 구속력(채권관계발생을 지향하는)을 가지지 않는 것일까요? 乙이 시안제작을 의뢰하고, 당선작과는 일정한 계약을 체결하겠다는 의사표명이 채권관계를 발생시키는 법적 구속력을 가지지 않는다면, 乙은 자기가 한 의사표명에 따른 의무를 부담하지 않을 것입니다. 만약, 乙의 의사표명을 그렇게 이해한다면 그로인하여 甲 등이 입게 되는 불이익은 어떻게 처리해야 하나요?

乙의 의사표명은 법적 구속의사가 포함된 의사표시라고 보아야 하며, 그 의사표시는 당선작으로 선정된 사람과 그 의사표시에서 정한 내용대로 계약을 체결하겠다는 의사표시라고 보아야 합니다. 결국 乙의 의사표시는 채권관계를 지향하는 의사표시인 것이지요.

乙의 의사표시는 채권관계(계약관계)를 지향하는 의사표시라고 이해하여야 합니다. 그렇다면 乙이 지향하는 계약관계는 어떠한 계약관계일까요? 이는 乙과 당선자와의 사이에 형성된 계약관계가 민법상 어떠한 전형계약규정에 의하여 규율되어야 할 것인가의 문제와 관련되어 중요한 의미를 가집니다.

乙이 의사표시를 할 당시 乙이 그 의사표시에 따라 의무를 부담하여야 할 상대방, 즉 계약관계 상대방은 아직 정해지지 않았습니다. 이렇게 정해지지 않은 상대방과 일정한 계약관계를 형성하고, 그에 따라 일정한 의무를 부담하겠다는 의사표시는 현상광고의 청약과 유사합니다. 현상광고에서도 광고시에는 형성될 계약관계의 상대방이 정해지지 않습니다. 이것이 현상광고의 가장 중요한 특징입니다.

사안의 경우에도 乙이 甲 등 4인에게 시안제작을 의뢰할 때에 당선자가 정해지지 않은 상태입니다. 시안제작을 특정인들에게 했다고 하더라도 마찬가지입니다.

결국, 乙과 甲의 계약관계는 현상광고에 따른 계약관계라고 보아야 합니다. 정리하자면 현상광고에서 "불특정인"에 대한 광고라는 말은 광고 당시 광고에 따른 법적 의무의 상대방이 아직 정해지지 않았다는 의미입니다. 사안의 경우에도 시안제작 의뢰당시 법적 의무의 상대방이 아직 정해지지 않았다는 점에서 시안제작 의뢰는 현상광고에서의 광고에 해당할 수 있습니다.

화해

Question.

지원림 저 민법강의 제9판 1599쪽에 '판결에 의하여 확정된 사항이라도 화해의 목적으로 될 수 있다'라고 그랬는데, 그렇다고 하면 기판력에 저촉되는 것이 아닌가요?

Answer

기판력이란 확정판결의 효력인데, 확정판결을 통해 법원이 판단한 내용과 다른 주장 혹은 다른 판단을 할 수 없도록 하는 효력을 말합니다. 확정판결을 통해 채권의 존재와 그 액수를 법원이 확정하였다면 그와 같은 법원의 판단과 모순되는 주장을 할 수 없습니다.

그런데, 법원의 판단과 모순되는 주장이면 모두 할 수 없는 것일까요? 가령, 확정판결 후 채무의 일부를 변제하였는데, 채권자가 일부변제 받은 사실을 부정하며 전 채권액으로 채무자의 재산에 집행을 신청합니다. 이런 경우에도 확정판결과 모순되는 주장을 할 수 없는 것일까요? 그렇지 않습니다. 모순되는 주장은 확정판결이 내려진 소송에서 사실심 변론종결시까지 주장할 수 있었던 사실로 한정되어야 합니다. 이를 기판력의 표준시라고 합니다.

기판력의 표준시 이후에 발생한 사실은 확정판결과 모순되는 주장을 얼마든지 할 수 있습니다. 이는 너무도 당연한 것이지요. 이제 화해의 문제로 돌아와서 생각해봅시다. 확정판결 후 화해계약을 체결하여 그 채무액을 조정하였습니다. 화해는 기판력의 표준시 이후에 발생한 사실이므로 기판력에 저촉되는 사실이라고 할 수 없습니다.

제3장 법정채권관계

부당이득

Question. 1

판례자료에서 불법점유를 당한 부동산의 소유자로서는 불법점유자에 대하여 그로 인한 임료 상당 손해의 배상이나 부당이득의 반환을 구할 수 있을 것이나, 불법점유라는 사실이 발생한 바 없었다고 하더라도 부동산소유자에게 임료 상당 이익이나 기타 소득이 발생할 여지가 없는 특별한 사정이 있는 때에는 손해배상이나 부당이득반환을 청구할 수 없다.

여기서 '불법점유라는 사실이 발생한 바 있더라도' 라고 해야 말이 되지 않나요?

판례대로 보면 이해가 잘 안가요.

'불법점유라는 사실이 발생한 바 있더라도 추상적 사용가능성도 없는 경우에는 부당이득반환을 청구할 수 없다'라는 말 아닌가요?

Answer

점유자가 불법점유를 하고 있습니다. 이 경우 소유자에게 손실이 있는지 여부를 판단하고 있습니다. 손실이 없다면 점유자에 대한 부당이득반환청구가 허용되지 않기 때문입니다. 손실이 있는지 여부는 차액설적 관점에서 파악하여야 하겠지요. 그렇다면 문제의 사건(불법점유)이 없었을 때의 소유자의 상태와 현재의 상태 사이의 차이를 보아야 하지요. 그런데 문제의 사건(불법점유)가 없었을 때에도 소유자가 그 물건을 사용할 수 없는 상태였다면, 즉 추상적 사용가능성조차 없는 상태였다면 소유자에게는 손실이 있다고 할 수 없습니다. 그 경우에는 손해배상이나 부당이득반환을 청구할 수 없습니다.

원문이 맞습니다. "불법점유라는 사실이 발생한 바 없었다고 하더라도 부동산소유자에게 …소득이 발생할 여지가 없는 특별한 사정이 있는 때에는"이라는 것은 "소유자에게 손실이 없는 경우에는"이라는 말입니다.

Question. 2

기출문제의 해설을 보면,
"무능력자 갑이 현금서비스로 교부받은 5만 원은 현존하는 것으로 추정되고, 5만 원의 법정이자 상당액도 현존하고 있는 것으로 추정되지만, 무능력자가 그 범위를 넘어 보유하고 있는 모든 이익과 기타 손해까지 배상하여야 하는 것은 아니다"라고 적혀있습니다만, 민법 제141조의 단서를 근거로 현존하는 한도에서 상환할 책임이란 것이 현금서비스를 받은 5만원만인 것인지, 아니면 무능력자의 선·악의는 불문하지만 5만원에 대한 법정이자를 포함한 5만 원 + a의 비용을 상환하여야 되는 것인지 헷갈립니다.

Answer

질문의 요지는 취소된 계약에 기초하여 받은 금전의 법정이자 상당액이 현존이익의 범위에 포함되는지 여부이군요.

이에 관해서는 교과서나 논문 등에서 많이 논의되고 있지는 않은 것 같습니다. 대법원 판례 중에는 무효인 매매에 기초하여 지급받은 매매대금을 정기예금에 예치하여 얻은 이자가 현존이익에 해당한다는 취지의 판례가 있고(2005다34711), 반면 무효인 매매계약에 기초하여 매수인이 지급한 계약금과 중도금의 법정이자를 반환하라는 청구를 배척한 판례도 있습니다(96다54997).

부당이득으로 보유한 금전 그 자체는 현존이익의 범위에 포함됩니다. 반면에 법정이자 상당액은 원칙적으로 포함되지 않는다고 이해하는 것이 타당할 것입니다. 기출문제집의 설명은 오류인 듯합니다. 민법 제548조 제2항은 계약이 해제되어 금전을 반환할 경우에는 받은 날로부터 법정이자를 가산하여 반환하라고 규정하고 있는데, 이는 부당이득반환의 특칙에 해당합니다. 현존이익에 받은 금전의 법정이자가 포함된다면 제548조 제2항을 별도로 규정할 이유가 없기 때문입니다. 또한 악의수익자의 반환범위를 규정하고 있는 제748조 제2항에서도 받은 이익에 이자를 붙여 반환하라고 합니다. 이를 반대해석하면 현존이익 반환에는 이자가 포함되지 않는다고 해석할 수 있습니다. 다만 부당이득한 금전으로부터 발생한 이자가 법정이자이든 약정이자이든 현실적으로 존재하고 있다면 이는 현존이익에 포함되어 반환의 대상이 된다고 보아야 합니다.

무능력자는 선의 악의를 불문하고 부당이득한 5만 원만 반환하면 족하고, 법정이자를 부가하여 반환할 필요는 없습니다. 날카로운 질문 고맙습니다. 다음 개정에는 반드시 반영하도록 하겠습니다.

참고로 "부당이득에서 이득의 개념과 현존이익의 판단기준"(김동훈, 중앙법학 제11집 제4호, 2009년 12월)이라는 논문을 보시면 그에 관한 약간의 설명이 있습니다.

22번 ③번 지문

부당이득에 관한 다음 설명 중 옳은 것을 고르면? (다툼이 있으면 판례에 의함)

① 매매계약이 무효인 때 매도인이 부담하는 매매대금 반환 의무는 성질상 부당이득 반환 의무로서 그 반환 범위에 관하여는 민법 제748조의 특칙인 민법 제548조 제2항이 유추적용된다.

② 채무자에 의해 제3자에게 양도담보로 제공된 동산에 대해 채무자의 일반채권자가 강제집행을 신청하여 배당받은 경우 양도담보권자에 대한 부당이득 반환의무는 인정되지 않는다.

③ 부당이득반환에 있어서 이득이라 함은 실질적인 이익을 가리키는 것이므로 법률상 원인 없이 건물을 소유하고 있더라도 이를 사용 수익하지 못하였다면 실질적인 이익을 얻었다고 볼 수 없다.

④ 부동산실권리자명의등기에관한법률 시행 전에 이른바 계약명의신탁에 따라 명의신탁약정이 있다는 사실을 알지 못하는 소유자로부터 명의수탁자 앞으로 소유권이전등기가 경료되고 같은 법 소정의 유예기간이 경과하여 명의수탁자가 당해 부동산의 완전한 소유권을 취득한 경우, 명의수탁자는 명의신탁자에게 자신이 취득한 당해 부동산을 부당이득으로 반환할 의무가 없다.

⑤ 가압류 된 토지가 양도된 후 법률에 의하여 수용된 경우 그 가압류의 효력이 소멸하지만 양수인이 그 보상금을 수령한 것은 가압류채권자에 대한 관계에서 부당이득이 된다.

⑥ 물건을 점유하고 있지 아니한 자는 사용이익을 취득하고 있는 것이 아니므로 소유자에 대하여 부당이득반환의무를 부담할 여지가 없다.

⑦ 물건의 소유자가 그 물건에 관한 어떠한 이익을 상대방이 권원 없이 취득하고 있다고 주장하여 그 이익을 부당이득으로 반환청구하는 경우, 상대방이 얻은 이익의 구체적 내용이 부당이득반환의 대상이 될 만한 것인지를 살펴보아야 하며, 그 경우 그러한 이익의 유무는 상대방이 당해 물건을 점유하는지에 의하여 좌우된다.

⑧ 신용카드 회원이 신용카드를 이용하여 개별적인 거래행위를 한 후에 신용카

드 이용계약이 적법하게 취소된 경우, 신용카드 발행인이 가맹점에게 신용카드 이용대금을 지급한 때에는 신용카드 발행인은 신용카드 회원에 대하여 개별 거래행위를 통하여 취득한 물건을 부당이득으로 보아 그 반환을 청구할 수 있다.

Question. 3

진도별 모강 제23회를 풀면서 궁금한 점이 있어서 글을 남깁니다.

22번 3번 지문이 맞는 지문이라고 설명 되어 있는데요. 강의를 들을 때 하신 말씀이 건물의 소유는 건물부지의 사용이익이라고 설명하셨고, 판례집에서도(이태섭 민법판례정리Ⅱ 667쪽 대판 1998. 5. 8, 98다2389) "타인의 토지 위에 권원 없이 건물을 소유하고 있으나 실제로 이를 사용, 수익 하지 않고 있는 경우 특별한 사정이 없는 한 토지의 차임에 상당하는 이익을 얻고 이로 인하여 타인에게 동액 상당의 손해를 주고 있다고 보아야 한다"고 되어 있는데 그렇다면 후단 부분이 틀린 것이 아닌지요?

Answer

22번 3번 지문은 약간의 문제가 있는 지문입니다. 법률상 원인 없이 건물을 소유하고 있다면 건물소유권 자체가 부당이득이 될 것입니다. 그러나 본 지문이 묻고자 하는 것은 사용, 수익에 따른 이익이 부당이득으로 되는가 하는 점입니다. 실질적으로 사용, 수익하지 않는다면 건물의 사용, 수익에 따른 이익을 취득한 바가 없으므로 이를 부당이득이라고 할 수는 없습니다. 따라서 사용, 수익에 따른 실질적 이익이 없다는 본 지문은 옳은 지문으로 보아야 합니다.

사실, 본 지문은 아마도 이렇게 출제되었어야 할 것입니다. '법률상 원인 없이 건물을 점유하고 있더라도 이를 사용, 수익하지 못하였다면 실질적인 이익을 얻었다고 볼 수 없다.'

Question. 4

무인채권의 설정과 부당이득반환 질문입니다.

무인채권은 그 채권을 발생시킨 법률관계의 유·무효에 관계없이 언제나 인정되는 채권이라고 합니다. 그렇다면 무인채권의 설정이 기초적 법률관계를 결한 경우, 채무자는 부당이득으로 채무면제의 청구권을 갖는다고 함은(지원림 저 민법강의 제8판 1625쪽) 무인채권의 정의에 합치되지 않는 것처럼 여겨집니다. 어떻게 이해하면 될까요?

Answer

가령, A가 아무런 원인 없이 B에게 무인채권을 설정해주었다고 가정해봅시다. 좀 더 구체적으로 A가 원인관계 없이 B에게 약속어음을 발생하는 행위를 하였습니다. B는 어음상채권을 취득합니다. 어음상 채권이 무인채권이기 때문에 비록 원인행위가 존재하지 않더라도 어음상 채권은 발생할 수 있습니다. 이 경우, B가 어음상 채권을 취득한 것은 A에 대한 관계에서 법률상 원인 없는 이득이라고 할 수 있습니다. 어음상 채권 취득을 정당화할 원인관계가 존재하지 않기 때문이지요.

이 경우 어음상 채무자인 A는 B에 대하여 부당이득반환청구권을 취득합니다. 그 내용은 어음상 채무를 면하게 해달라고 요구할 수 있는 권리가 될 것입니다. 이러한 논리는 B가 어음상 채권을 C라는 제3자에게 양도하였을 때에 보다 분명하게 나타납니다. C는 어음상 채권을 A에 대하여 행사할 수 있습니다. 이때 A는 B에 대하여 어음상 채무를 면하게 해달라는 권리를 갖게 될 것입니다.

불법행위

Question. 1

1. 가정적 인과 관계에서 가해자의 손해배상 의무가 이미 존재하는 경우 동일한 손해를 야기하였을 예비적 원인을 고려하지 않는 것이 손해배상법의 의미와 목적에 합치하는데. 일정한 제한을 가하는 것 중 앞으로의 소득의 감소 또는 이와 유사한 장기간 계속되는 이익의 상실과 같은 결과적 손해와 관련하여 예비적 원인이 참작되어야 한다.(지원림 저 민법강의 제9판 1116쪽)

이 문장의 정확한 의미를 모르겠습니다. 예를 들어 설명해 주세요.

2. 과실 상계에서 제396조는 피해자에게 아무 과책이 없지만 위험책임의 관점에서 피

해자에게 귀책되는 물건의 위험 또는 기업 위험이 손해발생에 공동한 경우에도 적용 되어야 한다. 또한 제396조는 가해자가 위험책임에 기하여 손해배상의무를 부담하고 피해자에게 손해발생에 대한 과책이 있는 경우에도 적용되어야 한다.(지원림 저 민법강의 제9판 1118쪽)의 문장의 의미를 잘 모르겠습니다.

Answer

1. 과실로 타인의 신체를 침해한 불법행위자는 피해자에 대하여 손해배상의무를 부담합니다. 만약 불법행위자가 신체를 침해하지 않았더라도 피해자는 다른 어떤 원인에 의하여 동일한 피해를 입었을 것이라는 점을 이유로 불법행위자의 손해배상책임이 면책되거나 제한되어서는 안 됩니다. 그 다른 어떤 원인(예비적 원인)은 현실적으로 발생한 사정이 아니라는 점에서 가정적 인과관계라고 할 수 있습니다. 가정적 인과관계는 손해배상책임을 산정할 때 고려되지 않습니다.

그러나 앞으로의 소득의 감소 또는 이익의 상실과 같은 결과적 손해는 비록 현실적으로 발생한 사정은 아니지만, 손해액을 산정할 때에 고려되어야 합니다. 가령, 불법행위의 피해자가 불법행위로 인하여 노동능력을 상실하여 현재 월3백만원의 수입을 취득하지 못하는 불이익이 발생하였습니다. 월3백만 원의 수입이 장래 감소될 수 있다는 사정은 손해액을 산정할 때에 고려될 수 있다는 의미입니다.

2. 과실상계사유는 피해자가 손해의 발생이나 확대에 귀책사유를 가지고 있는 경우에만 적용되는 것이 아니라 피해자의 불이익으로 되어야 하는 어떤 위험의 발현으로 손해가 발생하거나 확대된 경우에도 적용됩니다. 환자를 치료하는 의료인의 과실로 환자에게 손해가 발생하였습니다. 통상적인 환자에게 발생하는 손해는 1달 정도 치료로 완치가 가능한 손해인데, 피해자인 환자는 특이체질의 소유자로서 아예 치료될 수 없는 후유손해가 남게 되었습니다. 이 경우, 의사의 손해배상책임을 산정할 때에 환자가 특이체질의 소유자여서 손해가 확대될 수밖에 없었다는 점을 고려하여야 합니다.

가해자가 위험책임에 기하여 손해배상책임을 부담하는 경우에도 과실상계가 인정된다. 즉 가해자가 위험책임(무과실책임)에 따라 그 귀책사유와 무관하게 손해배상책임을 부담하는 경우에도 손해의 발생과 확대에 피해자가 기여하였다면 과실상계가 인정되어야 한다는 의미입니다.

Question. 2

1. 자동차손해배상보장법은 인적 손해에 대해서만 운행자책임을 인정한다고 배웠습니다.

궁금한 것은, 자동차손해배상보장법 제1조에서는 재물이 멸실 또는 훼손된 경우에 손해배상을 보장하는 제도를 확립하여 피해자를 보호하고….라고 규정되어 있는데, 재물이 멸실 또는 훼손된 경우는 물적 손해에 대해서도 이 법에 의해 배상될 수 있다고 규정한 것이라면 어떻게 이해해야 하는지 궁금합니다.

2. 의료행위에 관여한 다수의 의사 중 누구의 과실에 의하여 의료사고가 발생한 것인지 분명하게 특정할 수 없는 경우, 이들 모두에 대하여 제760조 제2항의 공동불법행위책임을 물을 수 있다. 행위의 공동에 의해 동일한 손해발생의 원인이 된 경우 제760조 제1항의 공동불법행위가 성립한다고 이해하고 있습니다.

위 사례에서 의료행위에 관여한 의사들이 동일한 의료사고의 원인이 되었으므로 제760조 제2항의 가해자불명의 공동불법행위가 아니라 제1항의 공동불법행위책임이 성립하는 것은 아닐까요?

판례를 읽다보면, 그렇게 이해되는 다수의 사례들이 있는데, 사실관계를 파악할 때 제1항과 제2항의 구별기준을 또렷이 아는 기준은 뭘까요?

Answer

1. 자배법은 운행자책임 이외에 책임보험 가입강제, 피해자의 보험자에 대한 직접 청구권 등도 규정하고 있습니다. 책임보험을 통하여 전보될 수 있는 손해에 물적 손해를 포함시키기 위해서 법 제1조에 그와 같이 규정한 것입니다. 그렇다고 해서 운행자가 책임져야 하는 손해에 물적 손해가 포함된다고 이해할 수는 없습니다. 자배법 제3조가 인적 손해에 대해서만 운행자책임을 인정하고 있기 때문입니다. 반면 운행자가 민법의 규정에 따라 물적 손해에 대해서까지 책임을 져야 하는 경우라면 그 물적 손해도 책임보험을 통하여 전보되어 질 수 있도록 할 필요가 있는 것이지요.

2. "행위의 공동에 의해 동일한 손해발생의 원인이 된 경우 760조 1항의 공동불법행위가 성립한다고 이해하고 있습니다." 이 부분은 대체로 맞는 표현인데, 이를 정확히 이해하고 있는지 의문입니다. 행위의 공동성이 어떠한 경우에 인정되

겠습니까? 수인의 행위가 시간과 장소를 같이 했는지 와는 무관하게 동일한 손해의 원인이 되었는지를 가지고 행위의 공동성 여부를 판단합니다. 수인의 의사가 의료행위에 관여하였습니다. 그런데, 그 행위 중 어떠한 행위인지는 모르겠으나, 어떤 과실 있는 행위로 인하여 손해(의료사고)가 발생하였습니다. 수인의 의사의 행위가 발생된 손해의 공동원인이 된 것은 아니지 않습니까? 그렇다면 행위의 공동성이 있다고 할 수도 없고, 없다고 할 수도 없는 상태, 즉 가해자불명의 상태가 되는 것이지요.

Question. 3

甲, 乙, 丙의 공동불법행위가 인정될 경우 甲이 변제를 이유로 乙, 丙에 대하여 구상권을 행사하기 위해서는 자신의 부담부분 이상을 피해자인 정의 상속인에게 변제하여야 한다. (ㅇ)

민법 제425조 제1항에 따르면 '어느 연대채무자가 변제 기타 자기의 출재로 공동면책이 된 때에는 다른 연대채무자의 부담부분에 관하여 구상권을 행사할 수 있다'라고 규정하고 있어서 공동면책에 대한 언급이 없는 지문이 반드시 옳다고 하기에는 좀 부족해 보입니다.

관련 판례도 88다카27232, 96다50896 '자기의 부담부분 이상을 변제하여 공동의 면책을 얻었을 경우에는 다른 공동 불법행위자에게 그 부담부분의 비율에 따라 구상권을 행사할 수 있다' 고 하여 공동면책을 반드시 언급하는 것으로 보입니다.

관련하여 학설이 '부담부분 이상의 변제이면 족하다'와 '공동면책이 있으면 족하다'로 나뉘는데 혹시 이것 때문인가요?

Answer

지문이 묻고자 하는 바를 잘못 파악하신 것 같습니다.

지문은 구상권을 행사하기 위해서 부담부분 이상의 출재, 즉 초과출재가 필요한지 여부를 묻는 것입니다. 구상권이 인정되려면 당연히 공동면책은 있어야 합니다. 공동면책이 있어야 하는지 여부를 묻는 지문이 아닙니다.

통상의 연대채무는 초과출재가 요건이 아닙니다. 그러나 부진정연대채무에서는 초과출재가 요건이지요.

지문에 구상권의 요건을 모두 언급하지 않으면 옳지 않은 지문이라고 생각하시면 곤란합니다. 객관식은 그렇게 풀어서는 안 됩니다. 그 지문이 묻고자 하는 바를 파악하여 답을 하여야 합니다.
지문에서는 공동으로 면책이 되었는지 공동으로 면책이 되지 아니하였는지에 관한 언급이 없습니다. 이를 묻고자 하는 것이 아니지요.

Question. 4

자동차손해배상보장법 제3조에 의해 운행자책임을 지는 운행자와 별도로 운전자가 주의의무를 위반하여 불법행위책임을 지는 경우, 운행자의 책임과 운전자의 책임은 부진정연대관계에 있다고 알고 있습니다.
만약 운행자가 피해자에게 손해배상액 전액을 변제한 다음, 운전자를 종국적인 책임을 부담해야 하는 자로 보아, 운전자에게 변제한 손해배상액 전액을 구상할 수 있는지 아니면 운행자와 운전자의 내부적 과실 비율을 산정하여 부분구상을 하여야 하는지의 여부가 궁금합니다.

Answer

일률적으로 말하기는 곤란할 것입니다. 운행자가 당해 사고에 어떠한 방법으로 관여했는가 하는 점을 고려해야 하기 때문입니다. 만약 운행자가 당해 사고에 전혀 관여한 바가 없다면 전액 구상이 가능할 것입니다. 그러나 운행자가 당해 사고에 관여한 경우, 가령 위험한 운전행위를 지시하였거나 사고발생을 예견할 수 있음에도 아무런 조치를 취하지 아니하고 운전행위를 강행하도록 한 경우 등의 사정이 있다면 전액 구상이 허용되지는 않겠지요.

Question. 5

甲과 乙은 A에 대해서 과실에 기한 공동불법행위를 가하여 부진정연대채무 1억 원을 부담하고 있다 위의 법률관계에 관한 설명 중 옳은 것을 고르면? (판례에 의함)
답) 甲에게 60%의 과실이 있고 乙에게 40%의 과실이 있는 경우, 乙이 3천만

원의 채무를 변제한 때에는 甲의 채무는 3천만 원에 해당하는 부분만큼 소멸하며, 甲이 3천만 원을 변제하였을 때에는 乙의 채무는 3천만 원의 40%인 1천 2백만 원만큼 소멸한다.

대판1995. 3. 10, 94다5731을 풀이에 썼는데요....

<공동불법행위자들의 과실비율이 달라 배상할 손해배상액의 범위가 달라지는 경우 그 채무자 중 누가 손해배상채무를 변제하였느냐에 따라 소멸되는 채무의 범위가 달라지는데, 과실비율이 낮은 자가 일부를 변제한 경우에는 과실비율이 높은 자의 채무가 그 변제금 전액에 해당하는 부분이 소멸하며, 과실비율이 높은 자가 손해액의 일부를 변제하였다면 그 중 과실비율이 낮은 자의 채무는 그 변제금 전액에 해당하는 채무가 소멸하는 것이 아니라 적은 범위의 손해배상 책임만을 부담하는 쪽의 과실비율에 상응하는 부분만큼만 소멸하는 것으로 보아야 한다>

제가 이상하다고 생각하는 부분은 위 판례가 적용되려면 A에게 부담하는 책임부분이 외부적으로 틀려야 하는 거 아닌가요? (예를 들어 A와 갑의 과실상계를 한다던지요)

위의 경우는 그냥 甲과 乙 누가 3천만 원을 변제하던지 A에 대한 채무는 7천만 원으로 되고(부진정연대채무) 서로 자기의 부담부분의 비율을 넘는 변제를 하지 못했으므로 구상을 하지 못할 뿐 아닌가요? 제 생각엔 위의 판례를 그대로 쓰면 맞는 지문이지만 문제의 정답지문처럼 사례를 만들면 틀린 지문이 되는 거 아닌가요?

위의 판례와 같은 사례는 "甲의 피용자 A와 제3자 B가 C에게 공동불법행위를 하여 1억 원의 손해를 입혔을 경우에 A와 B의 과실비율이 60 : 40 일 때 피해자 C에게 과실이 있어 과실상계를 한 결과, 사용자 甲의 배상액이 8천만 원으로 확정된 경우 1) 甲이 4천만 원을 변제한 경우, 2) A가 6천만 원을 변제한 경우"에 적용하는 거 아닌가요?

Answer

지적하신 대로 오류가 있는 문제입니다. 아마도 과실비율설을 묻기 위해서 사례문제를 구성한 것으로 보이는데, 과실비율설(안분설) 혹은 외측설의 논의는 채무액수를 달리하는 부진정연대채무자 중 1인 중 채무액수가 다액인 채무자가 일부변제를 한 경우에서 문제되는 것입니다.

이 문제는 이러한 논의의 전제를 알지 못한 채 문제를 구성한 것으로 보입니다. 이런 문제는 풀지 마십시오.

Question. 6

부진정연대채무자 상호간의 구상관계를 공부하다,

피용자와 제3자의 공동불법행위로 인하여 피해자가 1000만 원의 피해를 입었고(피해자의 과실은 30%), 제3자와 피용자의 과실비율은 4 : 6인 경우, 사용자인 법인은 피해자의 과실을 제외한 700만 원을 피해자에게 변제하고, 변제 비용을 공동불법행위자에게 구상을 하여야 하는데, 이 경우 구상액인 700만 원에 대해서 내부 분담비율에 따라 제3자와 피용자에게 각각 280만원, 420만 원씩 구상을 해야 되는 게 맞다고 보는데 선생님께서는 어떻게 생각하시는지요? 아무리 고민하고 책을 찾아봐도 답을 내릴 수가 없습니다.

Answer

사용자가 7백만 원을 변제함으로써 피용자와 제3자의 채무는 모두 7백만 원 범위에서 소멸하였습니다(공동면책). 따라서 사용자는 피용자와 제3자에 대하여 구상권을 행사할 수 있겠지요.

사용자가 그의 피용자에 대하여 행사하는 구상권의 근거는 제756조 제3항입니다. 그 결과 사용자는 원칙적으로(신의칙 등에 의한 감경요소가 없는 한) 전액 구상할 수 있습니다. 7백만 원 전액에 대하여 구상권을 행사할 수 있습니다.

사용자가 피용자와 공동으로 불법행위를 한 제3자에 대하여 구상할 수 있는가? 이 점에 관해서 민법이 규정하고 있지 않습니다. 그러나 피용자가 손해를 배상한 경우 제3자에게 구상할 수 있는 것과 마찬가지로 피용자를 대신하여 손해배상책임을 지는 사용자가 배상한 경우에도 제3자에게 구상할 수 있다고 대법원은 판단하고 있습니다. 이때 사용자의 구상범위는 피용자가 제3자에 대하여 구상할 수 있는 범위로 제한됩니다. 만약 피용자가 7백만 원을 변제하였다면 자신의 과실비율을 초과하여 출재한 1백만 원을 구상할 수 있는 것과 마찬가지로 사용자도 제3자에 대하여 1백만 원을 구상할 수 있습니다.

결국 사용자는 그의 피용자에게는 7백만 원을 제3자에 대해서는 1백만 원을 구상할 수 있습니다(이자 등을 제외). 물론 피용자와 제3자가 사용자에 대하여 부담하는 구상의무는 중첩되는 범위에서 부진정연대채무가 되어야 할 것입니다.

Question. 7

이태섭 민법판례정리Ⅱ 748쪽에 (2) 2번 판례에서,

공동불법행위자별로 피해자의 과실을 다르게 평가한 사례가 나오는데요. 이 판례에서 전원에 대한 과실로 전체적으로 평가하는 것이 아니라 공동불법행위자별로 다르게 평가한 이유가 무엇인가요?

Answer

이 판결에 대해서는 개별적 평가설을 취한 판결이라고 흔히 소개합니다. 질문하신 분이 궁금한 것은 아마도 왜 다른 판결과 달리 개별적 평가설을 취했는가 하는 점일 것입니다. 거기에 관해서는 판례평석을 찾을 수가 없네요.

제 생각을 말씀드리죠.

사실관계를 자세히 들여다보면, 하수급인이 고용한 근로자가 공사현장 주변에 설치된 고압전선에 감전되어 화상을 입고 법원에서 입원치료를 하던 중 자살한 사건임을 알 수 있습니다. 고압전선을 관리하는 한국전력공사와 하도급인이 공동피고인 사건입니다. 한국전력공사와 하도급인이 공동의 불법행위로 피해자를 사망에 이르게 한 것일까요? 판례는 '공동불법행위자'라는 표현을 사용하고 있지만, 제 생각에 한국전력공사와 하도급인이 제760조에서 규정하고 있는 공동불법행위자로 보기에는 곤란한 점이 있습니다. 이는 아마도 부진정연대채무를 부담하는 자라는 의미에 불과할 것입니다.

한전은 제758조의 공작물책임을 부담하는 자이고, 하도급인은 안전배려의무를 위반하여 제750조의 불법행위책임을 부담하는 자로서 부진정연대채무자들입니다. 따라서 각 책임주체의 구체적인 손해액을 산정함에 있어서 과실상계비율을 다르게 산정하는 것도 가능하리라고 봅니다.

아마도 이와 같은 논리가 판례의 밑바탕에 깔려있지 않나 생각합니다.

Question. 8

감독자책임에서 '피감독자의 행위가 위법성은 있어야 하지만 그의 귀책성은 요건이 아니다.'라는 말이 맞나요? 그렇다면 책임무능력자에게 아무런 과실도 없어도 감독자는 책임을 져야한다는 건데 좀 납득이 되지 않아요.

Answer

책임무능력자에게 귀책성이 있는지는 문제되지 않습니다. 설사 책임무능력자의 귀책성을 요건으로 요구하더라도 이는 무의미합니다. 책임능력이 없는 자의 고의나 과실을 문제삼는 것은 이치에 닿지 않는 것이지요. 책임무능력자의 위법한 가해행위가 있고, 피해자에게는 손해가 발생하였는데, 과실책임원칙에 비추어 책임무능력자의 책임은 부정될 수밖에 없습니다. 감독자책임은 이를 보충하는 책임입니다.

제5편 친족 · 상속법

제1장 친족법

Question. 1

미성년자의 친권자의 이해상반행위 관련 판례에서,

판례 1. 친권자의 오빠의 채무를 담보하기 위하여 미성년자의 부동산에 근저당권을 설정하는 행위

- 이해상반행위가 아니며, 친권남용도 아니다.

판례 2. 친권자가 미성년자를 대리하여 성년의 장남에게 미성년자의 부동산을 증여하는 경우

- 이해상반행위가 아니며, 친권남용이다.

위 두 판례에서 두 판례 모두 이해상반행위가 아니라는 점에 대해서는 의문이 없으나 친권남용에 관하여는 왜 판례 1은 부정, 판례 2는 인정하는 것인지 알 수가 없어서 질문드립니다.

Answer

법정대리권의 남용으로 행위의 효력이 부정되는지 여부는 남용행위의 상대방이 법정대리인의 배임적 의사를 알았는지 여부에 의하여 결정되지 않습니다. 이는 임의대리권 남용과 다른 점이지요. 법정대리권을 부여한 법의 취지에 현저히 반하는 법정대리권의 행사가 있어야 이를 남용으로 보아 그 효력을 부정합니다. 대리권 남용 쪽에서 상세하게 설명하고 있습니다. 그 부분을 참조하시기 바랍니다.

Question. 2

친권자와 그 자 사이의 법률행위가 이해상반행위로 되는 경우 특별대리인을 선임하여야 하는데 이게 왜 제124조의 특칙이 되는 지요?

Answer

본인과 대리인 사이의 이해가 충돌하여 그 행위가 금지되는 경우를 제124조가 규정하고 있습니다. 제124조에 따르면 행위를 대리인이 단독으로 결정하는 경우를 자기계약으로 하고 이를 금지하고 있습니다.

반면 친권자와 그 자 사이의 법률행위는 그 법률행위를 친권자가 단독으로 결정하는 행위가 아니라고 하더라도 제921조에 의하여 금지되지요. 제124조를 위반하지는 않더라도 제921조가 이를 금하고 있는 것입니다. 제921조도 제124조와 마찬가지로 본인인 미성년자녀와 친권자의 이해충돌을 방지하기 위한 규정입니다. 다만, 제921조는 제124조보다 가중된 금지를 설정한 것이지요. 그러한 측면에서 특별규정이라고 할 수 있습니다.

가령, 친권자가 미성년자를 대리하여 미성년자의 부동산에 친권자 자신의 채무를 담보하기 위한 근저당권설정계약을 대리하여 체결한 경우, 이는 제124조의 자기계약은 아닙니다. 그렇지만, 제921조에 의하여 허용되지 않는 행위이지요.

Question. 3

준정의 효력으로 혼인 외의 출생자가 혼인중의 출생자로 되는데 이러한 효력이 발생하려면 반드시 부모가 혼인 후에 인지하거나 인지 후에 혼인을 해야만 하나요? 아니면 인지가 없더라도 제855조 제2항처럼 혼인만 하면 그냥 혼생자로 되는 건가요? 인터넷도 찾아보고 책도 찾아봤는데 뭔가 엇갈리는 것 같아요.

그리고 친생추정을 받지 않는 자, 준정에 의한 혼생자도 아버지 재산을 상속 받을 수 있나요?

Answer

준정의 개념을 분명히 해야 할 것 같습니다. 준정이란 혼인 외의 출생자가 그 부모의 혼인에 의해서 혼인 중의 출생자로 그 신분적 지위가 변하는 것을 말합니다.

제855조 제2항이 인지 없이 부모가 혼인하면 준정이 된다고 규정한 것으로 이해하시는 것은 오해입니다. 생부가 혼인 외의 출생자가 있음에도 이를 인지하지 아니하였다고 가정해보세요. 생부와 그 자녀 사이에는 친자관계가 생기지 않습니다. 즉 그 자녀는 그 생부의 "혼인 외 자녀"의 지위도 가지고 있지 못한 것이지요. 그 생부와 생모가 혼인하였다고 하여 그 자녀가 혼인 중 자녀로서의 지위를 가질 수는 없습니다. 제855조 제2항은 이미 인지를 받아 혼인 외 자녀로서의 지위를 가지고 있는 자녀가 그 부모의 혼인에 의하여 혼인 중 자녀의 지위를 가지게 되는 것을 규정하고 있습니다.

정리하면, 준정은 인지와 부모의 혼인을 구성요소로 하는 법률요건입니다. 인지 없이 준정의 효과가 생기지는 않습니다. 인지가 혼인 전에 있었던 경우를 혼인에 의한 준정이라고 하고, 이를 제855조 제2항이 규정하고 있습니다. 그러나 인지가 혼인 후에 있었던 경우도 준정의 일종으로 보아야 합니다. 이를 혼인 중의 준정이라고 합니다. 한편 부모의 혼인이 해소되고 난 후에 인지가 있었던 경우를 혼인 해소 후의 준정이라고 합니다. 모두 준정의 모습입니다.

혼인 중의 자인가 혼인 외의 자인가 와는 무관하게 모두 직계비속의 지위를 가집니다. 직계비속은 모두 상속인이 될 수 있습니다. 상속에 있어서 혼인 중의 자와 혼인 외의 자를 차별하지 않습니다. 하물며 친생추정을 받지 않는 혼인 중의 출생자나 준정에 의한 혼생자는 당연히 상속인이 될 수 있지요.

Question. 4

1. 이태섭 선생님의 가족법강의 제7판 119면에 보면 재판상 이혼원인 상호간의 관계에 독립예시설에 다수설 표시를 하셨는데,

131면에서는 재판상 이혼원인에 관한 입법주의의 민법의 태도 (ㄴ) 부분에서 "단순예시설이 다수설의 입장"이라고 되어 있습니다.

단순한 오류인 것인지, 아니면 119면에서의 논의와 131면에서의 논의에서 다수설의 입장이 각기 다른 것인지 궁금합니다.

2. 예전에 선생님께서 강의 하시면서, 지금 교재로 치면 이태섭 가족법강의 제7판 169번 판례에 관한 설명을 하실 때 든 사례에 관한 질문입니다. A 여가 배우자인 B 남

을 상대방으로 하여 재판상 이혼청구, 재산분할청구, 이혼으로 인한 위자료청구소송을 제기하였는데, 그 소송의 계속 중에 A 여가 사망했을 경우, 재판상 이혼 청구는 A 여가 사망함으로써 소송의 목적이 사라졌으므로 소송이 종료되고, 이혼을 전제로 한 재산분할청구 역시 소송이 종료되지만, 이혼을 원인으로 하는 위자료 청구권은 A 여의 父에게 그 상속 지분 범위 내에서 승계되고, A 여의 父는 이 소송을 수계한다고 하셨습니다.

제가 궁금한 점은, (위의 사례를 전제한 상태에서) A 여가 사망함으로써 B 남과 이혼이 되지 않았기 때문에 B 남도 A 여의 父와 공동으로 A 여를 상속할 수 있게 되어, B 남의 상속 지분 범위 내에서 A 여가 B 남에 대해서 가지고 있던 위자료 청구권 역시 B 남이 상속하게 되어, B 남이 상속한 위자료 청구권은 결국 혼동에 의해 소멸하는지의 여부가 궁금합니다.

Answer

1. 독립예시설이 다수설인데, 잘못 설명을 한 듯하군요.
2. 네. 맞습니다.

Question. 5

혼인의 효과로 친족관계가 발생하는데, 특히 인척관계의 발생에 관하여 부부는 '상대방의 4촌 이내의 혈족과 4촌 이내의 혈족의 배우자 사이에 서로 인척관계가 생긴다'고 설명합니다.(이태섭 가족법강의 제7판 91면 혹은 지원림 저 민법강의 제8판 1831면)

그런데 '상대방의 혈족 및 그 혈족의 배우자와의 사이에 인척관계가 생긴다'고 보아야 하는 것이 아닌지요? 민법 제777조 제2호(지원림 저 민법강의에서 민법 제777조 제2호를 근거조문으로 들고 있습니다)는 친족관계로 인한 법률상 효력의 범위를 정하고 있는 것임이 법문상 명백하기에, 일단 친족관계가 발생하는 것은 제769조 및 제767조에 따라야 할 것으로 이해되기 때문입니다. 가령 근친혼의 금지에서 '근친'의 의미를 생각해 보면 그렇습니다.

(혹은 가령 제809조 제2항의 '6촌 이내 - 인척' 부분은 혼인을 금지하는 '효력의 범위'를 특별히 규정한 것이 아니라, 혼인을 금지하기 위해 '친족의 범위'를 특별히 규정한 것이라고 이해해야 할까요?)

Answer

인척이 촌수에 관계없이 친족에 해당한다는 전제에서 질문하신 것 같군요.

맞습니다. 인척은 촌수와 관계없이 일단 친족이라고 할 수 있습니다. 그러나 법에 특별한 규정이 없는 한 제777조에서 정하고 있는 친족의 범위에 포함되지 않는 친족은 신분관계에서 친족이 아닌 자와 구별되어야 할 실익이 없습니다.

그와 같은 고려에서 '법적 의미를 가지는 인척은 법에 특별한 규정이 없는 한' 상대방의 4촌 이내의 혈족과 4촌 이내의 혈족의 배우자라고 할 수 있습니다.

Question. 6

[1995.1.24. 93므1242]

호적상 모로 기재되어 있는 자가 자신의 호적에 호적상의 자를 친생자로 출생신고를 한 것이 아니라 자신과 내연관계에 있는 남자로 하여금 그의 호적에 자신을 생모로 하는 혼인 외의 자로 출생신고를 하게 한 때에는, 설사 호적상의 모와 호적상의 자 사이에 다른 입양의 실질적 요건이 구비되었다 하더라도 이로써 호적상의 모와 호적상의 자 사이에 양친자관계가 성립된 것이라고는 볼 수 없다.

왜냐하면, 이러한 경우 호적상의 부와 호적상의 자 사이에 입양의 실질적 요건이 갖추어지지 않았다면 호적상 부가 호적상 자를 혼인 외의 자로 출생신고를 한 것은 아무런 효력이 없는 것이어서 그 출생신고에 관한 호적상의 기재는 두 사람 사이의 친생자관계부존재를 확인하는 판결에 의하여 말소되어야 하므로, 이처럼 무효인 호적상 부의 출생신고에 기하여 호적상의 모와 호적상의 자 사이에서만 양친자관계를 인정할 수는 없고, 호적상의 부와 호적상의 자 사이에 입양의 실질적 요건이 갖추어진 경우라 하더라도 우리 민법이 부부공동입양의 원칙을 채택하고 있는 점에 비추어 보면, 법률상 부부가 아닌 사람들이 공동으로 양부모가 되는 것은 허용될 수 없다고 보아야 하기 때문이다.

이 판례에서 내연남과 호적상의 자 사이에 입양의 실질적인 성립요건이 갖추어져 있다면, 내연남과 호적상의 자 둘 사이에서는 양친자관계를 인정할 수 있고 출생신고도 입양신고로 전환되는지 궁금합니다. 그리고 내연남에게 본처가 따로 있으면 위의 질문에 답이 달라지나요?

(첫 번째 질문에서는 인정 및 전환이 되고, 두 번째 질문에서도 본처가 있다면 부부공동입양 원칙에 위반되겠지만 취소사유일 뿐이니까 같은 답이 나오지 않을까라고 생각해 봤는데요... 선생님의 명확한 답변 듣고 싶습니다^^;)

Answer

첫 번째 질문에 대한 답변〉

내연남과 혼인 외의 출생자로 신고된 자녀 사이에 양친자관계가 인정될 것입니다. 입양신고로 전환이 가능하기 때문이지요. 다만, 이 경우에도 혼인 외의 출생자 출생신고에 모로 기재된 자가 친생의 모가 아닌 경우, 양모자관계는 인정할 수 없습니다. 모에 대한 관계에서는 입양신고로 전환될 수 없기 때문입니다. 이러한 전환을 인정하는 것은 부부공동입양제의 원칙을 정면으로 위반하는 것이 되기 때문입니다.

두 번째 질문에 대한 답변〉

내연남에게 본처(법률상 배우자)가 있는 경우에는 양친자관계가 인정될 수 없을 것입니다. 입양의 실질적 요건을 구비했더라도 입양신고가 있어야 입양의 효력이 생깁니다. 혼인 외의 친생자 출생신고가 입양신고로 전환되기 위해서는 부부공동입양의 원칙을 정면으로 위반하지 않아야 합니다. 본 판례의 사안에서는 출생신고에 모로 기재된 자가 친생의 모가 아닙니다. 이 경우, 혼인 외의 친생자 출생신고를 입양신고로 전환하면 법률상 부부관계에 있지 아니한 자들이 양부와 양모가 되는 결과로 됩니다. 따라서 입양신고로 전환될 수 없습니다. 다만, 본 판례의 사안과 달리 혼인 외의 친생자 출생신고에 모로 기재된 자가 친생의 모인 경우에는 부부공동입양의 원칙을 정면으로 위반하는 것은 아니므로 입양신고로 전환이 가능할 것입니다.

결국, 혼인관계에 있지 아니한 남녀가 양부와 양모가 되는 결과를 초래하는 것이라면 무효행위의 전환이 허용되지 않는다는 것이 본 판결의 취지입니다. 혼인관계에 있지 아니한 남녀가 어느 일방은 친생자 관계로 어느 일방은 양친자관계로 되는 경우는 가능할 수는 있지만, 양친이 되는 자에게 법률상 배우자가 별도로 있다면 이는 부부공동입양의 원칙을 위반한 것으로 취소사유가 됩니다.

Question. 7

1. 친생자출생신고가 입양신고로 전환되어 입양으로서의 효력이 생긴 경우, 사기를 이유로 입양의사를 표시한 당사자는 입양취소청구에 갈음하는 친생자관계부존재확인의 소를 제기할 수 없다.

실질과 등록부의 기재형식 불일치의 경우 - 실질 관계를 다투는 소송 형식 → 등록부 기재형식을 기초로 소송을 해야 한다고 배웠습니다.

그러나 위 판례에서는 입양취소의 원인사유 및 효력 등에 있어서 서로 다르기 때문에 입양취소를 구하는 의미에서 친생자관계존부확인을 구하는 것은 허용되지 않는다고 해설이 되어있는데…

왜 이럴 땐 실질을 기초로 하는지 바로 이해가 안 되네요.

Answer

재판상 파양청구에 갈음하는 친생자관계부존재 확인의 소는 확인의 이익이 있어 허용됩니다. 물론 그 경우에 재판상 파양사유를 친생자관계부존재확인의 소의 원인으로 주장하여야 합니다.

입양취소를 구하는 의미에서 친생자관계부존재확인의 소를 제기하는 것이 확인의 이익이 있는가는 입양취소를 주장할 수 있는 자가 그 입양취소청구기간 내에 제기하여 장래를 향하여 양친자관계를 종료시키고자 하는 경우에만 확인의 이익이 인정될 수 있습니다. 따라서 입양취소권자에 해당하지 않는 자가 입양취소를 구하는 의미에서 친생자관계부존재확인의 소를 제기하는 것은 확인의 이익이 없어 허용되지 않는 것입니다.

2010. 3. 11, 선고 2009므4099 판결은 입양취소에 갈음하여 친생자관계부존재 확인의 소가 언제나 확인의 이익이 없다고 판단한 판결이 아닙니다. 입양취소권자에 해당하지 않는 자가 입양취소에 갈음하여 친생자관계부존재확인의 소를 제기한 사안에서 이러한 친생자관계부존재확인의 소는 입양취소를 구하는 의미를 가질 수 없다고 판단한 것입니다.

Question. 8

민법 제781조 제5항에 보면 부모의 협의에 따라 종전의 성과 본을 계속 사용할 수 있다고 나와 있는데요, 그럼 원칙은 인지한 부의 성을 따라야 하는 건가요?

Answer

네,.. 맞습니다.

Question. 9

이혼시 면접교섭권 결정에서요. (이태섭 가족법강의 제7판 150쪽 이하) 면접교섭권의 결정방식은 면접교섭권이 양육권의 한 내용이므로 양육권 결정방식에 따라서 결정한다고 했는데, 조문공부를 하다 보니, 양육권의 결정에서는 자의 복리상 필요시에 부모, 자 및 검사의 청구 또는 직권으로 양육에 관한 사항변경이 가능한데(제837조 제5항),

면접교섭권에서는 자의 복리상 필요시에 당사자 청구 또는 직권에 의하여 면접교섭권 제한/배제가 가능하다(제837조의2 제2항)고 되어 있으므로 면접교섭권 조항이 우선하여 적용되는 거니깐, 자 및 검사의 청구로는 면접교섭권 제한/배제가 불가능하다고 보는 것이 타당하겠죠?

그리고 부부간 법정재산제에서 특유재산 추정의 번복시에는 처의 가사노동 등의 추상적 기여는 번복사유가 되지 않지만 재산분할청구시에는 추상적 기여도 특유재산을 분할대상으로 만드는 원인이 된다고 하였는데,

재산분할청구는 혼인관계가 해소되는 경우 (협의이혼, 재판상 이혼, 혼인취소 등)에 허용되는 것이므로, 처의 가사노동 등이 특유재산 추정번복사유가 되지 않는 경우는 곧 혼인관계가 유지되는 동안에 재산을 달라는 청구(재판)을 하였을 경우죠?

그리고, 혼인관계가 유지되면 재산분할청구는 허용되지 않는 것 맞죠?

Answer

양육에 관한 사항의 변경규정은 면접교섭권에 관한 사항의 변경에도 마찬가지로 적용됩니다. 가령 면접교섭권의 내용으로 양육하지 아니하는 부가 2주일에 한 번 자녀를 만날 수 있는 것으로 정하였는데, 그 내용이 자녀의 복리에 반하는 경우에는 이 내용을 변경할 수 있습니다. 이러한 변경은 양육에 관한 사항의 변경절차에 따라야 하므로 부, 모, 자 및 검사의 청구에 의하여 변경할 수 있습니다. 면접교섭권의 변경에 해당하는 경우에는 자 및 검사의 청구로도 그 제한 혹은 배

제가 가능하다고 해석하여야 합니다.
혼인관계가 존속하고 있다면 이혼을 전제로 하는 재산분할청구는 허용되지 않습니다.

1994. 5. 13 자 92스21 전원합의체 판결

③ 이미 지출한 부양료(체당부양료)의 구상절차 체당부양료의 구상절차는 민사소송절차에 의하여야 하는가? 아니면 가시비송절차에 의하여야 하는가? 부양의무자 아닌 제3자의 체당부양료 구상절차는 민사소송절차에 의하여야 할 것이다. 이는 사무관리 혹은 부당이득이 되기 때문이다. 반면에 부양의무자 중 1인이 다른 부양의무자에 대한 체당부양료 구상절차는 가사비송절차에 의하여야 한다. 대법원도 부양의무자 상호간 과거의 부양료 분담이 가사심판사항이라고 판단하고 있다(대법원 1994. 5. 13 자 92스21 전원합의체 결정).

Question. 10

1. 친생자관계부존재확인의 소 관련.

선생님께서 인지관련파트에서 수업시간에, 실질과 등록부의 기재형식이 불일치하는 경우에 실질관계를 다투는 소송형식은 등록부 기재형식을 기초로 효력을 다투는 소를 제기하여야 한다고 하시면서, 실질이 입양이나, 형식을 친생자출생신고로 한 경우에 있어서 입양관계를 다투는 방식은 친자관계부존재확인의 소를 제기하여야 한다고 판서해주셨는데요, 허위의 출생신고로 입양의 효력이 생긴 경우는 실질은 양친자이나 형식은 친생자로써 재판상 파양사유가 존재하는 경우에 한하여 파양청구에 갈음하는 친생자관계부존재확인판결로 등록부 기재정정이 가능하다고 하셨는데, 그렇다면 인지파트에서 판서해주신 내용에서 실질이 입양이나 형식을 친생자출생신고로 한 경우, 입양관계를 다투는 방식을 친자관계부존재확인의 소를 제기하기 위해서는 재판상 파양사유가 존재하는 경우에 한한다고 해석해야하죠?

2. 친생추정관련.

선생님께서, 수업시간에 이태섭 가족법강의 제7판 180쪽 2) ① 설명하시면서 생부모 모두 등록부상 부모와 다른 사실이 명백하면, 법률상 모가 혼인 중 포태한 것이 아님이 명백하므로 친생추정이 미치지 않고, 생부가 등록부상의 부와 다르다는 사실만으로는 친생추정이 유지되므로 친생부인의 소를 제기해야한다고 하셨는데, 2010년 기출문제를 풀다 보니 <가족관계등록부에 생모와 그 배우자 사이의 혼인 중 친생자로 등재되어 있더라도 생부가 가족관계등록부상의 부와 다른 사실이 객관적으로 명백한 경우에는 친생추정을 받지 않으므로 곧바로 인지청구를 할 수 있다>고 되어 있던데,

이는 생부가 등록부상 부와 다르다는 사실을 넘어서서 객관적으로 명백하기 때문에, (마치, 사실상이혼상태에서 처가 임신한 경우 법률상 부의 자로 등재되기는 하나 친생추정이 미치지 않는 것과 같은 취지에서 명백한 것) 친생추정을 받지 않는다는 것인가요?

3. 친족간 부양관련.

친족간 부양에서 판례는 제975조의 부양필요성을 미성숙자녀에 대한 부양의 경우에도 적용한다고 하는데, (이태섭 가족법강의 제7판 264쪽) 그렇다면 미성숙 자녀에게도 부양의 필요성이 없다면 부양의무가 발생하지 않는다는 의미로 이해될 수 있을 것인데, 1994. 5. 13 자 92스21 전원합의체 판결(이태섭 가족법강의 제7판 145쪽)에서 보면 부모의 자녀양육의무는 특별한 사정이 없는 한 자녀의 출생과 동시에 발생하는 것이므로 과거의 양육비도 청구할 수 있다고 하는데 그렇다면 이는 부양 필요성을 전제하지 않고도 인정하는 태도인가요?

사실 양 판례에서 모두 미성년자녀인지를 분명히 하고 있지 않고 있어서 1차적 부양의무를 말하는 것인지도 잘 모르겠구요 만약 성년의 자녀에 대한 부양의무라며 당연히 부양필요성이 있어야 하니깐 문제되지 않겠지만.. 판례가 미성숙자녀 또는 그냥 부모의 자녀양육의무라고 말하고 있어서...

Answer

1. 질문의 취지를 알기 어렵네요. 실질이 입양인데, 친생자출생신고를 하였다면 양친자관계가 발생할 수 있겠지요. 이러한 상황에서 양친자관계를 해소하고자 한다면 어떠한 방법으로 소송을 하여야 하는가? 등록부의 기재에 맞도록 소송의 형식을 정해야 합니다. 따라서 재판상 파양사유가 있는 경우에 한하여 친생자관계부존재확인의 소를 제기하여야 합니다.

2. 문제를 잘 보세요. '갑이 혼인 외의 출생자인 을 외에 다른 자녀 없이 사망하여'라고 되어 있습니다. 을은 혼인 외의 출생자입니다. 그런데 을이 생모와 그 배

우자 사이의 혼인 중 친생자로 등재되어 있습니다. 결국 을은 생모와 그 배우자의 혼인 중에 포태된 자녀가 아닙니다. 만약 혼인 중에 포태된 자녀라면 을은 혼인 외의 출생자가 아닌 것이지요. 따라서 을은 생모의 배우자의 친생자로 추정되지 않습니다.

3. 부모의 미성년 자녀에 대한 부양의무가 인정되기 위해서는 부양의 필요성이 인정되어야 하는가? 이 점에 관해서는 견해의 대립이 있습니다. 다수설은 부양의 필요성은 요건이 아니라고 이해합니다. 관계의 본질로부터 당연히 부양의무가 발생하기 때문이지요. 판례의 태도가 어떠한지는 명료하지 않습니다. 그러나 64년 대법원 판결에서는 구체적인 부양의 순위 등을 결정함에 있어 자녀들이 자기의 자력 또는 근무에 의하여 생활을 유지할 수 없었는가 하는 점을 판단하여야 한다고 판시하고 있습니다. 이는 부양의 필요성이 없이는 구체적인 부양의무를 인정할 수 없다는 취지로 이해하여야 할 것입니다. 94년 전원합의체 판결은 과거의 부양료에 대한 분담청구가 가능한가 하는 점이 쟁점인 사안인데, 과거에 이미 지출한 부양료에 대해서도 부양에 관한 사항에 대한 결정대상이 된다고 판단한 것입니다. 다만, 구체적인 부양의무가 발생하기 위해서는 부양의 필요성이 인정되어야 할 것입니다.

즉, 부부 상호간의 부양의무나 혹은 부모의 미성년 자녀에 대한 부양의무는 관계의 본질로부터 당연히 발생하는 의무입니다(추상적 부양의무). 이와 같은 부양의무가 구체적 의무로 되기 위해서는 협의나 심판이 있어야 하고, 이 과정에서 부양의 필요성과 가능성이 그 요건으로 고려되어야 한다는 것입니다.

이태섭 가족법강의 제7판 247면 대법원 1991.4.4 자 90스3 결정

【법정후견인과 호적의 기재】

[대법원 1991. 4. 4 자 90스3 결정] 미성년자에 대한 법정후견인의 취임은 지정후견인이 없음을 조건으로 후견개시사유 발생과 동시에 당연히 이루어지고, 호적상 후견개시신고는 보고적 신고에 불과한 것인 바, 미성년자의 부 및 조부가 사망하였어도 외조부가 생존하면 개정 전 민법 제932조 · 제935조에 따라 부의 사망과 동시에 외조부가 후견인으로 취임한 것이라 할 것이고, 그에게 후견인 결격사유가 있는 경우에는 이혼한 생모가 차순위로 후견인이 되는 것이므로 미성년자의 고모가 후견개시신고를 하여 호적에 후견인인 것처럼 등재되었다 하여도 후견인으로 취임한 것으로 볼 수 없다.

Question. 11

이태섭 가족법강의 제7판 247면 대법원 1991. 4. 4, 자90스3 결정에 대한 질문입니다.

이 판결은 "미성년자에 대한 법정후견인의 취임은 지정후견인이 없음을 조건으로 후견개시사유 발생과 동시에 당연히 이루어지고, 호적상 후견개시신고는 보고적 신고에 불과한 것인 바, 미성년자의 부 및 조부가 사망하였어도 외조부가 생존하면 개정 전 민법 제932조, 제935조에 따라 부의 사망과 동시에 외조부가 후견인으로 취임한 것이라 할 것이고, 그에게 후견인 결격사유가 있는 경우에는 이혼한 생모가 차순위로 후견인이 되는 것이므로 미성년자의 고모가 후견개시신고를 하여 호적에 후견인인 것처럼 등재되었다 하여도 후견인으로 취임한 것으로 볼 수 없다."고 하여 외조부가 이혼한 생모보다 선순위 후견인이라고 하는데, 왜 그런지 잘 모르겠습니다.

판례가 그 이유로 드는 민법 제932조와 제935조를 보면, 직계혈족 중 최근친을 선순위로 한다고 하는데, 이혼한 생모가 외조부보다 근친이므로, 이혼한 생모를 선순위로 보아야 하는 것이 아닌가 하는 의문이 듭니다.

Answer

> 1990년 개정 전 민법이 적용되기 때문에 그러한 것으로 보입니다. 이 결정에서는 법정후견인의 취임은 당연히 이루어지는 것이고, 후견개시신고는 보고적 신고에 불과하다는 점만 현재 의미를 가지고 있는 부분입니다.

Question. 12

1. 이태섭 가족법강의 제6판 132쪽에 쓰여진 내용에 관한 문의입니다.

'양육에 대한 사항의 결정 협의 내용에 양육비용의 부담이 포함된다'고 서술되어 있는데요.

'그 밑에 양육에 관한 사항에 보면 양육에 필요한 부담은 포함되지 않는다. 따라서 부모의 일방이 양육자로 지정되었다고 하더라도 다른 일방에 대한 양육비 청구는 가능하다.'

이 두 문장이 모순된 것 같아서요. 양육비용의 부담과, 양육에 필요한 부담이 다른 뜻인가요? 어떻게 다른지 알려주세요.

2. 이태섭 가족법강의 제6판 138쪽의 이혼의 일반적 효과에서 면접교섭권에 관한 문의인데요.

판례의 입장에 따르면 사실혼이 해소되는 경우나, 별거중인 경우 모두 면접교섭권이 인정되는게 맞나요?

Answer

1. 현재는 이혼법이 개정되어 협의이혼을 하기 위해서는 양육에 관한 협의서를 제출하여야 하고, 그 협의서에는 양육비용 부담에 관한 사항이 있어야 합니다. 개정 전에는 이와 같은 제한이 없었지요. 따라서 이혼하는 부모가 양육자만 결정하고 그 비용부담에 관해서는 아무런 합의를 하지 않은 경우도 있었습니다. 이런 경우 양육자로 결정된 자가 모든 양육비용을 부담하여야 하는가? 하는 문제가 생기지요. 즉 양육자를 결정하는 양육에 관한 합의에 양육에 필요한 비용부담까지 포함되는가 하는 문제가 생기는 것입니다. 이에 대하여 대법원은 포함되지 않는다고 판단하였습니다. 따라서 양육자로 결정되지 아니한 자도 양육비용을 부담하여야 합니다.

이혼법이 개정된 현재에는 종전 대법원 판례의 입장은 의미가 없어졌지요. 대법원의 판례 취지대로 이혼법이 개정되었기 때문입니다.

2. 면접교섭권은 양육하지 않는 부모 중 일방과 자녀가 서로 소통할 수 있는 권리입니다. 부모가 자녀를 양육하지 않는 경우라면 이혼의 경우에 한정해서 인정되어야 하는 것은 아닙니다. 사실혼이 해소되는 경우라도 자녀를 양육하지 않는 부모 중 일방은 면접교섭권을 행사할 수 있습니다. 다만, 사실혼 중에 출생한 자는 혼인 외의 자녀이기 때문에 부자관계가 형성되기 위해서는 인지가 있어야 하겠지요. 만약 인지가 없다면 생부는 자녀의 부가 아니므로 면접교섭권을 행사할 수도 없겠지요. 한편, 혼인 중임에도 별거 중인 경우에는 면접교섭권을 인정해야 할 실익이 없을 것입니다. 여전히 친권자이므로 친권을 행사하여 자녀와 소통할 수 있기 때문입니다.

제2장 상속법

Question. 1

이태섭 조지사 상속재산분할파트에 보면,

상속재산 분할을 위하여 상속재산을 평가하여야 하는 경우, 평가의 기준시점은 상속개시시를 기준으로 하여야 한다. (X)

이유 : 분할을 위한 평가는 분할시를 기준으로 하여야한다.(96스62)

그런데 96스92판결을 보면 공동상속인 중에 특별수익자가 있는 경우의 구체적 상속분 산정을 위한 재산 평가시점(상속개시일) 대상분할 방법에 의한 상속재산분할시의 정산을 위한 상속재산 평가시점(분할시)

1. 이렇게 되어있는데 이 판결의 구체적인 의미가 무엇인가요? (이 경우의 이해관계를 구체적인 예를 들어서 설명해 주실 수 있는지요)

2. 이 판결을 보면 '현물분할이랑 대상분할이랑 나누고 있으니까 분할을 위한 평가는 분할시를 기준으로 해야 한다'라고 하면 위에 O·X 지문이랑 좀 다르게 되는 것이 아닌지요.

나승철 변호사님 블로그 가보니까,

"우리나라의 경우는 상속재산에 부동산이 포함되어 있는 경우가 많다. 그런데 부동산의 가격은 변동하기 마련이므로, 상속재산을 분할할 때 어느 시점을 기준으로 해야 할지 문제가 된다. 왜냐하면 상속개시시에 4억 원 하던 부동산이 분할하려고 보니 10억 원이 된 경우에는 어느 시점을 기준으로 하느냐에 따라서 취득하게 되는 상속재산의 가액이 달라지기 때문이다. 이 때 대법원은 물건을 돈으로 바꾸지 않고 물건 그대로, 예를 들어 부동산이라면 부동산의 소유권을 취득하는 경우는 상속개시시를 기준으로 해야 하고, 다만 상속재산을 공동상속인중 특정인이 취득하고, 다른 상속인은 그 가액을 취득하기로 하는 경우에는 분할 당시를 기준으로 해야 한다고 판시하고 있다."

이렇게 말씀하시는데 상속재산을 현물분할 한다면 4억 원을 기준으로 대상분할을 한다면 10억 원을 기준으로 해야 한다는 말인가요? 그런데 현물분할을 4억 원을 기준으로 한다는 게 무슨 의미가 있는지 모르겠습니다.

3. 어차피 부동산을 나눈다면 부동산에 대한 지분(비율)을 나눠가지니까 금액은 문제가 안 되는 것 아닌가요. 법률저널 사이트에도 이것과 똑같은 질문이 있던데 아무도 답변을 안달아 주길래 알 수가 없어서 이렇게 질문을 올립니다.

Answer

우선, 상속재산을 분할하는 과정에서 재산을 평가하는 문제가 왜 생기는가 하는 점부터 생각해보아야 합니다. 상속재산을 분할하는 방법은 크게 3가지입니다.

1) 유언분할, 2) 협의분할, 3) 조정이나 심판에 의한 분할.

이 중에서 1)과 2)의 경우에는 상속재산의 평가문제가 중요한 문제로 되지는 않습니다. 가령, 유언으로 피상속인이 살고 있는 집은 장남이 가지고, 운영하는 공장은 차남이 가지고, 예금 등 금융자산은 막내가 가지라고 유언하였다면, 이미 분할이 이루어졌기 때문에 상속재산의 평가문제는 중요한 문제로 되지 않습니다.

물론 이런 경우에도 유류분의 침해가 있었는지 여부가 문제될 수 있고, 그때에는 상속재산을 평가하여야 하겠지요. 뿐만 아니라 공동상속인들이 서로 협의하여 상속재산을 분할하는 경우에도 상속재산의 평가는 분할이라는 계약의 기초로서 의미를 가질 뿐입니다.

결국 상속재산의 평가가 문제되는 경우는 3)의 경우입니다. 법원이 심판에 의하여 상속재산을 분할하고자 할 때에는 법원이 임의로 재산을 분할할 수는 없습니다. 각 공동상속인들의 구체적 상속분 "비율"에 따라 재산을 분할하여야 합니다.

여기서 구체적 상속분의 의미를 알아야 합니다. 구체적 상속분을 분수적 비율을 의미하는 추상적 상속분과 혼동하는 사람이 많습니다. 구체적 상속분은 상속개시 당시의 상속재산에 추상적 상속분을 곱하여 나온 금액을 말합니다. 구체적 상속분은 특별수익자인 공동상속인이 있거나 기여상속인이 있는 경우에는 단순히 상속재시 당시의 상속재산에 추상적 상속분을 곱하는 방법으로 계산할 수는 없습니다. 만약 그렇게 계산하게 되면 공동상속인들 사이의 형평이 무너지게 됩니다.

구체적 상속분을 구하려면(이는 심판분할의 기준이 되는 것이므로 분할심판에서는 반드시 구체적 상속분을 산정해야 합니다) 상속재산에 대한 평가가 있어야 합니다. 상속재산 분배의 기준이 되는 구체적 상속분 비율은 상속개시 당시를 기준으로 해서 정해지는 것이 타당할 것입니다. 따라서 상속개시시를 기준으로 상속재산을 평가합니다. 특별수익도 비록 과거에 특별수익자에게 제공된 급부이지만, 상속개시 당시를 기준으로 다시 평가합니다.

이렇게 구체적 상속분을 구한 다음, 그 액수의 비율에 따라 상속재산을 분배합니다(심판분할). 그런데 분배하는 방법이 상속재산 자체를 분할하는 경우에는 굳이 재산을 평가할 이유가 없습니다. 구체적 상속분의 비율에 따라 각 상속재산마다 공유관계를 인정하면 그만이기 때문입니다. 그러나 특정한 상속재산을 어느 공동상속인이 전부 취득하고, 다른 공동상속인들의 지분의 가액을 다른 재산이나 금전으로 환산하여 지급하는 방법으로 분할하는 경우(대상분할)에는 상속재산에 대한 평가가 있어야 합니다. 이때 어느 시점을 기준으로 상속재산을 평가하여 구체적 상속분에 따른 분배가 이루어져야 하나 하는 문제가 생깁니다.

가령, 분배 가능한 상속재산이 예금 9천만 원, X 부동산, Y 부동산이 있습니다. 공동상속인 갑, 을, 병, 정의 구체적 상속분은 각 1억 5천, 1억, 1억, 1억 이라고 가정합시다. 예금 9천만 원은 분할의 대상이 아니므로 구체적 상속분의 비율에 따라 각 공동상속인에게 분속됩니다. 별도로 상속재산분할을 위한 재산평가가 무의미하지요. X 부동산과 Y 부동산에 모두 각 공동상속인들 공유관계를 인정하는 방법이라면 굳이 각 부동산에 대한 평가를 할 필요는 없을 것입니다.

반면, X 부동산을 갑이 취득하는 대신에 Y 부동산에 있는 갑의 지분을 포기하거나 혹은 X 부동산에 있는 을, 병, 정의 지분을 갑이 금전으로 환산하여 지급하는 내용으로 분할하고자 하는 경우에는 X 부동산의 가치를 평가하여야 합니다.

분할에 따라 "현재" 그 재산의 가치에 상당하는 금액을 지급하거나 그 재산의 가치에 상당하는 다른 재산을 급부하는 것이 공동상속인들 사이의 형평에 부합할 것입니다. 따라서 분할 당시를 기준으로 가치를 평가하여야 할 것입니다. 정리하면, 구체적 상속분은 각 공동상속인들이 상속재산으로부터 분배받아가는 액수를 의미하는 것이 아니고, 단지 분배받아가는 비율을 의미하기 때문에 상속개시 당시를 기준으로 그 비율을 정하는 것이 합당합니다. 따라서 구체적 상속분 산정을 위한 재산평가는 상속개시 당시를 기준으로 합니다. 반면에 분할을 통해서 실제로 재산을 분배하고자 할 때에는 현재 그 재산의 가치를 분배하여야 하므로 분할을 위해 재산을 평가하고자 할 때에는 분할시를 기준으로 하여야 합니다.

대판 2001. 2. 9, 2000다51797 판결

① **구체적 상속분에 미달하는 상속재산분할협의의 사해성** [1] 상속재산의 분할협의는 상속이 개시되어 공동상속인 사이에 잠정적 공유가 된 상속재산에 대하

여 그 전부 또는 일부를 각 상속인의 단독소유로 하거나 새로운 공유관계로 이행시킴으로써 상속재산의 귀속을 확정시키는 것으로 그 성질상 재산권을 목적으로 하는 법률행위이므로 사해행위취소권 행사의 대상이 될 수 있다. [2] 채무초과상태에 있는 채무자가 상속재산의 분할협의를 하면서 상속재산에 관한 권리를 포기함으로써 결과적으로 일반채권자에 대한 공동담보가 감소되었다 하더라도, 그 재산분할결과가 위 구체적 상속분에 상당하는 정도에 미달하는 과소한 것이라고 인정되지 않는 한 사해행위로서 취소되어야 할 것은 아니고, 구체적 상속분에 상당하는 정도에 미달하는 과소한 경우에도 사해행위로서 취소되는 범위는 그 미달하는 부분에 한정하여야 한다. **이때 지정상속분이나 기여분, 특별수익 등의 존부 등 구체적 상속분이 법정상속분과 다르다는 사정은 채무자가 주장 · 입증하여야 할 것이다.** [대법원 2001. 2. 9 선고 2000다51797 판결]

Question. 2

1. 09년 기출 지문 중 일부입니다.

"甲이 사망하고 乙이 유일한 상속인인 경우, 乙은 상속개시의 사실을 알면서 상속재산의 전부 또는 일부를 처분한 후에도 상속포기 또는 한정승인을 할 수 있다." (X)

하지만 제1019조 제3항에서는 상속채무가 상속재산을 초과하는 사실을 중대한 과실 없이 알지 못하고 단순승인(제1026조 1, 2호를 포함)을 한 경우에는 그 사실을 안 날부터 3월내에 한정승인을 할 수 있다고 합니다.

따라서 甲이 사망하고 乙이 유일한 상속인인 경우, 乙은 상속개시의 사실을 알았지만 상속채무가 상속재산을 초과하는 사실을 중대한 과실 없이 알지 못하고 재산의 전부 또는 일부를 처분한 후에는 한정승인을 할 수 있는 것이 되지 않는지요?

즉 상속 포기는 불가능 하더라도 적어도 한정승인의 경우에는 가능성이 열려있는 것이 아닌가 싶은데 해설에서는 단순히 상속포기나 한정승인이 불가능하다고만 나와서 궁금합니다.

2. 대판 2001. 2. 9, 2000다51797 판결입니다.

상속재산의 협의분할이 사해행위임을 주장하는 경우에 채무자의 구체적 상속분이 법정상속분과 다르다는 사정은 "채무자"가 입증하여야 한다.

제 짧은 생각으로는 채무자는 공동상속인의 한명으로서 법정상속분에 미달하는 상속분할협의를 통하여 채권자를 해하였습니다. 채권자취소권의 행사자인 채권자가 협의분할은 사해행위라는 것을 주장하면서 소를 제기합니다. 이를 주장할 경우 '법정상속분과 구체적상속분이 다름(구체적상속분이 법정상속분에 상당한 정도로 미달함)'을 근거로 제시합니다.

즉 채권자가 다르다는 사정을 주장하여야 하는 것이 아닌가요? 채무자가 주장한다면 구체적상속분과 법정상속분이 다르지 않다고 주장하여야 하는 것이 아닌가 합니다.

3. 후에 피상속인의 상속채무초과사실을 알게 되어 법정기간 내에 한정승인을 하였다면 위 한정승인의 효력을 다투려는 경우 '중대한 과실 없이 채무초과 사실을 알지 못했음'을 상속인이 입증하여야 한다. 상속인이 피상속인의 상속채무초과사실을 알게 되어 제1019조 제3항에 따라서 한정승인을 합니다. 이로 인하여 채무의 완전변제를 기대할 수 없게 된 채권자는 상속인이 상속채무초과사실을 '중대한 과실로' 알지 못하였다는 이유로 한정승인의 효력을 다투게 됩니다. 이를 주장할 경우 '상속채무초과사실을 알지 못한 데에 중대한 과실이 있었음'을 근거로 제시합니다. 즉 상속인의 채권자가 주장, 입증하여야 하는 것이 아닌가요?

상속인이 중대한 과실이 없었음을 어떻게 주장한다는 것인지 이해가 잘 가지 않습니다.(중대한 과실이 있다는 것은 주장할 수 있지만 중대한 과실이 없다는 것을 현실적이고 실제적으로 주장할 수 있는 방법이라는 것이…)

Answer

1. 09년 기출지문의 출제의도를 파악하셔야 합니다.

단순승인 혹은 단순승인으로 의제된 후에도 상속포기나 한정승인을 하는 것이 가능한가? 하는 점을 묻는 것입니다. 상속포기나 한정승인은 허용되지 않습니다.

다만, 특별한정승인의 가능성은 있습니다. 그러나 특별한정승인이 가능하려면 특별한정승인의 요건을 충족하여야 하지요. 상속채무 초과사실을 중대한 과실 없이 알지 못하고 단순승인을 하거나 단순승인으로 의제된 경우여야 합니다.

같은 논리에서 처분행위에 하자가 있어 무효인 경우, 처분행위자인 상속인이 행위무능력자인 경우, 등등 수도 없이 많은 예외사유가 있을 것입니다.

출제자가 묻고자 하는 데에 집중해서 문제를 푸셔야 합니다.

2. 법률의 규정에 따라 공동상속인들의 추상적 상속분이 결정됩니다. 추상적 상속분은 분수적 비율로 나타나게 되지요. 이 추상적 상속분을 상속개시 당시의 상속재산 가액에 곱한 것이 구체적 상속분입니다. 구체적 상속분은 금액의 형식으로 나오게 되지요.

이렇게 법정의 추상적 상속분을 상속재산 가액에 곱하여 산출한 구체적 상속분이 경우에 따라서는 수정되기도 합니다. 가령, 공동상속인 중 특별수익자가 있다든지, 기여상속인이 있다든지, 특정한 공동상속인의 상속분이 유언에 의하여 지정되어 있다든지 하게 되면 법정의 구체적 상속분과 달라지게 됩니다.

그런데 이와 같이 달라지게 되는 것은 특별수익이나 기여분, 지정상속분의 지정 등과 같은 예외적 상황이 있어야 달라지게 됩니다. 이 사정에 관한 증명책임이 누구에게 있는가를 판단한 것이 2000다51797 판결입니다. 채권자는 법률의 규정에 따라 산정한 구체적 상속분보다 더 적은 분할내용이라는 점을 주장하여 채권자취소소송을 제기합니다. 수익자는 구체적 상속분의 조정요소가 있음을 주장하며 분할내용이 재산처분이 아니라고 다툽니다. 그 조정요소에 관한 증명은 당연히 수익자가 하여야 하겠지요.

3. 특별한정승인이라는 것이 예외적 현상입니다. 상속인은 상속채무를 승계하는 자이지요. 상속채권자는 당연히 상속인에게 채무의 이행을 청구할 수 있습니다. 상속인이 상속채권을 알지 못하였다고 하더라도 상속을 승인한 상속인이 그 이행을 거절할 수는 없습니다.

상속채무가 상속재산보다 훨씬 크다는 사실을 상속인이 알지 못한 경우에도 위와 같은 효과를 인정하는 것은 자칫 상속인의 재산권을 침해할 우려가 있습니다. 그래서 특별한정승인제도를 마련한 것입니다. 상속채무 초과사실을 알지 못하고 단순승인을 하였거나 단순승인으로 의제된 상속인은 일정 기간 내에 특별한정승인을 하여 상속인 고유재산이 상속채권자들의 집행의 대상이 되지 않도록 한 것이지요.

자, 이제 그와 같은 특별제도의 보호를 받을 수 있는 상속인인지 여부에 관하여 다툼이 생겼다고 가정해봅시다. 특별한정승인의 요건을 누가 증명하여야 합니까? 상속인이 증명하는 것이 타당할 것입니다. 중대한 과실이 없었다는 사실은 이른바 소극적 사실이므로 증명하기 어려울 것입니다. 그런다고 하더라도 그 증명책임을 상속채권자에게 지우는 것은 특별한정승인제도가 예외적 제도라는 점에 비추어 타당하지 않습니다.

[유류분반환청구권이 채권자대위권의 목적이 될 수 있는지 여부(원칙적 소극)][대판 2010.5.27, 2009다93992]

(필자 註 : (ㄱ) 유류분반환청구권이 채권자대위권의 목적이 될 수 있는지가 본 판결의 쟁점이다. 유류분반환청구권은 재산권으로 행사상 혹은 귀속상 일신전속권이 아니라는 것이 학설의 일반적 태도이다. 그러나 대법원은 학설과 달리 유류분반환청구권이 행사상 일신전속권으로 채권자대위권의 객체가 되지 않는다는 점을 분명히 하였다. (ㄴ) 유류분제도가 피상속인의 재산처분의 자유를 전제로 유류분권리자인 상속인들의 이익을 조정하는 제도이고, 유류분권리자는 피상속인의 의사 존중, 반환청구의 상대방인 다른 공동상속인들과의 신분적 · 인격적 관계, 유류분 산정의 기초로 산입되지는 않더라도 피상속인으로부터 받은 유형 · 무형의 이익 등 여러 가지 사정을 고려하여 유류분반환청구권의 행사여부를 결정하게 된다는 점에서 유류분반환청구권의 행사여부는 유류분권리자의 자유의사에 맡겨져 있다고 본다. 유류분권리자가 그 권리를 행사하려면 피상속인의 사전 처분을 불복하는 등 불효를 감수해야 하고, 형제자매등과의 우애를 희생하여야 하는데도 이를 일반채권자가 대위행사 할 수 있다면 가족생활은 개인의 존엄을 기초로 성립되고 유지되어야 하며 국가는 이를 보장한다는 헌법 제36조 제1항에도 반한다.). [대법원 2010. 5. 27 선고 2009다93992 판결]

Question. 3

"유류분반환청구의 경우 유류분권리자의 의사를 침해하여 채권자대위권을 행사할 수는 없다."

이 지문이 '유류분반환청구권은 재산권으로서의 확정된 권리의 성질을 가져 일신전속권이라 할 수 없으므로 채권자 대위권의 객체가 된다.'라고 하여 [틀림] 처리가 되어 있는데요.

올해 판 최신출간 서적들을 접할 수 있는 기회가 적어서 작년 판, 재작년 판 책들을 학교 도서관에서 찾아봐도 다 같은 내용인데, 그나마 구입한 올해 판 이태섭 민법판례정리II에 나와 있는 최신판례를 보면, [유류분반환청구권이 채권자대위권의 목적이 될 수 있는지 여부(원칙적 소극)] [대판 2010.5.27, 2009다93992] 유류분반환청구권은 그 행사 여부가 유류분권리자의 인격적 이익을 위하여 그의 자유로운 의사결정에 전적으로 맡겨진 권리로서 행사상의 일신전속성을 가진다고 보아야 하므로, 유류분권리자에게 그 권리행사의 확정적 의사가 있다고 인정되는 경우가 아니라면 채권자대위권의 목적이 될 수 없다고 되어 있으니 맞는 지문으로 보아야겠지요?

아니면 이 판례가 단지 유류분반환청구권이 일신전속성을 가진다는 것이지 일신전속권이라고 명백히 판시한 것이 아니므로 그대로 재산권적 성질만을 갖는 권리라고 해석해서 틀린 지문으로 보아야 되는 것인지, 아니면 두 성질을 모두 가지는 것인지, 또 유류분반환청구권의 법적 성질에 대한 판례의 태도도 약간 의문스럽습니다.

Answer

유류분반환청구권이 채권자대위권의 객체가 되는지를 묻고 있군요.

유류분반환청구권은 행사상 일신전속권이 아니므로 채권자대위권의 객체가 된다고는 것이 통설의 태도입니다. 대부분의 교재는 통설의 입장에서 서술되어 있을 것입니다. 아마도 유류분반환청구권의 행사가 재산반환을 목적으로 할 뿐만 아니라 일반 민사소송으로 행사된다는 점을 고려하여 일신전속권이 아니라고 본 듯합니다.

그러나 판례는 최근 유류분반환청구권이 행사상 일신전속권에 해당한다고 판단한 바 있습니다. 행사상 일신전속권은 채권자대위권의 객체가 될 수 없으므로 판례에 따르면 채권자는 채무자의 유류분반환청구권을 대위하여 행사할 수는 없습니다. 유류분반환청구권을 행사하는 것은 결국 피상속인의 재산처분행위의 효력을 부정하는 것이므로 이는 피상속인의 뜻을 거스르는 것이고, 다른 공동상속인들(형제들)과의 우애를 희생시킬 수도 있는 것입니다. 이러한 유류분반환청구권의 행사를 채권자로 하여금 대신 행사하게 하는 것은 문제가 있다는 것은 근거로 하고 있습니다.

이태섭 가족법강의 제7판 303면의 판례(2006다26694)

④ 최초의 상속권 침해행위 후 10년이 경과하여 새로운 침해행위가 있은 경우 새로운 침해행위에 따른 상속권 침해자에 대한 상속회복청구의 제척기간은 최초의 상속권침해행위가 있은 때로부터 기산하여야 하고, 새로운 침해행위가 있은 때로부터 기산할 수는 없다는 것이 판례이다(2006다26694).

가령 X가 사망하여 甲과 乙이 X를 공동으로 상속하였는데, 1993.4.6. 乙이 상속재산분할협의서를 위조하여 공동상속재산인 부동산에 그 단독명의로 소유

권이전등기를 마쳤다. 이러한 사실을 알게 된 甲이 乙의 상속지분을 초과하는 등기의 말소를 구하는 상속회복청구의 소를 제기하여 2002.11.26. 승소 확정판결을 받았다. 소송 진행 중인 2001.8.29. 乙이 그 명의의 부동산에 丙을 위한 근저당권설정등기를 경료하여 주었다. 甲이 丙을 상대로 근저당권설정등기의 말소를 구하는 소를 2003.12.11. 제기하였다면, 甲의 丙에 대한 청구는 제척기간을 경과한 것으로서 부적법하다.

Question. 4

이태섭 가족법강의 제7판 301면 "최초의 상속권 침해행위 후 10년이 경과하여 새로운 침해행위가 있는 경우"에 관한 질문입니다.

301면의 서술과 이에 관한 303면의 판례(2006다26694)는 최초의 상속권 침해행위 후 10년이 경과하여 새로운 침해행위가 있더라도 이 새로운 침해행위에 대항하는 소는 이미 상속회복청구권의 제척기간이 도과하였기 때문에 부적법 각하된다는 것이라고 하는데, 상식적으로 잘 납득이 되지 않습니다. 하지만 상식적으로 납득이 되지 않는다고 하더라도 판례는 판례이니 만큼 제가 잘 이해하고 있는 것인지 궁금하여 질문드립니다.

1. 이러한 판례의 논리에 따르면 최초의 상속권 침해행위 후 10년이 경과하고 새로운 침해행위가 있다고 하여도 새로운 침해행위에 대한 상속회복청구권이 새로이 발생하지 않는다고 이해했는데 맞는 것인가요?

2. 1번이 맞다고 전제한다면, 최초의 상속권 침해행위 후 10년이 경과한 후의 새로운 침해행위에 대해서는 마치 면죄부를 주는 것과 같은 결론에 이르는 것 같은데. 상식적으로 납득이 안 되지만 판례의 태도이므로 암기하여야 하는 것인가요? 아니면 제가 판례의 태도를 잘못 이해한 것인가요?

Answer

판례의 논리, 혹은 취지를 잘못 이해하신 듯합니다.

가령, A라는 부동산에 대하여 공동상속인의 1인이 다른 공동상속인을 배제하고, 단독 명의로 상속등기를 하였습니다. 이러한 상속권 침해행위가 있었다면 이로부터 상속회복청구권의 제척기간 10년이 진행됩니다. 제척기간 제도를 마련한 것은 진정한 상속인의 보호와 상속재산을 둘러싼 법률관계 안정의 요청을 조화시키기 위함입니다.

그런데, 상속권 침해행위가 있은 때로부터 10년을 경과하도록 아무런 소송을 제기하지 아니하였다면 상속회복청구권은 소멸하고, 참칭상속인은 완전한 상속인처럼 상속재산의 소유권을 취득하게 되지요. 그 후 참칭상속인이 상속재산에 저당권을 설정하는 행위를 하였다면 저당권설정행위도 상속권의 침해행위일 텐데, 그 저당권설정행위에 대한 상속회복청구권의 행사는 허용되어야 할까요? 상속회복청구권의 제척기간 기산점은 최초의 침해행위를 기준으로 하여야 한다는 판례의 논리는 바로 이와 같은 상황에서 상속회복청구권을 인정하는 것이 부당하기 때문에 나온 것입니다.

그렇다면 위의 예에서 다른 공동상속인이 제척기간 도과 전에 상속회복청구소송을 제기하여 그 제척기간을 준수하였는데, 처분금지가처분 등의 조치를 취하지 아니하여 참칭상속인이 저당권설정행위를 하였고, 그 저당권설정행위가 최초의 침해행위로부터 10년이 경과된 후라면 어떡해야 합니까? 위의 판례논리가 이 경우에도 관철되어야 하나요?

판례는 관철되어야 한다는 것입니다. 전득자(저당권자)는 참칭상속인(저당권설정자)의 상속등기가 마쳐진 때로부터 10년이 경과한 후에 저당권을 취득하였기 때문에 상속회복청구권의 행사를 전혀 예상할 수 없을 것입니다. 진정상속인이 참칭상속인에 대하여 상속회복청구소송을 제기하였는지는 상속재산인 부동산에 공시되어 있지 아니하므로 알 수 없을 것이고요. 그렇다면 전득자의 입장에서 보면 제척기간 도과 전에 참칭상속인에게 상속회복청구소송을 제기된 경우와 그렇지 않은 경우는 전혀 차이가 없을 것입니다. 차이가 전혀 없는데도 어느 한 쪽은 제척기간을 준수한 것으로 보아야 한다면 오히려 그것이 상식에 반하는 것이 아닐까요?

Question. 5

유류분 부족액 산정할 때 유류분액 - 상속의 이익액 (구체적 상속분 + 특별수익 + 기여분) 이렇게 필기가 되어 있는데 맞나요? 궁금한 부분이 기여분 부분인데요.

기여분도 더하는 거 맞나요? 기초재산에서 기여분을 공제하는 건 이해가 가는데 유류분부족액 산정할 때 기여분이 고려되어야 하나요?

Answer

유류분의 부족이 있는 경우, 유류분권리자는 그 부족부분의 범위에서 피상속인의 증여나 유증의 효력을 부정할 수 있습니다. 여기에서 유류분의 부족이 있는지 여부를 판단함에 있어서 유류분과 상속인의 순상속의 이익을 비교하여 판단합니다.

순상속의 이익이란 적극재산을 상속받은 이익과 소극재산을 상속받은 것을 합하여 유산상속에 따른 이익을 종합하여야 합니다. 민법 제1008조의2에서는 기여상속인의 구체적 상속분에 공동상속인들이 협의로 정한 기여분을 포함시키고 있습니다. 기여분 역시 유산상속에 따른 이익이므로 유류분의 침해가 있는지 여부를 판단할 때 고려되어야 합니다.

그렇다면, 이런 의문이 들 수 있습니다. 기여상속인이 기여분을 많이 받았다면, 그로 인하여 그 기여상속인의 상속이익이 증가하고, 따라서 다른 공동상속인은 유류분반환을 청구할 수 있더라도 기여상속인은 유류분반환을 청구할 수 없는 결과가 될 수 있고, 이는 부당하지 않는가?

그러나, 위의 의문은 전혀 부당하지 않습니다. 민법 제1008조의2 제3항은 기여분은 상속이 개시된 때의 피상속인의 재산가액에서 유증의 가액을 공제한 액을 넘지 못한다고 규정하고 있습니다. 이 규정은 기여분인 피상속인의 재산처분을 무의미하게 만들어서는 안 된다는 의미입니다.

만약 기여분을 상당히 받아 기여분을 포함한 상속이익이 유류분액을 초과하는 기여상속인이 기여분과 별도로 유류분반환을 청구할 수 있다고 보면, 오히려 부당합니다. 기여분과 별도로 피상속인의 처분행위를 무의미하게 할 수 있는 결과가 되는데, 이는 결국 제1008조의2 제3항의 취지에 반하는 결과가 됩니다.

가령, 상속개시 당시 재산이 2억인 피상속인이 A에게 1억 원을 유증하였고, 공동상속인으로 직계비속 X와 Y가 있다고 가정합시다. X와 Y가 X의 기여분을 1억 원 결정하였다면, X와 Y의 유류분은 상속개시당시의 재산 2억 원에서 기여분 1억 원을 공제한 금액 1억 원의 법정상속분 5천만 원의 1/2인 2천 5백만 원이 될 것입니다.

Y의 유류분침해액은 Y가 받을 수 있는 구체적 상속이익을 산정하여야 하는데, Y는 받은 이익이 전혀 없습니다. 1억 원은 A에 대한 유증채무이행으로 나머지 1억 원은 X의 기여분으로 지급되기 때문입니다. 결국 Y는 2천 5백만 원의 유류분 침해가 있으므로 A에 대하여 그 범위에서 유류분반환을 청구할 수 있습니다. 그

러나 X에 대해서는 유류분반환을 청구할 수 없습니다. 기여분은 유류분반환의 대상이 아니기 때문입니다.

한편, X의 유류분이 침해되었는지를 판단할 때, X가 받은 기여분을 제외해버리면 X도 2천 5백만 원의 유류분침해가 있다고 해야 하고 그 범위에서 피상속인의 유산처분을 무효화시킬 수 있는 결과가 되는데, 이는 결국 기여분의 확보를 위하여 피상속인의 유산처분을 무효화시키는 결과가 되고, 제1008조의2 제3항의 취지에 반하는 결과가 됩니다.

X가 받은 상속의 이익은 1억 원이며, X의 유류분을 이미 초과하고 있기 때문에 X는 유류분반환을 청구하지 못한다고 보아야 합니다.

Question. 6

한정승인 부분 공부하는 도중에 궁금한 사항이 있어 질문을 올립니다.

요즘 생명보험을 체결할 경우 수익자를 체결당사자 자신이 아닌 제3수익자인 자녀 등으로 지정해 놓은 경우가 많이 있는 것 같은데요. 이 경우 체결당사자(부모라 가정하고)가 사망시 자녀는 상속인의 지위를 가짐과 동시에 사망보험금의 수령권자가 될 터인데 이 사망보험금을 상속인이 상속받은 적극재산보다 채무가 많을 때 변제의 범위로 쓰여지는 '상속재산'으로 보아야 하는지 아니면 상속재산과는 별개로 제3수익자인 자녀의 '고유재산'으로 보아 별도의 한정승인 절차를 따지지 않아도 되는지 궁금합니다.

Answer

수익자가 상속인으로 되는 경우, 생명보험금은 상속재산에 포함되지 않습니다. 따라서 상속을 포기하더라도 생명보험금을 수령할 수 있습니다. 이태섭 가족법강의 제7판 310면에 보면 자세히 설명되어 있습니다.

Question. 7

판례에는 상속청구권 기간의 성질에 관하여 출소기간으로 보므로 그 행사방법으로 통설과 달리 재판상 행사만 가능한가요?

Answer

상속회복청구권을 제소기간으로 이해하는 것이 판례의 태도입니다. 한편 통설은 제척기간의 법적 성질을 제소기간으로 이해합니다. 그렇다면 상속회복청구권의 행사방법은 재판상 소송을 제기하는 방법으로만 행사되어야 하는가? 하는 의문이 생깁니다. 이에 관해 통설은 행사방법이 제한되는 것은 아니라고 이해합니다. 행사방법은 재판외의 방법으로 행사할 수도 있고, 행사하면 행사의 효과로서 가령, 지연손해배상금의 부과 등의 효과도 생길 수 있습니다. 그러나 기간을 준수하였는지는 기간 내에 소송이 제기되었는지를 가지고 판단합니다.

1. 이태섭 민법판례정리 I 603쪽

② **제3자 명의의 등기가 원인무효인 경우** 취득시효가 완성된 후 점유자가 그 등기를 하기 전에 제3자가 소유권이전등기를 경료한 경우에는 점유자는 그 제3자에 대하여는 시효취득을 주장할 수 없는 것이 원칙이기는 하지만 이는 어디까지나 그 제3자 명의의 등기가 적법 · 유효함을 전제로 하는 것으로서 위 제3자 명의의 등기가 원인무효인 경우에는 점유자는 취득시효완성 당시의 소유자를 대위하여 위 제3자 앞으로 경료된 원인무효인 등기의 말소를 구함과 아울러 위 소유자에게 취득시효완성을 원인으로 한 소유권이전등기를 구할 수 있고, 또 위 제3자가 취득시효완성 당시의 소유자의 상속인인 경우에는 그 상속분에 한하여는 위 제3자에 대하여 직접 취득시효완성을 원인으로 한 소유권이전등기를 구할 수 있다. [대법원 2002. 3. 15 선고 2001다77352 · 77369 판결]

2. 이태섭 민법판례정리 I 571쪽

③ **자주점유자를 상속한 공동상속인 중 일부만이 현실적으로 점유한 경우** 부동산을 소유의 의사로 점유하고 있던 자가 사망하고 그 점유를 상속인 중 일부만이 승계하여 점유를 계속한 때에는 다른 특별한 사정이 없는 한 그 점유를 승계한 상속인들이 그 부동산 전체를 소유의 의사로 점유한 것으로 보아야 할 것이고 그 점유가 계속되어 민법 제245조 제1항의 기간이 만료되면 그들은 등기를 함으로써 그 부동산의 소유권을 취득하게 된다 할 것이다(필자 註 : 자주점유자인 A가 사망하여 甲과 A의 형제자매들이 공동상속인이 되었다.

공동상속인 중의 일부인 甲 등이 토지 전체에 대하여 취득시효를 주장하면서 등기명의인인 乙을 상대로 소유권이전등기를 청구하였는데, 甲 등의 청구를 인용한 판결이다. 이 대법원 판결에 대하여 패소한 乙은 재심을 제기하였다. 공유자의 한 사람이 공유토지 전부를 점유하더라도 다른 공유자의 지분비율 범위 내에서는 타주점유인데, 본 사안에서와 같이 공동상속인 중 일부만이 현실적으로 토지 전부를 점유하는 경우 다른 공동상속인의 지분범위 내에서는 마찬가지로 타주점유라고 보아야 한다. 그렇다면 본 대법원 판결은 종전 판례의 입장을 변경한 것으로 전원합의체에 의하여 판단되었어야 하므로 재심사유에 해당한다는 취지였다. 이에 대하여 대법원은 대판 1990. 12. 13, 89재다카89로 재심청구를 기각하였다. 그 이유는 재심사유로 들로 있는 판례와 본 판결은 사안을 달리하는 것으로 판례를 변경한 것이라고 볼 수 없다는 이유에서이다). [대법원 1989. 4. 11 선고 88다카17389 판결]

Question. 8

1. 이태섭 민법판례정리 I 603쪽에서요.

제3자 명의의 등기가 원인무효인 경우 판례인데요(2002. 3. 15, 2001다77352·77369).

아래서 둘째 줄에 위 제3자가 취득시효완성 당시의 소유자의 상속인인 경우에는 그 상속분에 한하여는 위 제3자에 대하여 직접 취득시효완성을 원인으로 한 소유권이전등기를 구할 수 있다, 란 내용이 있는데 어떻게 이해해야 되죠? 상속분에 한하여는 이라는 얘기가 나온 걸로 봐서 자기 상속분을 넘게 취득했다는 것이 전제되어 있는 건가요? 자기 상속분에 한해서는 피상속인과는 다른 제3자라고 할 수 없어서 직접 소유권이전등기를 구할 수 있다는 것인가요?

2. 이태섭 민법판례정리 I 571쪽에서요.

자주점유자를 상속한 공동상속인 중 일부만이 현실적으로 점유한 경우(1989. 4. 11, 88다카17389) 이건 예외적인 판결이라고 봐야 하나요?

필자주에 나와 있는 것처럼, 공동상속인 중 일부만이 토지 전부를 점유한다면, 자신의 상속분 넘는 부분은 타주점유로 보아야 하는데, 이 판례에서는 왜 결론을 달리하는 거죠? 재심청구를 '사안을 달리하는 것'이라며 기각했는데 어떻게 사안이 다르다는 건가요?

Answer

1. 네, 옳게 이해하셨습니다.

2. 재심사유로 들고 있는 대법원 판결들은 공동상속인 중 1인이 상속재산인 부동산을 점유하는 것은 그 공동상속인의 상속지분 범위에서는 자주점유이나 그 상속지분 범위를 초과한 범위에서는 타주점유라는 취지의 판결들입니다. 그런데 그러한 판결들은 공동상속인 중 1인이 상속부동산 전부를 점유하면서 다른 공동상속인이나 다른 공동상속인들로부터 상속지분을 취득한 제3자에 대하여 취득시효를 주장하는 경우에 관한 판결들입니다. 이 경우 공동상속인 중 1인에 불과한 자가 상속부동산 전부를 시효취득할 수는 없습니다. 반면 88다카17389 판결은 공동상속인들 상호간의 다툼이 아닙니다. 피상속인이 점유하고 있는 부동산을 공동상속인 중 일부가 현실적으로 점유하여 취득시효가 완성되었는데, 그 효과를 공동상속인이 아닌 제3자에 대하여 주장하는 사안입니다. 이 경우 점유를 한 공동상속인들이 그 지분범위에서만 취득시효의 효과를 주장할 수 있다고 하면 다른 공동상속인들의 이익을 위하여 제3자(다른 공동상속인이 아닌)가 소유권을 유지하는 결과가 되어 부당합니다.

이러한 경우는 아마도 이러한 법리로 이해하여야 할 것입니다. 피상속인이 점유하는 부동산을 공동상속인 중 일부만이 현실적으로 승계하여 점유를 계속하였다. 이에 대하여 다른 공동상속인들이 묵시적으로 동의하고 있는 것이고, 그렇다면 상속재산분할의 묵시적 협의에 따라 일부 공동상속인들이 피상속인이 점유하던 부동산을 점유한 것이다. 상속재산분할에는 소급효가 있으므로 피상속인이 점유하던 부동산은 오로지 현실적으로 점유를 승계한 일부 공동상속인들만이 승계한 것으로 되어 일부 공동상속인들은 전체 부동산의 자주점유자로서 취득시효 완성의 효과를 제3자에게 주장할 수 있다.

Question. 9

공동상속인 중 1인에 의하여 매도된 부동산이 상속재산 협의분할된 경우 대판 1996. 4. 26, 95다54426에 의하면 그 매도인의 상속분에 한하여 무효가 되는데 대판 2002. 4. 26, 2001다8097에 의하면 부동산 전부가 무효인 것으로 보아야 한다고 되어 있는데 그 차이점을 알 수 없습니다.

Answer

공동상속인 중 1인이 상속부동산을 매매하기로 계약을 체결하였습니다. 그런데, 매도인인 공동상속인은 다른 공동상속인과 상속재산분할합의를 하여 자신이 매도한 부동산을 다른 공동상속인이 취득하는 것으로 합의를 하여 다른 공동상속인이 매도한 부동산의 소유권을 취득하였습니다. 그런데 이 과정에서 다른 공동상속인이 매도인인 공동상속인의 배임행위에 적극 가담하였습니다. 이 경우 상속재산분할협의가 제103조에 의하여 무효로 될 수 있는데, 그 무효로 되는 범위는 매도한 공동상속인의 상속지분범위에 한정된다는 것이 96년 판결의 취지입니다.

최초 매매계약을 체결하게 되면 매도인인 공동상속인은 자신의 상속지분은 이를 이전시켜줄 수 있지만, 다른 공동상속인의 상속지분은 임의로 이전해줄 수 없는 상황입니다. 따라서 다른 공동상속인이 매도인인 공동상속인의 배임행위에 적극 가담하였다고 평가할 수 있는 부분은 매도인인 공동상속인의 지분을 취득하는 부분입니다. 그 결과 매도인인 공동상속인의 지분범위에서 반사회적 행위가 되는 것입니다.

한편, 2002년 판결은 피상속인이 부동산을 매도한 것이고, 매매계약상 이전등기의무를 부담하는 공동상속인 중 1인이 이를 제3자가 매도하고 제3자에게 다시 이전등기를 넘겨준 것입니다. 최초 매매계약상 매수인은 부동산 전부를 취득할 수 있는 상태인데, 그 등기명의를 제3자의 적극 가담에 의하여 제3자에게 이전한 것입니다. 그 결과 제3자에 대한 매매 전부가 반사회적 행위로 평가되는 것이지요.

결국, 제1매수인이 취득할 수 있는 권리의 내용이 무엇인지에 따라 배임행위의 범위가 결정되는 것입니다.

이태섭 조지사 914쪽 1. (6)

피상속인 甲의 공동상속인으로서 乙 · 丙 · 丁이 있고, A는 甲의 혼인 외의 자이며, B는 乙의 채권자이다. 그리고 C는 甲의 부동산에 대항력이 있는 임차보증금 반환채권을 가지고 있다.

해 설 상속재산분할에 의하여 채권을 취득한 공동상속인이 채무자의 무자력으로 인하여 그 채권을 회수할 수 없을 경우에 다른 공동상속인이 그 상속분에 응하여 분할 당시의 채권자의 자력을 담보한다(제1017조 제1항). 그리고 담보책임이 있는 공동상속인 중에 상환의 자력이 없는 자가 있는 경우에 그 부담부분은 구상권자와 자력있는 다른 공동상속인이 그 상속분에 응하여 분담한다(제1018조). 따라서 丁은 丙에게 1,500만 원을 구상청구할 수 있다.

Question. 10

이태섭 조지사 914쪽 1. (6) 질문이 있습니다.

'丁이 상속받은 부동산에 하자가 있어 다른 상속인들에게 담보책임을 물을 때 이 사례에서 구체적으로 3000만 원의 손실에 대해 丁이 1천만 원, 乙이 1천만 원, 丙이 1천만 원을 상속분에 응해 분담하는데 乙이 무자력이 되어 그 1천만 원을 다시 丁과 丙이 500만 원씩 분담하여 결국 丁은 丙에게 1500만 원을 구상청구할 수 있다'라는 얘긴가요?

Answer

네.. 그렇게 읽히지 않나요?

이태섭 가족법강의 제7판 301쪽 ④번

④ 최초의 상속권 침해행위 후 10년이 경과하여 새로운 침해행위가 있은 경우 새로운 침해행위에 따른 상속권 침해자에 대한 상속회복청구의 제척기간은 최초의 상속권침해행위가 있은 때로부터 기산하여야 하고, 새로운 침해행위가 있은 때로부터 기산할 수는 없다는 것이 판례이다(2006다26694). 가령 X가 사망하여 甲과 乙이 X를 공동으로 상속하였는데, 1993.4.6. 乙이 상속재산분할협의서를 위조하여 공동상속재산인 부동산에 그 단독명의로 소유권이전등기를 마쳤다. 이러한 사실을 알게 된 甲이 乙의 상속지분을 초과하는 등기의 말소를 구하는 상속회복청구의 소를 제기하여 2002.11.26. 승소 확정판결을 받았다. 소송 진행 중인 2001.8.29. 乙이 그 명의의 부동산에 丙을 위한 근저당권설정등기를 경료하여 주었다. 甲이 丙을 상대로 근저당권설정등기의 말소를 구하는 소를 2003.12.11. 제기하였다면, 甲의 丙에 대한 청구는 제척기간을 경과한 것으로서 부적법하다.

이태섭 가족법강의 제7판 295쪽 첫 번째 판례

【적법하게 상속등기가 마쳐진 부동산에 대하여 상속인의 일부가 다른 상속인 또는 제3자를 상대로 원인 없이 마쳐진 이전등기의 말소를 구하는 소가 상속회복청구의 소에 해당하는지 여부(소극)】

[대법원 1987. 5. 12 선고 86다카2443 · 2444 판결] 민법 제999조 · 제982조가 정하는 상속회복청구의 소는 진정한 상속인이 참칭상속인 또는 참칭상속인으로부터 상속재산을 양수한 제3자를 상대로 상속재산의 회복을 청구하는 소이므로 적법하게 상속등기가 마쳐진 부동산에 대하여 상속인의 일부가 다른 상속인 또는 제3자를 상대로 원인 없이 마쳐진 이전등기의 말소를 구하는 소는 이에 해당하지 아니하여 민법 제982조 제2항이 정하는 소의 제기에 관한 제척문제의 적용이 없다.

Question. 11

1. 상속회복청구권 관련.

이태섭 가족법강의 제7판 301쪽에서 ④번 4째줄 가령 이하에서 소개된 사안을 살펴보면, 최초의 상속권 침해행위 후 10년 경과 후 새로운 침해행위가 있은 것이 아니라 새로운 침해행위인 근저당권 설정등기가 01. 08. 29에 있었으므로 10년이 경과하기 전에 있었던 것 아닌가요?

그러므로 만약 갑이 최초 침해행위시인 93. 4. 6.로부터 10년이 되는 시점인 03. 4. 6. 이전에 01. 08. 29시점에 있었던 새로운 침해행위에 대하여 상속회복청구를 하였다면 적법한 청구로 볼 수 있나요? 아 그리고 이 사안이 303쪽에 있는 2006다26694 판결의 사실관계 맞죠?

2. 상속회복청구권 관련.

가족법강의 제7판 295쪽에서 첫 번째 판례 86다카2443.2444 설명해주실 때요,

이 사안은 적법하게 상속등기가 마쳐진 부동산이므로 상속재산분할은 적법하게 되었으나 이후 분할협의에 따른 의무들을 공동상속인들이 이행하지 않아 분할 협의가 합의해제 또는 취소된 경우로 볼 수 있으므로 이는 상속권 존부에 관한 다툼이 아니라 분할협의의 효력에 관한 다툼으로써 상속회복청구가 아니고 따라서 제척기간의 적용도 없다고 하셨는데요, 이는 그럼 당해 청구가 받아들여진다는 말인가요? 즉, 물권적청구일테니깐 이전등기말소를 구할 수 있다는 것인가요?

이와 관련해서 상속분할협의도 일종의 계약이므로 합의해제 할 수 있으나 제3자 권리를 해하지 못하잖아요 (2002다73203판결 344쪽) 두 판결이 헷갈립니다. 같은 사안 같은데, 86다카판결은 합의해제를 하고 이전등기청구도 할 수 있다는 취지로 이해되고, 2002다 판결은 합의해제는 되나, 제3자 권리를 해치지 못하므로 말소청구할 수 없다는 취지로 이해되네요. 틀린 것 같은데 무엇이 틀렸는지 모르겠어요.

Answer

1. 네 적법한 청구로 볼 수 있습니다.

2. 상속회복청구가 되기 위해서는 상속권에 관한 다툼이 있어야 합니다. 가령, 공동상속인 중 1인이 자신만이 상속을 받아야 한다고 주장하면서 단독으로 상속등기를 하였다면 이는 상속권의 침해에 해당하여 상속회복청구의 대상이 되지요. 그러나 공동상속인 중 1인이 다른 공동상속인들의 하자 있는 의사에 터 잡아 상속재산분할협의를 하고, 이에 기초하여 상속등기를 마쳤다면 이는 상속권의 침해가 아니라 상속재산분할의사에 하자가 있는 것입니다. 이때 분할협의를 취소하고 재산의 반환을 구하는 것은 상속회복청구가 아니라는 것입니다. 여기에는 상속회복청구의 제척기간규정은 적용되지 않고, 오히려 제3자 보호규정이 적용되어야 할 것입니다.

진도별 모강 제27회 18번 문제 지문 ㄱ

아래의 사례를 읽고 그에 관한 해설 중 옳지 않은 것을 모두 고르면? (다툼이 있으면 판례에 의함)

[사례]

甲과 甲의 딸 乙이 해외여행을 위해 비행기를 타고 출국하던 중, 비행기가 폭발하여 1994.7.1. 甲과 乙이 모두 사망하였다(단, 甲과 乙의 사망시기는 밝혀지지 않았다). 당시 甲에게는 X 부동산이 있었으나, 이 부동산에 대한 상속등기가 이루어지지 않고 있던 중, 2005.7.1. 甲의 형인 丙이 호적등본을 위조하여 乙이 미혼이었던 것으로 만든 후 자신을 甲의 단독상속인으로 하여 자신의 명의로 X 부동산의 상속등기를 경료하였다. 또한 丙은 2005.12.1. 이러한 사정을 잘 알고 있는 丁과 X 부동산에 대한 매매계약을 체결하고 이전등기를 경료하여 주었다. 이러한 사실을 뒤늦게 알게 된 乙의 夫 戊는 2006.7.1. 자신이 甲을 대습상속하여 X 부동산의 소유권자라 주장하며 丁을

상대로 X 부동산에 대한 소유권이전등기의 말소를 청구하였다.

㉠ 상속회복청구권의 법적 성질에 대해 집합권리설에 따른다면 丙이 참칭상속인에 해당하는지 여부가 검토되어야 하며, 판례에 따르면 丙은 참칭상속인에 해당한다.
㉡ 丙이 참칭상속인에 해당한다고 하여도 참칭상속인으로부터 목적물을 취득한 제3자인 丁에 대한 청구도 상속회복청구에 해당하는지 여부가 문제되나, 판례는 상속회복청구에 해당한다고 한다.
㉢ 만일 丁에 대한 청구가 상속회복청구라면 상속회복청구권 행사의 제척기간의 기산점은 '침해행위가 있은 날' 이므로 2005.7.1.이다.
㉣ 만약 상속회복청구의 기산점을 '상속이 개시된 날' 이라 하여 1994.7.1.로 한다면, 戊의 청구는 제척기간을 경과한 후의 청구로서 부적법한 청구가 되지만, 이 경우 丁의 제척기간 도과의 항변은 신의칙에 비추어 허용되지 않으므로 배척되어야 한다.
㉤ 상속회복청구가 제척기간 이내로서 적법하다고 할 때, 戊가 진정한 상속인인지 여부가 문제되나, 피상속인과 상속인이 동시에 사망한 경우에는 대습상속이 이루어질 수 없으므로 戊는 진정한 상속인이 아니다.

① ㉠ ㉡
② ㉡ ㉣
③ ㉣ ㉤
④ ㉠ ㉣ ㉤
⑤ ㉡ ㉢ ㉤
⑥ ㉠ ㉡ ㉢

Question. 12

강의하실 때 진도별 모강 제27회 18번 문제에서 지문 ㄱ을 다뤄주셨는데 잘 이해가 안됐습니다. 해설을 보면 "집합권리설을 논리적으로 일관하게 되면 丙 또한 참칭상속인이 되어야 한다. 그러나 판례는 집합권리설을 취하면서도 참칭상속인의 범위를 비교적 제한적으로 이해하고 있다. 즉 상속인이 아닌 자가 위조의 제적등본을 기초로 상속등기를 경료한 경우에는 참칭상속인에 해당하지 않는다고 한다. 사안의 경우 丙은 호적등본을 위조하여 상속등기를 경료한 자로서 판례에 따르면 참칭상속인에 해당하지 않는다."

다른 사실관계가 있어서 판례가 이런 태도를 취한 건가요? 외워도 상관없긴 한데 좀 예외적인 판례인거 같아서요.

Answer

상속인이 상속을 원인으로 취득한 상속재산에 대한 반환을 청구하는 권리행사가 상속회복청구인가? 어느 경우이나 상속회복청구인가? 물권적 청구와는 어떠한 관련이 있는가? 하는 문제가 상속회복청구의 본질 문제입니다. 또한 상속회복청구의 본질 문제는 결국 상속회복청구의 상대방이 되는 참칭상속인의 범위 문제와 연결되지요.

상속회복청구를 개별적 물권적 청구의 집합으로 파악하는 견해가 집합권리설입니다. 집합권리설에 따르면 진정한 상속인이 아닌 자가 상속재산을 지배하고 있고, 이에 대하여 진정한 상속인이 재산반환을 청구하면 이는 상속회복청구라고 이해합니다. 판례는 집합권리설의 입장을 취하지만, 진정한 상속인의 상속재산반환청구를 모두 상속회복청구로 이해하지는 않습니다. 만약 이렇게 이해하게 되면 진정한 상속인의 상속재산반환청구에 단기 제척기간이 적용되어 다른 원인에 의하여 소유권을 취득한 자보다 상속에 의하여 소유권을 취득한 자에게 지나친 불이익을 강요하는 결과가 되기 때문입니다.

판례는 진정한 상속인의 상속재산에 대한 반환청구라고 하더라도 상대방과의 사이에서 상속권에 관한 실질적 다툼이 없는 경우, 가령 누가 상속인인지에 관한 다툼이 없는 경우에는 단순한 물권적 청구에 불과하고, 상속회복청구에 해당하지 않는다고 봅니다. 이를 통해서 진정한 상속인을 보호하고자 하는 것입니다.

그러한 경우로, 상대방이 상속 이외의 다른 원인에 의하여 상속재산을 지배하고 있는 경우, 상대방이 청구권자를 진정한 상속인으로 인정하지만, 다른 원인으로 상속재산을 지배하고 있는 경우 등이 있습니다. 가령, 상속재산임에도 피상속인과의 매매를 원인으로 소유권이전등기가 되어 있는 경우, 공동상속인이 모두 참여한 상속재산분할협의를 기초로 상속등기를 하였으나, 그 상속재산분할협의가 합의해제되었거나 취소된 경우 등이 이에 포함될 수 있습니다.

한편, 상속재산에 관하여 등기명의를 가지고 있는 자가 상속인이 될 수 없는 자임에도 이러한 사실을 알면서 상속인으로서의 외관을 작출하기 위하여 호적등본 등을 위조한 후 그 명의로 상속등기를 마친 경우에는 위조자가 진정한 상속인에 대하여 자신만이 상속인이라고 주장한다고 보기 곤란합니다. 오히려 상속인을 가장하여 어떠한 이익을 취득하려는 것이지요. 이러한 자에 대한 상속재산반환청구는 실질적으로는 상속권에 관한 다툼이 없는 자에 대한 상속재산반환청구이므로 물권적 청구에 해당한다는 것이 대법원의 입장입니다.

수업시간에 설명한 내용은 바로 이러한 내용이었습니다.

Question. 13

이태섭 가족법강의 제7판 336면 중단 부분에 보면,

"한정승인 또는 재산분리 등의 경우에는 상속재산 전체에 대하여 청산이 행하여지므로 분할할 여지가 없다."고 되어 있는데 무슨 의미인지 와 닿지가 않아요.

만약 공동상속인 A, B, C가 있다고 할 때, A만 한정승인을 했을 경우, B와 C 사이에서는 상속재산분할이 가능하지만, B와 C가 A에 대하여는 상속재산분할 청구를 할 수 없다는 의미인가요? 아니면 A에 대하여 상속재산분할 청구를 할 수 없음은 물론, B와 C 사이에서도 상속재산분할을 할 수 없다는 의미인가요? 무슨 의미인지 잘 모르겠네요.

Answer

상속재산분할이란 공동상속재산을 각 공동상속인들에게 귀속시킴으로써 각 공동상속인들의 고유재산과 상속재산을 혼융시키기 위한 절차입니다. 재산분리심판이 있는 경우에는 청산절차가 진행되어야 합니다. 한정승인의 경우에도 청산절차가 진행되어야 하지요. 이 경우에는 그 청산절차가 종료될 때까지는 분할을 할 수 없다는 의미입니다.

공동상속인 중에서 1인만이 한정승인을 한 경우에도 청산절차가 진행되어야 하므로 그 청산절차가 종료될 때까지는 상속재산의 분할이 제한될 수밖에는 없을 것입니다.

진도별 모강 제28회 16번 ㅁ지문

아래의 사례와 관련된 다음 기술 중 옳지 않은 것을 모두 고르면? (다툼이 있으면 판례 및 통설에 의함)

甲은 채권자 A에게 1000만 원의 금전채무를 지고 있고, 甲의 유일한 상속인인 乙은 시가 2000만 원의 X 건물을 자신의 유일한 재산으로 소유하고 있다.

ㄱ. 피상속인 甲의 소극재산이 적극재산을 초과하여 乙이 한정승인을 하려하자 자신의 채권실행에 위협을 느낀 A가 乙을 강박하여 단순승인을 하게 한 경우에도 乙은 민법 제110조(사기, 강박에 의한 의사표시)를 근거로 단순승인을 취소할 수 없다.

ㄴ. 乙이 한정승인 후에 A가 甲의 재산으로는 채권의 만족을 얻을 수 없게 되자 乙에게 간곡히 사정하여 乙의 임의이행으로 변제를 받았다. 이를 뒤늦게 후회한 乙이 이행한 금액의 반환을 청구한 경우에 A는 민법 제742조(비채변제)를 근거로 반환을 거절할 수 있다.

ㄷ. 乙이 유효하게 한정승인을 한 경우에 乙의 채권자 B는 상속인의 고유재산으로부터 우선변제를 받기위해 재산분리를 신청할 수 있다.

ㄹ. 乙이 상속의 승인이나 포기를 하기 전에 A로부터 금전채무의 이행을 청구받은 경우, 상속의 승인, 포기 기간 내에는 그 이행을 거절할 수 있다.

ㅁ. 乙이 甲의 상속재산을 유흥비로 소비하여 A의 채권만족이 더욱 어렵게 되자 화가 난 A가 乙에게 채무의 이행을 청구하고 乙이 이에 응하지 않자 乙의 X 건물로 만족을 얻으려할 경우에 乙은 한정승인을 하여 이를 제지할 수 있다.

① ㄱ, ㄴ, ㄹ　② ㄷ, ㅁ　③ ㄴ, ㄹ, ㅁ
④ ㄱ, ㄷ, ㄹ　⑤ ㄷ, ㄹ　⑥ ㄱ, ㄴ, ㄷ, ㅁ

Question. 14

진도별 모강 제28회 16번 ㅁ 지문 관련 질문입니다.

ㅁ 지문 사례에서 왜 제1026조 3호에 해당하는지 잘 모르겠습니다.

사례에서 1. 상속인이 한정승인, 포기를 하지 않았고, 2. 상속인이 은닉, 부정소비, 고의로 재산목록에 기입하지 아니한 때에 해당되지 않는 것 같은데요?

진도별 모강 제28회 18번 ㄱ 지문에서 제1027조는 1026조 3호에 해당할 경우에만 적용되는데 사례는 1026조 1호에 해당하여 잘못 출제된 듯 같은데요?

Answer

1. 지문은 '상속재산을 유흥비로 소비하는 행위'가 법정단순승인사유에 해당하는지를 묻는 지문입니다. 해설지에 법정단순승인 사유로 제1026조 제3호를 언급하고 있네요. 그러나 제1026조 제3호보다는 제1026조 제1호가 적용되는 것이 보다 적절할 듯합니다. 한정승인이나 포기 등을 하기 전이라면 상속재산의 처분행위(제1호)에 해당하여 단순승인으로 의제될 것입니다. 반면에 이미 한정승인이나

포기 등을 하였다고 하더라도 이는 부정소비(제3호)에 해당할 수도 있습니다. 따라서 단순승인 사유가 될 수 있습니다.

2. 상속포기 후 후순위 상속인이 상속을 승인한 경우에는 상속포기자가 비록 상속재산을 은닉하거나 부정소비하더라도 단순승인의 효과가 생기지 않습니다(제1027조). 질문하신 분은 '은닉하거나 부정소비'에 해당하지 않는 상속재산 처분의 경우에는 단순승인의 효과가 생긴다고 생각하시는 것입니까?

본 지문이 묻고자 하는 것은 상속포기 후 후순위 상속인이 상속을 승인한 경우에도 법정단순승인사유가 그대로 적용될 수 있는지를 묻는 것입니다. 상속재산을 처분한 행위가 부정소비에 해당하지 않는다면 이는 아예 법정단순승인사유에 해당하지 않습니다. 따라서 상속포기의 효과가 번복될 이유가 없습니다. 상속재산을 처분한 행위가 부정소비에 해당하더라도 후순위상속인이 이미 상속을 승인하였기 때문에 후순위상속인의 상속권을 보호하기 위해서 단순승인으로 의제되는 효과를 막을 필요가 있습니다. 결국 후순위상속인이 상속을 승인한 때에는 어떠한 상속재산의 처분도 상속포기의 효과를 번복시키는 효력을 가질 수는 없는 것이지요.

가족법강의 제7판 328쪽 구체적 상속분 산정에 관한 연습

＊ 구체적 상속분 산정에 관한 연습

1. 초과수익자가 없는 경우의 상속분 산정방법

[사례 1] A · B · C를 자녀로 두고 있는 피상속인이 사망하면서 4억 5천만 원의 상속재산을 남겼다. 망인은 생전에 A에게 2억 원을 들여 외국유학을 시켜주었고, B에게는 장사밑천으로 1억 원을 주었고, C에게는 1억 5천만 원을 유증하였다. 각 상속인에 대한 상속재산분배액은 얼마인가?

(ㄱ) 상정상속재산(상속개시시의 상속재산가액 + 특별수익의 가액) : 7억 5천만 원(4억 5천만 원 + 2억 원 + 1억 원)

(ㄴ) 상정상속재산에 대한 각 공동상속인의 구체적 상속분 : 2억 5천만 원(7억 5천만 원 × 1/3)

(ㄷ) 상속재산 분배액(상정상속재산에 대한 각 공동상속인의 구체적 상속분 - 특별수익) : A = 5천만 원(2억 5천만 원 - 2억 원), B = 1억 5천만 원(2억 5천

만 원 - 1억 원), C = 1억 원(2억 5천만 원 - 1억 원)

2. 초과수익자가 있는 경우의 상속분 산정방법

[사례 2] 상속인으로 배우자 W와 자녀 A · B · C · D가 있는 피상속인이 4억 2천만 원의 재산을 남기고 사망하였는데, A는 1억 8천만 원, B는 1억 2천만 원, C는 5천만 원의 생전증여를 받았고, D는 1억 5천만 원의 유증을 받았다. 각 상속인에 대한 상속재산분배액은 얼마인가?

(ㄱ) 상정상속재산(상속재산가액 + 특별수익의 가액) : 7억 7천만 원(4억 2천만 원 + 1억 8천만 원 + 1억 2천만 원 + 5천만 원)

(ㄴ) 상정상속재산에 대한 각 공동상속인의 구체적 상속분 : W = 7억 7천만 원 × 3/11 = 2억 1천만 원 / A · B · C · D = 7억 7천만 원 × 2/11 = 1억 4천만 원

(ㄷ) 상속재산 분배액(상정상속재산에 대한 각 공동상속인의 구체적 상속분 - 특별수익) : W = 2억 1천만 원, A = 0(초과특별수익액 4천만 원), B = 2천만 원(1억 4천만 원 - 1억 2천만 원), C = 9천만 원(1억 4천만 원 - 5천만 원), D = 0(초과특별수익액 1천만 원)

(ㄹ) 초과특별수익자인 공동상속인들인 A와 D는 다른 공동상속인의 유류분을 침해하지 않았다면, 현실적인 반환의무를 부담하지 않는다. 따라서 상속개시당시의 적극재산으로 A와 D를 제외한 다른 공동상속인들에게 그 상속재산분배액에 따라 분배를 완료할 수 없다. 이 경우 초과특별수익액을 다른 공동상속인들이 어떠한 비율에 따라 분담하여야 하는가의 문제가 발생하는데, 이에 관해서는 다른 공동상속인들의 상속재산분배액의 비율에 따라 분배가능한 상속재산을 분배한다는 것이 통설의 태도이다. 이에 따라 W · B · C의 실질적인 상속재산취득액을 계산한다.

(ㅁ) 분배가능한 상속재산 : 2억 7천만 원(상속개시 당시의 적극재산 - 유증액)

(ㅂ) 실질적인 상속재산취득액(분배가능한 상속재산액 × 상속재산분배액의 비율) : W = 약 17, 718만 원(2억 7천만 원 × 2억 1천만 원/3억 2천만 원), B = 약 1, 687만원(2억 7천만 원 × 2천만 원/3억 2천만 원), C = 약 7, 593만 원(2억 7천만 원 × 9천만 원/3억 2천만 원)

Question. 15

이태섭 가족법강의 제7판 328쪽 구체적 상속분 산정에 관한 연습에서요.

2. 초과수익자가 있는 경우의 상속분 산정방법이요.

(ㄷ)까지는 이해가 가는데요, (ㄹ), (ㅁ), (ㅂ)은 도통 모르겠네요. 설명 좀 해주세요.

(ㄹ)의 경우 '초과특별수익자인 공동상속인들인 A와 D가 유류분을 침해하지 않는다면 반환의무를 부담하지 않는다'까지는 이해가 되요. 그러나 따라서…, 이후부터 무슨 말인지 모르겠어요.

(ㅁ)의 경우 4억 2천만 원에서 1억 5천만 원을 빼는 건가요? D에게 1억 5천만 원을 유증했으니깐 그 만큼을 빼고 분배가능한 재산이 되는 거지요?

(ㅂ)의 경우 분모에 있는 3억 2천만 원은 어디서 나온 건지 모르겠어요. 알려 주세요.

Answer

ㄹ. '따라서 상속개시 당시의 적극재산으로…. 다른 공동상속인들에게 상속재산 분배액에 따라 분배를 완료할 수 없다'는 말은 각 공동상속인들의 구체적 상속분에 따라 상속재산에 대한 분배를 완료할 수 없다는 의미입니다. 표현이 '상속재산 분배액'이라고 되어 있어 오해될 수 있을 것 같네요. 구체적 상속분에 따라 각 공동상속인들에게 분배를 할 수 없습니다. 분배가능한 적극재산은 구체적 상속분의 합계액에 미달하기 때문이지요. 분배가능한 상속재산을 구체적 상속분의 비율에 따라 분배하여야 합니다.

ㅁ. 맞습니다.

ㅂ. 각 공동상속인들의 구체적 상속분의 총합이 3억 2천만 원일 것입니다. W의 구체적 상속분(교재에는 이를 상속재산분배액으로 표현하고 있습니다)은 2억 1천만 원이고, A나 D는 초과특별수익자로서 구체적 상속분은 0입니다. B의 구체적 상속분은 2천만 원이고, C의 구체적 상속분은 9천만 원입니다.

구체적 상속분의 비율에 따라 분배가능한 상속재산을 분배하는 것이지요. 그렇다면 '각 공동상속인의 구체적 상속분/ 모든 공동상속인의 구체적 상속분의 총합'이라는 분수가 만들어지고, 이를 분배가능한 상속재산 가액에 곱하여 실질적인 상속재산취득액(상속의 이익)을 계산하여야 합니다.

Question. 16

이태섭 가족법강의 제7판 345쪽에 5번 "분할심판의 효력 부분을 보면 확정된 분할심판에 기판력은 발생하지 않으나, 형성력과 집행력은 인정된다"라고 되어 있는데요.

기판력이 발생하지 않는다는 의미가 무엇인가요? 형성력은 무엇인가요?

Answer

기판력이란 확정된 판결이 가지는 효력입니다. 동일한 사건에 대하여 반복해서 심피하거나 모순되는 판단을 하지 못하도록 만드는 확정판결의 효력을 말합니다. 형성력이란 법률관계를 변동시키는 확정판결의 효력을 말합니다. 가령, 분할판결이 확정되면 확정된 분할판결의 내용에 따라 소유관계가 달라지게 됩니다. 이때 별도의 공시방법 등은 불필요하지요. 이러한 판결의 효력을 형성력이라고 합니다.

Re-Question.

분할심판에서는 왜 기판력이 없다고 하는 거죠? 인지와 같은 경우를 대비해서 반복해서 심판을 하거나 모순되는 판단을 해야 하는 경우가 있기 때문에 기판력이 없다고 하는 것인가요?

Re-Answer

기판력은 판결에 인정되는 효력입니다. 상속재산분할심판은 재판의 형식이 심판으로 여기에는 비송사건절차법을 준용합니다. 구체적인 권리의무관계(실체관계)를 종국적으로 확정하는 경우에 판결로 종국재판을 하고, 여기에 기판력이 발생할 수 있습니다. 상속재산분할심판은 공동상속인들이 합의를 통하여 하여야 할 상속재산분할을 법원이 대신하여 정해주는 것입니다. 이미 존재하고 있는 권리의무를 확정하는 것은 아니지요. 그 결과 기판력이 인정되지 않습니다.

3) 특별수익자가 있는 경우의 구체적인 상속분 산정방법

① 구체적 상속분 = (상속재산가액 + 생전증여) × 법정상속분율 - (생전증여 + 유증)

② 상속재산분배액 = 구체적 상속분 ÷ 공동상속분들의 구체적 상속분의 총합 × (상속재산 - 유증액)

③ 상속이익 = 상속재산분배액 + 생전증여 또는 유증

④ 소극재산은 특별수익을 고려함이 없이 법정상속분의 비율로 공동상속인이 부담

Question. 17

이태섭 가족법 강의 제7판 328쪽에 3) 특별수익자가 있는 경우의 구체적인 상속분 산정방법에서 각 계산 방법이 나와 있는데요. 그 아래 구체적 상속분 산정에 관한 연습에서 나오는 용어들이랑 조금 다르게 쓰이는 것 같아서요.

연습에서 2번 문제에 따르면,

(ㄴ)이 구체적 상속분을 말하고 있고,

(ㄷ)이 상속재산분배액을 말하고 있는데요. 여기서 (ㄷ)이 위 3)의 구체적 상속분 계산식인 (상속재산가액 + 생전증여) × 법정상속분율 - (생전증여 + 유증) 이것과 같은 것 같네요?

3)에서의 상속재산분배액 식은 연습에서의 (ㅂ)에 해당하는 실질적인 상속재산 취득액이랑 같은 것 같구요.

Answer

(ㄷ)은 특별수익자의 구체적 상속분을 말합니다. 상속재산 분배액이라는 표현은 적절하지 않은 듯합니다. '상속재산 분배액'이 구체적 상속분으로 되는 경우도 있고, 그렇지 않은 경우도 있습니다. 초과특별수익자가 존재하지 않고, 상속개시 당시의 재산가액과 분할 당시의 재산가액이 동일하다면 구체적 상속분이 바로 상속재산 분배액이 될 수 있을 것입니다.

한편, (ㅂ)에서 말하는 실질적인 상속재산 취득액이 결국 상속재산 분배액을 말합니다.

용어의 혼란을 피하기 위해서 용어를 통일해서 사용해야 하나, 학자들마다 사용하는 용어가 다른 듯합니다. 다음 개정에서는 반영하도록 하겠습니다.

Question. 18

상속개시 후에 인지된 자는 후순위 상속인에 대하여 상속회복청구권을 행사할 수 있다고 알고 있습니다. 그런데 이미 후순위 상속인이 상속 재산을 제 3자에게 처분해 버린 경우에, 제3자는 제860조 단서의 인지의 소급효에서 보호되는 자에 속하기 때문에 선의, 악의를 불문하고 보호된다고 알고 있습니다.

그런데 가족법 강의 제7판 347쪽 (2) 청구의 요건 부분의 후순위상속인이 상속재산분할을 한 경우의 (ㄴ) 부분에 "후순위상속인이 제3자에게 이미 상속재산을 처분하였거나 채권을 추심한 경우에는 제3자는 선의취득의 법리나 채권의 준점유자에 대한 변제 등에 의해 보호받을 수 있다"라고 적혀있습니다.

그렇다면 이 부분의 내용은 제860조 단서의 보호는 물론 이런 경우에도 보호될 수 있다는 뜻인가요? 아님 선의취득 등이 갖추어야 보호될 수 있는 건가요? 그것도 아니면 이 경우는 이미 인지가 되었음에도 불구하고 후순위 상속인이 이를 무시하고 처분한 경우를 의미하나요?

제가 물어보고 싶은걸 간단히 이야기한다면,

(1) 제860조 단서에 의해 보호되는 자는 선의, 악의를 불문하고 보호되는가?

(2) 가족법 강의 제7판 347쪽 (ㄴ) 부분의 의미는 도대체 무엇인가?

Answer

인지 전에 후순위상속인으로부터 상속재산을 취득한 제3자는 인지의 소급효로부터 보호되는 제3자에 포함됩니다. 이때 제3자의 선의나 악의는 문제되지 않습니다. 마치 해제로부터 보호되는 제3자와 마찬가지입니다.

인지 후에 후순위상속인으로부터 상속재산을 취득한 제3자는 인지의 소급효로부터 보호되는 제3자에 포함될 수는 없을 것입니다. 이 경우에도 제3자는 선의취득 등의 요건을 갖추어 권리를 취득할 수 있을 것입니다.

인지 전이든 후이든 후순위상속인에게 채무를 변제한 상속채무자는 채권의 준점유자에 대한 변제의 법리에 따라 보호될 수 있습니다.

(ㄴ)의 설명은 인지의 소급효로부터 보호되는 제3자의 법리를 생략하고 언급한 것입니다.

Question. 18

한정승인과 재산분리에 대해서 질문 있습니다.

진도별 모강 제28회 모의고사를 풀면 "한정승인을 할 시에는 재산분리를 할 수 없다"는 지문이 맞는 지문으로 나왔는데요. 제가 강의를 들었을 때 '한정승인을 하고 난 후 상속인이 자신의 고유 채무자에게 상속재산에 대해 담보물권을 설정하면 피상속인의 채권자들은 상속재산에 대해서 변제를 받지 못하는 경우가 생길 수 있어서 이때 피상속인들의 채권자들이 취할 수 있는 방법으로 재산분리를 하면 된다' 이렇게 알고 있는데 제가 잘못 이해하고 있는지 궁금합니다.

Answer

한정승인을 하고 난 후 상속인이 자신의 고유 채권자에게 담보물권을 설정해주는 행위를 하면, 이는 다른 상속채권자의 이익을 해하는 것으로 제1026조 제3호의 법정단순승인사유(상속재산에 대한 부정소비)에 해당하고, 또한 한정승인의 효력이 생기지 않습니다. 이때에는 재산분리도 가능하지요.

그러나 제28회 지문에서처럼 유효하게 한정승인을 한 경우에는 재산분리의 필요가 없어 재산분리청구를 할 수 없습니다.

편저자 소개

한양대학교 법학과 졸업
동 대학원 석사과정 졸업
현 합격의 법학원 민법전임

주 요 저 서

민법 조문 · 지문 · 사례 정리[민총 · 물권편][채권 · 가족편]
민법판례정리 Ⅰ Ⅱ
민법기출문제 완전분석
가족법 강의
민법중요쟁점별 필수문제 333선
민법진도별 모의고사
민법전범위 모의고사
172가지 민법 필수 쟁점
변시대비 모의시험 기출문제 완전분석
최근 2년간 민법 최신판례 OX
실전대비 필수쟁점 객관식[민총 · 물권편][채권 · 가족편]

도서출판 LTS

저자와의 협의 하에 인지는 생략합니다.

이태섭 강사와 함께하는
민법상담실 Q&A

2012년 3월 12일 인쇄
2012년 3월 15일 발행

편저자 이 태 섭
발행인 김 명 석
발행처 도서출판 엘티에스

주 소 : 서울특별시 관악구 신림동 103-117 5F
Tel : 02_587_8607 Fax. 02_876_8607
홈페이지 : www.ltslaw.co.kr
블 로 그 : http://blog.naver.com/ltslaw

정가 20,000원
ISBN 978-89-967996-0-3 13360